王成金 山东省沂水人，中国科学院地理科学与资源研究所副研究员，硕士生导师。2002年获人文地理学硕士学位，2005年获人文地理学博士学位，2005～2008年做博士后工作，2008年至今在中国科学院地理科学与资源研究所任职，2013年在美国路易斯安那州立大学访问交流。长期以来，主要从事经济地理学与区域发展的研究工作，主要研究领域为交通运输地理学，尤其是在港口体系和现代物流网络等方面有着浓厚的研究兴趣。曾主持国家自然科学基金委员会、中国博士后管理委员会、国家发展和改革委员会、国土资源部、地方政府等资助的多项课题项目，已经在*Journal of Transport Geography*、*Social and Economic Geography*、《地理学报》、《自然资源学报》等国内外重要杂志上发表学术论文70多篇，独立出版著作1部：《集装箱港口网络形成演化与发展机制》，参编著作十多部。

The author

Chengjin Wang is associate professor in the Institute of Geographical Sciences and Natural Resources Research, the Chinese Academy of Sciences. He earned his B.S in 2002 and Ph.D. in human geography in 2005. His research focuses on transportation geography, especially the development of seaports and seaport systems and modern logistics networks. His research has been funded by several projects from the National Natural Science Foundation of China. He has published over 70 papers. In addition to this book, he is also the author of the book *Evolution and Development of Container Ports Network and Dynamic Mechanism*, published in 2012 by China Sciences Press.

国家自然科学基金项目"港航企业的物流网络整合及
对港口体系的影响机制"（批准号：41171108）成果

交 通 运 输 地 理 与 区 域 发 展

物流企业的空间网络
模式与组织机理

王成金　著

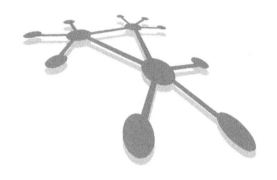

科 学 出 版 社
北 京

内 容 简 介

本书综合集成了交通地理学与企业地理学的研究理念与方法，从城市内部、城市区域、区域、全国、国际乃至全球等空间尺度，全面分析了物流企业的地理学现象，剖析了空间布局、空间集聚、空间网络和空间运营等系列空间问题，系统阐述了其空间组织机理，提出了物流企业网络构建的一般性空间模式，并从区域发展的视角凝练物流网络的空间组织模式，考察其适用性。全书共分十章，核心内容形成三部分。第一章至第二章，为物流企业网络组织研究的基础理论部分，重点阐述本研究的意义与理论框架。第三章至第七章，为物流企业网络空间组织的理论分析与案例实证，重点对物流企业网络的空间分布、区位选择、空间集聚、空间网络和空间运营等内容进行了深入地刻画、分析和论证。第八章至第十章，为物流企业网络的深化延伸研究，主要对物流企业网络的全球化扩张与轴辐物流网络模式的空间适用性及物流企业的发展战略进行研究和分析。

本书可供相关领域的学者和企业管理者及交通物流部门的管理决策者提供参考。

图书在版编目(CIP)数据

物流企业的空间网络模式与组织机理／王成金著．—北京：科学出版社，2014.7

ISBN 978-7-03-040935-5

Ⅰ. 物… Ⅱ. 王… Ⅲ. 物资企业-企业管理-研究 Ⅳ. F253

中国版本图书馆 CIP 数据核字（2014）第 117664 号

责任编辑：刘 超／责任校对：张凤琴

责任印制：吴兆东／封面设计：耕者设计工作室

斜 学 出 版 社出版

北京东黄城根北街 16 号
邮政编码：100717
http://www.sciencep.com

北京虎彩文化传播有限公司 印刷
科学出版社发行 各地新华书店经销
*
2014 年 7 月第 一 版 开本：720×1000 1/16
2022 年 10 月第四次印刷 印张：24 1/4
字数：460 000
定价：138.00 元
（如有印装质量问题，我社负责调换）

序 一

长期以来，物流是一个传统的学术用词，在以往的经济地理学甚至自然地理学研究中经常被使用，但相关的研究比较少。现代物流显然是一个不同的概念，尤其是不断变革的生产组织模式和经济地域分工体系，赋予该术语更为丰富的内涵。现代物流已经成为区域之间进行经济交流和社会联系的重要空间形式，并成为国土开发、区域发展和产业结构调整的重要内容，在国家层面及区域各类规划的编制中都有重要体现，各级地方政府纷纷将现代物流作为重要产业进行培育和发展，并相继出台了各类物流规划及政策。加强这方面的研究，关注现代物流对区域发展的影响机制，是地理学应关注的方向。

交通运输与经济生产及消费模式有着紧密的关系，并形成对应的空间组织模式，这成为交通地理学的重要理论内容。20世纪90年代以来，随着经济全球化的推动和发展，跨国公司开始在全球范围内布局生产网点，由此产生了全球化的生产网络，海运、航空及铁路日益成为组织全球经济联系的重要方式。随着现代运输技术和通信网络技术的发展，企业布局和空间网络构筑的新因素和新机制不断涌现，工商企业活动模式的变化对城市、区域和全国乃至全球的交通设施布局和运输网络组织都产生了重大影响，并成为影响交通地理学科发展的重要背景。长期以来，我国经济生产和交通建设的环境，决定了我国交通地理学关注交通物质设施的区位选择与网络布局，重视各地区之间的运输联系及国家战略物资和大宗物资的运输问题，并取得了丰富的学术成果。但任何学科的发展都是与社会经济环境相适应，并结合最新的环境条件和社会经济需求，开展最新的各类科研命题的学术研究。如何从企业的角度，运用企业地理学的理念，分析交通运输的各类空间现象，也是交通地理学面临的重要方向。

企业地理学是经济地理学的重要分支学科，也是应用性比较强的学科。以欧美为主的发达国家的工业经济发展，促使经济地理学率先开展了企业地理研究，并逐步形成了这样一个分支学科。我国在20世纪90年代开始，部分学者也开始陆续投入到企业地理或公司地理的研究工作中，并将研究重点集中在工业企业的各类空间问题上，但较少地关注流通领域的各类企业。王成金博士所著的《物流企业的空间网络模式与组织机理》综合集成了企业地理学和交通地理学的研究理念与方法及技术，分析了流通领域的核心企业——现代物流企业的地理学现象，剖析了物流企业的布局、集聚、网络和运营等系列空间问题，尤其是重点提出了其空间网络构建模式与组织机理，并从区域发展的视角凝练物流网络的空间组织模式。这本书在理论上有着明显的学术成果，是企业地理学和交通地理学近年来出版的一本好的学术著作，丰富了这两个分支学科的理论体系和技术方法。

任何具有竞争力和彰显力的研究团队，往往都是老中青相结合并长期以来努力工作的结果，而青年人的培育和成长则对研究团队的建设有着基础作用。鼓励并支持年轻人在学术事业上茁壮而健康地成长，是我长期以来的工作原则。正如第一次给王成金博士作序时所言，我希望他能够继续在交通地理的研究道路上不断努力，取得更多的研究成果，发挥更为重要的引领作用。但学术人才的成长也是一个不断提升的过程，也希望他不要局限于交通地理的学术领域，应积极拓展研究方向，更活跃地参加各类科研和学术活动，重视更多的经济地理问题的学术研究，承担更多的科研实践任务，成为一名优秀的经济地理学者。

2014 年 1 月 1 日于北京奥运村科技园区

序　二

　　交通运输地理学是我国人文地理学重要的一门分支学科，在理论体系建设和研究方法创新方面具有特色，在城市与区域发展、国土开发和全球化等应用领域一直发挥着重要的作用。近几年来，一批从事交通运输地理学研究的青年学者迅速成长，并正在逐步担纲起研究的中坚力量。青年学者们经过几年的持续而集中的研究，形成了大量的学术成果产出和一定的学术积累，在国内外知名杂志陆续发表高质量论文的同时，开始系统汇集成著作进行出版，在学术界中赢得了良好的声誉，这是令人值得高兴的事情。其中，王成金博士就是这些青年学者中的一名。

　　王成金博士从硕士研究生期间开始，就一直从事交通地理学的研究工作，学术领域精专，研究方向突出。从他进入中国科学院地理科学与资源研究所工作以来，作为我国知名交通运输地理学者金凤君研究员的主要科研助手，先后参与了人文地理团队所组织的一系列重大科研任务，出色圆满地完成了各项工作。在融入地理科学与资源研究所经济地理研究团队过程中，他的学术水平、工作态度及其合作精神都得到大家的肯定。2005年开始，他与许多青年人陆续参与了我主持与组织的许多课题项目，包括京津冀都市圈区域综合规划、全国主体功能区划方案及遥感地理信息支撑系统、西江经济带综合规划、汶川与玉树地震灾区资源环境承载力评价、区域发展路线图等科技项目课题。在这些课题执行过程中，他主要是协助金凤君研究员承担交通基础设施专题的研究与规划工作，在积极完成所承担任务的同时，积累了大量的实践工作经验，并从工作中凝练出一系列科学问题进行深入探究，形成了一批理论创新有深度、实践应用有价值的学术成果。

　　经过长期的理论研究和工作实践，我深深体会到，区域发展的影响因素和作用机制具有显著的时空分异特征，中国不同历史时期区域发展的条件、因素和路径及机制是不同的，尤其是交通设施网络、运输联系和物流成本等因素一直对区域发展的格局和过程有着直接、深刻的影响。20世纪90年代以来，区域发展的成本愈加体现为物流成本的高低，大量的物流企业迅速发展，并成为支撑区域发展和社会经济流通的重要力量，对社会经济系统的高效运转有着重要意义。同时，现代物流业也开始成为各区域发展的重要新兴产业，在多数的区域发展规划中都有突出的体现，尤其是以现代物流为核心的大型物流节点，包括物流基地、物流园区、物流中心、配送中心等空间集聚体纷纷在区域中产生并发展，甚至形成对区域发展具有引领作用的增长极，影响了区域空间结构与功能体系。王成金博士在长期以来的研究和工作基础上，形成了《物流企业的空间网络模式与组织机理》这本学术著作。在这本著作中，他以物流企业为研究对象，着眼于城市内部、城市区域、区域、全国、国际乃至全球等不同的空间尺度，提出了物流企业网络构建的一般性空间模式：空间布局、空间集聚、空间网络与空间运营，并阐述这种空间模式的产生机理与运作机制，揭示了物流企业网络对区域发展的影响。本著作是近年来交通地理和企业地理领域的重要文献和研究成果，它丰富了我国交通地理学与经济地理学的理论研究，对我国现代物流网络的构筑和区域发展也具有积极的指导价值。

在张文尝、金凤君等前辈学者的带领与指导下，地理科学与资源研究所已经形成了一支老中青相结合交通运输地理研究团队，在国内外学术界、在国家有关部门和地方政府产生着越来越广泛的影响，王成金博士是交通运输地理研究团队的核心成员，在学科建设中发挥着骨干作用。我希望今后他能够继续专心研究、认真做好学问，放眼国际学科前沿，把握我国发展实际，为交通运输地理学研究不断提升和创新尽责、用心、出力。期待王成金博士有更多更好的科研成果产出！

2014 年 1 月 1 日于北京奥运村科技园区

前　言

一

现代物流是生产力发展到一定阶段的产物。从 20 世纪初期开始，欧美国家开始关注物流的研究和实践。尤其是 20 世纪 90 年代以来，世界生产组织和经济发展的环境不断变化，社会分工和专业分工日益细化，现代物流的发展直接冲击了世界经济运行模式。工商企业开始重组物流业务而将企业物流进行社会化，成为"第三利润源"，因此产生了第三方物流的专业化组织者和承担者——物流企业。从世界范围来看，基于实业界实践的需要，物流学、军事后勤学、经济学和管理学等不同学科均对现代物流给予高度关注。目前，国际学术界对现代物流的研究，主要集中在物流基本问题、企业物流改造、物流技术、第三方物流和供应链管理等方面，对物流企业的空间组织研究比较少。我国传统物流的实践时间较长，其研究也具有一定历史；但现代物流的研究和发展主要始于 90 年代，到目前为止仅有 20 多年的时间，物流理论内容尚未形成体系，物流研究和实践仍较为落后。目前，我国物流研究主要遵循着"物流概念→企业物流→第三方物流概念"的轨迹，整体上尚未进入"物流企业"阶段，所以我国对于物流企业的研究成果较少。

物流企业是物流市场的主体，其发育对物流市场的发展乃至整个物流业和社会经济运行都有深远意义，现代物流也由此成为区域发展的新增长点。尤其是 20 世纪 90 年代末期以来，中央政府及各部委逐步将现代物流业提高到重要地位，出台政策推动现代物流业的发展；同时，许多地方政府非常重视现代物流业，纷纷制定了发展规划，将现代物流企业列为重点内容，并成为各省和各地市"十一五"规划和"十二五"规划的亮点。在这种背景下，我国各种类型的物流企业纷纷涌现并迅速发展，成为发展最快的一种企业。目前，我国物流企业的市场竞争力较低，其重要原因是尚未构筑有效而覆盖范围广阔的空间网络，空间网络组织对物流企业的发展至关重要。但目前物流企业研究主要集中在物流学和管理学领域，这些领域都未能对其空间组织给予关注，地理学也忽视了该研究。

本书正是基于这种发展背景与科学命题，采用交通地理学和公司地理学的研究理念，从物流企业的企业要素属性和物流要素属性两个角度，分析物流企业网络的空间组织机理，演绎其空间模式，考察其适用性。本研究不仅可以在理论上丰富物流学和地理学的理论，而且对我国物流企业的培育和发展具有积极的指导意义。

二

从地理学的角度研究现代物流，源于交通地理学。现代物流的概念内涵和发展过程表明，物流与交通运输有着紧密的联系，现代物流的地理学研究采用了交通地理学的许多理念、技术手段与方法。交通地理学是研究交通运输在生产力地域组合中的作用、客货流形成和变化的经济地理基础，以及交通网和枢纽的地域结构的学科，其核心的研究对象大致分为交通基础设施网络、交通运输联系网络和交通组织网络，相互之间形成了一定的产业链关系和空间依存关系。在各个历史时期，社会经济需求的不同，决定了学者们对研究对象的关注程度不同，形成了交通地理学的研究脉络。在此过程中，现代物流的地理学研究一直徘徊在交通地理学的边缘。

物流企业是一种承担物流活动的专业化经济组织，运输是最为重要的物流活动，组织运输、配送活动是最为重要的企业功能。在交通地理学领域，传统的铁路运输企业、公路货运企业、航空货运公司及航运公司是运输活动的主要承担者，属于物流企业的行业范畴，为传统的物流企业。长期以来，交通地理学重视交通设施网络（如道路网、铁路网、机场、港口码头等）的研究，并一直成为该领域的核心；20世纪90年代后期开始，学者们关注空间流（物流、客流、信息流和资金流等）的研究，通过交通流考察城市或区域之间的社会经济联系与交流模式。在此过程中，运输企业或物流企业的空间行为研究，一直没有得到重视。经过长期的建设和发展，我国已经拥有了规模庞大、覆盖范围广的交通基础设施网络，高速公路、国省道和铁路等交通方式进入了"普适化"应用时期，未来交通设施的大规模建设将不再是交通行业的焦点，而运输网络资源的优化整合和有效配置将成为重点。

在此过程中，物流活动的组织者成为物流资源空间优化和配置的重要执行者，传统运输企业与各种新兴物流企业的地位开始凸显。尤其是随着运输管制的放松，企业开始在运输市场和物流市场上日益活跃，企业行为的空间效应日益重要，对区域发展乃至国土开发与全球社会经济联系有着重要的支撑作用。在此背景下，运输企业成为交通地理学的重要研究对象，这种趋势在欧美早已开始，如对快递公司和航空公司的研究，交通地理学向更精细化的方向发展。以物流企业为研究对象，显然符合了交通地理学的研究趋势与最新理念。

三

本书共分为十章，核心内容主要分为三部分。

第一章至第二章，为物流企业组织网络研究的基础理论部分，重点阐述本研究的意义与理论框架。第一章为绪论，主要介绍本书的研究背景与意义，界定基本的概念与科学内涵，回顾评述国内外的研究现状与进展，奠定本书的基本立论。第二章为物流企业网络空间组织的理论基础，主要在简要阐述物流企业要素属性的基础上，从企业要素和物流要素的流动规律出发，建立物流企业网络空间组织的理论基础，构筑"空间分布→空间区位→空间集聚→空间网络→空间运营"的理论模式，形成本书的理论基础。

第三章至第七章，为物流企业网络空间组织的理论分析与案例实证。本部分重点对物流企业网络的空间分布、区位选择、空间集聚、空间网络和空间运营等内容进行了深入地刻画、分析和论证。第三章主要分析了物流企业的宏观布局，探讨在全球与全国尺度上的特征与空间模式，考察了其影响因素及作用机制。第四章主要论述了物流企业的微观区位选择，包括区位成本与区位因子、区位指向，以及不同类型物流企业的区位选择模式。第五章主要分析了物流企业的空间集聚与集群，包括物流企业集群类型、布局条件与空间指向、产生机理与演化模式、内在联系与运行机制。第六章主要讨论了物流企业的空间网络结构，重点从城市网络、区域网络和外部网络三个角度，分析了企业网络结构、功能分异、区位分离、网络联系与演化模式，考察了物流企业网络的空间组织形式、原则与基本模式。第七章主要研究了物流企业网络的空间运营，从路线物流、物流配送、物流网络三个角度，分析了物流活动的组织模式与机理、空间结构与演化过程及运作机制。

第八章至第十章，为物流企业网络的深化延伸研究。本部分主要对物流企业网络的全球化扩张与轴辐物流网络模式的适用性及物流企业的发展战略进行研究和分析。第八章为国际物流企业的全球化网络组织，主要阐释物流企业网络全球化扩张的动力机制、空间模式，分析其物流网络的基本特征，重点论述国际物流企业进入中国的时序路径、扩张模式、区位选择及网络拓展规律。第九章主要研究了区域轴辐物流网络的空间组织，简要阐述了物流网络组织的空间模式，论述了轴辐物流网络的空间组织机制，包括空间模式、形态演化、运行机制、构建步骤等，并从城市、区域、全国和全球等空间尺度，验证轴辐物流网络的适用性。第十章考察了物流业发展趋势与物流企业战略，主要从物流行业、物流市场和产业政策等角度，阐述现代物流业的发展趋势，从市场开拓、企业网络和功能优化等角度提出物流企业的发展战略选择。

四

在本书的研究和撰写过程中，得到了国家自然科学基金委员会的大力资助，属于系列基金项目的主要成果产出。

2008年，本人获得了国家自然科学基金委员会的青年基金资助项目"基于城际物流的我国城市关联系统的实证研究"（批准号：40701045）。本项目主要是利用城市之间的物流数据，剖析城际物流的发展机理，考察城市交流网络。在该基金项目的资助下，对物流企业网络与物流网络的空间组织进行了更为深入的研究，重点考察了物流企业网络的地理结构和物流网络组织机制。

2011年，获批了国家自然科学基金委员会的面上资助项目"港航企业的物流网络整合及对港口体系的影响机制"（批准号：41171108）。在该项目的资助下，基于新的理念和研究方法及技术，对物流企业网络的空间组织机理进行了更为深入地分析和充实，尤其是新增加了四部分的研究内容，分别为第三章（物流企业的宏观布局模式）、第八章（国际物流企业的全球化网络组织）、第九章（区域轴辐物流网络的空间组织）和第十章（物流业发展趋势与物流企业战略），按照著作的撰写框架，对研究成果进行系统化地整理，最终形成了本书。

物流企业的空间网络模式与组织机理

Preface

The development of modern logistics is the natural outcome of economic development in the new era. Since the early 1900s, many countries in Europe and North American began to pay their attention to the development of logistics. The study of logistics has gained much momentum especially after the 1990s as the production organization and economic development has become increasingly globalized. The division and specialization of labor has further promoted the role of modern logistics, which has in turn impacted directly the operation of global economic system. Business and industrial firms have reorganized their logistics system and externalized some or all of their logistics activities, leading to the birth of "the third profit sources". Based on this, logistics enterprise has emerged and become the specialized organizer of the logistics activities. At the global scale, several fields including logistics, military logistics, economics and management sciences have developed an interest in examining modern logistics based on the practice of firms and industries. However, most scholars emphasize the aspects such as the fundamental issues of logistics, market logistics, reform of enterprise logistics, logistics technology, third-party logistics and supply chain management. Very little research is done on the spatial organization of logistics firms. In Mainland China, there is a rich history of the development and the theoretical research of traditional logistics, but lacks in the work on modern logistics that started in the late 1990s. A comprehensive theoretical framework of logistics theories is yet to be developed. The logistics research in Mainland China has followed a path of "logistics conception→ logistics enterprise → the third party logistics conception", with "logistics enterprise" as the weakest link that calls for more in-depth studies.

Logistics firm is a principal component of the logistics market, and its development has a profound impact on the whole logistics industry and socio-economic system. Modern logistics has also become a new growth pole for regional development. Since the late 1990s, the central government of China and its various ministries and commissions have positioned modern logistics to a more prominent role and issued a series of policies to promote its development. Many local governments have also followed the suit and formulated plans of developing modern logistics industry, evidenced in their "11th Five-Year Plan" and "12th Five-Year Plan". Numerous logistics firms have emerged and developed rapidly. However, overall logistics firms of China are less competitive in the international market. One important reason is the lack of effective spatial networks, which play a key role for the development of logistics enterprises. Most researches on logistics enterprises are conducted in the fields of logistics and management science without adequate attention to the spatial organization of individual firms. On the other side, researchers in the field of economic geography have yet warmed up to this topic.

With understanding of enterprise factors and logistics factors in logistics firms and the theoretical foundations in transportation geography and corporation geography, the author analyzes the spatial organization of logistics firm network, examines its spatial pattern, and investigates its applications at various scales. This book not only enriches theories in logistics and economic geography, but also provides valuable guidance for the development of logistics firms in China.

Geographical research on the modern logistics is originated from transportation geography. The conception and development of modern logistics indicates that logistics has a close relationship with the transportation. Geographical research of modern logistics benefits from many ideas, methods and technology of transportation geography. Transportation geography is a branch of economic geography that studies transportation and movement of people, goods, and information within or across regions. It studies different modes of transportation such as road, rail, aviation and waterway, and their relationships to people and the environment in various regions. Its core subject is transport infrastructure network, traffic network and transport organization network with their industrial chain relationship and spatial interdependence. During each era, the social and economic conditions dictate the interests of researchers in different areas. A common negligence is research of spatial networks of modern logistics in geography.

Logistics enterprise is a highly specialized economic entity of organizing various logistics activities, and transportation is its most important function. In the transportation industry, railroad firms, trucking companies, airline and carriers are the main undertakers of transport activities and also the traditional logistics firms. For a long time, the transport infrastructure network (including highway network, railroad network, airport, seaport and terminals) has been the core of transportation geography. After the 1990s, researchers began to study the spatial flow (such as cargo flow, passenger flow, information flow and capital flow) and investigated the social-economic linkage and interaction patterns among regions or cities. However, the research on the spatial organization of transport firms or logistics firms has not attracted much attention. After decades of development, China has become a country with massive networks of transport infrastructure. It is not the construction but the optimal utilization of transportation infrastructure that will become the emerging new focus of our research.

Therefore, the organizer of logistics activities becomes the undertaker of spatial optimization of logistics resources. With the deregulation of transportation industry, traditional transportation companies and emerging logistics firms have begun to play an important role in the transportation and logistics markets. They have also gained strong supports from regional development and land development initiatives, and developed global social and economic linkages. Transportation firms such as express delivery companies and airlines have become an important subject of transport geography research, especially so in Europe and North America. This book's focus on logistics firms represents the global trend and new direction of transportation geography.

The book has ten chapters, structured around three main themes.

Part I includes Chapters 1 and 2, and introduces the basic theory of spatial network of logistics firms. Chapter 1 provides the basic background of this book and its significance. It also reviews the main concepts in this field, and examines the study progress. Chapter 2 introduces the theoretical basis of spatial network of logistics firms. After a brief discussion on the industrial factors or resources of logistics firms, it attempts to provide the theoretical framework for organization of spatial network of logistics firms. That is, "spatial distribution→spatial location→spatial cluster and aggregation→spatial network→spatial operation".

Part II includes Chapters 4 through 7, and covers the theoretical analysis of spatial network of logistics firms and related empirical studies. It provides a detailed description, discussion and verification of spatial distribution, location choice, spatial aggregation, spatial network and spatial operation of logistics firms. Specifically, Chapter 3 covers the large-scale (national and global) distributions of logistics firms and influence factors. Chapter 4 discusses the location choice of logistics firms at the micro scale, including locational cost, locational factor, locational preferrence and transportation modes. Chapter 5 mainly analyzes the spatial aggregation of logistics firms, including cluster patterns, distribution factors, development process, and interior linkage. Chapter 6 discusses the spatial network of logistics firm in terms of intraurban, regional and interregional scales, and covers the network structure, function differentiation, locational differentiation, linkage and evolution mode. It further probes the basic mode of spatial organization of logistics firm network. Chapter 7 analyzes the spatial operation of logistics firm network, such as organization pattern and mechanism, spatial pattern and evolution of scheduled routes, distribution and logistics network.

Part III includes Chapters 8 through 10 and provides more in-depth research of logistics firm network. It provides the analysis for the global expansion of logistics firm network, examines applicability of hub-and-spoke system of logistics network, and discusses development strategy of logistics firms. Chapter 8 chiefly analyzes the dynamics and spatial patterns of the global expansion of logistics firm network, and discusses the basic features and characteristics of their logistics network with emphasis on the temporal and spatial paths, location choice and expansion of international logistics firms in mainland China. Chapter 9 discusses the spatial organization of hub-and-spoke logistics network, such as the spatial pattern, evolution of spatial morphology, operational mechanism and development stages, and verifies its applications in various scales (urban, regional, national and global). Chapter 10 analyzes the developing trends of modern logistics industry from the perspectives of logistics industry, logistics market and industrial policies. It also examines the development strategies of logistics firm from the perspectives of market development, spatial network and function optimization.

This book has benefited from several projects sponsored by the NSFC (National Natural Science Foundation of China).

Ten years ago, I developed a strong interest in the study of modern logistics when I was a PhD student. In particular, I was triggered by a class on the logistics firms and the third party logistics, and began accumulate the theoretical knowledge of modern logistics and practices of logistics firms. In 2004-2005, I completed my doctoral dissertation titled "spatial organization of logistics firm network", which laid out the foundation for this book.

In 2008, I was awarded the Young Scientist Project of the National Natural Science Foundation of China, titled "The Inter-Urban Logistics and Urban System in Mainland China" (No. 40701045). The project's main objective was to investigate the interurban linkage network based the analysis of logistics data inter. Supported by the project, I developed more in-depth and detailed research on the spatial organization of logistics firm network and logistics network.

In 2011, I was awarded the second project by the National Natural Science Foundation of China, titled "The Integration of Logistics Resources by Carrier and Terminal Operator and Their Influence Mechanism on the Port System" (No. 41171108). Funded by this new project, I continued to carry out more detailed analysis on the mechanism of spatial organization of logistics firm network. This forms the foundation for four chapters, i. e., Chapter 2 (the macro distribution mode of logistics firm), Chapter 8 (the global organization of international logistics firm network), Chapter 9 (the spatial organization of hub-and-spoke logistics network) and Chapter 10 (the future developing strategy of logistics firm). Based on a new framework, I have restructured all research results with updated maps in this book.

During the research of the modern logistics, Professor Maojun Wang in Capital Normal University offered many constructive ideas. I would also like to thank several young geographical scholars, including Dr. HuiMing Zong in Southwest Normal University, Dr. Yujuan Pan in Beijing Normal University, Professor ABUDUWEILI Maihepula in Institute of Social Sciences in Xinjiang, and Dr. Jianke Guo in Liaoning Normal university. Finally, I would like to thank Professor Fahui Wang in Louisiana State University and his family. Thank you all for helping me through the whole process of writing this book.

目　　录

物流企业的空间网络模式与组织机理

物流企业的空间网络模式与组织机理

第一章

绪　　论

　　20 世纪 90 年代以来，世界生产组织和经济发展的环境不断变化，社会分工和专业化日益细化，工商企业重组物流业务而不断将企业物流进行社会化，第三方利润源凸显，现代物流开始发展，尤其是经济全球化促使物流网络的全球化，各层级政府的扶持政策也促使物流企业兴起并快速发展。本章在阐释以上研究背景的基础上，简要阐述本研究的基本概念，首先剖析了物流研究客体，界定了第三方物流和物流企业的概念，然后从不同视角探讨了物流企业的类型划分体系。同时，基于本研究的科学问题，从第三方物流、企业地理学、经济地理学、交通地理学、物流地理学和企业空间组织等主题，回顾了国内外关于现代物流和物流企业的研究进展，并进行简要总结和评述，考察开展物流企业网络空间组织研究的必要性和意义，建立本研究的立论基础。

第一节　研究背景

一、社会分工与物流社会化

　　社会再生产是生产、流通和消费三个环节组成的有机整体。流通将制造产品、创造价值的生产活动和使用产品的消费活动连接起来，是商品从生产领域向消费领域运动的经济过程。物流则联结生产、交换、消费等环节，促使专门从事物流活动的经济部门和就业人员产生，形成具有独立职能的经济领域。随着企业经营方式的变革，世界经济对供应商、顾客和物流企业进行了重新分工（王子龙和谭清美，2003）。20 世纪 80 年代以来，欧美国家对物流领域进行了整合，首先整合企业物流资源，形成以企业为核心的物流系统以及独立的企业物流部门；随后资源整合拓展到整个产业链，形成了以供应链为核心的社会化物流系统，使物流从生产和销售领域中分离出来，发展为专业化的经济领域，并由独立的经济组织——物流企业来承担，这使物流不再是生产过程的附属部分，而成为社会分工的组成部分（彭望勤，1998）。这样就产生了专业化的第三方物流，90年代在欧美地区快速发展，物流业成为独立的专业化产业部门。

随着经济发展，企业采购、仓储、销售和配送等协作关系日趋复杂，企业间的竞争不再是产品性能和质量的竞争，而是快速反应的竞争，即物流能力的竞争。20世纪90年代后，市场竞争加剧，企业不可能包揽所有业务，必须将有限的资源集中于核心业务。企业物流社会化在该背景下产生，工商企业及所有不以物流为核心业务的企业，通过契约把全部或部分物流业务，交由专业化的物流企业来运营。这促进了物流职能的专业化，形成了专门从事物流活动的组织。第三方物流可使工商企业的物流成本降低30%~40%，竞争力快速提高（Lieb et al.，1993；Boyson et al.，1999）。目前，美国有49%的企业已将物流外包，日本高达80%，欧洲为65%，这为专业化物流企业及物流产业发展提供了市场基础和经济环境。长期以来，受计划经济体制的影响，我国工商企业奉行"小而全、大而全"的组织模式：产供销一体化、仓储运输一条龙，未形成社会化的物流市场。我国的物流社会化始于20世纪末，尤其是"三资"企业和改制后的本土企业逐步实行物流外包，生产企业进行全部物流外包的占18%，部分外包的占55%。根据中国仓储协会的调查，使用第三方物流的企业仅占22%，并集中在沿海地区，2004年北京146家连锁企业中仅有20家依靠第三方物流。

二、第三利润源与现代物流

现代物流是生产力发展到一定阶段的产物（胡春芳，1989）。历史上曾有过两个提供利润的领域：资源与人力。资源领域的利润最早通过廉价原材料、燃料的使用而获得，随后依靠科技进步而节约消耗，被称为"第一利润源"。人力领域的利润获取最初是通过雇佣廉价劳动力而减少劳务费用，随后依靠科技进步而提高劳动生产率以降低人力耗用，被称为"第二利润源"。后来，在资源领域里，每次科技进步都需要巨额投资，边际效益越来越低，"第一利润源"的空间越来越小，企业将目光投到人力领域。20世纪80年代，产品供大于求，市场竞争加剧，企业为了提高市场份额，被迫增多雇佣人员以加强市场销售，"第二利润源"的空间也越来越小。日本学者提出了"物流冰山学说"，揭示了物流领域的巨大利润空间，改进物流系统被称为须待挖掘的"第三利润源"（王莉，1997），这促使实业界将目光集中在物流领域。总体来看，各种利润源同生产力的不同要素有对应关系：第一利润源对应生产力要素中的劳动对象，第二利润源对应劳动力，第三利润源对应劳动工具，同时又挖掘劳动对象和劳动者的潜力。

该背景下，物流领域的潜力被人们所重视。传统分散的物流活动已不能适应经济发展，其高成本和低效率成为社会经济运行的瓶颈，被视为"经济的黑暗大陆"。物流成本随着远方市场的扩大、竞争的激化和流通途径的复杂而逐渐增加，甚至商品的物流费用高于生产费用。20 世纪 90 年代，如何降低物流成本提到议事日程上。《2000 年美国年度物流状况报告》指出，1999 年美国物流成本占GDP 的 9.9%，欧洲为 10%，日本为 6.5%，而中国为 16.7%，摩根·斯坦利亚太投资研究组指出：中国年均物流费用超过 2000 亿美元。如图 1-1 所示，根据中国物流年鉴，2001 年中国社会物流总费用约占 GDP 的 20%，2010 年为17.8%，下降很小；其中，运输费用占社会物流总费用的 54%，保管费用占33.9%，管理费用占 12.1%；自运车辆占运输车辆的 70%，空载率为 37%；原料库存超过 30 天，产品库存在工业企业达 45 天，在商业企业达 35 天，而 1997年美国商品周转期仅为 12 天；中国产品从生产者到消费者的过程中，95% 的时间耗在储存、装卸、运输上。这说明中国经济运行的物流成本远高于欧美国家，与快速增长的宏观经济相比，物流业发展已滞后。这些时间和成本空间便是巨大的利润源，物流成为继降低物资消耗、节约劳动消耗后的重要利润源。

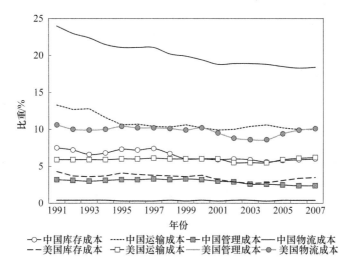

图 1-1　1991～2007 年中国与美国的物流成本比较

三、经济全球化与物流网络化

20 世纪 80 年代中期开始，经济全球化逐步发展，使世界经济越来越融为一个整体。21 世纪以来，经济全球化与跨国公司的深入发展，为世界贸易发展和物流组织革新带来巨大的推动力，经济活动的地理范围不断扩大，国际经济联系不断加深，形成全球化的统一市场。尤其是跨国公司在全球范围内构建采购、生产和销售网络，优化配置各类生产要素，形成了全球生产网络。各个部门在全球范围内布局，根据各自的比较优势，形成新的国际分工格局。在此过程中，我国凭借廉价的劳动力资源和各种优惠政策，成为世界产业转移的重要承接地区。许多跨国公司来我国投资设厂，"两头在外"、"来料加工"、"前店后厂"等各种经济模式快速发展，促使我国成为工业产品的生产基地和"世界工厂"，沿海地区成为全球生产网络的重要节点区域，尤其是珠江三角洲、长江三角洲和环渤海地区成为重要的制造业基地。

新生产管理方式的发展往往伴随着新物流系统的构筑。全球生产网络的形成促使全球供应链的发展，在全球范围内组织供应链活动，包括原料、零部件、中间产品到最终产品乃至零售商和消费者的运输、仓储、配送。这深刻影响了工商企业的区位成本，并对物流企业、核心企业、上下游企业的空间关系和价值关系进行重新配置，实现了全球范围内的采购、运输、生产、配送和消费，实现供应链的一体化和快速反应。物流活动的全球化带来了物流网络的全球化。物流网络全球化是以满足全球消费者为目标，组织货物在国际间的合理流动，把商品的采购、运输、仓储、加工、整理、配送、销售和信息等方面有机结合起来，选择最佳的方式与路径，以最低的费用，将货物从某国家的供给方运到另一国家的需求方。具体表现为：物流实体的全球化流动，全球化的物流设施网络，物流网络的全球化组织，物流网络网点的全球化布设。随着我国成为世界贸易网络和经济联系的重要节点，尤其是随着我国从世界生产基地向全球采购中心的转变，物流需求将急剧膨胀。

四、政府物流规划与扶持政策

我国市场经济体制尚不完善，现代物流作为新型经济形式，其发展受政策的影响比较大，各级政府对现代物流的认识和管理对物流企业的发展有深刻影响。目前，多数主管部门认为传统物流企业开始向现代物流企业转型，第三方物流正在形成，同时意识到制约现代物流发展的主要瓶颈是政策体制不健全，认为主管部门应为物流企业提供优惠政策和指导。基于以上认识，多数地区设置了协调和管理物流的行政部门，但中央层面对物流的管理仍分散于各部委。我国物流市场在初期发展阶段，受政府的影响较为深刻，这符合物流业发展规律。

20世纪90年代初期开始，尤其进入21世纪以来，政府逐步出台政策，推动现代物流业发展和物流市场培育，这为现代物流企业的发展提供了机遇。

1992 年，原国内贸易部印发了《关于商品物流（配送）中心发展建设意见》，提出大中型储运企业要向物流中心发展，建设社会化的配送中心，逐步发展区域配送，物流中心、配送中心应具有储存保管、集散转运、流通加工、包装、配送等功能。

2000 年，物流首次列入"十五计划纲要"，提出"发展主要面向生产的服务业，积极引进新型业态和技术，推行连锁经营、物流配送、代理制、多式联运，改造提升传统流通业、运输业和邮政服务业"。

2001 年，原经贸委、铁道部、交通部、信息产业部、外经贸部、民航总局联合下发了《关于加快我国现代物流发展的若干意见》，鼓励工商企业逐步分离物流业务，交通运输、仓储配送、货运代理等企业提供高效的部分或全程物流服务，积极发展第三方物流。

2002 年，原外经贸部发布了《关于开展试点设立外商投资物流企业工作的有关问题的通知》，在江苏、浙江、广东、北京、天津、重庆、上海、深圳等地区，开展外贸投资物流企业的试点，允许境外投资者采用中外合资、中外合作形式投资经营国际物流、第三方物流。

2004 年，国家发展和改革委员会、商务部、公安部、铁道部、交通部、海关总署、税务总局、民航总局、工商总局联合印发了《关于促进我国现代物流业发展的意见》，扩大物流领域的对外开放，鼓励国外物流企业设立分支机构，加快物流设施整合和社会化区域物流中心建设。

2006 年，国家"十一五规划纲要"提出大力发展现代物流，促进企业物流社会化；培育专业化物流企业，积极发展第三方物流；加强物流设施整合，建设大型物流枢纽，发展区域性物流中心。

2009 年，国务院颁发《物流业调整和振兴规划》，要促进企业物流社会化，培育具有国际竞争力的物流企业集团，积极发展连锁经营、物流配送和电子商务等流通方式，鼓励运输、仓储、货运代理、联运、快递企业的功能整合和服务延伸，加快向现代物流企业转型，重点发展九大物流区域，建设十大物流通道和一批物流节点城市。

2010 年，"十二五规划纲要"提出，大力发展第三方物流，优先整合和利用现有物流资源，加强物流基础设施的建设和衔接，推动重点领域的物流发展，优化物流业发展的区域布局，支持物流园区等物流功能集聚区有序发展。

目前，许多省市非常重视现代物流的发展，制定现代物流发展规划，培育现代物流企业。如早期的《"十五"及 2015 年深圳现代物流业发展规划》、《上海

"十五"现代物流产业发展规划》、《江苏现代物流发展规划（2002—2010年）》。据不完全统计，2002年发布和完成现代物流（业）规划的省市近30个，主要分布在珠江三角洲、长江三角洲等沿海地区。近期，许多省市相继制定了现代物流"十二五"规划或规划纲要，例如江苏、湖北、江西、天津等省市，许多城市也制定了现代物流业的"十二五"规划，如福州、成都、厦门、龙岩、荆门等城市。这些规划均将现代物流企业的发展列为重点内容。

五、物流企业兴起与发展态势

企业物流的外部化和政府的鼓励扶持，加快了第三方物流市场的发育，物流企业也得以快速发展。2000年开始，大街小巷可见挂有"物流"标识的车辆，这些大大小小的物流企业成为物流市场的主体。据不完全统计，2003年含有"物流"一词命名的公司就超过70万家，物流企业的注册每年以上万的速度递增，是发展最快的一种企业。尤其在2001年加入世界贸易组织（The World Trade Organization，WTO）、物流市场开放程度日益提高的背景下，我国物流企业得到了长足发展。根据调查，2003～2008年物流企业的平均发展速度是1998～2001年的5.7倍，2009年业务覆盖范围是2000年的11.8倍，物流企业年均业务投入实现了9.7个百分点的增长，硬件设施、经营管理和运作机制不断发展和完善，对其他产业的贡献率也以每年5.3%的速度增长。

但是，和国外同行业相比较，我国物流企业发展水平低，表现在以下方面。①企业起步低，多数企业由运输和仓储企业改造而来，功能少，难以发展物流供应链。②物流企业数量少、规模小、设备落后，普遍存在国内物流网络不健全的缺陷，国际物流网络尚未开拓，难以形成支持物流运作的空间网络，竞争力弱。③物流管理落后，信息渠道不完善，无法形成快速的信息传递网络。④现代物流理念淡薄，物流企业难以为工商企业提供供应链服务。由于这些原因，我国物流企业的市场占有率很低。根据中国物流与采购联合会和美国美智管理咨询公司（Merser）2002年初对第三方物流的调查：2001年我国第三方物流市场规模仅为400亿元，且相当分散。目前还没有一家物流企业拥有超过2%的市场份额。我国现使用第三方物流服务的企业仅占企业总数的15%，其中生产企业的原材料物流主要由供货方提供，第三方物流的占有率仅为21%；成品物流中企业自理比例更高；商业企业物流主要由供货方提供服务，第三方物流仅占13%。

物流企业的空间网络模式与组织机理

第二节 基本概念界定与内涵

一、物流研究客体

1. 客体结构

研究客体是一门学科的研究单元，是任何学科进行研究的单位。研究客体的划分取决于其技术经济属性的不同，既有地域尺度的涵义，也有规模等级的涵义，或有资本结构的不同。从经济地理学的角度研究现代物流，应首先分析物流研究的客体结构，明确其切入点，最大限度地彰显物流研究的空间差异内涵。任何地理实体或现象落到空间上，都具有范围与规模的大小差异。作者认为现代物流活动的地域表现形式包括物流环节、物流系统、物流企业、物流产业、物流经济形式等五种类型，每种类型属于不同的空间尺度或规模范畴，其空间内涵和经济意义均有明显差异。五种物流研究客体由微观向宏观依次过渡，如图 1-2 所示。其中，物流环节是物流研究的最基本客体，属于微观研究的范畴；物流系统也属于微观研究范畴；物流企业是中观研究客体，物流产业和物流经济则是宏观的研究客体。欧美国家的物流研究多着眼于物流的微观机制，而我国多侧重于宏观研究，两者都缺少中观单元的研究，或中观研究多为表面分析，未能深入探讨。

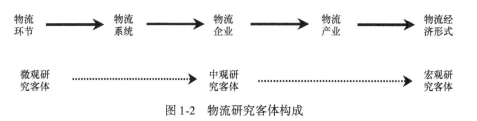

图 1-2 物流研究客体构成

2. 物流环节与物流系统

物流环节作为物流研究的微观单元，是进行物流研究最细小的单元或基础性单元。具体地讲，物流环节包括运输、仓储、包装、流通加工、装卸搬运、配送、物流信息管理等不同的物流功能部分。其中，运输环节又细分为公路、铁路、近海航运、远洋航运、内河水运、航空、管道和多式联运等具体交通方式。

物流环节还包括报关、拼箱、组装、分拣、配货等更为微观的物流活动。这是开展物流研究的基础单元。在欧美国家，物流研究多从微观单元进行分析，具有很强的实用性和操作性，这也是国外物流实践发展较快、技术水平较高、理论体系完善的原因之一。

系统是同类或相关事物，按一定内在联系组成，有一定目的、功能和相对独立的整体。物流系统依据产业联系或功能关系，将物流各环节或部分环节作为整体或分系统，物流系统研究则是以物流系统为单位的研究，以突出物流的整合功能和系统性。现代物流的重要意义就在于将属性相同但功能不同而相互间存在上下游功能联系或产业联系的物流资源进行整合，形成有机的功能系统。严格地讲，物流系统有狭义和广义两层涵义，狭义物流系统的概念是指由相关物流环节组成的具体物流操作系统，是微观概念；广义物流系统的概念主要从地域角度去诠释，是一定地域内各物流环节所组成的协作与联合系统，是宏观概念。我国以宏观研究为主，微观研究明显偏弱，未来物流研究应从宏观尺度逐渐转向微观尺度。

3. 物流企业

《辞海》对"企业"这一概念的解释为：企业是从事生产、购销、运输及服务性活动的法人单位。古典经济学认为，企业作为生产单位，其功能是把土地、劳动、资本等要素转化为一定的产出。毛蕴诗和王三银（1994）认为企业是具有一定目标，在生产或流通领域从事特定活动，向社会提供商品和劳务的经济实体。因此，企业以盈利为目的，是运用技术、资本、人力、信息和知识等资源，专门从事商品或服务的生产和流通等经济活动，具有独立法人资格的经济组织。物流企业首先是一种企业形式，须符合以上基本特征。Lowe（1991）在《运输和物流词典》中对"物流供应商"定义为：对那些为制造商、零售商和其他货物供应商提供物流服务的运输业者和第三方分销商或物流公司的总称。《物流术语》将其定义为：从事物流活动的经济组织。物流企业是物流活动组织的主体，是以提供物流服务为功能、挖掘物流利润为目的的服务性企业，利用自有或他人设备、人员和知识按照客户要求组织和承担物流活动，享有自主经营，并获得法人资格的经济组织。物流企业的运作机制、发展战略和组织管理等将成为物流研究和物流业发展的关键。关于物流企业的发展，政府极为关注，2000年江苏省先后颁布文件，要求物流企业由传统单一的货物运输向综合物流服务转变。因此，从物流企业的角度进行研究，对促进我国物流经济发展有重要意义。

4. 物流产业

物流产业是否存在，一直有争议。部分学者认为运输、仓储、货运代理等早就作为独立产业或行业而存在，如果物流是独立产业，其边界在哪里？其投入和产出又是什么？丁俊发（2001）认为目前我国物流业尚未成熟，部分学者认为物流业属于更大的商贸流通业。但欧美国家的发展证实，第三方物流占社会物流的50%时，物流业就会形成；中国台湾企业界认为物流是一个产业，把物流产值在GDP中单列（忻国本，1999）；宋力刚（2001）认为物流业包括运输业、储运业、通运业和配送业四部分。按《国民经济行业分类（2002）》，一个行业（或产业）是指从事相同性质的经济活动的所有单位的集合。从产业本身来看，产业须是那些在社会经济活动中承担不可缺少的功能，足以构成相当规模和影响的单元集合，物流业须符合三个规定性：规模规定性、职业化规定性、社会功能规定性（武云亮和袁平红，2003）。Hunt Valley Executive Resources 公司认为物流业是"运输、物流和供应链系统服务"，中国物流与采购联合会认为"现代物流已逐步从生产、流通过程中分离出来，成为由专业化、独立经济组织所承担的新型经济活动，成为新的专业化分工领域"；赵娴（1989）提出了物流事业的概念，是指具有一定规模、系统化、并与社会经济密切相关、经常性的物流活动。作者认为，物流业是一定阶段内社会分工不断深化和专业化不断发展的产物，是以物流活动为基本共同点的行业群体，包括运输、仓储、搬运装卸、包装、流通加工、配送、物流信息等子行业。物流企业共同组成了物流产业，从宏观的角度探讨物流产业，首先要在中观层面研究物流企业。

综上所述，我国重视宏观研究，重点是物流产业，而国外侧重于微观研究，重点是物流活动运作和管理。微观研究具有较强的操作性，但缺乏宏观指导；宏观研究可加强物流发展的宏观调控，但对物流运作缺少操作性。无论国外还是国内，物流研究都缺少中观单元的系统化分析。1987年中国物流研究会在首届年会（蚌埠）上，提出物流研究实行宏观研究和微观研究相结合的战略。物流企业是处于微观和宏观之间的中观研究单元，是物流活动的组织者和承担者。部分构成物流环节的物流设施是物流企业的基本资源，物流系统的组织和运作也须依赖于物流企业来完成，同时物流企业是物流产业的组成细胞，其微观运作形成了物流产业的宏观走向，从宏观角度分析物流业应首先从中观层面剖析物流企业。而且，物流企业是市场主体，物流服务是企业行为，因此物流企业是现代物流研究的关键。李小建（1999a）认为企业的跨产业部门发展普遍，经济活动的产业划分割裂了企业所从事的部门经营，尤其是现代物流是跨部门比较典型的领域，其研究更应着眼于企业尺度。从中观角度出发，加强物流企业研究，可衔接微观和宏观研究，将现代物流的微观操作和宏观调控有机结合。

二、核心概念阐述

1. 三方物流与五方物流

物流学中一直存在"三方物流"的划分，近年来部分学者又提出"五方物流"的论点。学者们按物流活动的特点，将其分为第一方、第二方和第三方物流。从供应链的角度看，第一方物流指凡是不以物流为主业的上游企业（供应链中的原材料供应企业）所从事的物流活动；第二方物流是指不以物流为主业的下游企业所从事的物流活动；第三方物流是指第一方和第二方以外，专门以物流为主业的企业所从事的专业化和社会化的物流活动。部分学者从物流经营的方式将物流细分为五方物流，形成物流金字塔（图1-3）。其中，第一方物流是指需求方采购某种商品而形成的物流（如赴产地采购）；第二方物流是指供应方提供某种商品而形成的物流（如送货上门）；第三方物流，简单地讲，是指供应方和需求方之外的第三方所组织的物流，复杂地讲，是指专业化的中间人（或代理人）通过契约为委托人提供所有或部分的物流；第四方物流是指提供物流信息的咨询服务；第五方物流是指提供物流人才的培训服务。

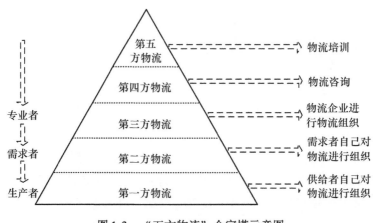

图1-3 "五方物流"金字塔示意图

2. 第三方物流

第三方物流存在多种定义，是物流研究中最具有争议的话题。第三方物流（third party logistics，3PL）是20世纪80年代中期才在欧美国家出现的概念。由于企业越来越重视核心竞争力，把非核心资源和业务进行外部化，物流社会化成为发展趋势，第三方物流由于其专业技术和综合管理的显著优势而得到迅速发展（王槐林和刘明菲，2002）。它是指供应方、需求方之外的物流组织方式，是物流渠道中由中间商提供的物流服务，中间商以契约形式在一定期限内提供企业所要求的全部或部分物流服务。国外也称其为"契约物流（contract logistics）"、"外包物流（outsourcing logistics）"、"代理物流"。Muller（1993）认为，第三方物流与外部采办和合同物流相似，指用外部公司去完成传统上由组织内部完成的全部或部分物流功能；但传统外部采办倾向于特别的物流功能，如运输和仓储等，第三方物流还包括参与企业的长期承诺、提供供应链过程的多种功能管理。部分学者认为第三方物流是对单一企业提供全部或部分物流功能的外部供应者；Simchilevi 和 Kaminsky（1998）认为第三方物流是通过一家外部企业来执行物料管理或产品配销的部分或全部功能。1996 年日本"经济结构的变革和创新计划"，将第三方物流定义为"由买卖双方以外的第三者按照货主要求受托完成相关的物流业务"（花房陵，2002）。根据美国第三方物流产业咨询顾问公司 A&A 的报告显示：2000 年美国物流企业营业额为 564 亿美元，比 1999 年增长 22.6%（魏际刚，2003）；欧洲第三方物流在物流市场中也占据了很大份额，如表 1-1 所示。

表 1-1　1998 年欧洲第三方物流市场概况

国家	国内物流费用/ 百万欧元	3PL 收入/ 百万欧元	物流支出/ 百万欧元	3PL 收入占物流 支出比例/%
德　国	26 528	8 074	34 602	23.33
法　国	18 784	6 911	25 695	26.90
英　国	15 485	8 150	23 635	34.48
意大利	12 102	1 771	13 873	12.77
西班牙	5 655	1 241	6 896	18.00
荷　兰	4 848	1 620	6 468	25.05
比利时	2 914	971	3 885	24.99
奥地利	2 746	637	3 383	18.83
瑞　典	2 610	737	3 347	22.02
丹　麦	2 175	543	2 718	19.98
芬　兰	1 662	415	2 077	19.98
爱尔兰	734	238	972	24.49
葡萄牙	674	137	811	16.89
希　腊	690	85	775	10.97
卢森堡	119	40	159	25.16

资料来源：王兴中．2000．欧美第三方物流．国际商业技术，2：16-20

我国第三方物流出现在 20 世纪 90 年代，学者们对此概念的理解也各不相同。霍红（2003）认为第三方物流是通过物流管理的代理企业（物流企业）为供应方和需求方提供运输、仓储、配送等各项物流服务。叶怀珍（2003）指出第三方物流作为生产与销售企业的外部组织，为用户企业或最终消费者提供全部或部分物流服务，包括物料后勤系统的规划、运营和管理等活动过程。在《物流术语》中，第三方物流被定义为：由供应方和需求方以外的物流企业提供物流服务的业务模式，王槐林和刘明菲（2002）、杨海荣（2003）也认同该界定，其中第三方是指提供物流交易双方的部分或全部物流功能的外部服务者，因为常以合同形式进行操作，又称为"合同物流"。

3. 第四方物流

第四方物流（4PL）的概念源于实业界，由安德森顾问咨询公司（Anderson Consulting）提出并注册。它是供应链集成商，可调集和组织自己及具有互补性的服务商的资源、能力和技术，提供供应链的解决方案；不仅控制和管理特定的物流服务，并对物流过程提出策划方案，使快速高效、低成本的物流得以实现。根据安德森顾问公司的界定，第四方物流是供应链整合者及协调者，组织与管理本身与其他互补性服务所有的资源、能力和技术来提供供应链解决方案。某种意义上，第四方物流是第三方物流的延伸，是第三方物流将物流规划功能进行外包（张新，2002）；澳大利亚物流局认为第四方物流是第三方物流在供应链上的下游支援，可使第三方物流专注于顾客服务和质量的提高（陈颖慧，2002）。在我国，第四方物流处于萌芽阶段，企业数量极为有限，2002 年广州安得供应链技术有限公司成立，成为我国首家第四方物流公司（李虹等，2003）。

第四方物流发展的前提是第三方物流能得到较好的发展，其社会经济环境得到培育。目前，第四方物流仍处于概念提出阶段，在我国的发展需要更长的时间。目前为止，很少有企业高度信任地将物流控制权交由物流企业。郝聚民（2002）认为欧美第三方物流是在第二方物流发展成熟的基础上而形成，而我国物流市场没有经历较完整的发展过程，在第二方物流市场还没有完善的前提下，第三方物流的理念和运作模式就引进过来，对第二方物流的整合面临很大困难。因此，作者认为，"三方"物流的划分较为合理，第一方物流即卖方或供应方组织的物流，核心业务围绕组织生产展开，目前占主导地位；第二方物流即买方或需求方组织的物流，核心业务围绕采购展开；第三方物流即由专业化物流企业承担的物流，提供物流服务是核心业务，从第一方和第二方物流过渡到第三方物流是革命性地飞跃。

三、物流企业界定

1. 物流企业争议

关于物流企业的概念界定和范围一直存在争议。

（1）王佐（2003）提出，尽管物流企业的概念界定已经有了标准，但由于历史局限性，该定义尚存在许多值得商榷的地方。具体表现为：单纯的运输、仓储和货运代理等企业不是物流企业，因为物流运作是管理服务；只有那些能为客户提供一体化物流服务的第三方物流企业才算物流企业。丁俊发和张绪昌（1998）认为原有批发零售企业、运输企业、仓储企业都不是物流企业。我国自20世纪90年代后，以仓储和运输为主的物流公司纷纷成立，在生产和流通领域从事配送和储存等服务，部分公司"翻牌"为物流公司。李建成（2002）认为这些物流公司并没有按物流要求进行物流系统设计、集成和管理，不能称为物流企业。该论点只为少数学者所持有。

（2）部分学者根据《物流术语》的定义：物流企业是从事物流活动的经济组织，认为传统运输、仓储和货运代理等企业都是物流企业。花房陵（2002）认为，物流业者是专门从事物流领域中的运输、保管、装卸、包装和加工等业务的企业，并进一步定义为"接受委托并承担物流业务的企业"。《中国物流发展报告（2001）》提到：多数第三方物流公司是以传统物流业为起点而发展起来的，如仓储、水陆运输、空运、货运代理和企业物流等。所以，物流企业是指从事物流活动的经济组织，独立于生产和销售及消费领域之外，专门从事与物品流通有关的各种物流活动的企业（袁炎清等，2003）。

2. 物流企业界定

界定物流企业的内涵，首先探讨以下几个问题。

（1）物流源于运输、仓储，对这些资源和功能进行整合并以此延伸和拓展，物流企业不是完全的运输和仓储经营者，但多是从配送、仓储业演变过来（叶怀珍，2003）。将传统的运输、仓储等企业排除在外，不符合我国国情，也不适应我国经济发展需要，而且不符合国际物流发展的规律。郝聚民（2002）认为第三方物流存在广义和狭义两层含义，广义上是指提供全部或部分物流功能的外部服务提供者，因此传统的运输公司、仓储企业等也列入第三方物流的范畴；狭义上是合同物流、集成物流和供需之外的第三方物流。目前，我国第三方物流处于初级发展阶段，其复杂性不断增强，这使任何物流企业都无法对所有物流业务高效完成，使某些领域由于其重要性而可能独立发展（王槐林等，2002）。国外第三方物流向世界 500 强企业提供的服务中，2/3 是运输和仓储服务，而供应链的深层次服务不足 20%，这说明物流企业不可能向工商企业提供完整的物流服务。在初级发展阶段，物流企业只能提供阶段性或功能性的物流服务，货主也不可能在短期内将企业物流全部社会化，这是物流市场供需状态的客观现实。因此，物流企业应强调物流服务的专业化，鼓励发展核心业务或主导业务。

（2）由于我国开展物流研究和发展现代物流的时间比较短，理论研究和实践发展都缺少经验及相关的社会经济环境，短期内现代化物流企业在我国仍难以发展成熟。

（3）第四方物流在国外是新出现的概念，第四方物流企业尚未形成规模，我国则处于概念引入和讨论阶段。第四方物流企业的创建是建立在第三方物流成熟并运营良好的前提下，而目前我国第三方物流处于起步阶段，无论从第三方物流环境还是从经营状态来看，都尚未形成第四方物流发展的社会经济环境，因此第四方物流在本研究中归并到第三方物流。

有鉴于此，作者将物流企业界定为：除了供求方和需求方以外的物流服务提供商，即指受供应方和需求方企业委托、专业承包并从事各项或部分物流活动（包括运输、仓储、装卸、包装、流通加工、配送等）的经济组织，具体包括运输企业、仓储企业、货运代理、配送企业等多种类型的物流企业。当然，物流企业可以不使用或只使用自己部分物流设施，也可以不进行具体的物流作业活动，而采用物流代理的模式（李建成，2002；彭望勤和刘斌，2003）。应明确的是，物流企业不包括工商企业的物流职能部门或兼营型物流部门，这种专职机构是大型生产企业或跨国公司为了满足企业自身物流的需要而设立的物流职能部门，不能界定为物流企业（王莉，1997）。

典型的物流企业具备以下特征。①物流功能综合化：除传统的运输、仓储、搬运装卸等物流功能外，还具备包装、流通加工、配送、信息管理等物流功能，并扩展至采购及订单处理、物流配送咨询、物流配送方案规划、库存控制策略等高增值性物流功能。②物流组织网络化：有完善、健全的物流组织网络，网络中各节点之间的物流活动保持系统性、一致性，整个物流网络有最优的运营方案与最低的物流成本。③反映快速化：能为生产者和消费者提供快速物流服务，满足客户的及时需求。须指出的是，物流企业须区分综合性物流企业和专业化物流企业。以上特征是针对综合性物流企业而言，而专业化物流企业则往往集中于某项或几项物流功能。

物流企业的空间网络模式与组织机理

四、物流企业类型

物流企业的划分具有不同的标准，并由此形成不同的体系。鉴于目前我国的发展环境，物流企业大致有以下几种划分方法。

1. 按职能类型划分

根据物流职能类型或主导职能，物流企业可分为运输型、仓储型、配送型、货运代理型和综合型。

（1）运输型物流企业：以从事货物运输为主的物流企业，包括货物快递服务或运输代理服务；可提供门到门、站到门、站到站等形式的运输服务和其他物流服务；企业有一定数量的运输设备，具备空间网络。根据运输方式，运输企业又分为铁路、公路、水运、航空等具体类型。

（2）仓储型物流企业：以从事仓储为主的物流企业，拥有货物储存、保管、中转等仓储功能，提供配送以及商品经销、流通加工等服务；有一定规模的仓储设施、设备，自有或租用必要的货运车辆。

（3）配送型物流企业：以提供近距离定期配送服务为主的物流企业，拥有仓储、运输、货物分拣、组装及流通加工等功能；拥有一定规模的仓储设施和运输车辆。该类企业的物流活动多限定于在都市区或城市内部，但大型企业也可以提供全国范围内的货物配送。

（4）货运代理型物流企业：为收货人和发货人的代理人，本身不从事具体的物流活动，主要是从事与物流合同有关的活动，包括储货、订舱、报关、清关、验收、转关和收款等代理功能，并多在口岸或港口等边境海关地区从事国际货物的代理活动。

（5）综合型物流企业：具有多种物流功能，提供运输、货运代理、仓储、配送等多种物流服务；可为客户制定物流资源整合的运作方案，提供契约性的综合物流服务；企业自有或租用必要的运输设备、仓储设施以及其他设备；企业构筑了一定覆盖范围的货物集散、分拨网络。

2. 按资产属性划分

第三方物流概念界定的不同也引起物流企业的类型不同，部分学者认为物流企业不拥有固定的基础设施，而部分学者认为物流企业包括拥有固定资产的企业。以基础设施为主的资金投入也是物流企业进行分类的标准。因此，根据是否拥有或租赁固定的基础设施，物流企业可分为资产型和非资产型两种类型。目前，美国有几百家大型物流企业，其中资产型物流企业是以运输和仓储为主的企业，非资产型物流企业以货运代理和咨询公司为主，总体上以资产型企业为多，1998年美国68%的物流企业是资产型企业，但非资产型物流企业呈现增长的趋势。

(1) 资产型物流企业：该类企业拥有运输工具、仓库、物流网点和机械设施等设备设施，从事具体物流活动的组织和操作。这类企业的规模往往比较大，物流业务量大，专业化程度高，拥有很高的市场竞争优势，但灵活性受到一定的限制。在我国，这类企业的数量比较多，如以运输和仓储为主的混合型物流企业。

(2) 非资产型物流企业：该类企业不拥有仓库、运输工具和物流网点等设施，或租赁运输工具等少量物流设施，从事物流系统设计、库存管理和物流信息管理等服务，将运输和仓储等物流作业转包给资产型物流企业来承担。这类企业运作灵活，管理费用较低。国际物流企业进入我国初期，往往没有物流设施，而通过合资、合作、代理、租用仓库等形式开展物流服务。研究表明，非资产型物流企业的利润明显高于资产型物流企业。

3. 按服务范围划分

物流企业是专业化从事物流活动的经济组织，而物流活动存在地域层次性。不同的物流企业，其主要的服务范围往往不同，并集中在不同层次的地域内。根据网点设置、物流网络的覆盖范围，物流企业分为城市型、区域型、全国型和国际型等具有空间概念的类型。这种服务范围一定程度上也反映了企业规模的大小，全国型或国际型物流企业往往是大型综合物流企业，而城市型或区域型多为中小型物流企业，物流功能较少，资产规模较小。

(1) 城市型物流企业：指物流网点局限在城市内部或城市区域的物流企业。这类企业一般规模比较小，尚未形成物流网络，物流活动难以跨区域进行组织，竞争力比较弱，企业数量比较多。这主要针对以运输或仓储及配送为主导功能的物流企业而言。但部分局限于城市内部的物流信息企业可能规模较大，竞争力较强。

(2) 区域型物流企业：指物流网点扩大覆盖范围而跨越不同省区组织和开展物流活动的物流企业。但企业行为仍局限在某一区域，在不同区域间和全国内开展物流活动仍有一定的难度。这类企业一般拥有仓储资源、运输能力，形成了一定规模的物流网络。目前，这类物流企业的数量比较多。

（3）全国型物流企业：该类企业在不同省内设置了分支机构，物流网点覆盖全国，打破区域界限而在全国内组织物流活动。这类企业形成了比较完善的物流网络，有很强的行业优势和市场竞争力（袁炎清等，2003）。目前，我国物流企业的服务地域以国内为主，许多物流企业的前身是传统体制下的物资企业和运输企业，原本就具有庞大的物流网络。这类企业的数量比较多，随着现代物流的发展，其数量将进一步增多。

（4）国际型物流企业：主要指物流网络或分支机构不但覆盖全国，并在其他国家布局网点。这类企业的规模较大，具有很强的行业优势，并在全球市场中占有一定地位，但这类企业比较少。其中，国内物流企业是在国内物流网络的基础上向国际地域拓展服务范围，而外资企业是在国际网络的基础上向我国延伸市场空间。香港 68.6% 的物流企业已将其物流服务扩展到全球，只有 11.7% 的物流企业局限于香港本地。

4. 按企业产生来源划分

鉴于我国现代物流处于发展的初期阶段，从企业来源划分物流企业也具有一定的必要性。我国物流企业主要分为以下几类，这种划分在欧洲也存在。

第一类是由传统运输企业、仓储企业、货运代理企业改造而来的物流企业，改变原有单一的货运和仓储服务，不断拓展和延伸其物流服务，积极扩展经营范围，向专业化物流企业转变。这类企业的数量较多，但规模层次不一，以国有企业为主，例如中国外运股份有限公司（中外运）、中国远洋控股股份有限公司（中国远洋）、中国物资储运总公司、中邮物流有限责任公司和招商局物流集团有限公司。国际上，从事远洋运输的丹麦马士基集团（马士基）、荷兰铁行渣华，从事航空快递运输的美国联合包裹速递服务公司（联合包裹，UPS）和联邦快递集团（联邦快递，FedEx），从事公路运输的英国英运物流集团（Exel）、荷兰邮政集团（TNT Post Group），在最近的 10 年里完成了向现代综合物流企业的转变，成为各国物流发展的重要力量。

第二类是新成立的现代化物流企业，以民营企业为主。目前，这类企业较少，规模也较小，但具有现代物流理念和专业化的物流技术，提供多样化的物流服务和从物流方案设计到全程物流服务的组织与实施，例如宝供物流、锦程物流、南方物流。

第三类是合资或外资物流企业。随着我国物流领域的开放，国际物流企业或随全球协议客户进入我国，或走本土化战略，以合资及独资的形式设立物流企业，建立物流网络及物流联盟，在中国开展物流业务。这些合资、独资物流企业不断增多并逐渐形成与国有、民营物流相抗争的态势，如联合包裹、联邦快递、敦豪速递（DHL）及澳大利亚邮政等。

第四类是大型企业自办并逐步剥离的物流企业。部分工商企业将自身的仓储运输部门独立出来，并整合分布在不同部门的物流资源，形成独立的新型物流企业。比较典型的是海尔物流。这类企业不但负责企业内部物流，并面向社会提供物流服务，但数量较少。

第三节　研究进展回顾与评述

一、第三方物流

物流学是研究物资（商品）实体时空移动规律的新兴学科（苏科五，1998；叶杰刚，2001）。目前，"物流"一词在我国越来越多地被使用，物流企业大量涌现，许多工商企业成立了物流运营部，政府也认识到现代物流对社会经济发展的重要意义。我国物流研究始于20世纪80年代初，但直到90年代末，只有少数学者进行相关研究，如王之泰（1995）完成了《现代物流学》，吴清一（1996）撰写了《物流学》，其他相关的著作和文章甚少。20世纪末期，系统的物流学著作或教材开始出版，如1999年清华大学出版了《物流基础》等系列丛书。以2000年"现代物流与电子商务国际研讨会"为标志，我国开始掀起现代物流的发展热潮，许多省市乃至各县都积极地提倡发展现代物流，物流发展呈现"自上而下"的轨迹；各领域开始进行相关研究，成果急剧增多。

20世纪50年代以前，物流是纯粹的后勤工作，对综合物流和现代物流缺少概念和理论（Bowersox and Closs，1998）。60年代，欧美国家的第三方物流开始发展，但物流仍分散于企业的各个职能部门（Bowersox et al.，2000）。80年代开始，学者们关注第三方物流，包括第三方物流的特征、物流企业选择标准、第三方物流的决策机制及应用方法与技术。Boyson等（1999）认为物流社会化是为了：取得一流的能力，加速创造效益和分担风险，利用企业外部资源，减少和控制成本，有效处理难以控制的职能。中介机构（如代理商、运输商）也以第三方物流企业的标准进行重组，原来在运输产业链上相互独立的企业发展为可提供系列物流行动的综合提供商（Cheung et al.，2003）。第三方物流诞生后，欧美国家开展了多次企业调查，典型的有Lieb等（1993）对欧美500家企业和

Laarhoven 等（2000）对美国 51 家物流企业的调查，结果表明：第三方物流是合同导向的系列物流服务，是个性化的物流服务，企业间是联盟关系，第三方物流呈现兼并趋势。Chrisoula 和 Douglas（1998）根据第三方物流的服务类型及在企业战略中的角色，将其分为导入期、知晓期、需求期、整合期和差别化期五个演进阶段。Aoyama 等（2006）将物流企业分为第三方物流和第四方物流。运输管制的放松策略也促使物流企业不断扩展，并为许多发展中国家所引进和实施（Hesse and Rodrigue，2004）。

第三方物流的概念在 20 世纪 90 年代末传入我国，时逢流通体制改革，国有商业储运、物资、运输等企业面临转型，我国开始从物流供给方的角度开展第三方物流的研究，涉及内涵特征、市场定位、管理及个案研究。唐林芳和田宇（1999）、田宇和朱道立（1999）、陆薇（2000）对第三方物流的概念特征和实践进行了论述；胡双增和张铎（1999）认为物流一体化包括自身、微观和宏观物流一体化，第三方物流在自身一体化时出现，直接推动物流企业的产生；宋光森和胡双增（2000）提出我国第三方物流应采用综合代理的方式；骆温平（2001）系统地从理论、操作到案例对第三方物流做了研究。目前，我国物流企业规模小，功能少，货源不稳定，缺乏物流网络，呈现"小、少、弱、散"等特征，核心竞争力低。许多物流企业由传统运输和仓储企业升级而来，传统物流企业的改造是研究重点，徐剑华（1992）提出海运企业应建立综合物流系统，但怎样创建物流网络，未做出论述；兰丕武（1993）认为我国应积极发展物流企业，建设物流中心网络，但未能探讨物流中心网络的空间组织。乔晓静等（2001）分析了物流企业的国际化途径，提出建设全球物流信息网络和配送中心。许多学者用核心竞争力评价物流企业的运作水平，如郝聚民（2002）、蔡定萍（2003）、王恩涛（2003）、谢泗新和薛求知（2003）。以上学者对物流企业的论述侧重了管理学，而没有充分重视物流企业的空间内涵和地理意义。向晋乾等（2003）提出了物流企业集团的概念，形成由核心企业、紧密型核心企业（分支机构）、非紧密型企业（加盟企业）组成的联合体，这种论述具有积极的意义，但未能将这种企业网络落到地域上而形成空间网络。2002 年开始，物流企业得到许多学者的关注，部分学者关注我国物流企业的发展困境与问题，如马健（2003）、王恩涛（2003），但这些论述也未能从空间角度去剖析问题。以上分析不难发现，目前研究主要着眼于企业管理的角度，未能从企业空间行为尤其空间网络的角度，并通过具体企业的空间组织进行研究，而且其研究也多为宏观性地描述，不涉及具体问题和深层次问题；物流企业塑造核心竞争力的重要途径是空间网络的构筑，而这正是多数学者所忽视的内容，这成为目前物流研究的缺憾。

二、企业地理学

传统经济地理学多以区域为整体，根据官方或调研数据，选择定量方法，揭示区域发展规律。但这种方法却忽视了企业活动，有些区域经济现象从资源、技术、劳动力及政策等方面很难做出解释，它源于企业决策，这促使地理学家从公司组织的角度研究区域经济。伴随着企业组织结构及决策过程的复杂化，企业空间行为变得日益重要，为了研究企业行为和组织的空间意义，企业地理学应运而生（李小建，1999a）。李小建（1999b）认为第二次世界大战以来，经济地理学的主要研究客体是企业。20 世纪 50 年代后期跨国公司迅速增长，地理学者开始关注公司地理。在以上背景下，McNee（1958，1960）先后提出了"公司区"和"公司地理"的概念，企图"使经济地理学中仅仅对物的分析转移到对人及社会组织机构的关注上来"，着重研究公司地理决策、管理权力扩大的地理效应和区域规划。60 年代，企业地理学得到了推动发展。Krumme（1969）总结了企业地理学的研究内容：公司区位动机和行为、投资决策、区位决策、区位容限范围和区位调整。70 年代，企业地理研究侧重企业与环境的关系，并总结企业空间演变模型。80 年代以来，跨国公司得到关注，并重视对中小公司及集聚的研究，提出了新产业区。在企业地理发展过程中，研究范围从早期的钢铁、炼铝、汽车、化学等工业，扩展到电子、服装、农产品加工等行业，进而扩延至服务业。近些年来，公司内外部空间网络特征及与社会经济因素的关系受到关注，包括物质和非物质联系网络。

长期以来，我国经济地理学很少关注企业在经济活动中的作用（李小建，1999c）。改革开放后，企业的地理意义逐渐显现，国际企业地理研究也引起我国学者的注意，开始了相关研究。1990 年，李小建在全国人文-经济地理讨论会上，系统地阐述了公司地理的研究特点和内容；同时，王缉慈（1994）也开始关注企业地理。1992 年开始，我国学者在引入有关理论和方法的同时，从不同角度进行企业调查和分析。王缉慈（1993）以首都钢铁公司为例论述了企业地理的研究意义；魏心镇和王缉慈（1993）对企业集团的空间结构进行了实例分析；费洪平（1994，1996）将国有企业资料用于区域分析，探讨企业组织的空间联系；李小建（1998，2001）分析了国有企业改革对区域发展的影响。90 年代中期以来，相关研究逐渐丰富，苗长虹（1997）将农村工业企业与区域研究相结合，王缉慈（1996，2001）分析了高新企业的衍生、集聚和扩散的影响因素等问题，并探讨企业联系网络与创新能力的关系；仇保兴（1999）论述了中小企业的集聚及机制；阎小培（1996，1999）、路紫和刘岩（1998）将通信网络与企业组织相结合；王德忠（2002）从行政区划的角度研究了企业的扩张规律。改革开放以来，外资企业的发展引起地理学者的关注，李小建（1996，1997，1999b）研究了港商内地投资的空间行为及区位变化；其他学者如张文忠等（2000）、李国平等（2002）和杜德斌（2002）也从不同角度研究了外资企业与区域发展的关系。综上所述，90年代以来，我国地理学者分别对乡村工业企业、城市高科技企业、国有企业和外资企业进行了较为深入地研究。

通过以上分析可发现，目前企业地理学的相关研究集中在工业企业，即第二产业，对于流通领域企业的研究甚少。实际上，企业地理学不仅指工业企业的研究，还包括流通企业的研究。尤其是，随着现代物流和供应链管理的发展，经济体系逐渐向以物流管理为核心的企业体系发展，工商企业的发展已不能脱离物流企业的后勤支撑，甚至在一定程度上，物流企业直接决定了工商企业的发展和效益；而且，物流企业行为主要是跨区域组织物流活动的空间行为，其空间内涵更为明显。在这种背景下，企业地理学不能再忽视物流企业的相关研究，物流企业研究应在企业地理学中体现应有的地位。

三、经济地理学

物流属于流通领域，而流通流域是连接生产和消费领域的关键环节。长期以来，经济地理学重视对空间组织和空间系统、区域极化及扩散过程的研究。早期经济地理对物流活动的研究起源于对交通运输和商业活动的认识，农业区位论、工业区位论、中心地理论都从原料地、市场地及交通条件和成本等区位因素分析企业活动的空间特征。区域学派重视交通运输和企业间的联系及对城市和区域的发展作用，运输被认为是区域发展和企业布局的影响因子，如图1-4所示。20世纪60年代末至70年代初，经济地理学改变了传统的研究路径，很少涉及运输或配送的研究，尤其是新产业区内部的企业邻近关系似乎减少了对运输、仓储因素的关注，即使在大尺度的贸易研究中，运输仅被认为是一种剩余的影响或仅使距离减少。80年代以来，以克鲁格曼为代表的"新经济地理学派"将运输成本和空间距离作为国际贸易的重要因素进行重新考虑，使运输重新回到研究范畴，Dicken在第3版的《Global Shift》中将物流作为完整的一章进行论述，认为配送行业对任何经济活动或行业都是最关键和最基础性的。Aoyama和Ratick（2007）认识到各种生产组织形式如弹性专业化、JIT生产模式、业务外包和离岸经济都需要物流的专业化。新的生产方式往往伴随着新物流系统的构筑，部分学者借鉴经济地理理论逐步开展研究。须指出的是，经济地理学一直侧重于产业的布局研究，对物流研究很少涉及，Hesse 和 Rodrigue（2004）认为空间作用理论是基于运输成本和贸易的基础而发展起来，但经济地理学未能对物流的空间联系给予关注。目前，越来越多的学者关注全球生产网络、销售结构变化及消费的商品化，这些方面和过程要依赖于物流、资金流和信息流，然而物流却在地理研究、城市研究和区域研究中被忽视。过去，我国经济地理学一直重视研究经济活动发生与布局的资源条件、生产区位、经济体系的组织及消费的地理问题，对流通领域的研究相当有限（吕拉昌和闫小培，2003）。80 年代初，我国从欧美国家引入了现代物流理念，部分地理学者注意到物流的意义，如陈兴鹏和于雪鹰（1990）、王志国（1990）、张存浥等（1996）、王荣成和陈才（1993）、相伟等（2003），但这些研究中的"物流"仍是传统意义上的运输。吕拉昌和闫小培（2003）指出现代物流已整合到既有产业中，涉及区位和空间组织，深刻影响着生产和消费领域，但地理学者对物流的关注和研究程度远落后于对生产领域的理解。经济地理学应由重视生产和消费过程，转向重视整个经济过程的研究，尤其注重过去一直被忽视的流通领域。目前，经济地理学已超越了生产地理学的范畴，而发展为包括生产、流通、消费在内的广义的经济地理学。日益全球化的今天，物流已成为影响全球生产网络的重要因素，现代物流理念可使经济地理学进一步适应全球经营趋势，迅速由"静态"的布局向动态的经营理念进行调整，推动经济地理学向更高层次——管理方向迈进（吕拉昌和闫小培，2003）。

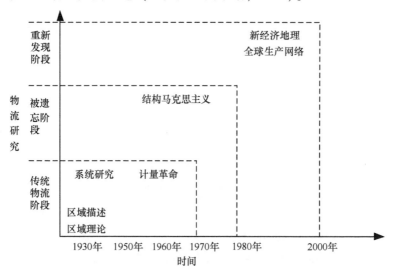

图 1-4　近代经济地理学流派与物流研究阶段划分

四、交通地理学

从地理学的角度研究现代物流，源于交通地理学。实际上，交通地理学研究交通运输在生产力地域组合中的作用，都涉及物流的研究。20世纪初，交通运输现象引起了地理学者的关注，相关研究奠定了交通地理学的基础，如德国的A.赫特纳和苏联的C.G.伯恩施坦-科冈等的著作。50～60年代，交通地理学发展成为经济地理学的独立分支学科，当时苏联的相关研究比较多，在区际联系、货流地理、运输经济区划、运输枢纽及交通条件评价等方面进行了深入研究。同时，欧美国家在海运、铁路和公路及航空等部门地理上进行了研究。我国交通地理学作为独立的学科进行发展始于新中国成立后，自50年代末到60年代中期，交通地理学的研究内容开始扩大，从铁路、水运等部门运输扩展到煤炭、粮食等大宗货物的流动、交通条件评价和区划、运输与生产布局、产销区划、区域交通网规划等方面；80年代初，又扩展到综合交通网的布局与规划、客货流与运输联系及区划、港口发展与布局、综合交通枢纽和城市交通问题等内容。交通地理学一直侧重于基础设施，包括港口、站场和线状通道等布局、运输量预测等研究。即使目前，学者们仍将研究集中于客流或个体移动的相关问题上。学者们忽视了现代物流对交通地理学的影响，现代物流的地理研究仍徘徊在交通地理学的边缘。这种忽视除了"边缘"功能的传统观念外，对自身研究领域模糊而狭义的界定也是重要原因，致使交通地理学未能及时接受和消化现代经济理念。直到90年代中后期，随着全球贸易、生产网络和配送系统的出现，部分地理学者开始注意到现代物流的地理意义，港口、车站、机场等终端设施建设得到重视（Klink and Berg, 1998；Drewe and Janssen, 1998），Hanson（1995）、Taaffe等（1996）、Hoyle和Knowles（1998）等在交通地理学或相关城市论著中因港口和贸易而增加了物流的内容，而之前的著作中均未能涉及，Dicken（1998）指出即使是经典的贸易理论也忽视了物流的重要性。Hesse和Rodrigue（2004）对这种现象进行了批判，认为交通地理学忽视了物流在地域上的空间联系。Dicken（1998）、Knox和Agnew（1998）认为交通地理学之所以忽视了物流研究，是因为传统观点坚持运输是其他经济过程的衍生产物或仅是一种"边缘"功能。而多数经济过程（如国际贸易、跨国公司等）的背后也揭示了物流的不同方面，即供应链管理和物流（Hesse和Rodrigue, 2004）。因此，Hesse和Rodrigue（2004）认为目前全球物流系统仍没有得到解决，因内源需求而产生的经典交通地理学因采用和融合了现代物流而变得模糊，这种转变要依赖于供应链和物流管理，因此需要发展更为精细的交通地理学，并提出了物流的地理意义演化模型。综合来看，部分地理学者已开始关注现代物流对交通地理学的影响，并进行了一定的研究，但仅为少数学者所坚持，地理学对现代物流的关注仍然有限，其研究仍徘徊在交通地理学的边缘。交通地理学仍忽视了物流活动的组织者——物流企业的相关研究，使交通地理学未能与企业地理学和现代物流相融合，这需要加快这一学科的研究转型，扩展研究范围和内容体系。

五、物流地理学

随着全球贸易、生产网络和配送系统的发展，少数学者如 Kinnon（1998）、Riemers（1998）等开始从地理配送的角度论述物流的空间涵义，物流地理学在国际地理学界中萌芽。但在交通地理学与物流学基础上发展起来的物流地理学，已与交通地理学大不相同，尤其是 90 年代物流市场的变化及其理论需求，催生了对现代物流基本问题的探索热潮。尽管国际物流地理学尚未形成系统化的理论体系，但也形成了部分研究。①物流是当前经济系统在全球、区域或当地等不同层次上发生变化的基础要素，研究物流不仅涉及其数量规模，更为重要的是空间结构和空间组织。Hesse 和 Rodrigue（2004）认为物流结构的变化具有明显的地理意义，可通过各种流（包括货物运输和车辆）、结点和网络进行研究；O'Kelly（1998）、SRI International（2002）则认为物流网络形成了区域、国家和国际三个层次的配送空间结构，并形成了一定的空间演变。②经济地理学对空间摩擦的研究，应从传统运输成本发展为包括物流成本、供应链组织、相互作用环境和物质环境四种要素的研究上，以上要素共同组成了物流摩擦（Hesse and Rodrigue，2004），如表 1-2 所示；传统运输成本主要考虑距离衰减规律，而现代物流成本追加了仓储、包装和加工，同时时间成本也开始同运输成本一样重要。③时空收敛是交通地理学的核心概念，Hesse 和 Rodrigue（2004）指出现代物流拓宽了这一概念，认为现代交通地理学关注通过结点和网络对各种流的时空组织和同步操作。Leslie 和 Reimer（1999）认为部分学者从世界系统出发，给予此概念更为广阔的涵义，包括生产、物流和消费等完整的供应链管理；这个概念取得了重大突破，从宏观和微观等层面将生产、流通和消费联系起来。④物流中心倾向于门户城市或枢纽，尤其布局在港口或空港或高速公路口。同时，物流功能集中在某战略区位的大型设施开始盛行，区位也因此而被赋予特殊的区域功能和长距离的区际联系（Hesse and Rodrigue，2004）。对比市区和郊区，Hesse（2002）认为郊区拥有更廉价的土地资源、无限制的交通联系、联系长距离物流和当地物流的区位优势，而且库存成本和交通成本的比较也支持了郊区的最优选择。为了在廉价地租和短距离运输成本间达到最佳权衡，物流企业努力将物流节点远离昂贵的地租市场，但考虑到成本，也努力靠近客户，所以物流节点布局在都市边缘地带也就成为必然的趋势。以上说明，国际地理学者开始努力将现代物流融入到地理研究中，但相对较少，这同"边缘"研究直接相关。随着现代理念的引入和不断融合，现代物流的地理学研究是必然趋势。

表1-2 物流摩擦的构成

阻隔因素	评价因子
运输/物流成本	距离、时间、集载、转载、分载
供应链复杂性	供应者的数量、配送中心的数量、组分的变化和数量
相互作用环境	竞争、合同、分包、企业间关系、运输管制（放松管制）等
物质环境	基础设施供应、公路瓶颈或拥挤、城市密度、城市、城市调整等

随着现代物流的兴起，我国部分学者关注到现代物流的地理意义，开始提出物流地理学，倡议加强物流地理学的学科建设和理论构建及实证研究。韩增林、王成金等在2000年地理学年会上提出发展物流地理学的倡议，吕拉昌和阎小培（2003）提出发展物流经济，创建物流地理学，研究物流产生的地理基础、空间分布、设施配置、流向及流量预测等，但这只是一个学科发展的开始，没有具体的理论框架。随后，部分学者针对物流地理的理论研究体系进行设计，如王成金（2006a）、潘裕娟和陈忠暖（2007）、宗会明等（2010）、阿布都伟力·买合普拉和杨德刚（2012）。在此过程中，物流地理的相关研究陆续开展，并集中在以下方面。①部分学者关注物流业和现代物流对区域经济和城市经济增长的促进作用，如周平德（2009）、张艳和苏秦（2011）、赵莉琴和郭跃显（2011）、谭观音和左泽平（2012）、薛东前等（2012）、金凤花等（2010），重点是设计系统化的评价指标体系。同时，部分学者关注现代物流网络尤其是大型物流设施对城市空间结构的影响机制，如郭建科和韩增林（2006）、韩增林和郭建科（2006）、谷艳博和宗会明（2012）。部分学者将物流上升为产业高度进行研究，陈璟和杨开忠（2001）分析了电子商务环境下我国物流业的发展，韩增林和王成金（2001）则从宏观角度探讨了我国物流业发展与布局的特点。②物流的空间组织模式为部分学者所关注，尤其是宗会明等（2008）从西方经济学的视角思辨物流组织特征、空间表现和形成机制的研究范式。王成金和韩增林（2004，2005）提出区域物流体系的概念，王成金（2005）提出物流要素的空间配置关系与物流经济发展的空间模式，并分析环渤海物流网络的运作机理（王成金和韩增林，2004），王

淑琴等（2004）论述了长江三角洲物流园区的空间组织一体化，而沈玉芳等（2011）分析了该区域的物流空间结构，潘裕娟和曹小曙（2011，2012a）分析了城市内部供给物流和销售的空间格局，并关注城市物流业的基本-非基本活动。部分学者关注大都市区或都市圈内的物流网络，如潘裕娟等（2005）、朱庆伟等（2006）、吴昊（2010）、郭建科等（2011），尤其重视配送网络的空间构筑，考察城市物流体系的空间结构。部分学者开始关注到区域物流网络的空间组织模式，认为轴辐网络是最有效和最重要的空间模式，如李文博和张永胜（2011）、潘坤友等（2006）。③物流企业的空间布局问题吸引了部分学者，韩增林和李晓娜（2007）分析了第三方物流企业的区位影响因素，王冠贤和魏清泉（2008）开始关注物流企业的布局问题，曹卫东（2011）、谢五届和李海建（2005）考察了苏州城市物流企业的空间布局及演化，莫星和千庆兰（2010）、曾小永等（2010）研究了广州市仓储型物流企业的区位选择问题，莫星和千庆兰（2010）分析了广州市运输型物流企业的空间分布特征，千庆兰等（2011）探讨了广州物流企业布局规律与影响因素。而部分学者将研究重点集中到物流企业的空间组织网络，如王成金（2008a）系统地提出了物流企业的空间组织网络，宗会明等（2009）分析了物流公司的物流网络组织，杨艳等（2012）将这种研究拓展到制造企业的物流网络组织，认为轴辐网络也是较为适用的空间模式。④部分学者关注到综合物流网络中重要节点的区位选择和功能配置问题，尤其是基于现代物流发展规划或物流中心建设的实践，提出了物流中心的建设和布局模式，如占英华和易虹（2000）、牛惠恩和陈璟（2000）。韩增林等（2003）关注物流园区及配送中心的布局问题，重点涉及影响因素、空间布局与功能配置。部分学者在规划经验的基础上探讨现代物流的理论，王利等（2003）、汪超和杨东援（2001）分别对区域物流规划、中心城市物流系统规划的理论架构进行探讨，顾哲和夏南凯（2008）分析了空港物流园区的区位选择与功能布局。

综合来看，现代物流已引起了地理学者的关注，尤其国外学者在现代物流的地理学研究中已取得了部分成果，但目前的研究相对有限。现代物流的地理学研究从产生起，就面临着与其他学科不同的社会经济环境，也就是由于这种环境的变迁才促生了现代物流，其空间意义才日益凸显。在目前社会经济环境中，现代物流的地理学研究不应再关注基础设施布局等内容，更为重要的是现代物流的空间组织，尤其是以企业为核心的物流空间组织，这点在国际物流地理学的研究中得到体现。物流企业作为现代物流空间组织的承担者，其行为影响了现代物流的组织模式，也就影响了区域空间结构的重塑，所以物流企业就应成为现代物流地理学研究的切入点，加强该方面的研究可将现代物流的微观操作和宏观调控有机结合。

六、企业空间组织

最早的企业空间组织研究是从单体企业开始的。从地理学的角度研究物流企业的空间组织，应追溯到区位论，1826 年杜能提出了农业区位论，1909 年韦伯提出了工业区位论，1933 年克里斯泰勒提出了中心地理论，1940 年廖什提出了区位经济论。李小建（1999a）认为这些区位研究（即古典区位论）的共同特点是侧重于单体企业（农场、工厂、商业点）的微观分析，尤其侧重于企业内部的最佳经济效果。该阶段，企业空间组织仅侧重了单体企业的区位选择和区位效益研究，并将效益最大化作为单一评断准则，但杜能也考察了企业经营（即不同距离土地的种植），而对于其他内容的研究甚少，处于企业空间组织研究的最初阶段。

第二次世界大战后，企业内外部环境发生了很大变化，企业的部门职能分化和区位分离开始出现，并加速向多部门、多区域和跨国经营的方向发展。孤立地以单体企业为研究对象对区位选择和区位效益的空间组织研究，逐渐显现出局限性，已不能揭示"公司帝国"的空间格局及演变。美国经济学家在区位论的基础上，开始对区域经济的整体进行研究。20 世纪 50 年代创立的区域科学，侧重于区域内企业间的联系和协调发展，地理学开始关注企业外部网络即企业外部经济的研究。McNee（1960）开始关注企业内部空间结构的研究，此后不少学者相继开展了此类研究，其中部分学者侧重跨国公司空间演变的研究（Clarke，1984；Laulajainen et al.，1995）。该阶段，企业空间组织研究主要集中于企业网络尤其企业内部网络，对企业外部网络有所论述，但相对有限，尚未涉及企业空间集聚。

企业集聚研究应追溯到区位论，但区位论仅把集聚作为影响企业区位的一个因子，并以单体企业作为研究对象，其研究就缺乏完整意义。系统的企业集聚研究以 80 年代中期开始的新产业区研究为标志。Krugman（1991）提出了产业群模型，认为企业一般倾向于集中在特定区位，但不同群体和相关活动又倾向于集结在不同地方。Piore 和 Sabel（1984）、Stoper（1989）、Harrison（1992，1994）、Hayter（1997）、Capello（1999）、Park 和 Markusen（1995）、Markusen（1996）和 Pang（1995）等众多学者进行了新产业区的研究。该学派加强了企业空间集聚研究，并侧重企业外部网络的分析。应指出的是，以上学者混淆了企业网络和企业集聚的区别，并将其等同；这是由于该学派着眼于宏观区位，未能从微观角度入手，这就难以辨析这两个概念。本研究认为，新产业区和企业地理的企业网络是同一个概念下两个层次的内容，分别代表了企业网络的外部网络和内部网络；在当时社会经济环境下，企业网络研究在新产业区和企业地理学两个领域中同步进行，但相互脱节。

目前跨国公司和经济全球化研究反映了企业地理学的新趋势。李小建（1999a）认为目前研究重点有：企业间联系网络变化与全球化；各经济活动（工业、广告、研发等）的全球化或与全球化的关系；跨国公司活动与经济全球化的关系；国家或区域政策与经济全球化。这些研究将视野放到全球的宏观层面，剖析了企业在大尺度上的空间行为；但以上研究忽视了区域和微观层面，又开始从微观研究走向了宏观研究，所以既有文献在一定程度上降低了其研究效力，未能揭示出微观机理。

从以上分析来看，如果将各学派及不同时段内的研究进行综合，国内外的企业空间组织研究基本遵循了"单体企业区位→企业内部网络→企业集聚（企业外部网络）"的轨迹，目前基本处于企业集聚和外部网络的研究阶段，尚未进入到"企业经营"的研究阶段。因此，部分学者对经济地理学"静态研究"的评论也就有一定的依据（吕拉昌等，2003）。吕拉昌等（2003）指出经济地理学应走向动态研究，并向最高层面——"管理"的方向发展。20 世纪末期开始，世界社会经济环境发生了巨大变化，尤其工商企业物流外部化所产生的第三方物流，深刻影响了社会经济系统的运行方式，新的生产组织方式在全球内逐步形成，以"管理"为研究内容的企业地理学也逐步形成。本书认为企业空间运营无疑是企业管理的研究范畴，同时也属于企业空间组织的研究范畴，但以上学者对这点均未能涉及；如果将该内容纳入企业空间组织的研究范畴，正适应了经济地理学的动态研究——"管理"的发展趋势。

物流企业的空间网络模式与组织机理

第二章

物流企业网络空间组织的理论基础

物流企业网络的空间组织不是单一学科能够解决的科学问题，而是跨越了很多的学科或领域的知识背景，包括交通地理学、现代物流学、企业地理学和企业管理学等。本章在综合各学科知识的基础上，构筑物流企业网络空间组织的理论基础，奠定本研究的理论框架。本章系统回顾了企业研究的经济学和地理学范式，考察了企业空间组织的研究框架；在简要阐述物流理论的基础上，深入论述了物流企业的要素特性，包括要素结构、要素理论、运动规律、要素流动路径等，提出了物流企业运营空间；重点设计了物流企业网络空间组织的理论框架，认为"物流企业区位选择→物流企业集聚→物流企业空间网络→物流企业空间运营"是研究物流企业网络的基本路径，而区位因子、空间模式、发展机理、内在联系与运行机制始终是物流企业网络研究要解决的科学问题。

第一节　企业空间组织研究框架

企业组织属于企业管理学的内容，但带有浓厚"地理"色彩的企业空间组织则属于企业地理学的研究范畴，以"空间流"为导向的物流网络组织则属于交通地理学的研究范围。探讨企业空间组织理论，在一定程度上要分析企业地理学的研究框架。企业地理学以企业为研究对象，主要研究企业空间行为、空间结构及其与环境的关系。

一、企业研究理论框架

企业研究可从许多角度进行分析和考察，目前研究主要集中在三个领域：经济学、管理学和地理学，其中经济学和管理学有很多内容相互交叉和重叠。根据撰写需要，作者主要论述经济学和地理学的企业研究框架。

1. 经济学研究框架

企业经济学对企业的研究内容相当丰富，不同流派从不同的角度对其进行了研究。目前，相关研究集中在以下方面：①企业性质；②企业边界；③企业治理结构；④企业组织和管理；⑤企业扩张；⑥企业能力（毛蕴诗和王三银，1994；杨浩，2001）。其中，企业性质、企业边界、企业治理结构等内容，主要从交易成本理论、产权理论、代理理论及制度经济学等角度进行研究；企业组织和管理则包括了企业破产、企业家、企业流程、企业经营和资产重组等研究内容；企业扩张主要依据生命周期规律，剖析企业扩张动力与约束、扩张能力和环境以及战略与途径等内容；企业能力研究主要是针对企业核心竞争力而言（程爱娟，2002）。经济学研究企业时，主要考虑时间因素的作用，一般忽视现实的空间，认为生产要素不需要费用则可瞬间从一个活动空间转移到其他活动空间，研究国际贸易时不考虑"空间摩擦"对国家间贸易实现的作用，即不分析运费对国际贸易的影响（张文忠，2003），这无疑降低了经济学对企业研究的效果。但诺贝尔经济学奖获得者 Krugman 的一系列研究，及在其所引领下的其他学者的研究，无疑开始重视距离和空间摩擦对企业的地理意义。

2. 地理学研究框架

从地理学的角度研究企业组织是企业地理学的研究范畴，主要着眼于企业的空间行为，研究企业行为及企业和区域之间的关系。Krumme（1969）总结了企业地理的主要研究内容，包括：①企业区位动机和行为；②投资决策；③区位决策；④区位容限范围；⑤区位调整。Krumme 的总结奠定了企业地理的研究框架，但随着企业内外部环境的变化，该研究框架也不断变化：20 世纪 70 年代开始侧重公司与环境的关系，总结空间演变模型；80 年代开始关注跨国公司的全球活动，重视研究中小企业及集聚，提出了新产业区的概念；近些年来，企业内外部空间网络特征及其与社会经济因素的关系受到关注。基于 20 世纪末社会经济环境和研究进展，李小建（1999a）认为企业地理学主要研究企业空间结构、空间行为及其与环境的关系，具体包括：①企业增长的空间意义；②企业内部结构的空间意义；③企业与环境的关系；④企业活动与区域发展的研究。对比李小建和 Krumme 的研究框架可发现，李小建的观点无疑扩大了企业地理的研究内涵，其内容在 Krumme 的基础上进行了扩展，从单纯的企业研究延伸到企业-区域系统的研究。

二、企业空间组织研究框架

企业空间组织是空间结构建造的一个过程。美国地理学家哈格特（Haggett）认为分析空间结构的第一个要素是"运动的模式"，即不同地方之间的货物、居民、货币、思想等的运动形式；第二个要素是"运动路径"，研究运动路径或网络的特点；第三个要素是"节点"，即网络或路径的交点；第四个要素是"节点的层次"；第五个要素是"地面"；第六个要素是"空间扩散"。同时期的莫里尔（Morrill）认为区域空间结构构成要素包括节点、通道、流、网络和等级体系。

任何企业都有一定的组织结构，组织结构决定了企业组织的形状或空间形态。毫无疑问，企业空间组织属于企业地理学的研究范畴。但作者认为，企业空间组织不等同于完整的企业地理研究内容，而仅是企业地理的部分研究内容，而且物流企业的空间组织研究框架也同传统经济学和企业地理学有不同之处。

企业组织一直是经济学的研究重点，但其研究主要是从企业管理和制度等方面入手，探讨企业内部及企业间的组织结构，尽管也涉及了部分空间组织的内容，但相对有限，而且研究深度也有限。企业空间组织强调的是企业的空间内涵，主要是指如何在空间上合理配置企业的各项资源，包括财力、物力、人力和信息等，在空间上形成有机的企业网络整体，从而构筑起企业活动顺利开展的空间平台。企业空间组织涉及很多内容，部分学者对此早有论述，如费洪平（1995）、李小建（1996）和王辑慈（1994，2001）等。但以上学者主要考虑了企业空间组织的某些方面，费洪平（1995）对企业空间组织的研究主要是针对理想状态下的企业内部网络不同组分的职能和区位进行分析；李小建（1996）主要侧重了企业内部空间结构的组织和全球背景下的企业空间扩张；王辑慈等（1994，2001）主要侧重了企业在某地域的集聚及在此背景下的企业外部网络，以上三位学者及其他学者都着眼于从某些方面或某角度进行研究，均未形成完整的企业空间组织研究体系。

作者认为，企业空间组织主要是研究企业从单一企业向企业网络的拓展过程中，从单一区位向多区位、甚至多国区位的扩张过程中，从微观地段到宏观区域，从企业内部到企业外部，企业如何在空间上配置和优化资源，并通过怎样的途径在空间上实现企业生产或企业活动，如何组织企业内部各个部分的排列顺序、空间位置聚散状态以及各要素之间相互联系。根据以上内容，作者认为企业空间组织研究的逻辑路径为"单体企业区位→企业空间集聚→企业空间网络→企业空间运营"，如图 2-1 所示。应指出的是，该研究路径不同于以上学者的观点，主要表现为两方面。①既有的研究主要是从空间组织的某些方面或某角度进行分析，尚未形成完整的企业空间组织研究体系，而作者力图将企业空间组织的不同方面或过程相融合或整合，形成相对完整的研究体系，一定程度上可更深入地揭示企业空间组织的过程和机理。②即使对既有研究进行综合以形成研究体系，多数学者仍仅侧重于企业在"量"和"质"上的研究，停滞在"企业空间网络"的研究阶段，这说明既有的空间组织研究多着眼于静态的分析和连续时间序列下的动态考察，而对同一时段内的企业动态研究均未能涉及，对基于企业空间网络的后续阶段——企业空间运营均未能给予关注，即既有研究均忽视了企业的空间运营，而本研究则将静态研究和动态研究完整地结合起来。③借鉴经济地理学中"空间–经济–社会"三个层面的要素，物流企业网络组织的分析框架可以从"空间–经济–社会"三个视角来构建，包括区位选择、空间集聚、企业网络和运营网络，相互之间的联系与关联，有助于全面认识物流企业网络的空间组织机理。

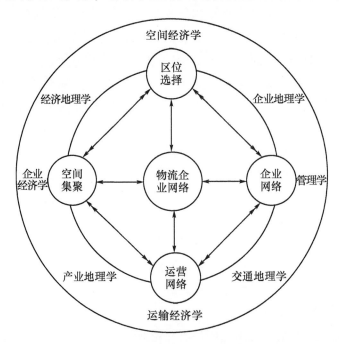

图 2-1　物流企业网络空间组织的研究视角

物流企业的空间网络模式与组织机理

第二节　物流企业的要素属性

物流企业除了遵循一般企业的空间组织规律外，必须符合物流本身的属性特征，因此分析物流企业的空间组织，必须首先分析物流要素和物流企业要素的空间属性。

一、物流企业要素结构

企业是不同要素的结构集合或空间集合，是通过一定的组织形式将不同要素相联结或相组合或相整合，形成具有主导功能而内部又形成部门职能分工的要素系统。尽管组成企业的要素很多，但作者认为，任何一种企业的组成要素基本上可归并为两类。一类是企业组织要素。该要素的属性决定了其组织形式或模式是企业，是一种基础性企业资源要素。另一类是行业属性要素。该要素的属性决定了企业的行业属性，并界定了企业的经营范围。不同的企业要素对企业空间组织的影响及实施机制是不同的，其中企业组织要素的存在决定了企业空间组织的一般规律，而行业属性要素则决定了企业空间组织的特殊规律。依据此论点，物流企业是由企业组织要素和物流属性要素所组成，其中，企业组织要素决定了物流企业的组织形式是企业，该类要素属性决定了物流企业遵循一般性企业的空间组织规律；而物流属性要素则决定了物流企业的行业属性，界定了其经营范围是物流领域，主要是向工商企业及终端消费者提供社会化和专业化的物流服务，该类要素属性决定了物流企业的特殊空间组织规律。

既然企业存在以上基本要素，那么企业的空间组织规则也由以上要素共同决定。物流企业的空间组织主要是因为物流属性要素和企业组织要素存在空间流动而产生，以上两种要素的空间属性和规则是决定物流企业空间组织的基础。物流企业不同于其他类型的企业形式，本身就是从事物流活动的专业化组织，而物流活动又往往是一种需要跨区域进行组织的空间经济活动，所以对物流企业的空间组织而言，行业属性要素的作用更为明显。但无论物流属性要素如何起作用，物流企业的空间组织都脱离不了企业这个平台，即行业属性要素的空间作用是在企业组织要素平台上开展。对于企业组织要素的空间属性，企业地理学已有较多论述，在此不再赘述。作者认为更为重要的是剖析物流属性要素的空间属性，这样才可以揭示出物流企业的特殊空间组织规则。

二、物流要素理论阐述

物流要素学说主要从组成要素的角度分析现代物流的技术经济属性，其中涉及了物流要素的空间内涵，这是物流企业进行空间组织的理论依据。目前，物流学界对物流要素的分析，主要从纵向、横向和功能三个角度进行论述，以下对其进行简单地阐述。

1. 物流要素横向分析

部分学者从横向角度，提出了"物流三要素"和"物流六要素"学说。①物流三要素学说：1997年，我国物流学者何明珂提出了"物流三要素"学说，认为现代物流的组成要素主要包括载体、流体和流向。其中，"流体"是物流中的"物"，即运动的货物或物资等实体；"流向"是物流的运动方向，其存在表明了物流的实际意义，即产生了空间位置变化，形成了位移；"载体"是物流进行位移变化所凭借的运动工具和装卸工具等操作手段。②物流六要素学说：2001年，"物流三要素"学说被改进为"物流六要素"学说，袁炎清和范爱理（2003）认为物流的基本要素包括流体、载体、流向、流量、流程和流速。其中，"流体"是物流中的"物"，即物质实体，具有自然属性和社会属性，自然属性指其物理化学和生物属性，社会属性指其所体现的价值属性。"载体"是流体借以流动的物质设施和设备，大致分为两类，第一类是基础设施，多是固定的；第二类是设备类，以基础设施类为载体，通常可移动。"流向"主要指流体从起点到终点的流动方向，有自然流向、计划流向、市场流向和实际流向。"流量"是通过载体的流体在一定流向上的数量，流量和流向是不可分割的。"流程"是指通过载体的流体在一定流向上行驶路径的数量表现。"流速"是指通过载体的流体在一定流程上的速度，关系到物流时间的节约和物流成本的减少。显然，"物流六要素"学说细化了"物流三要素"学说，两种学说均是对物流要素的集中分析，对剖析物流活动的空间规律具有积极的意义。

2. 物流要素纵向分析

部分学者从纵向角度出发，提出了"物流四要素"和"物流六要素"的论点。①"物流四要素"理论：该理论认为物流要素主要由动素（element of movement）、动作（motion）、作业（operation）、作业环节（chain of operation）四个方面的要素所构成。②"物流六要素"理论：杨海荣（2003）从物流系统的角度出发，将物流系统表述为物流六要素系统；其中，"物流六要素"指人（劳动力）、财（资金）、物（相关物资）、设备（机械设备）、任务和信息。从以上分析来看，从纵向角度分析物流要素组成，显然是将企业组织要素和物流属性要素相融合起来进行分析，以上两种学说在物流学界也具有一定的影响力。

3. 物流功能要素分析

从功能的角度分析物流要素，是物流学界较为普遍的分析方法。物流是物体从供应者向需求者进行位置转移的物理过程，包括运输、配送、仓储、搬运装卸、流通加工和包装及信息管理等物流环节。袁炎清和范爱理（2003）认为现代物流企业由运输、配送、储存、装卸搬运、包装、流通加工、信息处理等要素组成。物流克服了商品在供给者和需求者之间的各种间隔，包括空间间隔、时间间隔、形体间隔和信息间隔，创造了商品的空间价值、时间价值、形体价值和信息价值。在各种类型价值的创造过程中，不同的功能要素分别起主导作用。具体如图 2-2 所示。

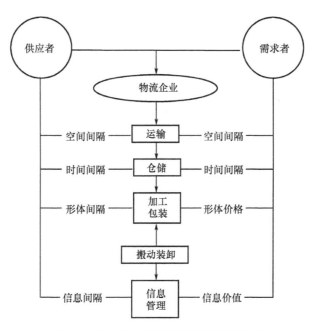

图 2-2　物流企业功能和价值创造的关系

运输是物体在不同地域间的载运，配送是从物流节点至用户的近距离送货形式，包括备货、储存、分拣、配货、分送，以上功能要素克服了供给者与需求者间的空间间隔，是物流创造空间价值的主要功能要素。

仓储是对物资或商品进行堆存、保管、保养、维护等活动（丁立言和张铎，2002a），仓储克服了商品的时间间隔，是物流创造时间价值的主要功能要素。

流通加工是对商品进行必要的加工，如编码、分割、切剪、喷漆、染色等，包装是指对物品进行包封并予以适当地装潢和标志，以上功能要素解决了商品的形体间隔，是物流创造形态价值的主要功能要素。

信息处理是指物流信息的收集、整理、加工、储存和服务等，从创造价值的角度而言，最重要的是物流信息交易。信息处理解决了商品的信息间隔，是物流创造信息价值的主要功能要素。

搬运装卸是搬运和装卸的合称，在同一地域内改变物资的存放、支承状态的活动为装卸，改变物资空间位置的活动为搬运，这两种活动普遍存在于其他环节中（叶怀珍，2003）。

综合来看，现代物流的各项功能要素和价值创造是密切相关的，该论点对剖析物流企业的空间网络组织具有一定的意义。

三、物流要素运动规律

空间经济学认为，空间结构是社会要素、经济要素和自然要素等众多要素的相互作用形式和空间位置关系。其中，经济要素是最为重要的要素，而物流要素是经济要素中最为基础的要素，分析物流属性要素的空间流动规律对剖析物流企业的空间组织很有必要。

1. 要素特性

在经济系统内，物流属性要素是一种技术经济属性突出的经济要素。作者认为物流属性要素具有流动性、亲和性和吸附性等特性，三种特性的发生机制和相互作用机理如图2-3所示。物流属性要素相互之间发生频繁地联系和作用，使要素属性发生质变，进而影响了区域内各类要素配置的时序秩序、级序结构、联系网络，从而改变或重塑、优化区域物流空间结构。

流动性指部分物流属性要素具有较强的不稳定性和活性，由于其基础地位和作用，能激活其他经济要素以及社会要素和自然要素，所以物流属性要素较其他类型经济要素更容易在地域上发生位移，在地域间进行运动（曾菊新，1996）。流动性是物流属性要素的根本特性，也是其他特性的基础。

亲和性指物流属性要素容易与其他经济要素、社会要素以及自然要素发生相互作用与影响，并进行交流和结合，产生复合效应。物流属性要素的亲和性不仅

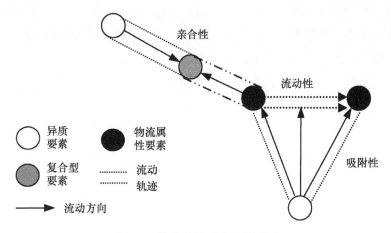

图 2-3　物流属性要素特性图解

是指同质要素之间的易结合并有密切联系，而且是指物流属性要素与异质要素间的联系与结合的属性（曾菊新，1996）。

吸附性，物流属性要素作为基础性经济要素，不是单一的要素系统，物流属性要素在地域上的流动，容易吸引其他类型的经济要素、社会要素及自然要素向以物流属性要素为中心的方向进行集聚，并同其发生作用和结合，在物流属性要素为主的基础上形成复合型的社会–经济–自然要素集聚体（曾菊新，1996）。

2. 物流要素的运动规律

1）方向性

物流是物资或商品从供给者向需求者进行空间转移的物理过程，其概念首先强调了位移变化，是一种运动状态。既然物流首先是一种运动状态，就应存在方向性，这种方向性表现为"供给者→需求者"。这说明物流属性要素的地域流动并不是无序的，而是固定或集中在某个方向上运动，这种方向性同前文提到的"物流六要素"的论点（横向角度）相耦合。

2）物流要素的集聚

由于物流要素的流动性比较强，而且具有较强的吸附性和亲合性，其运动存在一定的方向，这就使物流要素较其他要素易于在地域上进行集聚，表现为两种形式。①点状集聚，即物流要素主要向某些节点进行集聚，结果是具体区位上形成了配送中心、物流中心、物流园区等节点，宏观上则形成物流中心城市（例如大型的综合交通枢纽城市）。②带状集聚，即物流要素在较大的地域内，从周围地区向某些线型地带或基础设施进行集聚，结果形成物流通道，如果考虑其他经济要素和社会要素则形成物流经济带，典型的空间模式有张文尝和金凤君（2002）等学者提出的交通经济带，如哈大经济带。物流要素的集聚是其他要素集聚的前提，只有产生了物流要素集聚，其他要素才会在物流要素的特性作用下形成点状和带状集聚（陆大道，1995；陈才，2001），如图2-4所示。

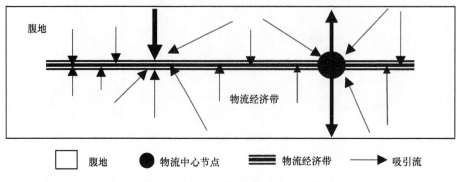

图 2-4　物流经济带与腹地关系图解

3）物流要素的扩散

由于物流是一种运动状态，是一种矢量过程，所以对于不同的物流过程，其运动方向是不同的，因此相对于集聚而言，物流要素存在扩散的空间现象。依据集聚形式，物流要素在扩散时呈现辐射状、片带状和网络式等形式。其中，辐射状扩散是指物流要素以物流节点（包括微观层面的物流园区和宏观层面的物流中心城市）为核心向外呈辐射状扩散；片带状扩散指物流要素在带状集聚（指物流经济带）的基础上所呈现的扩散方式，是若干点状扩散相连成线的结果；辐射状和片带状扩散的衔接形成网络状扩散，这是现实经济地域运动中较为常见的扩散形式（图2-5）。

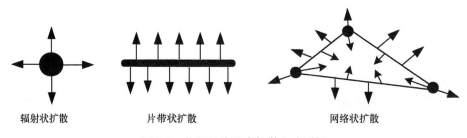

图 2-5　物流经济要素扩散方式图解

四、物流企业要素流动

1. 企业要素流动

迄今为止，空间是多数经济活动的载体。从古典企业到现代公司，其发展总是离不开一定的空间，并因此具有深刻的空间内涵。企业要素的空间内涵表现为三方面：企业要素的空间流动、企业的区位选择、企业组织结构的空间拓展，这构成了企业的基本空间内涵或地理意义。三者中企业要素的空间流动最为主要，因为后两者是前者的具体表现形式，所以探讨企业要素的空间流动具有积极的意义。李小建（1999b）认为经济地理学应研究经济要素的流动等问题，孟宪昌（2001）认为企业空间演变实际上就是企业要素的流动过程。目前对企业要素流动的研究多侧重于制造企业，如沃茨的市场区扩大模式（酿造业）、泰勒的区域演化模式（炼铁业）、哈坎逊的全球扩张模式（制造业）、迪肯的全球转移模式（制造业）等（李小建，1999b）。但对于本身承担和组织物流要素流动的物流企业的研究甚少。作者认为以要素流动组织者为研究对象，探讨企业要素流动更有意义，可深刻地揭示社会经济系统的运行机制。

企业从诞生起，要素的空间流动就没有停止过。①业主制企业组织时代，受交通运输等条件的限制，企业要素流动多停留在同一区域内不同企业间产品或原料的交换上，较少地跨出区域。②合伙制企业组织时代，企业要素开始跨区域流动，相邻区域间的企业要素流动已经成为普遍性的现象。③随着铁路运输时代的到来，企业要素的流动不断加快，远距离的流动越来越多，市场竞争日益激烈，使较远的地域也成为企业寻求或开拓市场的对象（王德忠，2002），企业组织越来越复杂，出现了许多分支机构，覆盖跨国或跨区域的空间，不同分支机构之间的原材料、辅助材料、半成品、产品的供应和运输及销售更趋于复杂化，形成复杂的企业空间组织网络。

2. 物流企业要素运动

物流企业是物流活动的专业化组织者，其功能是在地域上组织物流要素的流动，其企业行为处于一种运动状态。物流企业首先是一种企业形式，必然发生企业要素的地域流动，因此物流企业的要素流动存在两部分内容。

1）物流属性要素的运动

物流学认为物流过程是由许多运动和相对停顿过程组成的，两种不同形式的运动过程或相同形式的两次运动过程中都有暂时的停顿。物流要素的流动由执行运动使命的路线和执行停顿使命的结点两种运动形式所组成,是一种动态运动和静态停顿所组成的运动系统。线路上进行的物流要素流动主要是运输和配送,如果着眼于组织形式不同,运输包括集货运输、零担运输和干线运输等。如果从更宏观地角度讲,则形成了运输通道或综合运输走廊;如果着眼于凭借手段的不同,则包括公路、铁路、水运和航空等线路运输形式。结点上所进行的物流要素停顿主要包括包装、装卸、仓储、分货、配货、流通加工,并可完成指挥、调度、信息管理等职能,所以物流节点都有"物流中枢"之称,如果将概念放大到区域空间,物流中心城市则是宏观的"物流节点"(王之泰,2000)。路线上的物流要素流动要以节点上的要素停顿为起点和终点,其活动需要由物流结点来组织和联系。

2)企业组织要素的流动

生产企业的组织要素流动是基于市场范围的扩大并受原材料、燃料等因素影响而进行的,商业企业组织要素的流动同样是为了扩大市场份额而进行的,这在传统的经济地理学或商业地理学里都有详细的理论阐释。物流企业不同于工商企业,其组织要素流动是为了有效完成物流活动,同时降低物流成本,当然扩大市场份额也是重要原因。不同的物流企业,其要素流动的形式不一样,但共同点有:①物流企业根据物流属性要素的流动路线或市场拓展需要,在不同地域设置分支机构;②物流企业根据企业网络的范围和完善程度,进行系统规划,形成不同的等级规模,并承担不同的企业职能;③根据企业网络不同组分的功能和规模,进行相关物流功能的分配,以形成完整的物流组织和运营网络。

物流属性要素流动和企业组织要素流动都存在以后,物流企业需要对这两种要素运动形式进行衔接和整合以及统一,一般通过班线运输、配送和物流网络三种手段使之成为整体。其中,班线运输又有一般班线运输和干线运输两个层次,配送中心也形成区域配送中心、地方配送中心和配送点三个层次,并且班线运输和配送中心的空间层次同企业组织要素的空间配置层次相耦合。班线运输和配送中心进行空间结合,并通过物流信息平台进行整合,由此形成了物流企业的空间运营系统——物流网络。

五、物流企业运营空间

物流活动是一种在地域上持续运行的运动状态,并存在地域层次的差异,所以物流企业的运营是一种空间行为，并由此产生了企业运营空间。分析企业的运营空间有利于从空间上揭示物流企业网络的组织机理。

1. 概念界定

如果将企业活动和其联系的空间放在一起进行考察，可发现企业活动表现为：①企业组织的空间变化；②企业市场份额的空间变化。这说明企业活动总是表现为一定的空间性或地域性（孟宪昌，2001）。空间性和地域性是对工商企业而言，对于物流企业，还应包括物流活动的空间变化。物流首先强调的是一种位移变化的空间行为，物流企业的运营活动势必和空间有密切关系，所以探讨其组织和市场空间变化之前，应首先探讨其载体变化，方可探讨物流企业空间变化的深层次问题。

以上分析说明空间是物流企业的载体和活动背景，但物流企业并不是在所有的空间内开展活动，而往往集中在某些地域内组织物流活动。熊彼特（1939）曾提出"经济空间"的术语，而 Perroux（1950）提出了"经济空间"的概念，认为经济空间是由一系列经济要素间的经济关系所确定的，包括：计划确定的经济空间、力场确定的经济空间、同质集聚体确定的经济空间（李小建，1999b）。本研究所提出的运营空间实际上就是一种经济空间，但运营空间是一种动态的经济空间，而 Perroux 提出的是一种静态空间。物流企业组织要素的空间配置必须为其物流要素的空间转移提供服务，这些行为都要发生在一定空间内；物流企业组织物流活动时，空间上形成了这些物流活动的主要范围，在该地域内集中了其主要空间行为，作者将这种空间范围称为企业运营空间，它实际上是物流企业在地域上构筑物流系统的过程。这种运营空间的范围与物流企业的规模存在直接关系，可能局限在某一省区内，也可能分布在一个国家内部，甚至跨越国界（李小建，1998），这同前文基于服务范围的物流企业类型划分相耦合。不同的物流企业，其主要的服务范围或活动空间范围往往不同，而集中在不同层次的地域范围内。分析运营空间的大小，可看出物流企业的活动范围，从而反映企业运营能力和规模，进而判断其在第三方物流市场中的地位。

2. 运营空间的特点

企业运营空间作为企业行为活动的空间，其特殊性主要表现为层次性和客户性。

1）运营空间的层次性

经济地理学认为空间要素在地域上是不平衡分布的，所以产生了空间结构，物流企业的运营空间同样不是一种均衡性空间。这主要因为以下两方面。第一，物流企业在地域上组织物流活动时，往往从物流企业所在地向四周沿着主要交通线路呈现线状辐射，而且其辐射强度由近及远逐渐衰弱，存在距离衰减规律。第二，物流企业要素的空间流动也存在由近及远的现象，如分公司设置、运输班线和物流配送等网络单元和物流设施的设置。这种空间不均衡就使企业运营空间出现了一定的空间差异，即存在空间层次，从而产生了物流企业运营空间的地域结构。

2）运营空间的客户性

物流企业是为工商企业提供专业化物流服务的经济组织，其所有活动以客户为主导。其运营空间也是基于客户基础所形成，并随客户的需求改变而呈现动态变化，这使物流企业的运营空间带有深刻的客户烙印。作者认为这主要是由于两方面原因。第一，由于客户需求而形成了运营空间，如果没有客户的物流需求，物流活动就不存在分散的目的地，物流企业就没有组织企业要素流动的必要性，所以运营空间就没有存在的可能性。第二，运营空间的变化是因为客户的变化而引起，由于客户的物流需求是不断变化的，这导致物流活动组织的目的地不断变化，所以这种空间随着客户需求而不断产生缩小或扩大或偏移的现象。由于新客户的出现，又丰富和充实了运营空间，使其不断完善或扩大。这说明物流企业的运营空间是一种动态空间，比其他类型的经济空间变化更为快速和频繁，呈现较高强度的动态性。

3. 运营空间的地域结构

物流企业的运营空间就是企业活动组织所覆盖的地域范围。根据物流企业的网点设置、物流活动组织和运营的实际范围，作者将运营空间分为城市内部、城市区域、区域和边缘四个层面，前两者属于近围空间，而后两者为远程空间。这种层次性反映了运营空间是一种非均衡空间，形成了物流企业的空间活动系统（图2-6）。

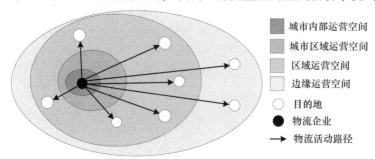

图2-6　物流企业运营空间示意图

1）城市内部运营空间

指以城市市区为活动地域而形成的物流活动组织空间，是运营空间的主要部分，也是最重要的一种运营空间。该空间内，物流企业的组织活动最为频繁，物流网点主要局限在城市内部，企业要素流动也最为频繁且高度集中，尤其是城市内部配送活动深刻影响了这种空间。城市配送企业和货运代理等物流企业的活动空间主要集中在城市内部。以城市内部为主要运营空间的物流企业，一般规模比较小，尚未形成规模性的物流网络，在物流市场中的竞争力较弱。

2）城市区域运营空间

指以都市区域或大都市市区为活动地域而形成的运营空间，是较为重要的空间，这种空间同行政空间不完全对应。该运营空间内，物流企业的组织活动也比较频繁，物流网点开始扩大地域范围但限于城市区域，尤其城市郊区是物流企业组织物流活动比较频繁的地带，如仓储、搬运装卸及配送之前的分拣、配货及流通加工等物流活动较为频繁。该运营空间内，物流企业虽初步构筑了物流网络但规模较小，仍难以跨区域开展物流活动，在物流市场中的竞争力较弱。

3）区域运营空间

该运营空间进入了区域范围，覆盖地域比较广。对于物流企业，这个空间是一个面，而城市内部运营空间则为宏观上的"点"。一般物流企业的运营空间都是一种区域性空间，其企业行为不再限定在某区域而在不同区域之间开展，物流网点设置进一步扩大地域范围，开始跨越不同的省区组织和开展物流活动。该运营空间内，物流活动呈现线状和点状流动，密度较低，但却是很多物流企业运营空间的必需部分。如南京—上海的沪宁专线运输空间就是一种区域运营空间。但这种运营空间内，企业行为仍局限在某一区域中，在不同区域间和全国范围内开展物流活动仍有一定难度。该运营空间内，物流企业一般拥有仓储资源、运输能力和网络优势，形成一定的物流网络，在物流市场中具有一定的竞争优势。如表2-1所示，多数物流企业的业务覆盖范围多跨省区甚至在全国内组织开展，这种企业的活动空间将更加复杂。

表2-1 物流企业业务范围的比例结构 （单位：%）

空间层次	2007 年	2008 年	2009 年	2010 年
本城市	2.2	2.1	1.5	1.4
仅本省	1.0	0.9	1.3	0.9
本省及周边省区	23.1	21.2	21.8	21.2
覆盖全国	45.6	48.3	48.5	48.9
跨越国境	28.1	27.5	26.9	27.6
合计	100.0	100.0	100.0	100.0

4）边缘运营空间

这是一种相对的概念，指物流活动很少涉及，但为了客户的偶然性物流需求，物流企业也需要组织物流活动的地域。该运营空间内，物流企业的活动能力比较小，发生频率较低，是运营空间中影响力较小的层次，而其组织模式和功能配置也可能不同于前三种类型。但随着物流企业的客户增多和物流活动的增长，这个层次的空间可能会成为区域运营空间的一部分，同时将其外围地域演化成为边缘空间，即各运营空间的具体边界是模糊的。

应指出的是，物流企业的运营空间和其企业规模直接相关。随着物流企业的规模增长和功能日益综合化，这种空间会不断伸缩，区域运营空间和边缘运营空间是相对的概念，在时间序列中其边界会不断变化。而表 2-1 所列数据在 2007～2010 年的变化充分说明了这点。

第三节　物流企业空间组织的理论框架

一、理论框架与研究路径

1. 总体研究框架

物流企业作为企业的一种类型，其研究内容是一个立体的概念，可从不同角度进行研究。从地理学的角度分析物流企业的空间特性，重点是探讨其空间组织，主要涉及物流企业空间网络的构筑以及在此基础上组织物流活动的具体手段或途径等内容。鉴于物流企业的空间特性，本研究将物流企业的空间组织设计为"空间区位→空间集聚→空间网络→空间运营"的研究框架。这四个方面的研究内容并不是孤立的，而是存在着一定的递进关系（表 2-2）。①物流企业既然是一种经济载体和物质实体，就必须落实到一定地域上，即存在空间区位。从宏观的角度分析物流企业的空间分布与格局，可考察企业分布与宏观经济、地理环境的关系机制；从微观的角度去分析物流企业的空间区位，可揭示物流企业区位选择与企业成本因素的关系机制，这是研究物流企业空间组织的第一步。②物流企业在空间上往往倾向于某些地域，这种集聚地域既是单体企业区位的进一步体现，同时是高层次的"组合企业"的区位趋向，反映了物流企业间的一种空间关系，也反映了物流业与城市及区域发展的空间关系。③物流企业的经济职能和区位趋向决定了物流企业的空间网络性，这既包括城市区域网络，同时包括区域企业网络，而且还需要不同的物流企业共同构筑企业空间网络。这种企业网络反映了企业不同组分间的职能分工和经济联系。④物流企业是提供专业化物流服务的经济组织，必须完成物质实体在供给者和需求者间的位移，实现商品在时间、空间和形体上的价值增值，所以物流企业就需要在空间上组织具体的运营行为。

表 2-2　物流企业网络空间组织的分析框架和理论基础

物流企业网络	分析框架	理论基础
区位选择	宏观布局、区位因子、区位指向、微观机制、企业类型与区位选择	区位理论
空间集聚	区位选择、形成机制、演化过程、内在联系、发展机制	交易成本理论
企业网络	企业网络划分、企业功能分异、经济联系	区位理论、经济联系、生产网络理论
运营网络	路线运营、节点运营、网络运营	组织理论、企业管理学、运营理论

2. 研究路径

通过以上内容，本研究可形成以下分析层次。

（1）空间区位上，形成"微观区位→中观区位→宏观区位→全球分布"的研究层次，并形成了"单一企业→组合企业→跨国公司"的研究层次。

（2）企业网络上，形成"单一企业→企业内部网络→企业区域网络→企业全球网络→企业外部网络"的研究层次。

（3）空间运营上，形成"班线运输→物流配送→物流网络"的研究层次。

（4）整体上，形成"静态研究→动态研究"的研究层次。

（5）从研究客体上，形成"企业网络模式→区域网络模式"的研究层次。

本研究通过以上五个方面深入探讨物流企业网络的空间组织，剖析其空间规则。

二、物流企业空间区位

1. 研究框架

区位是反映事物空间属性的重要方面。李小建（1999b）认为 20 世纪上半叶经济地理学最重大的事件是区位论的引入，其任务是解释企业在什么区位发生及为何在此发生。由于企业在不同区位会有不同的成本和效益，从地理学的角度研究物流企业的空间组织，区位成为需要解决的首要问题，即如何选择有利的区位以最大限度地承揽物流服务，最便利地组织物流活动，实现企业利润的最大化。物流企业空间组织的区位研究，无疑是对其所有企业单元进行研究，包括单体物流企业、物流企业集群和物流企业网络三层区位的分析。

区位论给物流企业布局提供了基础理论支持，但传统区位论重视生产企业和商业企业的区位选择，忽视了物流企业的考察。目前，利润增长正经历着"第一利润源→第二利润源→第三利润源"的演变，但这并没有引起地理学家的关注。工商企业的物流社会化以后，把运输和仓储等成本的空间影响转嫁给了物流企业，而物流企业承担了自身和客户的部分区位成本，其区位选择就比一般企业更加复杂，明晰其区位选择的空间机理对探讨其空间组织有重要意义。企业网络区位的研究要追溯到企业地理学，重点是对企业内部网络不同组分的区位进行探讨。对于企业集群的区位，学术界很少涉及，但在物流中心和物流园区的研究中开始被关注，可是这些研究重视宏观分析和表征刻画，未抓住深层次的空间机制。物流企业集群如同单体企业，空间上倾向于某些区位，其区位和集聚紧密相关，所以作者将其区位研究归并到物流企业空间集聚的分析。物流企业网络不仅是区位研究，还包括其他内容，为了便于分析，作者将其区位研究放到物流企业的空间网络研究中。在物流企业布局中，作者仅分析单体物流企业的区位。这种研究框架设计也同物流企业是由企业属性要素和物流属性要素共同组成相关。

胡佛（1990）认为，区位因素具有空间差别，国际（宏观地理）结构完全不同于地方（微观地理）结构，不先说明区位因素差别优势的比较层次或差别优势空间结构的"细密程度"，区位研究便说不到点子上。区位的空间尺度存在差异，可分为宏观、中观和微观三个尺度（白光润，2003）。不同尺度的区位，其主体、对象空间范围和影响因素、制约机制都有很大的差异，研究方法也有所不同。本研究中，作者从微观、中观和宏观三个层面对物流企业的区位进行剖析。其中，微观区位是物流企业的落脚点，任何物流企业都要落到空间中的具体地点，即某城市的具体街段。中观和宏观区位是确定微观区位的背景框架和依据，这两个层面可能只考虑物流企业布局于哪个国家、城市，至于在城市的哪个地段，应由下属的物流企业去操作，但微观区位选择不可摆脱宏观、中观尺度所限定的框架。

2. 区位因子

企业并不是均匀地分布于地球表面，而是集聚在局部地区或某些地点，其原因是不同场所具有不同的区位条件。经济学和地理学认为企业布局要受一系列条件或因素的影响，即存在区位条件。区位条件就是区位或场所所特有的属性或资质，是影响区位主体分布的原因，企业区位选择在很大程度上取决于区位条件的好坏（李小建，1999a）。韦伯将区位条件称为区位因子（standorts faktor），哈特向和格林哈特称其为区位因素（location factors），Isard（1956）称其为区位力量（locational forces）。在经典区位论中，关于区位因子均有详细的论述，可看到经济学和地理学对区位因子的重视；后来的区位研究也多是在前人奠定的研究框架下进行分析。古典区位论中，区位因子涉及运费、原材料、市场、劳动力和集聚等，靠近市场和原材料产地及燃料产地实际是为了减少运输成本，强调基于以上因子的区位成本比较。后来的区位研究将区位因子扩展到国家政策、市场准入、社会网络、地租、政府税收及信息，区位成本似乎已降低了古典区位论所持有的地位。这是因为随着技术进步，运费成本和运输条件对区位的空间制约程度有所下降（Smith，1981），区位因子的内容不断扩展及细化。应指出的是，区位因子是同区位空间层次紧密相关的，不同空间层次上的区位，要求区位具有不同的条件，区位因子自然也就形成了一定的空间层次。但无论哪个层面上的区位因子，无论哪种类型的企业区位，市场似乎是最关键的因素。

3. 研究路径

1）微观区位研究

经典区位论的共同特点是侧重于单体企业的微观分析（李小建，1999a），曹嵘等（2003）把微观层次的区位称为"微区位"。在"微区位"中，区位选择的主体是城市公共事业管理部门、企业、居民个体等，本研究的区位选择主体是物流企业，所选择区位是城市的街区或地段，甚至可进行更细地划分。该尺度上，物流企业区位的主要制约因素包括城市规划、人文环境、生态环境、产业关联、地租、交通路网等。在以上因素的综合作用下，物流企业的微观区位可形成三个机制。①结构机制，指微观区位对象与更高层次区位的空间联系。②集聚机制，指微观区位对象对所在空间的同类或相关企业的集中程度、规模效益。③关联机制，指微观区位对象与相邻其他行业或事业单位的关系，是主从关系还是互补关系，是替代排斥还是相互依赖，这点对微观区位研究很重要（白光润，2003）。微观区位研究具体从两方面开展工作。①城市空间和环境背景，包括城市经济场势、社会文化分异、环境分异和城市规划制约等。②区位个性，包括物流业性质和结构、物流业发展走势、物流市场门槛、物流业规模、行业地域关联及区位主体偏好。

2）中观区位研究

指针对中观空间尺度的区位分析，区位选择的主体是国家的经济管理部门、企业集团或大型企业，本研究中的区位选择主体是物流企业网络，区位选择对象的空间范围是城市和城市所辖的区域。该尺度上，物流企业的区位制约因素主要包括城市地理位置、城市在国家中的地位、城市规模、城市职能性质、城市社会经济状况、城市与周边地区及其他城市的联系、城市基础设施、产业结构等。与微观区位相比较，中观区位研究的空间范围落实到城市这个宏观的"点"上，物流企业布局于哪个城市及与城市的社会经济要素有何关系是研究重点，而不再关注城市内部的区位分异与区位因子。

3）宏观区位研究

区位选择的主体是跨国公司，本研究的区位选择主体是跨国物流企业，空间选择对象范围是国家或自主行使对外贸易权利的地区（如中国香港）。在该尺度上，跨国物流企业的区位制约因素，主要包括国家或地区的政治体制、经济政策、贸易政策、国际经济联系、世界经济格局、所属区域经济集团、资源条件、经济社会发展水平、文化背景等。与以上两个空间尺度相比较，跨国物流企业的宏观区位落实到国家或区域的层面上，物流企业布局与国家的社会经济要素有何内在关系是研究重点。目前，经济地理学对跨国公司的区位研究均属于该空间尺度，但均忽视了对跨国物流企业的宏观区位研究。

三、物流企业集聚与集群

1. 研究框架

集聚（agglomeration）是指同一类型或不同类型企业及相关机构在一定地域的集中，而集群（cluster）是指大量专业化的企业及相关机构在一定地域柔性集聚，并形成紧密的合作网络。集聚是地域化经济的初级发展阶段，集群是其高级发展阶段。企业集群又称为产业群或产业群簇或企业簇，是指一组在地理上靠近的相互联系的企业和机构，由于具有共性和互补性而同处于特定地域，是一种能创造竞争优势的空间组织形式（Porter，1998b）。总结既有论述可发现（表2-3），企业集群具有以下特点：由大量的企业组成、集中布局于相对有限的地域内。存在争议的特征是：企业是否为同一功能类型、企业间是否完全由上下游产业联系所控制。如果坚持前两个特征，企业集群概念扩大化，但更符合具有实际意义的地理研究。物流企业是空间内涵很强的企业形式，空间上是趋于分散还是集中，这一问题更具有地理意义。物流企业集群有不同的规律，探讨其空间机理尤为重要，其内部联系也不同于其他集群，分析集群的微区位更能说明物流企业的空间机理，同时也探悉出对城市和区域的空间效应。在我国各级政府纷纷规划建设物流园区的宏观背景下，剖析其运作机制对加强物流企业集群的管理具有很强的现实意义。

表 2-3　企业集群研究概览

内容	新产业空间	新产业区论	波特集群	创新系统
来源	Scott（1988）、Christopherson 和 Storper（1986）	Bagnasco（1977），Piore 和 Sabel（1984）	Porter（1998a、1998b）	Nelson 等（1982）
借用概念	交易费用，投入-产出系统	劳动分工，创新气氛		
主要分析	垂直分离，本地化集聚	弹性专精，制度	钻石理论，竞争优势获得是高度本地化过程	为引导产业创新的区域制度、法规、实践等组成的系统
集聚原理	垂直分离-集聚（交易费用）	嵌入性，弹性专精本地化	竞争者、生产者和消费者的本地互动	机构联系、与供应商、靠近客商
原理演进	机会窗口，锁定	历史、社会、文化和企业家精神等方面变化	创造竞争优势，钻石互动	长波；路径依赖
主要批评	对空间集聚的概念和机构的作用分析不足	（本地和全球的）经济—社会关系过于和谐	忽视企业间关系的社会方面	缺乏系统之间的相互依赖的理论
最近贡献	非贸易的相互依赖	更多地划分产业区种类	重视网络	区域和部门串在一起

宏观上，由于物流企业集群内部的所有成员基本处于同一区位内，物流企业集群可看做是一个组合企业，所以物流企业集聚与集群研究也因循了单体物流企业的分析路径，但又有不同之处，这是由于物流企业集群在宏观和微观两个层面上具有不同的发生机理和运行机制。微观上，物流企业集群由许多的物流企业组成，相互间存在一定的关联关系，这种联系可能是功能性的经济联系，也可能是单纯的空间联系；而且作为一个整体，其内部也有一定的运行机制。因此，物流企业集聚与集群研究重点包括：①物流企业集群区位；②物流企业集群的形成机理；③物流企业集群联系；④物流企业集群运行机制。

2. 区位与机理

从研究现状看，企业集群区位研究似乎被经济学和企业地理所忽视。物流企业集群是大量的物流企业在某地域的集聚分布，既然存在"某地域"，就不能忽视物流企业集群的区位，否则就不能解释物流企业集群发生在"某地域"，而不发生在"其他地域"。王辑慈和童昕（2001）认为从区域层次研究特色产业集聚比较符合企业集群的自然空间尺度，这种区域范围很难有准确的边界。但从空间尺度看，物流企业集群的区位也存在宏观、中观和微观三个层次。目前，关于企业集群区位的研究主要侧重中观和宏观区位的分析，忽视了微观区位的分析，这就难以明晰集群对城市和区域的空间效应。而且相关研究主要针对生产企业而言，均没有把物流企业集群纳入研究范畴。从微观、中观和宏观三个层面分析物流企业集群的空间区位，可从不同层次上洞悉集群的空间发生规律，但作者认为，从微观层面探讨物流企业集群的区位，更有利于剖析物流企业集群和城市的动力机制。

王辑慈和童昕（2001）认为企业组织是以单体企业存在还是以"捆绑"在生产系统中的企业集群形式而存在，不仅取决于企业间物质的、有形的投入产出联系的强弱，而且取决于彼此在地理上靠近所发生交易的密切程度。既然大量的物流企业能在同一地域进行集中分布，就应有其内在的驱动机制，物流企业集群的产生机理因此显得很重要。该机理包括很多的方面，但主要涉及空间机理、经济机理和社会机理。空间机理主要解释物流企业集群区位对物流企业在空间上究竟产生了怎样的吸引力，又是如何降低了物流企业的区位成本。经济机理主要解释物流企业集群间究竟为了怎样的经济联系而趋于同一区位，这种经济联系如何影响物流企业的经营成本与效益利润。社会机理主要从城市规划和人文因素来解释物流企业集群的产生。王辑慈在分析企业集群时尤其重视社会机理。

3. 联系与机制

集群内部是否存在一定的联系，即物流企业间是孤立发展还是相互依赖而协同发展，这是物流企业集群的重要研究内容。文献证明，企业集群内部存在着一定的内在联系，多数学者将其归结为专业化分工，即不同企业承担不同的功能，单个企业总是集中于有限的产品和过程，专业化分工与技术可分性及垂直分离的组织方式相关。这种论点的形成与企业集群的定义相关。对于物流企业集群，则有不同。①部分物流企业集群不是完全由处于供应链上的企业所组成，可能是由功能相同的企业所组成。②集群同集聚的发展密切相关，专业化分工是在集群发展相对成熟的基础上而形成。③集群内的联系不仅表现为专业化分工，单纯的物质联系可能不再重要，而包括信息、思想的交流可能更突出。④部分企业集群内可能存在一定的专业化分工，或者专业化分工并不明显。对于这种集群，共同的区位趋向或共享设施的需求可能是促使集群产生的主导原因。⑤物流企业集群内，竞争和协作同时存在，一定程度上竞争可能占主导，这是因为集群的形成不是因为产业分工，更重要的是因为共同的物流市场。

企业集群在地域上究竟怎样运行并维系其存在与持续发展？不同类型的企业集群是否具有共同的运行机理？多数学者对此都没有做出理想地论述。对于物流企业集群，特别是在我国各地纷纷出台政策规划物流园区以整合社会物流资源的背景下，分析其运行机理，尤其是对不同类型的物流企业集群重点分析就尤为重要，这对区域物流体系的构筑很关键。物流企业集群的运行机理是保证和维持其正常运作的根本，如果这个机理不存在，物流企业仍是"一盘散沙"，也就丧失了集聚的意义。明晰物流企业集群的运行机制究竟是市场起主导作用，还是政府起主导作用，或两者共同起作用，对于研究物流企业集群很有必要。不同的驱动力量决定了物流企业集群具有不同的运行机制。剖析物流企业集群的运行机理，可根据其机理施加合理的人为作用，整合其他社会物流资源，合理配置物流企业集群内的各项资源，以降低区域经济的运行成本。

四、物流企业空间网络

1. 研究框架

对于企业网络的研究，主要集中在地理学和经济学领域。无论经济学者还是地理学者，均将研究重点放在企业外部网络，并把企业网络和企业外部网络相等同，这缩小了企业网络的内涵。相关研究侧重了产业联系，而忽视了空间联系及其与企业联系间的关系，这造成企业外部网络研究和内部网络研究相分离，企业网络空间联系研究和产业联系研究相分离。物流企业作为跨区域组织物流活动的企业形式，企业行为主要是空间行为，这势必形成一种空间网络。脱离企业空间网络，物流企业无法完成物流服务，因此物流企业的空间网络特征要远比制造业明显。

任何物流企业的某部门都只能完成一项或几项企业功能或物流功能，任何物流企业都存在一定的功能缺陷或空间局限，物流企业活动由不同部门或同类企业在不同阶段或地域共同协作而实现。物流企业开展活动的背景或平台是一个由物流企业所组成的网络系统。物流企业网络是指在不同企业组分间由于劳动分工、经济联系所形成的网络，主要体现为物流企业不同组分具有不同的物流功能或企业功能，因此产生了区位分离和职能分异，物流企业内部的不同组分及与外部企业就形成了具有空间涵义的网络系统。物流企业空间网络核心研究包括以下方面。①形成及类型。物流企业需要协调不同组分的功能关系以形成完整的功能系统，而不同物流企业也往往具有主导物流功能，甚至空间上也形成地域分工或地域隔离，需要通过企业网络的组织形式将其自身与其他企业形成协作整体。从空间或企业内外而言，物流企业网络又存在不同类型，决定了其内在联系和空间关系的不同。②功能分工。物流企业网络形成的重要驱动是职能分工，基于这种分工下，不同组分或不同物流企业在"价值链"中处于怎样的地位？又承担怎样的企业功能或物流功能？③区位分离及区位趋向。物流企业网络体现为不同组分或不同物流企业的区位分离，但不同组分究竟处于怎样的区位？不同物流企业在空间上又如何融合？④内在联系。物流企业不同组分实现了职能分工，在空间上也进行了区位分离，这似乎分解了物流企业，但不同组分通过一定的联系，而将企业功能形成完整的功能系统，将物流企业的区位形成有机的空间系统。

2. 内在联系与职能分工

不同物流企业组分或物流企业或其他企业既然能形成企业网络，就说明这些组分或企业间存在一定的关联性。研究这种关联性，首先要分析产业链。多数研究认为，企业网络的主要成因是产业联系，归根到底是一种产业分工。近些年来，地理学在描述企业联系时不仅着眼于产业联系，也强调非物质的信息联系和社会联系（McDermott and Taglor，1982；李小建，1999a；王辑慈，1994；王辑慈，2001）。企业网络联系是基于一定专业化分工而形成的一种功能性联系，但并不排除空间联系。如果企业活动各环节在技术工艺或设备上不可分，则将各环节集中在企业内部进行，但仍由不同部门来承担，即企业内部实现垂直分离。如果不要求所有环节集中在一地，各环节可形成区位分离的格局，物流企业内部网络便得以形成。如果具有一定的可分性，各环节则由不同企业执行，即企业外部实现垂直分离（李小建，1999b；王辑慈，2001）。由于不同企业可能是空间分离的，在专业化分工和空间分离的共同作用下，企业空间网络便得以形成，而专业化分工所形成的功能性联系则成为克服"空间"摩擦的手段，部分物流企业间网络因此而形成。对于物流企业而言，有一点不能忽视，任何物流企业都有自己的主导组织空间，如果跨越这个空间，物流企业就显得无能为力或要承担巨大的物流组织成本，因此空间又成为物流企业面临的重大障碍。为了克服这种障碍，不同地域的物流企业也可能形成网络，尽管相互间并不存在专业分工，空间成为物流企业网络的主要成因。

物流企业网络的形成是由于成员组分间存在一定的关联，这种关联可能是功能性的经济联系，也可能是纯粹的空间联系。如果以经济联系为主，则物流企业网络内部存在一定的职能分工，不同的网络单元承担不同的企业功能或物流功能，不同物流企业或物流企业不同组分在产业链或价值链上处于不同位置，形成前后向的垂直关系，任何一种网络单元的缺少或脱离，都可能造成物流活动无法完成。一般企业内部网络中，部分学者将其分为公司总部、区域总部、研究与开发机构和生产单元等组分（费洪平，1995；李小建，1999a）。以上主要是针对生产企业而言，对于物流企业而言，企业内部网络更为复杂且不同。①不同的物流企业网络类型，其网络组分的构成不同，所以功能分工就明显不同。②部分物流企业网络是以空间联系为主，各物流企业的地域限制决定了他们只能在自己势力空间内具有优势，跨入其他空间就不占优势，不同地域内的物流企业需要形成网络或战略同盟。不同的空间地域就是物流企业网络的一种分工，可称之为"空间隔离"。

3. 空间区位与网络扩张

物流企业网络的空间特征反映了其总体空间行为，也是不同组分进行区位选择的结果。由于各物流企业网络组分具有不同的企业功能或物流功能，这种功能分异对区位有不同的要求，这就促使不同组分具有不同的区位，也就是这种区位分离才使物流企业网络具有了"空间"的内涵。作为物流企业内部网络的不同组分，其区位相对清晰，有较强的规律可循。而外部网络中的不同企业，其区位差异比较模糊，难以探究规律，但仍有部分区位具有一定的空间规律，如在不同地域的企业及与客户企业形成的"空间服务链条"。每个物流企业都是多功能的集合体，在一定范围内可将这些功能分别配置在不同地点（费洪平，1995），通常物流企业对价值链中的主要活动和辅助活动的每部分区位分别进行决策。费洪平（1995）、李小建（1999a）对企业内部网络的区位进行了探讨，如公司总部、区域总部、研究与开发机构、生产经营机构。对于物流企业而言，生产单元有明显的区位规律，而且物流企业网络组分的区位会深受物流活动的影响，其区位有其特殊的空间规律。

企业网络本身就是一种企业进行空间扩张的产物。企业地理学向来重视企业空间扩张，认为主要受四个方面的驱动：规模效益、交易内部化、技术优势、竞争压力（毛蕴诗和王三银，1994）。对于物流企业，以上原因固然重要，但物流网络的构筑和市场份额的追求是造成企业网络扩张的重要原因。相关学者认为企业增长分为一体化扩张和多样化扩张，侧重了企业规模的扩张而忽视了企业地域的扩张。物流企业网络较其他类型的企业网络而言，更容易在地域上进行扩张，其空间内涵更明显。Laulajainen 和 Stafford（1995）认为企业扩张遵循等级扩散和接触扩散规律，李小建（2001）认为由于中国的特殊国情（如人际关系或体制）而出现了通道扩张。对于物流企业，除遵循等级扩散和接触扩散规律外，由于物流活动遵循一定的距离经济、速度经济规律，其空间扩散则有不同规律。同时，地理学试图概括企业增长的一般空间模型，将其分为市场区扩大模式、全球化扩张模式、组织变异及区位演化模式、全球转移模式（Diken，1998）。但以上模型主要针对生产企业而言，未能涉及物流企业。由于物流企业的产品是一种物流服务，其空间扩张显然不仅受市场影响，更为重要的是为了有效完成完整的物流活动。

五、物流企业空间运营

1. 企业空间运营

企业运营属于企业管理学的研究范畴，目前无论在研究广度还是研究深度上都有了很大的发展。但管理学对于企业运营的研究，没有涉及企业运营的空间内涵，未能将企业空间运营同企业空间网络相结合。毛蕴诗和王三银（1994）提出了企业增长和企业扩张，显然这是长时间序列中的企业空间网络构筑，而不属于同一时间段内的企业空间运营。其他学者对即时制生产模式的分析，涉及了企业运营，但没有考察其空间效应。从地理学的角度看，企业地理学一直侧重于企业空间结构的研究，而没有涉及企业运营。其中，李小建（1999a）提到了企业内部组织结构调整及所发生的空间效应，属于企业管理的研究范畴，但与本研究提出的"企业运营"仍是不同的概念，Clarke（1984）等所提出的企业组织结构调整和 Bannock（1971）、Dicken 和 Lloyd（1990）所提出的市场扩张同样如此。但李小建（1999b）所提出的 JIT（just in time）组织模式对企业空间网络的影响显然是属于企业空间运营的内容，不过论述有限。

本研究所指的企业运营是指同一时段内，企业不同组分或企业整体为了在空间上有效完成企业活动而实施的具体组织活动、途径和手段，以及在此基础上所形成的组织模式，这是一个在同一时间段内的动态概念。对于物流企业，分析企业运营尤为关键，如果仅分析企业网络、企业集聚等内容，只是从静态层面去分析问题，类似于基础设施的布局研究，而在此基础上的动态运营或组织研究更为重要。任何企业都存在两种要素：企业组织要素和行业属性要素，企业的空间组织也由两种要素的空间流动而形成，其中行业属性要素决定了物流企业的空间运营。

物流企业的空间组织分为两个阶段。第一个阶段，物流企业完成了不同区位的企业布局和企业网络设置，形成了一定的企业联系和职能分工，相互间成为完整的网络体系，这是企业空间组织的基础阶段，即针对物流企业的企业组织要素而言。第二个阶段，物流企业在构筑好的企业空间网络上组织具体的物流活动，向工商企业提供物流服务，如运输、储存和配送等。只有将两个阶段相衔接，才能形成完整的物流企业空间组织。

物流企业的空间运营是指物流企业在不同的区位，基于企业空间网络平台，如何组织具体的物流活动，完成向工商企业提供物流服务的过程。物流企业的空间运营属于企业空间组织第二阶段的内容，因为空间运营具有很强的"空间"内涵。目前，地理学者对企业空间组织的研究明显集中于第一个阶段，侧重于企业在空间上如何布局网点，对于第二个阶段的研究甚少，经济学的研究也极为有限，这是由于我国学者多侧重静态研究所导致的（吕拉昌和闫小培，2003）。①如果不将空间运营放大到时间序列中，仅从单一时间段内来看，第一个阶段属于物流企业空间组织的静态阶段，也是经济地理学研究的传统优势领域，带有浓厚的基础设施布局的色彩，学者们认为只要企业或相关行为主体完成基础设施或分支机构的布局，便完成了地理学对企业研究的任务，对于企业活动的组织应属于企业管理学的研究范畴。②第二个阶段是属于物流企业空间组织的动态阶段，因为空间运营是组织具体的物流活动，而物流是属于一个时间段内的物流组织活动。从该角度来讲，该阶段的研究属于一种动态研究。国外地理学者认为地理学已基本上完成了静态研究，应向动态的地理学研究方向迈进，我国学者金凤君（2001）认为地理学基本完成了基础设施布局和条件评价及网络构筑的研究，其发展方向是如何在现有基础上去优化和整合资源，并在此基础上合理组织各类经济活动。

2. 运营模式

物流企业行业属性要素的运动主要由一系列的不断运动和相对停顿所组成，并由此形成了路线运动和节点停顿。物流企业的空间运营显然是由执行运动使命的路线运营和执行停顿使命的节点运营及在此基础上形成的网络运营所组成，综合来看，物流企业主要是通过路线运营、节点运营和网络运营三种模式在企业空间网络上组织物流活动。

（1）路线运营。物流是一种运动状态，遵循一定的空间轨迹，如海运航线、空运航线、内河航道、公路、高速公路和铁路等，并凭借一定的运输工具，如船舶、汽车、火车、飞机等。对于物流企业而言，这种路线运营主要是一种较为固定的班线运输，同时由于物流活动规模的不同，班线运输又形成了一般专线运输和干线运输两个运营层次。

（2）节点运营。对于区域而言，物流节点主要是物流中心城市，具体分析就是物流园区或物流中心。对于物流企业而言，物流节点主要指配送中心。配送中心内所发生的物流活动是一种相对静态的运营，主要包括流通加工、包装和仓储等物流活动，具体包括分拣、组装、加工、裁剪、暂存、配货等。结合企业空间网络的基础，配送中心也形成了区域配送中心、地方配送中心和配送点三个空间层次。

（3）网络运营。大量的路线运营和节点运营在空间上纵横交错，并通过合理规划进行系统衔接，便形成了一种网络化运营。网络运营显然是一种动态运营和静态运营相结合的复合运营系统，将物流企业的各种物流活动纳入其中。其中，网络中的"线"主要指各种运输路线，而"点"则是各等级的配送中心或物流中心及物流园区，如果从企业网络的角度而言，则是不同等级的分支机构，如果放大空间范围，则是指物流中心城市。

第三章

物流企业的宏观布局模式

物流企业在宏观尺度上的布局是首要的空间规律，也是物流企业网络空间分析的第一步。本章从全球和全国两个空间尺度对此进行分析。在全球尺度上，考察了物流企业的发展历程与现状，并选择全球百强物流企业，从大洲和国家的角度，考察物流企业的总体布局特征、空间集中度及物流职能类型与空间布局的关系。在全国范围内，以我国 A 级物流企业为样本，分析物流企业的总体分布格局、东中西部分布及差异、省区分布及差异，尤其是重点分析了物流企业的城市分布格局，包括总体格局、空间集聚、覆盖水平等。同时，本章重点从经济与产业结构、特色产业集群、交通区位条件、人口与城镇密集区、对外开放与国际贸易、物流规划与扶持政策等角度，分析了我国物流企业分布格局与空间分异的影响因素与机制。

第一节　全球物流企业发展与布局

一、国际物流企业的发展概况

1. 发展历程

现代物流业起源于美国，发展于日本，成熟于欧洲，拓展于中国，这是现代物流发展的轨迹（许胜余，2002）。尤其是在不同的经济技术背景下，生产组织模式决定了物流组织模式，并影响了物流组织的空间范围。

20 世纪初，欧美国家出现了产品过剩、需求不足的经济危机，人们意识到降低物资采购和产品销售成本的重要性。1918 年英国哈姆勋爵成立了"即时送货股份有限公司"，宗旨是把商品及时送到批发商、零售商及用户手中。该时期经济组织仍遵循 19 世纪中期开始的古典工厂生产模式，物流为流通的附属机能。20 世纪 50 年代之前，物流企业从事后勤工作，"运输和仓储"是其代名词。

20世纪50~70年代，福特制生产方式盛行，影响了物流组织模式，大型制造商一般自设物流部门，自建物流基础设施，物流业务的外包很少，但仍发展了少量专业化的运输企业或仓储企业，大规模的生产方式决定了等级制物流组织形式，物流组织的核心是成本而不是时间。20世纪50年代国家级的配送中心开始出现，并在60~70年代快速发展，配送中心主要分布在生产地附近，例如北美东部的制造业地带或英国及欧洲的制造业基地的周边地区。

20世纪70年代到80年代中期，以"弹性化和专业化"为特征的后福特制生产方式逐步发展，物流和配送部门的重要性日益突出。20世纪70年代后期，欧洲产品向多品种和小批量方向发展，为了准时交货、满足库存和控制成本，企业将部分业务转包给物流企业（霍红，2003），美国运输市场逐步自由化，1975年出现了第三方物流公司（刘彦平和王述英，2003），原来的中介机构（如代理商、运输商）以第三方物流企业的标准进行重组。80年代出现地区级配送中心和欧洲级配送中心，配送中心已不再是简单的存储，而成为物流组织的重要承担者，其布局已由城市中心转移到郊区。

20世纪90年代，全球发展进入信息社会和网络时代，产品生产和消费的范围已拓展到全球，消费需求多样化和生产细化影响到物流的网络组织。越来越多的企业将物流进行外包，欧洲企业使用第三方物流的比例达76%，美国为58%，日本为80%；1996年欧洲物流市场的1/4由物流企业来组织。尤其是，信息技术改变了物流组织形式，电子商务下的物流配送模式开始发展，如戴尔、亚马逊等模式。目前，全球供应链的发展促使仓储集中而形成配送中心，成为全球市场和区域配送的纽带，并倾向于布局在门户城市或枢纽地区，如香港、新加坡，同时跨国综合物流集成商开始发展。近年来，IBM、通用等企业纷纷建立逆向物流系统，企业界开始关注逆向物流（周耿等，2003）。

2. 发展现状

第三方物流一词于20世纪80年代中后期开始在欧洲盛行，但真正启动是在1993年欧洲一体化前夕。物流外包服务在欧洲已有几百年的历史。许多著名的物流企业在中世纪就有了记载，提供组配、仓储、运输及在几百个公国和侯爵领地间的通关服务。这些物流企业包括现在的Schenker、Kuehne、Nagle和Danzas等。目前，欧洲企业使用第三方物流的比例为76%，UPS环球物流的资料显示，欧洲1290亿美元的物流市场中，约有1/4由物流企业来承担。目前，这些物流企业多为制造企业、零售商和批发商，尤其是汽车和家电生产企业，提供物流服务，形成以制造业为中心的第三方物流市场。

物流企业的空间网络模式与组织机理

北美作为现代物流理念的产生地，物流企业的发展也一直比较快。1988 年，美国物流管理委员会在一项顾客服务调查中首次提到了"第三方物流服务提供者"，这种理念被纳入到顾客服务职能中，用来描述"与服务提供者的战略联盟"，尤其指"物流服务提供者"。2001 年，美国东北大学对第三方物流的年度调查显示，美国生产企业约有 74% 使用第三方物流服务；2000 年，美国 A&A 公司对世界 500 强企业的调查表明，1997～2000 年企业使用第三方物流的比重从 40% 提高到 56%，有 51% 企业的仓储使用第三方物流，24% 的企业运输使用第三方物流；物流企业的年营业额达到 564 亿美元。现在，世界著名的物流企业阵营中加入了 Rhder、BAX、Penske、Schneider 和联合包裹等以美国为基地的物流企业。

随着现代物流理念在日本的传播，日本的物流企业开始迅速发展。早在 1983 年，日本物流企业已有 5 万家，从业人员达 105 万，较大的物流企业在全国各地都设有分公司和支社，面向全国乃至全球开展物流业务，如通运、两派和大和等（牟旭东和陈健，2002）。2005 年，日本企业使用第三方物流的比例达到 80%。同时，亚太地区的物流企业也迅速发展，1988～1997 年，我国香港物流企业由 3.55 万家增加到 3.8 万家。

综合来看，国外物流企业的共同之处有：设施现代化程度高，社会化、组织化程度高，物流供需双方面临各种压力，较好地整合社会存量资源。尤其是，发达国家的物流企业规模大、业务范围广，是世界物流市场的主导者，如美国的联合包裹、联邦快递等。

二、全球物流企业的分布格局

如前文所述，物流企业的区位研究存在空间尺度差异，不同尺度上的区位，其空间范围和影响因素、制约机制有很大的差异，研究方法也有所不同。宏观区位是确定中观区位和微观区位的背景框架。在全球范围内考察物流企业的空间现象，主要是分析跨国物流企业的空间分布与格局。

1. 物流企业的大洲布局

全球物流企业的数量很多，选择合适的样本对分析物流企业的总体分布格局很关键。但全球物流企业尚未形成系统的数据统计，仅有少数咨询机构的抽样调查与企业排名。本研究选择 2010 年全球排名位居前 100 位的物流企业作为研究样本，进行系统地梳理和分析。从全球大洲的角度来看，物流企业的分布呈现空间差异，并存在明显的集聚特点。

（1）长期以来，全球范围内一直存在北半球和南半球社会经济发展的明显分异，这促使物流企业的分布也存在明显分异。从数量来看，北半球拥有百强中多数的物流企业，共有97家，而南半球仅有3家。这种差异与全球的经济发展格局基本相吻合，这说明经济发展是物流企业布局和发展的主要影响因素。

（2）从大洲的角度来看，有国家分布、人口居住和城市布局的大洲有六个，而长期以来六大洲的社会经济发展存在明显的差异，这促使物流企业的分布同样存在差异。除非洲之外，其他五个大洲均拥有前百强物流企业。其中，欧洲有43家，数量最多；其次是北美地区，拥有31家，欧洲和北美两个地区就集中了全球百强物流企业的3/4，具有很高的集中度；亚洲有23家，数量也比较多，尤其集中在东亚地区，有21家，而东南亚地区仅有2家，南亚、中东、中亚等地区均没有物流企业跻入全球前百强。亚洲内部物流企业分布的集聚性反映了经济发展的影响机制。此外，大洋洲有2家物流企业，南美洲有1家，数量都很少。

2. 物流企业的国家（地区）布局

在每个大洲内部，各个国家的发展存在明显的不均衡性，包括经济总量、产业结构、发展阶段和人口规模及城镇分布，这同样导致物流企业在国家（地区）层面形成了明显的分布差异。

（1）全球百强物流企业分布在23个国家或地区，占全球224个国家（地区）数量的1/10左右。百强物流企业的国家（地区）覆盖率比较低，仅少数国家（地区）的社会经济实力培育并发展了大型的物流企业，多数国家（地区）的经济发展与人们消费能力难以培育全球化的物流企业。

（2）百强物流企业的国家（地区）分布具有很高的集中度。其中，美国拥有其中的28家物流企业，占全球百强1/4以上的份额，比重最高；日本有其中的12家物流企业，约占全球百强的1/9左右，位居第二；法国有10家物流企业，德国有8家，英国有7家，分别位居第三、四和五位。这些国家有着较多的物流企业，五个国家集中了百强物流企业中的65家，即全球百强的2/3。

（3）比利时、丹麦、韩国、荷兰、加拿大、中国及瑞士7个国家，分别有3家百强物流企业，数量相对较少。澳大利亚、中国香港、新加坡分别有2家，而奥地利、巴西、卢森堡、挪威、瑞典、中国台湾、西班牙、意大利分别有1家。这18个国家（地区）共拥有35家百强物流企业，约占全球百强的1/3左右。

（4）从各大洲内部来看，物流企业分布同样形成明显的集聚特征，这在物流企业数量较多的北美、欧洲和亚洲地区都有明显地体现。其中，北美地区的物流企业分布呈现高度的集聚，31 家企业中，美国就集中了 26 家，比重为 90% 左右，这同美国发达的经济体系和高水平的城镇化有直接关系。在亚洲地区，日本拥有 12 家百强物流企业，占亚洲物流企业总量的 52%，占东亚地区物流企业的 57%，集聚度比较高。在欧洲地区，国家的集中度有所下降，法国物流企业的比重最高，达 23.3%，英国、法国和德国 3 个国家的集中度合计达 58.1%，低于北美和亚洲的集聚水平。

三、物流企业职能与布局分异

1. 物流企业的功能分异

理论上，物流企业是具有各种物流功能的综合性服务提供商，但由于发展起源、服务对象、技术特征等原因，各物流企业具有不同的主导功能，由此塑造了其市场竞争力。总体来看，货运功能和狭义物流服务是物流企业的核心功能，百强中 54 家物流企业拥有货运功能，而 52 家物流企业拥有狭义物流功能，数量比较多。在货运功能中，公路货运和航运是主要的物流功能，有 20 家物流企业提供公路物流服务，有 16 家物流企业提供航运服务。由于铁路和机场、飞机的专用性和高投资的限制，拥有铁路货运和航空货运功能的物流企业相对较少，分别有 10 家和 8 家。需指出的是，全球前百强物流企业中，有 1/5 的企业拥有很强的邮政功能，甚至本身就是某个国家的邮政局或最大的邮政公司，这种情况包括德国、荷兰、瑞典、美国、法国、英国、西班牙、日本、意大利、中国、瑞士、加拿大、澳大利亚、挪威、比利时、奥地利、巴西和丹麦这 18 个国家的邮政局或邮政公司，依靠国家力量而建立起来的庞大邮政网络是物流企业快速崛起并跃居全球前列的基础。快递与邮政有着紧密的关系，但部分物流企业不依靠邮政而提供快递服务，例如联合包裹。此外，货运代理也是许多物流企业的功能，约有 18 家物流企业提供此类服务。

从单体企业来看，许多物流企业的主导功能突出。①总体来看，全球百强物流企业中有 57 家企业的主导功能单一，仅集中在上述功能中的一项。其中，11 家物流企业局限在邮政服务，主要是上述国家的邮政局；有 7 家物流企业的主导功能集中在货运代理，16 家企业集中提供狭义的物流服务；航运企业历来都是物流企业的核心部分，有 8 家企业为功能单一的航运企业；有 7 家企业集中提供航空货运服务；同样也有 7 家企业的主导功能集中在公路货运。②拥有两项主导功能的物流企业有 32 家，其中狭义物流功能几乎是这些企业的核心功能，除此之外，有 5 家拥有航运功能，有 9 家拥有铁路货运功能，有 7 家拥有公路货运功能，有 3 家拥有货运代理功能，有 7 家拥有邮政或快递功能。③有 9 家物流企业拥有 3 项主导物流功能，但狭义的物流功能仍占优势地位。其中 3 家企业同时拥有邮政、快递、物流服务功能；2 家企业同时拥有物流、货运代理和公路货运功能。仅美国中心集团同时拥有铁路、航空和公路货运功能；日本 Senko 物流同时拥有物流、公路货运和航运功能，德国哈尔曼全球物流拥有快递、物流和货运代理功能，法国乔达国际拥有邮政、快递和货运代理 3 项主导物流功能。④马士基和日本邮船拥有 4 项主导物流功能，均为物流、货运代理、公路货运和航运。

2. 企业功能分异与布局

物流企业的功能分异和布局是否存在某种特殊关系，需要进一步考察。

（1）从大洲的角度来看，南美洲的物流企业主要是巴西邮政，功能单一且仅为邮政服务；大洋洲的物流企业也仅为澳大利亚邮政，功能集中于邮政和物流，以前者为主。受多数国家都拥有一家邮政企业的影响，有邮政功能的欧洲物流企业有 14 家，这是由于欧洲的国家比较多。北美和亚洲由于国家数量较少，分别有 2 家物流企业。受邮政和快递的联袂关系影响，以快递功能为主的物流企业集中在欧洲和北美，分别有 8 家和 4 家。以铁路货运为主的物流企业主要分布在北美和欧洲，其中北美有 7 家，而欧洲有 3 家。以航空货运为主的物流企业主要分布在亚洲和欧洲，分别有 4 家和 3 家，而北美仅有 1 家。以航运为主的物流企业则集中在亚洲，有 11 家，这与世界航运中心向亚太地区的转移和东亚集装箱港口的崛起直接相关；欧洲有 5 家以航空货运为主的物流企业。以公路货运为主的物流企业集中在北美，有 12 家，而欧洲和亚洲分别有 5 家和 3 家。以物流功能为主的物流企业则相对集中在欧洲，有 25 家，北美和亚洲分别有 15 家和 11 家。以货运代理功能为主的物流企业布局也呈现类似特征，集中在欧洲，有 10 家，而北美和亚洲分别有 5 家和 3 家。

（2）从国家的角度来看，物流企业分布也呈现出不同的特点。澳大利亚和巴西的物流企业主要提供邮政和快递功能，上文已有论述。以邮政功能为主的物流企业在北美和欧洲的分布比较均匀，除法国和英国有 2 家企业外，其他国家仅有 1 家，这与国家邮政局的单一性有直接关系，但在亚洲仅分布在日本和中国。与邮政企业不同的是，以快递为主的物流企业虽分布在 7 个国家（地区），但相对集中在美国，有 4 家，而德国和法国分别有 2 家，荷兰、瑞典、西班牙和英国分别有 1 家。以铁路货运功能为主的物流企业在 5 个国家有分布，也相对集中布局在美国，有 5 家，加拿大有 2 家，比利时、德国及法国分别有 1 家。以空运功能为主的物流企业则均衡分布在美国、德国、法国、荷兰、韩国、日本、新加坡和中国香港等8个国家和地区，均有1家。以航运功能为主的物流企业分散布局在10个国家（地区），但相对集中在日本，有4家，德国、韩国、中国内地各有2家，丹麦、法国、荷兰、新加坡、中国台湾、中国香港分别有1家。以公路货运为主的物流企业分布在5个国家，主要集中在美国，有12家，日本有3家，德国和法国有2家，丹麦有1家。以狭义物流功能为主的企业分布较为广泛，在15个国家（地区）都有分布，其中美国最多，有13家，其次是日本有8家，而英国和德国分别有6家，法国有5家，加拿大、瑞士、丹麦有2家，比利时、荷兰、卢森堡、瑞典、中国香港、新加坡和中国内地分别有1家。以货运代理为主要功能的物流企业分别在8个国家有分布，其中美国最多为5家企业，而日本有3家，丹麦、德国、法国、瑞士分别有2家，比利时和英国有1家。

第二节　中国物流企业发展与布局

不同空间尺度上，物流企业分布呈现出不同的格局和特点，有着不同的空间法则和形成机制，其研究的侧重点和视角也有所不同。国家尺度的研究更强调物流活动的完整性和物流政策环境的同一性，更有利于考察物流企业的宏观布局规律与空间机制。

一、中国物流企业的发展概况

20世纪80年代初期，现代物流概念从美国和日本传入中国，但中国物流企业的真正发展却是2000年"电子商务和国际物流研讨会"以后开始的。在中国，基于现代理念的物流企业发展比较晚，目前处于起步阶段，但传统物流企业的发展有着悠久的历史。

1. 总体发展历程

本研究根据我国物流业的实际发展过程，将其分为两个阶段。

（1）改革开放之前。国家对商品特别是生产资料实行指令性分配和供应，物流活动仅限于储存和运输，物流环节相互割裂，物资部、商业部、对外经贸部、交通部及其他相关部委各自为政，形成分散、多元化的物流管理格局。但专业物流得到了发展，初步建立了流通网络，物资、商业、供销、外贸等流通部门相继建立了"商物合一"且兼营型的物流企业，以运输和仓储功能为主（彭望勤和刘斌，2003）。

（2）改革开放以来。国家计划分配的物资逐渐减少，货运代理、联运、配载、信息咨询、理货、仓储等企业迅速发展，配送等现代流通方式在80多个城市进行试点，并出现了许多新型物流企业。国外物流企业开始进入我国物流市场，1987年澳大利亚天地物流进入我国，1999年英国英运物流在中国成立分公司；21世纪以来，联邦快递、联合包裹也先后进入中国（彭望勤和刘斌，2003）。2002年中国现代物流发展进入实质性阶段，传统的运输企业与仓储企业实行资产重组和流程再造，向第三方物流企业转型。

2. 物流功能与企业结构

现代物流既有传统的物流功能，也包括新兴物流功能。目前，中国现代化的物流企业成长很快，但只能提供单项或部分物流服务，增值性服务薄弱，难以提供综合性物流服务，某些领域由于其重要性或完善性可能独立发展（王槐林和刘明菲，2002）。从服务功能上来看，中国物流企业的收益有85%来自基础性物流服务，如运输（53%）和仓储（32%）服务，2010年有84.2%的企业提供运输服务，而仓储服务比例为67.7%（表3-1），运输服务也限于特定地域，跨国和跨区域运输难以开展，装卸服务的比例高达76.5%，这些都是传统的物流功能。流通加工、信息服务、拆拼箱、包装分类、组装等增值性物流服务，尤其物流方案设计等高层次的物流服务发展缓慢，其收益仅占15%，但近年来物流咨询与系统设计以及物流金融两项服务呈现明显的增长趋势。物流企业的配送中心也集中在理货（70%）和配送（60%）功能，加工（32%）和包装（45%）等高附加值的物流功能比较弱。因此，我国物流企业仍以运输、仓储等传统的基础物流功能为主，加工、包装、信息管理等增值服务处于起步阶段（李建成，2002），能在完整物流链上提供综合性物流服务的企业比较少。

表 3-1 我国物流企业的主要物流功能类型　　　　　　　　（单位:%）

物流功能＼年份	2006	2007	2008	2009	2010
运输	82.7	81.5	79.4	81.4	84.2
装卸	82.7	81.5	71.6	76.1	76.5
仓储管理	65.2	64.3	63.4	66.7	67.7
配送	57.7	63.9	45.2	46.6	51.4
物流信息服务	30.1	39.6	41.3	38.8	40.7
流通加工	39.1	28.7	27.3	29.5	31.9
包装	39.1	28.7	26.9	28.0	29.6

年份 物流功能	2006	2007	2008	2009	2010
物流咨询与系统设计	21.5	21.6	22.5	23.3	25.8
物流金融	—	9.1	12.2	15.5	16.2
物流地产	—	6.0	15.7	9.7	9.2
其他	17.3	7.4	13.1	9.0	8.7

注：一家物流企业可有多项主要功能

按物流功能的不同，物流企业可分为综合型和功能型两类，后者包括运输企业、仓储企业、配送企业、速递企业、货运代理企业。如表3-2所示，在大连和南京，综合性物流企业比较少，比重均低于10%，而功能性企业较多，比重均高于90%。这反映了中国物流企业发展仍在初期阶段，主要是功能性企业，侧重于某项主导功能。欧洲早期的物流企业功能也集中于运输和仓储服务，最近才将更多的注意力转向综合性物流服务。在功能型物流企业中，以运输为主导功能的企业占多数，尤其是公路运输企业最多。其中，南京市公路货运企业占物流企业总量的56.4%，大连市为43.1%，公路运输比较灵活，能满足现代物流的反应快速化需要。其次是仓储企业，大连市为7.1%，南京市为10.9%，以配送和物流信息等现代功能为主的企业比较少，至于物流咨询等功能型企业就更少。在大连市功能性物流企业中，以货运代理为主导功能的企业较多，比重高达34.4%，这与大连市的区位有直接联系，港口频繁的对外贸易联系直接培育了以

表 3-2　大连市和南京市物流企业的功能分类

功能类型		大连市		南京市	
		企业数量/家	比重/%	企业数量/家	比重/%
综合型		106	7.04	301	8.8
功能型	合计	1399	93.0	3090	91.2
	公路	649	43.1	1913	56.4
	航运	64	4.3	166	4.9
	空运	15	1.0	117	3.5
	仓储	196	7.1	368	10.9
	货运代理	517	34.4	91	2.7
	物流信息	8	0.5	346	10.2
	配送	28	1.9	89	2.6

注：大连市的部分物流企业存在重复计算，功能型物流企业的加和值不等于合计值

报关、定舱、租船等为主导功能的企业；南京物流信息企业的比重较高，为10.2%，但主要是物流配载企业并以个体为主。以物流咨询等为主导功能的企业较少，相关功能主要由大型综合企业兼有，如南京王家湾物流中心在2002年为新乡平原滤清器有限公司—南京依维柯公司制定的物流解决方案。物流信息平台集中在大型物流企业，尤其是政府扶持的物流企业，如南京王家湾物流中心和上海西北物流园区。

3. 物流市场与企业结构

目前许多工商企业仍保留着"大而全、小而全"的组织模式，从原材料采购到产品销售的物流活动主要由企业自身完成，并且物流企业的发育水平不同，直接影响了物流企业的市场结构。第一，市场集中度低，目前还没有市场份额超过2%的物流企业，但从传统储运企业改造而来的物流企业占有优势。而全球范围内，前10位物流企业的市场份额已占1/5左右。目前，中国有超过70万家物流企业，2009年仅中国远洋主营业务收入就已超过千亿元，中国外运长航集团等9家企业业务收入超过百亿元，前50强物流企业业务收入超过十亿元。第二，从竞争范围来看，由计划经济时期运输、商业和物资等部门储运企业转型而来的国有或集体物流企业，在物流市场上占据大部分份额，但融合程度低，限于各自既定的服务领域。第三，从服务群体来看，物流企业的服务对象集中在外资企业，比例达90%以上，本土企业很少将物流委托给物流企业，仅少数民营企业和改制的国有企业进行物流外部化。第四，我国物流企业多从传统运输企业和仓储企业发展而来，多处于微利水平，比重为59.4%；只有6.8%的企业赢利水平较高，15.6%的企业盈利为持平，21.9%的企业处于亏损状态。这符合物流业初级发展阶段的特征。《2007年全国重点企业物流统计调查报告》显示，综合型物流企业的收入增长明显快于仓储型物流企业和运输型物流企业，其中前五名为：中国远洋、中国海运、中国对外贸易运输、中国物资储运和中铁快运。根据国家发展和改革委员会的调查，2009年我国前50强物流企业的主营业务收入达4506亿元，但同比下降5.3%。

4. 资金来源与企业结构

目前，我国物流企业的构成存在多种所有制。改革开放之前，多数运输企业和仓储企业是国有或集体企业，少数是私营企业或个体企业。改革开放以后，企业体制走向多元化，尤其是私营企业大量涌现，如宝供物流、顺丰速运、南方物流等。同时，大量国有物流企业重组改制，如中远物流、中海物流和中国储运等。此外，部分工商企业的物流部门经过重组，形成特色物流企业，如海尔物流、安得物流等。从 20 世纪 90 年代开始，跨国物流企业进入我国，如丹麦马士基、荷兰天地快运、日本通运、美国联邦快递等物流企业。根据资金来源，物流企业可分为内资、中外合资和外商独资三类。对全国物流企业抽取样本 600 家，同时选取南京和大连市域，对南京市 3391 家和大连市 1505 家物流企业进行比较分析，结果见表 3-3。

表 3-3　2005 年基于资金来源的我国物流企业结构

企业类型	全国		大连市		南京市	
	企业数量/家	比重/%	企业数量/家	比重/%	企业数量/家	比重/%
内资企业	531	88.5	1304	86.64	3253	95.93
中外合资企业	51	8.5	135	8.97	87	2.6
外商独资企业	18	3	66	4.39	51	1.5
合计	600	100	1505	100	3391	100

如表 3-3 所示，2005 年全国物流企业的构成中，内资企业占有绝对比重，合资企业的比重相对较高，外商独资企业的比重很低，即使截止到目前，中国 70 多万家物流企业中，外资企业仅有 680 余家，占 0.13%，比例很低。南京的内资企业比重更高，外商独资和合资企业比例比较低，但大连外商独资和合资企业的比重相对较高。大连港是东北地区的"门户"港，对外贸易频繁，而南京为内河港，对外贸易相对较少而且不是长江三角洲的"门户"港，区位条件的不同对各地物流企业的构成产生了影响。物流企业的资金来源不同，服务对象也不同，合资和独资企业主要以外商投资的工商企业为服务对象，如深圳深九国际物流的客户主要是美国、日本、中国台湾、中国香港在珠江三角洲投资的企业，山九物流主要服务于山九株式会社在华投资的企业；内资物流企业多以内资的工商企业为服务对象。

5. 资产属性与企业结构

因第三方物流概念界定的不同，物流企业的类型也不同，可分为资产型和非资产型物流企业两类。资产型物流企业指拥有运输工具、仓库和机械设施等设备，从事物流活动操作的企业，规模比较大，专业化程度高。在我国，这类物流企业比较多，如以运输和仓储起家的物流企业。非资产型物流企业指不拥有仓库、运输工具等设施或租赁运输工具等少量资产的物流企业，从事报关、物流咨询、库存管理和物流信息管理等服务，将运输和仓储等作业活动交给资产型物流企业来承担。目前，美国有几百家大型物流企业，其中资产型物流企业以运输和仓库为母体，数量比较多，非资产型物流企业以货运代理和咨询公司为主，数量相对较少。1998年美国排名前40位的物流企业中，有26家为资产型物流企业，16家为非资产型物流企业。国际物流企业进入我国初期，往往没有物流设施，而是通过合资、合作、代理、采购运力、租用仓库等方式开展物流服务。大连和南京的物流企业构成中，资产型物流企业比较多，占主导地位。其中，大连有980家资产型物流企业，比重为65.1%，非资产型物流企业有525家，比重为34.9%；南京有2954家资产型物流企业，比重为87.1%，而非资产型物流企业有437家，比重为12.9%。这种结构符合我国物流发展阶段的特征。我国多数物流企业从传统储运企业改组而来，拥有较多的固定资产，尤其大型车队和仓库等设施，这决定了我国物流企业主要是资产型。同时，在非资产型物流企业中，也主要是以低端物流企业为主，如大连的非资产型物流企业中有3/4为货运代理企业，南京有近70%的非资产型物流企业为运输配载企业，而货运代理企业也占1/5左右。

二、物流企业的研究样本

1. 研究样本

学者们对物流企业概念存在争议，这直接影响着其概念范围，如何区分严格概念的第三方物流企业和传统储运企业始终是核心矛盾。物流企业是一种由多种企业实体组成的经济群体，在"物流企业"术语产生之前，已存在很多企业功能和术语为人们所长期接受的企业实体，例如运输企业、仓储企业等。王成金（2008a）、曹卫东（2011）等学者的研究已表明，科学选择研究样本始终是物流企业研究的难题，但将传统储运企业排除在物流企业范围之外显然有失偏颇。长期以来，我国各类年鉴都没有进行物流企业的统计，相关统计仅为运输仓储和邮政业的行业统计。对此，作者选择我国A级物流企业作为研究样本进行分析。A级物流企业由中国物流与采购联合会，依据国家标准《物流企业分类与评估指标》，采用系列指标（表3-4）进行评估和认定的，评估对象是在中国境内注册的各种物流企业。从评价对象来看，A级物流企业显然包括第三方物流企业和传统储运企业，这符合多数学者的概念理解。评价指标分为企业经营状况、企业资产、物流设施、管理服务、员工素质和信息化水平等18项指标，可充分反映我国物流企业的发展状态。A级物流企业的评估与认定由物流领域的权威机构来组织，并依据国家标准开展工作，因此选择A级物流企业作为研究样本是合理且适用的。

表3-4 我国A级物流企业评估与认定的主要指标

评估指标			级别				
			5A	4A	3A	2A	1A
经营状况	年营业收入	运输型	>15亿	>3亿	>6000万	>1000万	>300万
		仓储型	>6亿	>1.2亿	>2500万	>500万	>200万
		综合型	>15亿	>2亿	>4000万	>800万	>300万
	营业时间		>3年	>2年		>1年	
资产	资产总额/年	运输型	>10亿	>2亿	>4000万	>800万	>300万
		仓储型	>10亿	>2亿	>4000万	>800万	>200万
		综合型	>5亿	>1亿	>2000万	>600万	>200万
	资产负债率		不高于70%，综合型不高于75%				
设备设施	自有货车/辆	运输型	>1500	>400	>150	>80	>30
	自有或租用货车/辆	仓储型	>500	>200	>100	>50	>30
		综合型	>1500	>500	>300	>200	>100
	运营网点/个	运输型	>50	>30	>15	>10	>5
		综合型	>100	>50	>30	>10	>5
	配送客户/个	仓储型	>400	>300	>200	>100	>50
	自有仓储/m²	仓储型	>20万	>8万	>3万	>1万	>4000
	自有或租用仓储/m²	综合型	>10万	>3万	>1万	>3000	>1000
管理及服务	业务辐射面	运输和综合型	国际	全国	跨省	省内	
	物流服务	综合型	物流规划、资源整合、方案设计、业务重组、供应链优化、物流信息化等服务			物流资源、方案设计等咨询服务	
人员素质	中高层管理人员有大专以上学历或行业物流师认证比例		>80%	>60%（综合型>70%）		>30%（综合型>50%）	
	业务人员有中等以上学历或专业资格比例		>60%	>50%		>30%（综合型>40%）	
信息化水平	物流业务网络化管理		全部			部分	
	电子单证管理	运输与仓储型	>90%	>70%		>50%	
		综合型	100%	>80%		>60%	
	货物跟踪		>90%	>70%		>50%	
	客户查询		建立自动查询和人工查询系统			建立人工查询系统	

2. 数据说明

物流企业布局的研究是细化到具体企业实体的空间分析，企业样本的数据量直接影响到研究效果。对此，作者选择 1855 家 A 级物流企业作为分析样本，数据内涵和特征如下所述。①A 级物流企业包括 1A 级、2A 级、3A 级、4A 级和 5A 级共 5 个层级，其中 5A 级企业有 110 家，4A 级企业有 592 家，3A 级企业有 797 家，2A 级企业有 335 家，1A 级企业有 21 家。②A 级物流企业的数据跨越 2005 年 7 月至 2012 年 7 月的 7 年评估时间，包括第 1 批至第 14 批的 A 级企业数据，如表 3-5 所示。在不同的评估和认定批次中，同家物流企业的升级或降级，其数据采集按其最后一个层级并将其作为一家企业进行处理。③物流企业的功能分工和主导功能，决定了多数企业具有空间网络的属性，对此，按物流企业的总部所在地和注册地进行归类统计和空间矢量化。④部分物流企业的规模庞大而形成集团公司，对物流集团公司所属具有独立法人的子公司，作为不同样本进行企业认定和分析。

表 3-5　我国 A 级物流企业的评选批次与数量

评选批次	评选时间 /（年-月）	认定数量/家	评选批次	评选时间 /（年-月）	认定数量/家
第 1 批	2005-7	26	第 9 批	2009-12	237
第 2 批	2006-1	32	第 10 批	2010-5	166
第 3 批	2006-10	74	第 11 批	2010-11	199
第 4 批	2007-3	43	第 12 批	2011-5	246
第 5 批	2007-11	63	第 13 批	2011-11	316
第 6 批	2008-3	79	第 14 批	2012-7	337
第 7 批	2008-12	74	合计		1855
第 8 批	2009-5	160			

三、中国物流企业的总体布局

1. 大区域布局特征

研究物流企业的布局特征和规律，首先要根据我国社会经济分布和经济区划的地带性进行分析，归纳其宏观特征。现实中，物流市场、物流企业布局往往与区域发展相对应，我国的区域发展差距决定了物流企业存在明显的布局差异。按照沿海内陆、南北方、三大地带的区域划分，对 1855 家样本进行整理和统计，结果如表 3-6 所示，物流企业的宏观分布呈现明显的空间差异。

表 3-6　我国物流企业的宏观布局结构

沿海与内陆			南北方			东中西部		
区划	物流企业数量/个	比重/%	区划	物流企业数量/个	比重/%	区划	物流企业数量/个	比重/%
沿海	1193	64.31	南方	1289	69.49	东部	1182	63.72
内陆	662	35.69	北方	566	30.51	中部	444	23.94
						西部	229	12.35

（1）长期以来，我国经济区划采用"两分法"，沿海与内陆一直是社会经济发展和国土开发的最大分异区域，两者之间形成了明显的对比与差异，物流企业的布局呈现相同模式。其中，沿海地区集中了多数的物流企业，有 1193 家，占样本企业的 64.31%，即约占 2/3；内陆地区的物流企业有 662 家，占样本企业的 35.69%，即约占 1/3。沿海与内陆之间的物流企业比重大约形成"2∶1"的数量关系。

（2）南北方也是我国重要的社会经济分异区域，物流业发展存在差距。20 世纪 90 年代初开始，南方地区的物流业迅速发展，北方虽然也在加快发展但慢于南方。研究发现，南方的物流企业明显多于北方，占样本总量的 69.49%，而北方仅占 30.51%，两者约形成 2∶1 的数量关系。

（3）三大地带是反映我国地域分异的细分方法，地带间存在着明显的社会经济发展和自然环境差异，对于物流企业同样如此。

东部地区已形成国有、外资和民营物流企业多元化发展的格局，发展水平高于中西部。东部地区拥有多数的物流企业，共计 1182 家，占样本企业的 63.72%。敦豪速递、联合包裹和马士基等著名物流企业入驻，中远、中海、招商局等国有物流企业巨头积极拓展市场，民营物流企业发展迅速，2009 年排名前 30 的民营物流企业中有 25 家在东部。物流企业注重与制造业等各类企业的长期合作，通过与制造企业、原材料生产企业、工程建设企业签订长期合同、构筑战略联盟等形式，为客户企业提供一体化的物流服务。物流企业规模化和专业化趋势明显，兼并重组步伐加快，如中外运长航集团合并重组，中国邮政集团完成速递和物流两大专业总部的整合，通过物流资源要素的整合，东部地区的物流企业集中度进一步提高。

中西部尚未有效地形成专业化的物流市场主体——物流企业，企业数量较少且规模较小。其中，中部地区有 444 家物流企业，占样本企业的 23.94%，西部的物流企业分布最少，为 229 家，占样本企业的 12.35%。虽然如此，中西部的发展态势已经形成，国内外知名物流企业纷纷抢滩物流市场，并加速西进，荷兰邮政、联合包裹等著名企业已落户中西部。

从以上分析来看，东中西部的物流企业数量与比重大致呈现出"5：2：1"的倍数关系。这种宏观布局表明，我国物流企业主要集中分布在经济体量大、发展水平高、物流市场完善、城镇密集、交通发达的东部沿海地区，而发展相对落后的中西部较少，物流企业布局与我国社会经济格局基本相耦合。

2. 省级区域布局特征

省级政区是社会经济发展带有行政区划烙印的最高单元，从该角度进行分析可深入考察物流企业的布局特征与规律。从图 3-1 可解读出如下特征。

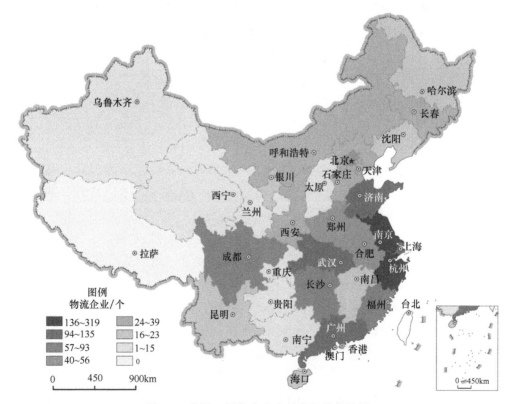

图 3-1　我国 A 级物流企业的省级分布格局

（1）从省区数量来看，A 级物流企业分布在除西藏之外的 30 个省级行政单位（不含港澳台），各省区的物流企业发展均具有一定的基础。但这种基础是不均衡的，物流企业的省区分布存在明显差异，呈现东南沿海集聚、中部较多、东北和华北较少、西北和西南最少的格局。多数物流企业集中分布在河北以南的沿海省区，尤其长江三角洲和珠江三角洲的物流企业最集中，与区域性物流圈的分布格局基本相吻合。中部湖北的物流企业相对集中，湖南、河南、安徽较多。在西部地区，四川的物流企业较多而呈现区域性集聚。

（2）从具体省份来看，浙江拥有 319 家 A 级物流企业，占样本的 17.2%，江苏拥有 229 家物流企业，占样本总量的 12.3%，两省成为 A 级物流企业分布最密集的地区，约占全国的 1/3，不仅数量多且功能多元化。浙江不仅拥有仓储、运输、货运代理、邮政等传统企业，还有配送企业及第三方物流企业。江苏则通过引入新理念改造传统的国有储运企业，并引进国外物流企业，发展民营企业，这促使物流企业的规模、技术装备、服务质量都达到较高的水平。

（3）广东、山东及湖北和上海有超过百家的物流企业。其中，广东和山东分别拥有 135 家物流企业，占样本企业的 7.3%；湖北有 128 家物流企业，上海有 124 家物流企业，分别占样本企业的 6.9% 和 6.7%，4 省合计占 28.2%。全球前 10 位物流企业和前 50 位的航运企业已全部入驻上海，多种所有制和专业化的物流企业在上海形成共同发展的格局。广东已有许多实力较强的本土物流企业，并积极拓展现代物流功能；山东物流企业发展较快，15 家企业进入全国百强，国外企业也抢滩广东和山东。长江中游的湖北物流企业发展虽慢，但拥有一批快速崛起的专业化企业，如长航集团。

（4）福建、湖南及四川拥有一定数量的物流企业，分别为 93 家、91 家和 76 家，分别占全国样本企业的 5%、4.9% 和 4.1%，合计占 14%。其中，外资物流企业已经开始入驻四川，仅成都就拥有十余家国外知名物流企业，如联合包裹、马士基等；湖南的专业化物流企业和民营企业发展迅速，传统企业积极向第三方物流转变，但有许多问题亟待解决。河南、安徽、北京分别有 56 家、51 家和 51 家物流企业，分别占 3%、2.8% 和 2.8%，合计占 8.6%；陕西、河北、吉林、天津、内蒙古、黑龙江、云南、江西物流企业数量介于 20 ~ 39 家，比重达 1.1% ~ 2.1%，其他省份共占 7.3%。这些省区不仅物流企业数量少，且规模小、技术水平低，但已经开始重视物流业发展，第三方物流企业正在培育，民营企业蓄势待发，物流企业形式与功能日益多元化。

（5）部分研究表明我国物流业发展存在地区不平衡性，东部形成环渤海、长江三角洲、台湾海峡、珠江三角洲物流圈（韩增林和李晓娜，2007；王冠贤和魏清泉，2008）。根据中国物流与采购联合会发布的"2011 年度中国物流企业 50 强排名"名单，有 70% 的企业总部聚集在长江三角洲、珠江三角洲和京津冀地区，特别是外资物流企业和企业总部集中于此，前 20 强中有 10 家总部位于北京。根据第二次全国经济普查，2008 年三大地区物流业法人单位的营业收入、资产和从业人员分别占全国的 53.1%、43.7% 和 46.9%，呈现较高的集聚水平。

四、中国物流企业的城市布局

将物流企业按城市单元进行整理和统计，绘制成图 3-2，并从总体格局、集聚区域、省域集中度、省域覆盖水平等角度进行分析。具体特征如下所示。

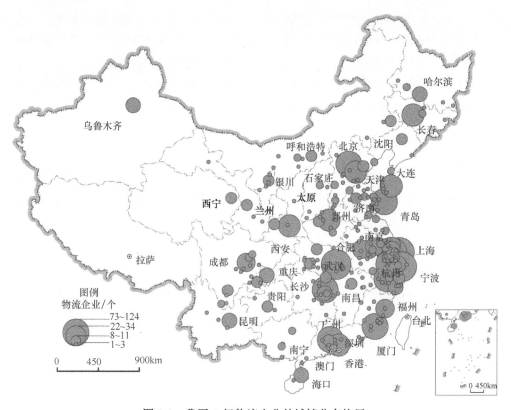

图 3-2　我国 A 级物流企业的城镇分布格局

1. 总体空间格局

我国物流企业分布的非均衡性特征明显，形成了空间集聚和稀疏地区。第一，沿海内陆、东中西部和南北方的地带性分布得到更明显地体现，不但各城市的物流企业数量在这些地带性区域间存在差异，而且覆盖城镇的数量和分布也存在地带性差异。第二，总体形成了京广铁路以东地区的集中区域，汇集了多数物

物流企业的空间网络模式与组织机理

流企业，而京广线以西地区成为物流企业分布的稀疏地区。第三，从城镇层级来看，物流企业不但集中在省会和副省级城市，而且覆盖大量的地级城市，并向许多县级城镇拓展，物流企业的覆盖范围较为广阔。其中，覆盖的省级与副省级城市有 30 个，地级城市有 139 个，县级城镇有 87 个。

2. 物流企业集聚区

物流企业的城市分布呈现出明显的空间集聚，大致分异为水平不一的集中区域，有着不同的物流企业数量和城镇覆盖范围。

（1）长江三角洲，包括苏南、上海、皖江（安徽沿长江地区）、浙江等地区，不但物流企业数量多而且城镇覆盖数量多，成为物流企业最集中的区域。

（2）山东半岛、京津、湖北与湖南、闽东南、珠江三角洲等地区，物流企业数量较多且覆盖较多城镇。在山东半岛，物流企业集中在青岛和烟台，鲁西北和鲁南的许多县级城镇也有布局。在京津冀地区，物流企业集中在北京和天津市区，周边的地级城市和县级城镇较少。以武汉和长沙为中心的两湖地区有较为密集的物流企业，闽东南的物流企业覆盖范围虽小但数量较多，集中在厦门和福州。在珠江三角洲，物流企业相对集中在珠江口两岸城市尤其是广州和深圳。

（3）哈大铁路沿线、中原城市群、成渝经济区物流企业的分布相对集中。东北地区的物流企业集中在哈大铁路沿线的中心城市，尤其是长春和哈尔滨。在西部，物流企业集中在成渝地区，尤其成都和重庆市区，但在地级城市甚至县级城镇也有分布，而中原城市群的物流企业围绕中心城市郑州形成相对集中分布。

3. 省域集中度分异

从各省区来看，物流企业的分布集中在省内某些城市，但有不同的集中性，反映了各省区的物流市场格局及经济发展模式（表 3-7）。

（1）在少数省区，物流企业全部集中在省会城市，物流企业虽少但呈现绝对的集聚，主要包括欠发达的青海和新疆。

（2）多数省区的物流企业集中在省会城市，占有主导优势，涉及安徽、江西、辽宁、甘肃、宁夏、广东、贵州、山西、海南、陕西、河南、四川、黑龙江、云南、湖北、湖南、吉林等 17 个省区。其中，昆明、海口、贵阳、西安、长春、兰州的物流企业占所属省区的比重均高于 70%，省会集中度很高；太原、郑州、哈尔滨、武汉、广州、长沙、银川和沈阳占全省（区）物流企业数量的一半以上，集中度较高；成都、合肥和南昌的集中度相对较低，但截至 2009 年，成都已引进联合包裹、联邦快递、马士基等 43 家外资物流企业及中铁快运等 13

家知名内资物流企业。这种集中模式符合省会城市占省域经济优势比重的发展模式。

（3）由于某些地市的经济发展已超过省会并成为省域经济的重心，部分省区的物流企业集中在少数经济发达的地级城市，这些省份包括广西、河北、江苏，唐山、苏州和柳州市区物流企业数量分别占各省总量的22.9%、45.4%和54.5%。

（4）部分省区的物流企业集中在副省级城市，而这些副省级城市往往是所属省区的门户港，如厦门、青岛、宁波。宁波市区的物流企业数量占浙江物流企业总量的28.2%，青岛市区占山东省物流企业总量的37%，厦门市区占福建省物流企业总量的52.7%。

（5）某些城市由于历史基础或其他特殊因素的影响，其物流企业数量超过省内其他主要城市，但这类城市很少。例如，通辽市区的物流企业数量占内蒙古企业总量的34.5%。

表3-7　各省区A级物流企业的城镇集中度

省区	城市	数量/个	集中度/%	省区	城市	数量/个	集中度/%
安徽	合肥	20	39.2	江西	南昌	8	40.0
北京	北京	51	100.0	辽宁	沈阳	10	58.8
福建	厦门	49	52.7	内蒙古	通辽	10	34.5
甘肃	兰州	10	76.9	宁夏	银川	10	55.6
广东	广州	72	53.3	青海	西宁	10	100.0
广西	柳州	6	54.5	山东	青岛	50	37.0
贵州	贵阳	10	83.3	山西	太原	6	60.0
海南	海口	13	81.3	陕西	西安	28	71.8
河北	唐山/石家庄	8/7	22.9/20	浙江	宁波/杭州	90/53	28.2/16.6
河南	郑州	34	60.7	四川	成都	20	26.3
黑龙江	哈尔滨	14	60.9	天津	天津	31	100.0
湖北	武汉	82	64.1	新疆	乌鲁木齐	15	100.0
湖南	长沙	49	53.8	云南	昆明	17	81.0
吉林	长春	25	75.8	上海	上海	124	100.0
江苏	苏州	104	45.4	重庆	重庆	14	100.0

4. 空间覆盖水平

在每个省区，A级企业的空间覆盖水平是不同的，从此角度进行分析，有利于考察物流企业的分布规律（表3-8）。

表3-8　我国A级物流企业的覆盖概况

| 省份 | 城镇数量/个 | 地级城市 | | 县级城镇 | | 省份 | 城镇数量/个 | 地级城市 | | 县级城镇 | |
		城市数量/个	企业数量/个	城镇数量/个	企业数量/个			城市数量/个	企业数量/个	城镇数量/个	企业数量/个
安徽	15	10	46	5	5	黑龙江	5	4	22	1	1
北京	1					湖北	17	9	115	8	13
福建	14	8	85	6	8	湖南	14	10	87	4	4
甘肃	4	3	12	1	1	吉林	4	2	31	2	2
广东	13	12	134	1	1	江苏	22	13	177	9	52
广西	3	3	11	0	0	辽宁	3	3	17		
贵州	3	3	12	0	0	重庆	1	1	14		
海南	2	1	13	1	3	西宁	1	1	10		
河北	12	8	30	4	5	上海	1	1	124		
河南	11	8	53	3	3	天津	1	1	31		
山东	24	10	115	14	20	新疆	1	1	15		
四川	16	11	68	5	8	陕西	4	4	39		
江西	10	8	18	2	2	云南	4	4	21		
浙江	32	11	209	21	110	宁夏	6	5	17	1	1
山西	5	4	9	1	1	内蒙古	8	6	25	2	3

（1）从城镇的覆盖范围看，A级物流企业的分布覆盖了全国257个城镇，其中地级城市有165个，占覆盖城镇总量的64.2%，接近2/3；县级城镇有92个，占覆盖城镇总量的35.8%，约为1/3。地级城市与县级城镇的覆盖数量约呈2:1的结构关系。

（2）从物流企业的数量来看，物流企业集中在地级城市，有1560家，占有绝对的优势比重，达86.5%；县级城镇的物流企业较少，有243家，比重较低，仅占13.5%。地级城市与县级城镇的物流企业呈现6.5:1的结构关系。

（3）在北京、上海、天津和重庆4个直辖市，物流企业集中在市区，这是因为中心城区经济发展水平高而郊县经济发展水平较低。在部分省区，物流企业全部分布在地级城市，尚未拓展到县级城镇，包括广西、贵州、辽宁、青海、新疆、陕西、云南。在这些省区，地级城市的物流企业覆盖数量较少，青海和新疆仅省会（首府）有A级物流企业，辽宁、广西、贵州三省和陕西、云南两省各有3个和4个地级城市有A级企业。

（4）在我国部分省区，物流企业不但分布在较多的地级城市，而且拓展到县级城镇，有较广的覆盖范围，这些省区大致分为三类。

第一类，物流企业分布在少数地级城市，县级城镇的覆盖较少，如海南、山西、黑龙江、宁夏、甘肃、内蒙古、吉林，覆盖的地级城市约 3 ~ 4 个，县级城镇仅涉及 1 个。

第二类，物流企业分布在较多的地级城市，县级城镇的覆盖较少，包括广东、河北、江西、河南、湖南、安徽、四川，物流企业有较广的覆盖范围。

第三类，物流企业分布在较多的地级城市和县级城镇，有最广泛的覆盖范围，这类省份包括山东、浙江、福建、湖北和江苏，尤其以山东和浙江最典型。在山东，物流企业分布的城镇包括 10 个地级城市和 14 个县级城镇，而浙江包括 11 个地级城市和 21 个县级城镇。

第三节　物流企业的宏观布局因素

物流企业的分布无论是在国际区域、国家区域、省级区域还是城市单元，均存在明显差异，这是多种因素综合作用的结果。全球范围内的物流企业分布因素相对简单，且已有所论述。本节主要针对国家区域尺度，从宏观层次分析其布局机制，重点从经济实力和产业结构、产业集群、交通区位条件、人口分布与城镇体系、对外开放与国际贸易、物流规划与扶持政策等角度进行解析。

一、经济与产业结构

物流市场发育和物流企业分布往往与生产力布局相适应，即生产力布局制约着物流企业的区位选择与布局，物流企业发展须为生产力布局提供支撑。这种适应关系和我国生产力布局与发展差距决定了物流企业的布局差异。

1. 经济宏观布局

经济实力反映了物流业发展的基础，影响了物流市场的发展潜力，导致物流企业布局的区域差异。如图 3-3 所示，三大地带的经济规模一直存在明显差异，东部集聚了主要的经济实力，占全国 GDP 总量的 50% 以上，而中部和西部分别占 1/4 和 1/5 左右，其中西部的比重近年来呈现略微下降的趋势。这同我国物流企业的地带性分布格局基本吻合。中国经济发达地区集中在沿海地区尤其是长江三角洲、珠江三角洲和环渤海地区，经济实力由沿海向内陆依次递减，长江三角洲的 GDP 规模约占全国的 1/5，而环渤海三省两市约占 1/4，沿海地区共占 3/5，有很高的集聚度，这决定了物流企业分布的区域格局。2009 年广东省的 GDP 占全国的 11.4%，物流企业有 135 家，比重为 7.3%；山东和江苏分别占全国 GDP 的 9% 以上，物流企业也排在全国前五位；浙江、河南、河北、上海具有较高的 GDP 比重，物流企业数量也排在前列。经济实力是物流企业分布差异化的根本原因。

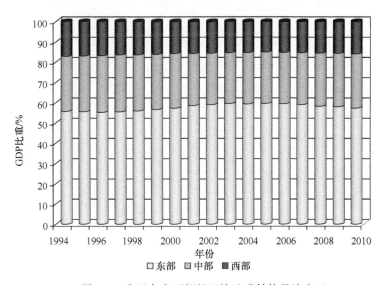

图 3-3　我国东中西部的经济比重结构及演变

　　我国经济主要集中在东部沿海地区，尤其集中在长江三角洲、珠江三角洲和环渤海地区，总体呈现由沿海向内陆递减的趋势，这同我国物流企业分布的空间格局基本吻合。我国的经济分布格局如图 3-4 所示。2009 年广东的 GDP 占全国总量的比重最高，约为 11.4%；其次是山东和江苏，分别占全国 GDP 总量的 9% 以上；再次是浙江、河南、河北、上海等省市，具有较高的 GDP 比重。如果从区域来看，长江三角洲（包括上海、江苏、浙江）的 GDP 规模占全国总量的 20.7%，环渤海地区（包括辽宁、北京、天津、河北、山东）则占全国 GDP 总量的 24.1%。总体上，沿海省市的 GDP 占全国总量的 61.9%，具有很高的空间集聚度。这种格局基本反映了我国物流企业布局与发展的经济基础与背景。

2. 产业结构分异

　　物流业发展水平、物流市场发育程度与区域经济结构有直接关系。中国南北方的经济结构存在明显差异，对各区域的物流企业布局产生了明显的影响。①北

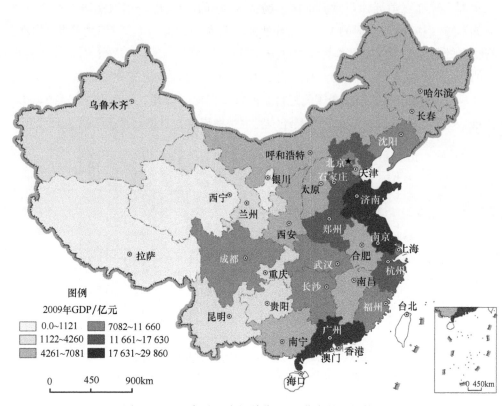

图 3-4 2009 年我国省级单位 GDP 分布的空间格局

方地区的产业结构以重工业为主，是我国的重工业基地，加工制造业相对薄弱，外向型经济发展相对缓慢，这导致北方多是大宗物资物流活动，批量虽大但类型单一。②近年来，长江三角洲外向型经济发展迅速，轻工业和制造业较为发达，外贸额保持了高速增长的势头，占全国外贸额的比重稳步上升，目前已经超过30%。这种以加工制造业为主的经济结构形成了大规模且种类丰富的物流活动，尤其是大量的民营企业生成了大量的物流活动，物流市场发达，国际物流活跃，带动了物流企业的迅速发展。③珠江三角洲是我国改革开放的前沿地区，经济结构外向度高，民营经济发展水平高，集聚了大量的加工制造企业，尤其 20 世纪 80 年代以来所形成的"前店后厂"和"两头在外"的产业分工产生了大量的物流活动，物流市场发展迅速，孕育了物流企业的布局与集聚。

二、特色产业集群

物流企业的布局首先趋向于物流市场，而物流市场的培育与发展，与特色产业集群的发展相关。产业集群中的多数单体企业规模较小，但整个集群却具有显著的规模优势和市场占有率，其配套件和产品配送涉及全国区域，集中了物流需求，给物流业发展带来了广阔空间。在温州低压电器集群区，低压电器的配套件涉及金属部件、合金材料、注塑部件、冲制、酸洗及模具加工等品种，产品直接渗透到全国各地。目前，我国产业集群主要分布在京津冀、长江三角洲、珠江三角洲，尤其以浙江和广东最密集，特点最鲜明。珠江三角洲已形成规模最大、产品出口比重最高的电子信息产业集群，包括珠江东岸（广州、东莞、惠州、深圳的县镇）的信息产业集群和珠江西岸（顺德、中山、南海、江门、珠海、广州的县镇）的电器机械产业集群在内的电子信息产业走廊已形成。浙江省的产业集群遍布全省，年产值亿元以上的集群有 519 个，平均每个县有 3 个产业集群[①]。我国代表性的产业集群有诸暨大唐袜业、湖州织里童装、杭州女装、永嘉桥头纽扣、苍南宜山腈纶、瑞安场桥羊毛衫、乐清柳市低压电器、温州瑞安汽摩配件、绍兴嵊州领带、中山古镇灯饰、吴江盛泽丝绸纺织、邢台清河羊绒、青岛家电等集群。各产业集群形成特色的产业类型，在区域乃至全国形成特色产业基地，例如，绍兴的中国纺织城、温州的纽扣市场、台州路桥的塑料制品市场均是年交易额几百亿以上的专业市场，绍兴的中国轻纺城已成为亚洲最大的纺织品集散中心，温州桥头镇被称为"东方纽扣之都"，而晋江被称为"中国鞋都"。产业集群的发展带来了物流需求的区域集中，对物流业的区域集聚提出新要求，带来物流企业的聚集，并与物流企业形成长期的战略合作，为集群的采购供应、运输和配送提供一体化的物流服务。产业集群的发展促使浙江的物流企业最多，尤其产业集群集中的金华、温州、台州等地区布局有许多物流企业，而且往往拓展到县级城镇。例如，温州的苍南、永清、乐清，金华的武义、永康、义乌，泉州的晋江，丽水的遂昌，绍兴的上虞，均存在大型产业集群与 A 级物流企业布局的对应关系。

三、交通区位条件

在物流企业所承担的各类物流活动中，运输是最重要的功能，而配送在本质上也是一种短程的城市运输，交通便利性、运输成本高低与区域交通环境密切相关。交通运输网络包括公路、铁路、航空及水路。交通条件成为物流企业布局的基础因素，良好的通达性有利于物流企业拓展客户群和物流市场，便于物流活动

① 数据来源：http://www.cs.com.cn/xwzx/05/201110/t20111012_3084224.html

运输线路组织，提高企业的物流组织效率。因此，物流企业的布局对大型交通设施和交通区位有着强烈的依附性，铁路、公路、机场、港口等交通干线所在区域最容易吸引物流企业布局，形成各种规模的物流企业集聚区（千庆兰等，2011）。我国铁路和公路（包括国道和高速公路）布局决定了各地区和各城市具有不同的通达性和交通网络区位，尤其是各种交通方式的交汇塑造了交通枢纽和多式联运的区位优势，促使物流企业集聚地域的形成，影响了物流企业布局的空间分异（钟祖昌，2011）。

东部地区是我国交通网络的密集布局地区，有许多铁路干线、高速公路及门户港口，吸引了大量的物流企业布局从而形成许多集聚区。在中西部地区，交通干线沿线的大中城市则成为物流企业布局的首选区位，湖北和湖南的全国交通网络中枢区位和发达的长江水运直接培育了南北—东西集散的物流市场并以此集聚了大量的物流企业，成都物流企业的发展则依托于其在西部地区的交通枢纽和商品集散中心的地位。西部大开发战略的实施促进了西部的交通建设，改善了大中城市的交通区位，为物流企业的壮大及外资物流企业的进入提供了重要条件。我国省会城市往往具有较好的交通网络条件，是重要交通干线和高速公路主干线及国道的交汇点，这种便利的交通条件有利于集聚本省的多数物流企业。

四、人口与城镇体系

1. 人口分布

人口是各类产品的终端消费者，人口的分布与集聚直接影响了物流量的分布及输送的空间路径，也影响了物流企业的发展与分布格局。长期以来，中国人口分布以黑河—腾冲一线为界，该线以东地区人口众多，以西地区人口稀少，沿江、滨海、临铁路干线地带人口多。从省级单元来看，人口分布呈现类似的格局可以分为以下 4 类。①非常稠密区：人口密度在 400 人/km² 以上，包括上海、北京、天津、江苏、山东、河南、广东、浙江、安徽等 6 省 3 市，人口达到 4.91 亿，占全国的 38.8%，该区域与我国的物流企业分布稠密地区有着很高的空间重叠水平。②稠密区：人口密度介于 200 ~ 400 人/km²，包括重庆、河北、湖北、湖南、辽宁、福建、江西、海南、山西、贵州等 10 省市，人口为 4.18 亿，占全国的 33%。③较稠密区：人口密度介于 100 ~ 200 人/km²，包括广西、陕西、四川、吉林、云南、宁夏等 6 省区，人口为 2.4 亿，占全国总人口的 19.4%。④稀少区：人口密度在 100 人/km² 以下，包括黑龙江、甘肃、内蒙古、新疆、青海、西藏等 6 个省区，人口为 1.13 亿，占全国总人口的 9%。人口的规模与物流企业分布有着比较高的空间耦合现象。台湾的人口分布与物流企业的关系也证明了这个论点，台湾物流企业的仓库集中在北部，约占 43%，中部占 29%，南部较少，这与台湾的商业活动及人口分布集聚在北部有关。

2. 城镇密集区

城镇是经济的主要空间载体，城镇密集区是在特定的区域内集中了相当数量的不同性质、类型和等级规模的城镇，以少数特大城市为中心，依托一定的自然环境和交通条件，城市间的联系紧密，共同组成相对完整的城市"集合体"。目前，世界公认的大型城市群有五个，包括美国波士顿—纽约—华盛顿城市群、北美五大湖城市群、日本东海道城市群、法国巴黎城市群、英国伦敦城市群，这些城镇密集区是世界物流业最发达和物流企业最集中布局的地区。按照部分学者的论点，城镇密集区集聚了我国主要的人口和产业，成为我国主要的产业基地，往往形成大量的物流活动，由此培育了众多的物流企业。这些城镇密集区在我国国土上大致形成了"两横三纵"的城市战略格局，如图 3-5 所示。

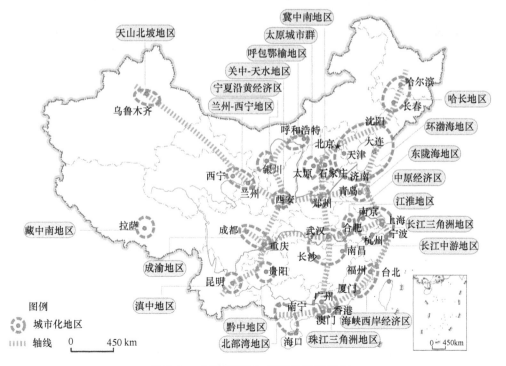

图 3-5 "两横三纵"城市化战略格局

京津冀、长江三角洲、珠江三角洲三大城市群是我国最重要的城镇密集区，不但人口集中，而且产业集中，主导着我国社会经济的发展。山东半岛、成都地区、重庆地区、闽南金三角、辽东半岛、中原地区、武汉都市圈、长株潭地区、呼包鄂地区、南北钦地区和关中地区是我国第二层级的城镇密集区，也是东中西部重要的人口—产业集聚区。哈大长、皖中、晋中、银川平原、赣北鄱阳湖、济宁都市圈、滇中、兰白西地区、酒嘉玉地区、浙中、个开蒙、天山北坡、拉萨—日喀则也分别是不同省区的重要人口—产业集聚区。长期以来所形成的产业基地地位、经济增长和人口集聚，促使这些城镇密集区成为各区域物流活动的集中发生、组织地区，培育和发展了大量的物流企业。

五、对外开放与国际贸易

20 世纪 70 年代末期以来，一方面，对外开放的深入推动，使中国内地形成了良好的政策环境（包括土地和税收等优惠政策），对区域物流市场的培育、现代物流业的发展与传统储运企业的转型及外资物流企业的进入都产生了重大影响；另一个方面，国际贸易作为外向经济发展的重要动力，促进了全国经济总量的总体增长，推动了我国产业结构的逐步完善和优化升级，带来物流活动的活跃，促进我国国际物流的发展和全球融入。原因在于，①外资工商企业的进入带来了大量物流活动，尤其是国际物流活动，活跃了物流市场；②我国物流领域的逐步开放促使大量外资物流企业涌入沿海地区，同时外资工商企业往往与物流企业有全球服务协议或有固定的物流服务商，也带动了国际物流企业的进入。

外资企业反映了区域发展的活力，而外资企业往往委托外资物流企业或大型本土物流企业承担物流组织。如图 3-6 所示，广东的外资企业最多，占全国总量的 22.6%；长江三角洲集中了大量外资企业，上海、浙江和江苏三省市占全国外资企业总量的 31.3%；北京、天津、福建、山东和辽宁占全国外资企业总量的 29.4%，沿海地区集中了我国多数的外资企业，成为出口加工业基地，培育了物流企业的布局与集聚。

国际贸易是重要的物流活动形式，是国际物流业和物流企业全球化扩张的重要动力。20 世纪 90 年代之前，对外开放处于初期阶段，国际贸易较少；90年代中期后，中国对外贸易迅速发展，持续保持 8% 以上的增速。各省区的贸易额有明显的空间差异，2010 年我国进出口贸易额主要集中在广东省，比重高达 26.4%，其次是江苏、上海和北京，分别占 15.7%、12.4% 和 10.2%，

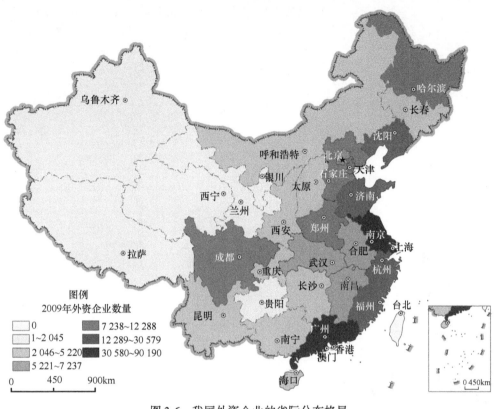

图3-6 我国外资企业的省际分布格局

浙江、山东占 8.5% 和 6.4%，而山东、福建、天津、辽宁、河北和四川分别占 6.4%、3.7%、2.8%、2.7%、1.4% 和 1.1%；其他省市区的比重较低，均低于 1%。

如表 3-9 所示，从物流业和外贸额的关系看，上海、广东、江苏、浙江和北京的人均物流人员的外贸额均高于 109 亿美元/人，天津、福建、山东均高于 60 亿美元/人，其他地区均低于 33 亿美元/人。对于单位物流产值的贸易额，上海、广东、北京均高于 4 亿美元/万元，江苏、浙江、天津和福建介于 1.2 亿 ~ 2.7 亿美元/万元，山东、辽宁、海南、新疆、云南、四川和黑龙江介于 0.54 亿 ~ 0.96 亿美元/万元。

表 3-9 物流业从业人员、产值与国际贸易额的关系

省区	人均物流人员的贸易额/(亿美元/人)	单位物流产值的贸易额/(亿美元/万元)	省区	人均物流人员的贸易额/(亿美元/人)	单位物流产值的贸易额/(亿美元/万元)
北京	109.19	4.24	湖北	12.55	0.34
天津	89.39	1.40	湖南	8.21	0.18
河北	19.91	0.24	广东	190.20	4.30
山西	7.06	0.19	广西	11.22	0.37
内蒙古	6.06	0.10	海南	22.03	0.85
辽宁	32.12	0.87	重庆	10.61	0.32
吉林	14.80	0.45	四川	17.00	0.57
黑龙江	11.65	0.54	贵州	4.01	0.07
上海	195.10	4.42	云南	11.49	0.69
江苏	186.83	2.63	西藏	13.29	0.38
浙江	128.78	2.35	陕西	7.41	0.25
安徽	20.01	0.46	甘肃	8.71	0.33
福建	82.41	1.25	青海	2.98	0.13
江西	16.13	0.48	宁夏	8.08	0.14
山东	69.18	0.96	新疆	18.17	0.77
河南	7.80	0.20			

注：此处物流业包括交通运输、仓储及邮政业

六、物流规划和扶持政策

政府的物流规划编制和扶持政策是培育和引导物流企业布局的重要因素，直接影响是政府制定物流政策，规范物流市场行为，引导物流企业布局。间接影响是通过城市功能和空间结构优化引导工商业物流需求和物流企业布局（千庆兰等，2011）。20世纪90年代末期以来，部分沿海省市开始制定现代物流（业）发展规划，随后部分大中城市也制定了类似的发展规划，尤其是2002年，现代物流规划的编制在全国范围内得到推广，而且原对外经济贸易部发布了《关于开展试点设立外商投资物流企业工作的有关问题的通知》，在江苏、浙江、广东、北京、天津、重庆、上海、深圳等地开展外商投资物流业的试点。据不完全统计，2002年之前就发布现代物流（业）规划的省份、城市近30个，多分布在珠江三角洲、

长江三角洲①。省级行政区有天津、北京、上海、福建、江苏、浙江、广东、吉林、广西、河南、安徽、辽宁、海南及四川，地市有南京、汕头、杭州、武汉、沈阳、广州、无锡、成都、大连、苏州、郑州、济南、西安等。这些规划将物流业作为区域支柱产业，培育物流市场，积极建设物流中心和物流园区，这促进了物流企业的发展和集聚。2001年浙江建立了"现代物流发展联席会议制度"，加强物流发展的规划引导，促使全省物流业发展迅速，物流企业数量居全国之首。根据《中国物流年鉴2010》，2009年浙江有51个物流园区，名列全国第二。根据第二次全国物流园区调查，截至2008年，东部沿海地区共计有物流园区260个，是物流园区最集中的地区，西南和西北地区有物流园区56和21个，东北、黄河中游、长江中游分别有48、47和43个，长江三角洲、珠江三角洲的物流园区更集中（渠涛，2012）。例如，2003年江苏拥有7个物流园区、75个物流中心，在建的物流园区和物流中心有100多个，其中苏锡常地区是布局重点。在各类物流规划和政策的支持下，物流基地的发展极大地培育了物流企业并引导集中布局，2002年上海外高桥保税区的物流公司已有361家，天津经济技术开发区已拥有物流企业700余家（章建新，2008）。此外，规划编制越早或扶持政策越丰富的地区，物流企业往往越多且覆盖范围越广，物流园区也越多且其发展越成熟。

第三章 物流企业的宏观布局模式

---

① 数据来源：http://www.chinawuliu.com.cn/xsyj/200311/28/129507.shtml

第四章

物流企业的微观区位选择

探求地理事物在微观尺度内的布局特征和区位选择法则，始终是经济地理学的研究主题，也是交通地理学长期以来所忽视的研究命题。本研究认为，微观区位是物流企业网络进行空间组织的基础性步骤。本章系统地分析了物流企业在城市街区的区位选择法则与空间分异规律。简要评述了物流企业的区位成本，包括区位条件与成本因素及区位因子，重点论述了市场条件、区域环境、交通条件、地租因子、物流设施等区位因子的影响机制；选择大连、南京、广州及苏州为案例城市，深入揭示物流企业的微观区位指向类型及空间分异，提出物流市场指向、客户企业指向、交通区位指向、运输工具指向、城市地租指向等区位选择模式；论述了物流企业职能类型、资产属性类型与微观区位选择的关系机制及空间分异特征。

第一节 物流企业布局的区位因子

一、物流企业的区位成本

企业空间布局总是服从和服务于企业利润最大化的目标（孟宪昌，2001）。分析物流企业的微观区位之前，本研究认为应首先明确物流企业同其他企业的区位成本有何不同，只有明晰了物流企业的区位成本，才能论述其区位因子和空间指向。

1. 一般企业的区位条件

对于一般的企业布局，区位条件包括自然条件和社会经济条件。其中，自然条件主要包括地形高程、地貌坡度、气候温度、降雨水文、植被、矿产资源、能源等自然因素，而社会经济条件主要包括交通、市场、劳动力、技术、区域环境、资金、管理政策等人文因素。对于农业而言，自然条件是首要的，其次是社会经济条件。对于多数的工业企业而言，社会经济条件是主要的，如果是资源消耗型工业，主要影响因素则是自然条件的资源或矿藏等。但无论哪种工业企业，市场都是极为重要的区位条件，如何接近市场是企业进行区位选择的重要因子。在实际分析中，企业地理学往往侧重于从劳动力、能源、市场等条件探讨工业企业的区位，如图 4-1 所示。李小建将区位因子总结为要素投入、市场、区域环境和交通等条件，其中要素投入包括土地、原材料、能源、资本、劳动力等因子，市场条件包括市场规模、市场战略、市场特性和市场秩序等因子，区域环境包括产业环境、政府行为和可进入性等因子。

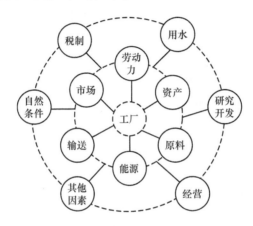

图 4-1　工业企业布局的区位条件系统（坂本英夫和滨谷正人，1985）

2.　一般企业的成本因素

企业布局的过程是企业和空间相互作用的过程，区位选择总是要受地域条件的约束和影响。分析企业的区位选择，就必须从分析企业的成本因素开始，因为区位选择的目的是区位成本最小化。对于一般企业的成本因素，本研究主要介绍韦伯的相关论述。韦伯在分析工业区位因子时，认为企业从产品生产到销售的过程中，成本主要包含以下方面：①场所土地和固定资产（不动产与设备）费；②获取原料和燃料的费用；③制造过程的加工费；④物品的运费。但韦伯认为在生产和分配过程中都必须投入资本和劳动，与资本有关的利率、固定资产折旧率及和劳动有关的劳动费都应纳入到生产与分配成本中去。因此，韦伯对以上成本因素进行重新分析，认为主要包括：①场所土地费；②固定资产费；③原料和动力燃料费；④劳动成本；⑤物品运费；⑥资本利率；⑦固定资产折旧费。然后，韦伯从是否具有空间成本的角度对以上成本因素进行论述，认为固定资产费及折旧费和利率一般不和区位发生直接关系，具有区位意义的成本因素只有原料和燃料费、劳动成本和运费（李小建，1999b）。之所以分析一般工业企业的成本因素，目的是分析物流企业的成本因素，从中探悉物流企业分布的主要区位因子。

3. 物流企业的成本因素

物流企业的选址，既具有传统企业选址的一般性，又具有自身的特殊性。物流企业不同于生产性企业，是一种流通领域的服务性企业。对于工业企业，主要功能是生产过程，而物流企业的主要功能是流通，两者在企业成本因素方面有明显不同。物流企业的物流活动组织过程中，成本因素主要包括以下方面：①固定资产费及折旧费；②场所地租成本；③劳动力成本；④运输成本；⑤交易成本；⑥生产成本；⑦管理成本；⑧时间成本。其中，固定资产费及折旧费用包括运输工具（如车辆）、仓库、物流设施（如叉车）的投资和折旧费，生产成本包括包装和加工过程的相关费用，交易成本主要是指市场营销、谈判等费用，时间成本主要是物流企业为客户提供物流服务的时间效率，管理成本主要是指物流企业内部管理费用以及同政府、广告、金融、法律等部门的交际费用。

由于物流企业的生产过程就是组织物流活动、提供物流服务的过程，不同于生产企业需要投入原料和燃料进行物理性或化学性的加工制造过程，其产品就是物流服务，具体包括运输、配送、仓储、加工和包装及搬运装卸等。其中，流通加工仅是附属功能，在物流企业中不占主导地位。显然，不同成本因素，其空间区位的意义不同。运输成本的区位含义已不同于生产企业，因为运输就是物流企业的生产过程，其费用支出等同于工业企业的加工制造费。物流企业作为一种服务型企业，劳动力数量有限，而且本研究探讨的是微区位，即在同一城市中的区位问题，显然劳动力来源相同，所以劳动力成本不具有区位意义。需要指出的是固定资产费（简称为固定成本），物流企业可拥有物流设施（资产型物流企业），如仓库、运输工具等，也可不拥有物流设施（非资产型物流企业），由此看来，是否拥有物流设施显然影响到区位成本。本研究认为以上成本因素中，对物流企业具有区位意义的因素有：交易成本、地租成本、时间成本、管理成本和固定成本。如果分析物流企业与集群的区位关系，还应考虑集聚的影响，但集聚的目的是为了减少市场不确定性或交流经验或进行交易，所以本研究将其区位影响归并到交易成本或管理成本中。

4. 物流企业的区位因子

通过对物流企业成本因素的分析，确定了影响其区位的主要成本因素，但这种成本因素仍不能清晰地确定出主要区位因子，需要进一步探讨成本因素背后的区位因子。发达国家的相关研究较早，侧重从微观角度对物流企业区位的影响因素进行研究，认为物流企业的主要区位因子有空间距离、时间敏感度、消费者服务因素、汇率和市场因素。本研究通过分析，认为物流企业的区位成本主要有交易成本、地租成本、时间成本、管理成本及固定成本。

（1）交易成本。该成本的构成较为复杂，前文分析也仅是简单阐述，但本研究的交易成本和科斯（1990）提出的交易成本有很大的区别。在本研究中，交易成本主要是指物流企业为了获得物流业务信息而付出的成本，如市场搜集、谈判、交涉等成本。根据该界定，交易成本背后的区位因子主要是指物流市场条件。

（2）地租成本。对于该成本因素，区位因子显而易见是地租，即企业布局场所的土地价格，而土地价格取决于物流企业在城市中所处的具体地段，所占用土地面积以及周边的地租价格，甚至包括土地征用所支付的其他成本，例如拆迁安置、补偿等费用。

（3）时间成本。该成本因素是其他因子的综合反映，主要包括物流网络的完善性、运输工具的技术水平、与客户企业的邻近性、进出城市和区域交通网的便捷性及企业内部管理效率等。本章节主要是分析物流企业的微观区位，显然不涉及区域物流网络；运输工具的技术水平决定其运行速度，对时间影响很大，但与区位不发生直接关系；与客户企业的邻近性与市场条件又相融合；企业管理效率指物流订单生效后，内部各部门的执行效率，不直接与区位发生关系。因此，在城市区域尤其城市内部影响时间成本的区位因子主要是交通条件。

（4）管理成本。管理成本也是较为复杂的概念，根据前文界定，主要指物流企业内部管理成本和同政府、广告、金融、法律等部门的交际成本。具体包括三部分：①企业管理成本，主要取决于企业内部的组织结构等，不对区位产生直接影响；②由于政府的政策而发生的管理成本，背后的区位因子主要是区域环境；③同金融、广告、法律等部门邻近所发生的管理成本，在城市内部，金融、广告、法律等部门主要集中在中央商务区。根据此界定，区位因子是同中央商务区的邻近性。

（5）固定成本。该概念主要是指物流企业是否对物流设施进行了投资，如仓库、运输工具（如车辆、集装箱、装卸设施）等。现实中，因固定成本而产生的区位因子主要是运输工具，而仓储的影响又因所占土地较多而归并到地租因子。

二、物流企业的区位因子

并不是所有成本因素对区位选择都有空间影响，仅有部分成本因素发生作用。物流企业的区位选择是将物流企业区位成本最小化的过程，区位决策的最终标准是区位成本最小。某项区位成本越高，对区位决策越起关键作用，区位便倾向于该成本最小化的区位，以削弱或消灭该成本。在某区位成本的影响下所形成的区位布局倾向便是该成本指向。

1. 市场条件

市场机制是社会性物流活动发展的基础。物流企业的目的是满足客户的物流服务需求，从而获得经济利润，所以区位选择应首先从市场角度去考察。物流企业是物流市场的主体，而物流市场是物流企业的生存空间，其发育程度、地理位置、市场规模、行业类型、市场特征、市场价格和供需关系及秩序等因素，对物流企业的区位选择会产生影响。对市场条件的分析，李小建（1999b）曾通过市场规模、范围、竞争环境、秩序及企业战略等方面探讨工业企业的区位选择，但侧重宏观分析。对于物流企业而言，微观区位应侧重微观的市场影响，即分析物流企业如何接近物流市场以获得更多的物流业务量，以保证企业的规模经济。

为客户企业提供及时、准确、快捷的物流服务是物流企业的宗旨。对于物流企业，空间上越接近物流市场，就意味着物流企业可同更多的客户进行面对面的市场营销，物流业务搜集的便捷性就越好，市场交易成本就越低，可获得更多的物流服务订单和物流业务量，以实现规模经济。因此，物流企业在城市中选择合理的区位以接近物流市场，显得尤为重要。根据物流市场的需求者和其区位的不同，一般存在以工业和商业及物流节点为主体的物流市场，这些市场对物流企业区位的影响体现为以下方面。

（1）物流企业的区位选择深受区域经济实力的影响，区域经济整体实力强，会产生更多的生产和生活物流需求，吸引更多的物流企业进行布局甚至形成集聚。广州市的物流企业明显集中在中心城区，特别是集中在经济发达的天河和越秀等区。

（2）工业企业是物流市场的主要需求者，随着企业物流社会化的推进，物流需求直接决定了物流市场的规模，造就了物流企业的规模经济。围绕着工业企业的周围地域往往形成规模不一的物流市场，所以工业企业尤其大型制造企业的区位会吸引物流企业的布局。

（3）城市是商业活动集中的地域，频繁的商业活动带来了大量的物流量。围绕着商业活动的集中地域，往往形成了规模不等的物流市场，如城市商业区和大型批发市场区。这为物流企业的配送和跨区域运输及流通加工、包装等都提供了机遇，所以商业企业和商业活动的空间集中性也引导了物流企业的区位选择。

（4）物流基础设施是物流活动组织的基础性节点。物流活动并不是在城市内部均匀分布，而是相对集中在某些地域，城市内部的某些物流节点尤其是交通基础设施的周围地域，如火车站、汽车站、货运站、港口、机场等，往往是物流活动集中的地带，形成了大大小小的物流市场，这些以物流节点为中心的物流市场也引导了物流企业的布局。

2. 区域环境

随着社会分工的深入发展，几乎所有的经济活动都脱离不了社会经济要素尤其是高级要素的支持。李小建（1999a）认为企业区位深受区域环境的影响，包括产业环境、政府行为和环境因素及可进入性等，这种观点是将宏观和微观两种维度上的条件相融合。从微观角度来看，在影响物流企业和物流经济发展的区域环境因子中，政府行为和产业环境的影响较为重要，所以从这两个角度分析物流企业的区位更具有意义。

从欧美国家的发展经验来看，政府及主管部门的合理行为可促进物流企业发展，如日本对中小型物流企业的扶持政策（孙炜，1990）。我国现代物流的发展遵循"自上而下"的轨迹，对于物流企业而言，政府行为尤为重要。不同的政府行为会促使物流企业有不同的管理成本，尤其是带有深刻空间内涵的物流政策会引导物流企业的区位。具体通过三个方面施加影响。①政府制定物流规划、城市规划、土地规划或其他专项规划，引导物流企业在空间上向某地区进行布局，这是政府行为的重要表现。2005 年，就有 30 多个省份和城市制定了不同层面的现代物流（业）发展规划，提出了"积极培育第三方物流企业"的战略，引导物流企业向某些地域进行布局。②政府创建物流园区或物流基地，建设物流基础设施，制定相应的管理政策，使其发挥孵化器的作用，以吸引物流企业布局。物流园区或物流基地成为物流企业的集聚地域，既可共享基础设施，同时享有优惠的物流政策，可明显降低企业管理成本。目前，我国多数城市都建设了物流园区，如上海（5 个）、深圳（8 个）、大连（3 个）等。③政府提供优惠的税收政策和财政补贴等经济政策，并将优惠政策和空间地域相结合，调控物流活动的区位，如我国保税区内就布局了许多物流企业，类似的地域还包括保税港、出口加工区、经济技术开发区和工业园区等。

物流企业的发展离不开相关产业或部门的支持，相关产业环境的形成，可降低其管理成本（李小建，1999a）。产业环境主要通过两个方面影响物流企业的区位。①物流活动的集中性所形成的物流产业，直接决定了物流市场的形成，进而影响了物流企业的区位。作为物流市场的主体，物流企业首先倾向于物流业成熟或物流市场发达的地域。②物流企业及相关企业的集中分布，即集聚性，也使物流产业形成了规模经济，有利于物流企业间的相互交流，改善物流信息环境，实现优势互补，促进专业化物流服务设施和物流机构的发展，这影响了物流企业的区位选择，类似于王缉慈（2001）对企业集群的论述。早期苏州物流业的发展多为自发的市场行为，物流企业布局多表现为无序分布，2000年后政府通过规划主动引导物流企业在政策优惠区集聚，而且中心区以发展旅游和商贸等第三产业为主以及实行"退二进三"政策，促使物流企业跟随工业企业外迁，由此影响了物流企业布局。

3. 交通条件

交通运输是社会经济活动联系的纽带、实现社会分工的保证。充分把握交通要素对物流活动的时间影响，对理解物流企业的区位选择和分布规律有积极意义（李小建，1999a）。古典区位论以交通技术与手段为前提，并给予运输成本高度重视。对于传统企业布局，交通运输条件是影响企业布局的一般性因子，对于物流企业而言，交通运输条件是其选址的关键性因子。从微观角度来看，交通条件不再是运输成本的空间影响，更为重要的是因交通便捷性而产生的时间成本。①交通基础设施包括点状和线状两类，点状交通设施主要指港口、车站、场站、机场、货站等基础设施，而线状交通设施主要指高速公路、铁路、公路等设施。②物流活动的空间位移主要依赖于基础设施尤其线状交通设施完成。没有基础设施，物流活动无法跨区域开展，也无法完成狭窄地域的相关活动，良好的通达性有利于物流企业拓展物流业务、优化运输线路，提高运输效率和服务水平。物流企业本身是开展物流活动的经济组织，运输是多数物流企业的核心功能，尤其是随着客户对市场反应能力的要求提高，物流企业对时间敏捷性越来越重视，这也成为物流企业在市场上生存的关键。因此，交通条件对物流企业非常重要，直接决定了时间成本。经济地理学一般侧重分析交通网络，通过连接度、通达度等指标进行测算，本研究侧重于分析交通线路和交通设施对物流企业区位的引导机制。

物流企业对交通条件极为敏感，在某种程度上有很强的依赖性，这不仅是为了压缩运费，如何靠近以交通为中心的物流节点或干线通道，直接决定了物流企业是否接近于物流市场和是否能够快速反映客户的物流需求。①物流企业如何接近交通基础设施，即点状基础设施，如港口、火车站、机场或货运站及汽车站等，具有重要意义。因为围绕交通设施的周围地域往往形成了规模不等的物流市场，越接近这些交通设施，就越接近物流市场，便于获取物流活动的信息，此论点同市场条件相似。从时间成本来看，越接近交通基础设施，就越方便地实现货物的搬运、装卸、换载等物流活动，以更少的时间、更快的速度进入运输过程，如接近港口可实现陆运和水运的快速联运，接近火车站可实现公路和铁路运输的快速换载。②交通条件的便利性直接关系到物流企业的布局，物流企业应接近交通路线，尤其是高速公路和区域公路干道的出入口，可让运输工具快速进入运输通道，以减少运输时间，提高运输效率。因为现代物流的特点之一就是反映快速化，如何更方便地接近运输通道，直接关系着物流企业能否实现反映的快速化。③物流企业组织的物流活动往往以城市为起点和终点、以区域为中间跨越地域，城市内部交通和区域交通是两个运行特征各不相同的交通体系。对于物流企业而言，就面临着如何衔接城市内部交通和区域交通的问题，位居不同的区位，物流企业在两个交通体系中的衔接能力就不同，由此产生不同的时间成本。物流企业临近衔接城市内外交通体系的交通干道，就可更方便地实现城市内部物流（如配送）和区域物流（如运输）的集散，时间成本就更低，而这种区位往往在城乡结合部。随着公路系统的完善和运输技术的进步，公路运输效率逐步提高，公路设施对物流企业区位的引导机制愈加突出。

4. 地租因子

任何经济活动都需要一定的空间作为依托（李小建，1999b），多数企业实体都要落实到一定的空间上，土地就成为企业不可缺少的组成要素。土地作为企业区位的影响因素，主要是通过自身特性及所处的经济区位来决定其价值，而土地所处的经济区位差异则反映了土地的利用价值不同。土地一般以两种方式参与经济活动：①作为劳动对象，例如农业生产活动；②作为经济活动的空间或活动场所，在土地利用中，土地经济区位起决定性作用。由于不同土地利用方式所能提供的地租存在差异，城市土地利用的圈层分化比较显著，如图4-2所示。在城市内部或邻近地域，土地对企业区位的影响主要是通过地租实现。

地租地价是影响物流企业区位选择的关键因素。物流企业需要占据一定的空间面积，这是物流企业生存的依托，这就决定了物流企业的区位选择必须受地租的影响。①地租差异。物流企业主要分布于城市内部或近郊，由于土地利用方式的不同，城市内部或邻近地域各片区或街区的土地具有不同的地租，因此地租就成为物流企业布局的重要因子。为了降低区位成本，几乎所有的物流企业在理论上都倾向于地租廉价的区位。但物流企业总部和部分以高端物流环节为核心功能的物流企业，由于附加值高且占地少，往往对地租并不敏感，可能倾向布局在便于其他企业活动的区位。②土地占用规模。不同类型的物流企业或物流企业的不同组分对土地的需求程度不一样，有的企业占用土地较多而有的企业则较少，这使他们对地租的敏感性不同，由此决定了区位选择能力的不同。这显然改变了由地租差异所决定的物流企业区位选择的空间倾向，并因此而发生偏离。货运代理企业、物流信息企业和信息交易企业由于其自身组织的原因，一般不需要占用大面积的土地，即使地租较高，仍可保持较高的收入，实现企业利润和区位的最佳权衡。综合型物流企业和仓储企业及运输企业需要占用较多的土地，尤其仓储企业占用土地的规模很大，受地租的影响明显，所需要的土地在城市中心部位或市区很难满足，即使找到如此规模的土地空间，但因地价昂贵也很难承受地租成本的压力，因此这类物流企业倾向于布局在郊外，寻找地租廉价的区位。地租对物流企业的区位引导作用，在欧美国家很明显，日本在20世纪60年代就将物流企业布局在城市近郊区。

物流企业的空间网络模式与组织机理

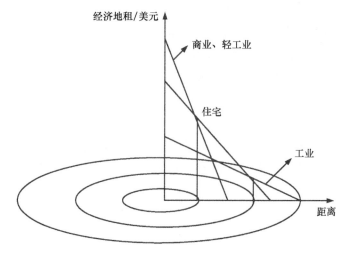

图 4-2 城市的经济地租及其土地利用分化

（资料来源：坂本英夫、滨谷正人编著，

最近的地理学，1985，p.49）

5. 物流设施

前文已提到，物流企业的概念一直存在争议，作者在界定概念时就指出，物流企业可以拥有物流设施，也可以不拥有物流设施；如果不拥有物流设施，则采取物流代理的模式（李建成，2002；彭望勤和刘斌，2003）。是否拥有物流设施对物流企业的区位选择很重要，具体表现为两点。①如果不拥有仓库、场地、停车场等固定的物流设施，物流企业不需要占用大面积的土地，地租对区位选择的影响相应地减弱，物流企业有更强的区位选择能力。②如果不拥有运输工具，显然会影响物流企业对物流活动的组织能力，需要整合其他企业的物流资源或社会物流资源，如何接近这些物流资源便影响了物流企业的区位选择。例如物流配载企业对运输车辆的整合，以租船和订舱及保管为主的货运代理企业对船舶等资源的整合。广州太和仓库位于天骄物流园内，附近有锦邦物流园、白云货运市场、丰和物流园、容发物流园、泰邦物流园、林安物流园、淇骏物流园，黄埔仓库附近也有很多物流企业，如南方物流、招商物流等（莫星等，2010）。

第二节　物流企业的微观区位指向

任何经济要素都有趋向于最优区位的"趋优"性指向（董锁成，1994）。物流企业作为经济要素的一种，也形成了不同的区位指向。物流企业的区位指向是在各种区位因子的综合作用下，所形成的区位趋向。

一、物流企业市域分布

本研究分析物流企业的区位时，采用完整的行政地域（以大连市域、南京市域、广州市域、苏州市域为例）为研究范围，前文也提到区位应从微观、中观和宏观三个层面进行论述，所以本研究首先分析物流企业的中观分布。理论上，利润是企业活动开展的根本目的，为了实现利润就必须获得更多的物流业务，物流企业的区位首先趋向于邻近物流市场。远郊区或郊县由于经济实力尚未能够满足物流企业的业务需求，达不到物流企业的市场门槛，所以物流企业的数量比较少。市区及周围地带集中了全市的主要经济活动，形成了较大规模的物流市场，达到了物流企业的市场门槛，能够为物流企业的发展提供充足的物流需求，所以市区或近郊区集中了大量的物流企业。

1. 大连市物流企业布局

通过梳理大连市的物流企业布局，绘制成图4-3。从该图可解读出如下特征。①物流企业的布局呈现出从市区向远郊县依次衰减的宏观格局，但大连市区和郊区之间又形成了逐次降低但随后有所提高的分布格局。②物流企业集中在大连市的中山、沙河口、西岗三个区和近郊区的甘井子。其中，中山区的物流企业数量最多，占大连市物流企业总量的比重为49.9%，而西岗区占11.4%，沙河口区为9.4%，三个区的物流企业数量占大连市物流企业总量的比重为70.8%。甘井子区的物流企业比重为15%，高于西岗区和沙河口区，如果合计甘井子区，以上比重则达85.7%。③远郊区如旅顺区、金州区等的物流企业较少，合计比重仅为5.1%。但大连市经济技术开发的物流企业比较多，比重为6%，这是由于开发区集中了大量的工业企业，从而形成了一定规模的物流市场，由此吸引了大量的物流企业。④远郊县的物流企业比较少，比重很低，如瓦房店市、庄河市和普兰店市，其中普兰店市的比重为2.6%，瓦房店市为1.8%，庄河市为0.3%。

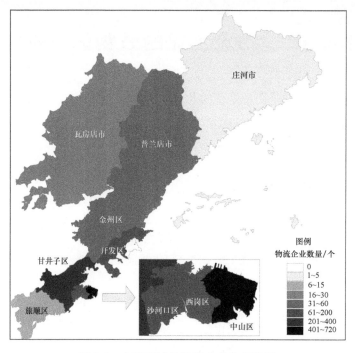

图4-3　大连市域的物流企业分布格局

2. 南京市物流企业布局

同时，选择南京市作为案例区进行分析。通过系统整理南京市的各类物流企业，绘制成图4-4。从该图可看出，南京市的物流企业也呈现出类似的分布格局。①物流企业分布仍大致呈现由市区向远郊县依次减少的宏观格局，但在某些具有特殊或大型交通设施的行政区，物流企业的数量有所提高。②物流企业集中在玄武区和下关区，所占比重分别为物流企业总量的23.4%和15.03%，尤其是玄武区拥有最多的物流企业;其次是鼓楼区(7.75%)、白下区(8.47%)、秦淮区(3.53%)、建邺区(4.15%)等,比重合计为62.4%。南京市中心区的物流企业数量比重虽低于大连市,但仍然很高,仍证实了物流企业集中在市区的论点。③南京市远郊区的物流企业比较少。其中,近郊区主要有江宁、浦口,物流企业的比重分别为3.4%和4.8%,位居远郊区的高淳和溧水则分别占6.5%和1.3%。

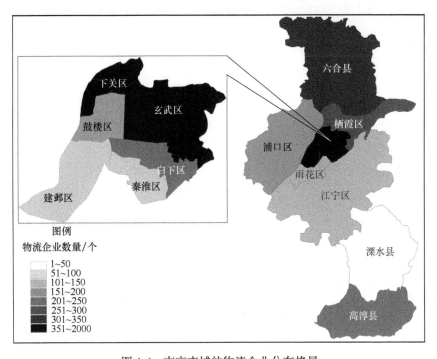

图 4-4　南京市域的物流企业分布格局

从南京和大连两个案例来看,物流企业布局的共同特点是集中在市区和近郊区,这符合理论上的分析。其中,物流企业布局在近郊区符合国际物流企业的发展趋势,而布局在中心区并不符合国际经验,但这种差异必须关注物流企业的类型,发达国家的许多研究将货运代理企业排除在物流企业范围之外,而本研究是将其统计为物流企业,这可能是造成有所差异的原因。大连市的物流企业集中分布在中山区,是由于中山区是老港区,交通设施和企业组织模式的不同是造成物流企业集中在市区的主要原因;南京玄武区的物流企业也集中在此区的近郊地带。

3. 广州市与苏州市物流企业布局

根据千庆兰等(2011)的研究,广州市的物流企业分布呈现显著的向心集聚性。广州市的物流企业集中分布在中心城区，从中心区到郊区和外围县级市，物流企业数量明显递减。中心城区拥有 3373 家物流企业，占样本企业总量的 89.2%，而郊区和外围县级市的物流企业分别为 357 家和 41 家，仅占样本总数的 9.2% 和 1.1%。

　　根据曹卫东（2011）的研究，苏州市物流企业呈现集聚分布的总体格局，但同时呈现由单中心向多中心演化的特征。1990 年物流企业集中分布于苏州市中心城区，1997 年在工业园区、高新区以及昆山出现物流企业的集聚分布，2002 年在沿江的张家港、常熟、太仓出现物流企业集聚。各时期，物流企业整体处于集聚状态下的极化分布，但随时间推移出现分散趋势，这是由于 20 世纪 90 年代老城区、工业园区及高新区是物流需求的产生源地，而昆山由于临近上海而吸引了物流企业布局。2000 年江苏省实施沿江开发，张家港、常熟、太仓成为经济主战场，尤其张家港率先建成保税港和保税物流园区，吸引了物流企业分布。同时，物流企业分布呈现与中心城镇等级一致的集聚特征，1990～1993 年由中心城区向外依次递减；1994～1997 年，物流企业仍集中在中心城区但向外围扩散，昆山玉山镇附近的物流企业明显增多，唯亭、新港、浮桥、虞山也出现物流企业的分布；1998～2002 年，中心城区仍是物流企业的集中区，昆山成为次级集中区，陆家镇的集中水平也明显增长；2003～2007 年，物流企业集中在中心城区、昆山和金港镇，唯亭、杨舍、虞山和城厢等镇成为次级集中区，沿江的新港和浮桥有一定的物流企业分布。这种演化特征验证了前文的结论。

二、物流市场指向

　　分析物流企业的区位指向，显然是在区位因子分析的基础上，剖析是哪种区位因子起关键作用。在各种因子的综合作用下，物流企业如何进行空间区位的最终决策，根据现实中物流企业的布局，本研究总结了五种区位指向，分别为城市地租指向、物流市场指向、运输工具指向、客户企业指向、交通区位指向。理论上，这些区位指向分别由不同的区位成本所决定，但现实中，某种区位指向往往是一种或两种以上的区位成本所综合决定的。

1. 市场指向及分异

　　地理学的工业区位理论认为，生产特定类型产品的制造厂通常位居邻近能源或所需原料的地域，对于物流企业同样如此。物流企业是以提供物流服务、组织

物流企业的空间网络模式与组织机理

物流活动为主导功能的经济组织，其目的是完成物资的位移等过程，这就要求物流企业必须获取足够的物流服务订单而形成充足的物流活动量。为了更方便地获取物流业务量，物流企业往往在容易获取业务信息的地域布局，以减少因市场营销等发生的市场交易成本，即物流企业布局形成了基于市场交易成本最小化的物流市场指向。物流企业布局的物流市场指向，包括城市商业区、商业街、客户企业、火车站和高等院校等。

客户企业虽然属于物流市场指向，但随着我国工业企业向郊区的转移，对物流企业的区位引导形成了相对独立的客户企业指向，而且对客户企业的空间追随也是为了快速反映其物流需求，以减少时间成本。后文将详细分析。

火车站、港口、货站等地域虽然集中了大量的物流活动，但这种地域主要是由于所依赖的交通基础设施，无疑又与时间成本密切相关。后文将详细分析。

物流市场指向主要侧重于城市商业区的分析。一般而言，城市中心地带往往集中了大量的商场、超市、批发市场、专卖店和连锁店等，形成商业区或商业街，大量的商品货物在此集散，是城市物流活动较为密集的地域，形成规模不一的物流市场。这吸引了一定数量的物流企业在此布局，以接近物流市场，同客户近距离交易，降低交易成本，以快速为商业企业提供物流服务。物流企业主要为这些商业企业提供即时供货配送，并向消费者提供区域配送、客户递送等物流服务，还有仓储、报关和包装等物流服务。

人是终端消费者，部分物流企业直接以消费者为服务对象，典型案例是快递物流。近年来，随着电子商务物流和快递业的迅速发展，一种新的空间布局模式开始产生。高等院校是人口分布的密集地区，尤其是以青年学生和知识分子为主的消费群体，产生了大量的网络购物和文件快递需求，吸引了部分以快递业务为主的物流企业布局。由此，形成以高等院校为核心的快递企业集聚分布区，这也是一种物流市场指向。

2. 南京、大连及广州案例研究

如图 4-5 和图 4-6 所示，在大连市和南京市两地，物流企业明显在商业中心、批发市场等物流活动较为密集的地域进行布局。这些地域在南京市主要包括湖南路、新街口、夫子庙、玉桥市场等，在大连主要包括青泥蛙桥、天津街、西安路百盛段、金三角、旧货市场等地域，形成了物流企业布局的物流市场指向。这种指向下的区位可使物流企业零距离或近距离地靠近物流信息源和客户企业（表 4-1），降低因市场交易而发生的成本，为这些客户——各类商业企业和相关企业提供物流服务，实现物流企业区位和企业利润的最佳权衡。

表 4-1　南京和大连市的商业中心概况

城市	商业街（区）	商业点
南京	湖南路	古今实业、湖南路商场、新华书店、山百商场、中央商场、图书音像发行中心、海尔曼斯服饰、鄂尔多斯服饰、三福服饰、桂花鸭专卖店、苏宁电器
	新街口	中央商场、金鹰购物中心、新百商城、南京书店、南京新百、商茂购物商城、东方商城、大洋百货商场、金太阳、苏宁电器、时尚莱迪购物广场、万达购物广场、德基广场
	玉桥地带	玉桥市场、金桥市场、中央商厦、亚都商城、盛桥皮装、装饰城、天桥百货、外运建材
大连	青泥蛙桥	大连商场、麦凯乐商场、秋林商城、地下商场、韩国服装城、太平洋百货、胜利百货、友谊商城
	天津街	天百商场、国泰商场
	西安路百盛段	锦辉购物广场、福佳新天地购物广场、天兴罗斯福广场、民勇嘉泰广场、西安路百盛、长兴市场、长兴电子城、机车商厦

　　南京市的商业活动主要集中在四个地域，高密度的商业交易和商贸活动产生了大量的物流活动需求，形成了规模庞大的物流市场，这吸引了许多物流企业在这些地域布局，如图 4-5 所示。①湖南路是商业一条街，集中了近 300 家大型商城、商场及中小型商店、专卖店和连锁店及新华书店和军人俱乐部书市等，其中名牌店、精品店和专卖店占 83% 以上，总营业面积达到 8.7 万 km²，是南京市最繁华的商业街。②玉桥地域集中了许多批发市场和零售市场（包括金桥市场、玉桥商业广场）及大型商城，是南京市批发性商品的最大集散市场。③新街口地域是南京市的中心区域，也是中央商务区（Central Business District，CBD）和著名的商业中心，商贸集中度堪比北京王府井、上海徐家汇，为中国商贸密集度最高的地区之一。新街口地域集中了 700 多家商店，其中营业面积 1 万 m² 以上的大中型商业企业就有近 30 家，如中央商场、金鹰购物中心、大洋百货商场、东方商城、南京新百、商贸购物商城、万达购物广场、南京市书店，其商贸辐射范围远及芜湖、马鞍山、常州。④夫子庙地带是大量中小商品尤其旅游纪念品和服装的集散地。

　　大连市的商贸企业和商业活动主要集中在五个地域，集中产生了大量的物流活动，吸引了物流企业在这些地域进行布局，如图 4-6 所示。①青泥蛙桥位于大连火车站前，是最大的商业中心区，天津街是最大的商业一条街，这里集中了许多大型商场，如太平洋百货、大连商场、天百、国泰、麦凯乐商场、胜利百货、友谊商城等，以及大量的专卖店、连锁店和超市。②家乐福地域即西安路是大连市新兴的商业区，仅次于青泥洼桥商业区。20世纪90年代，大连市提出了商业中心西移的战略，在西安路地域开辟新的商业区，在此逐步集中了家乐福、锦辉购物广场、二百和百盛商场、长兴市场、家具城和电子城、福佳新天地购物广场、温州商城等大量的大中型商贸企业。③批发市场是大连的商品集散市场，集中了许多批发业主。④香炉礁地域是大连市的旧货市场，金三角是一个小型的批发市场。

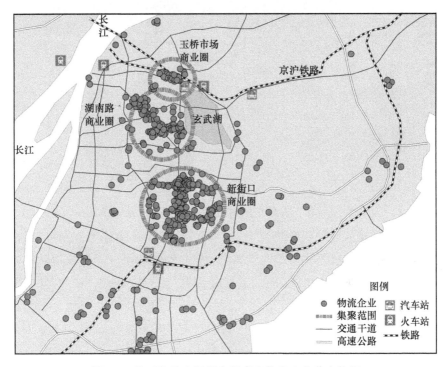

图4-5　基于物流市场指向的南京物流企业分布格局

　　广州市的物流企业集中分布在两大区域：一是以广园东路为核心的黄埔仓储物流集聚区；二是广州市北部以老城区为核心形成的环状集聚圈。物流企业分布主要依托城市的商务区，如环市东商务区、天河北商务区成为高端物流企业总部和物流高端增值服务环节的集聚地。生活和商业的旺盛物流需求带动了物流企业的集聚（千庆兰等，2011）。

三、客户企业指向

　　物流企业的区位选择具有服务依赖性。客户企业指向实际上是一种物流市场信息指向。客户企业是物流企业的主导企业资源，是物流企业生存的基础。如何

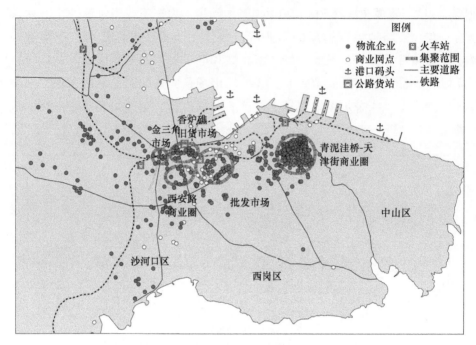

图 4-6 基于物流市场指向的大连物流企业分布格局

接近客户企业并提供近距离的物流服务，加强客户关系的管理，显得尤为重要。因此，物流企业在区位上往往趋向于客户企业布局的地段。随着城市功能布局结构的持续调整和不断优化，大量的工业企业从城市内部搬迁出来，在郊区发展了工业小区、工业园区或创建了经济技术开发区、出口加工区及保税区。尤其是在保税区和经济技术开发区，政府制定了许多优惠政策和扶持措施，吸引了大量的外资企业和大型内资企业。为了减少投资和降低成本，这些企业，尤其是外资企业往往不自营物流，而将物流进行外部化，交由专业化的物流企业来组织和承担，所以物流企业在经济技术开发区和保税区形成了布局倾向。这些物流企业近距离地为客户企业提供物流服务，使其区位形成客户企业指向。许多跨国物流企业同自己的客户企业已形成良好的合作关系，这些客户企业进入中国后，要求物流服务提供商也进入中国，为其提供与国外相同水准的物流服务，这促使许多外资物流企业或合资企业在布局上紧随客户企业。

如图 4-7 和图 4-8 所示，在大连市和南京市两地，物流企业区位的客户企业指向表现很明显，这些地域主要是大连市和南京市的经济技术开发区。

在大连市，经济技术开发区内的保税区、高新技术产业园区、出口加工区、临港工业区、大窑湾保税港区等区域集中了大量的工业企业，重点发展了汽车整车、光机电一体化、生物产业、节能环保产业。这些企业多是现代化企业，组织

物流企业的空间网络模式与组织机理

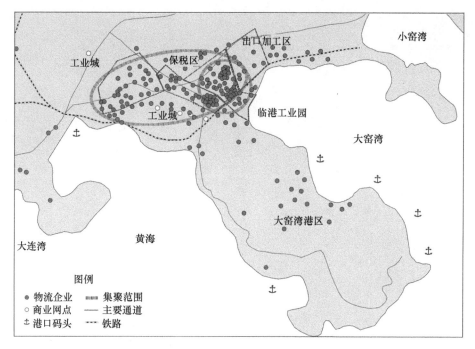

图 4-7　基于客户指向的大连物流企业布局格局

集约化，本身不承担物流活动，尤其是保税区集中了大量的外资企业，以日资和韩资企业最多。这些企业的组织和管理秉承国际模式，将企业物流外部化，并往往由固定的物流企业为其提供物流服务。这些工业企业吸引了日资物流企业和中国物流企业近 180 家（占物流企业总数的 11%）在此布局（图 4-8），其中综合性物流企业有 56 家（占物流企业总数的 19%），在面积狭小的保税区内就布局了 83家物流企业。典型的物流企业有大连日通外运物流、大九国际流通、大连金门物流、大连集装箱码头物流、富士物流、东京兵兼、海尔物流等。

　　在南京市，栖霞区经济技术开发区、创业园、出口加工区等地域集中了许多工业企业，是南京市重要的石化、汽车、电子、建材工业区，这吸引了大量的物流企业在此布局。特别是位于栖霞区的金陵石化是国家大型石油化工联合企业，原油综合加工能力达到 1300 万 t/a，石化产品供应华东地区并远销全国，物流需求大，吸引了不少物流企业为其提供物流服务。这种单体大型联合企业引导物流企业布局的空间模式，在金陵石化炼油厂（即南京炼油厂）地域也表现明显，如图 4-8 所示，金陵石化和炼油厂的布局形成了长江沿线最大的原油、成品油储运基地，产生了大量的大宗物流活动。这些地域邻近南京市龙潭港和新生圩外贸港，有着利用长江水运的优势，而且有铁路专用线直接连通华东地区最大的尧化门铁路编组站，大宗物流的进出有着很高的便利性。莫星和千庆兰（2011）的研究表明，在广州白云区，仓储企业分布在旧白云机场周边，为典华工业区、黄边村工业区、永泰工业区、文安工业区、福利工业区等提供物流服务。

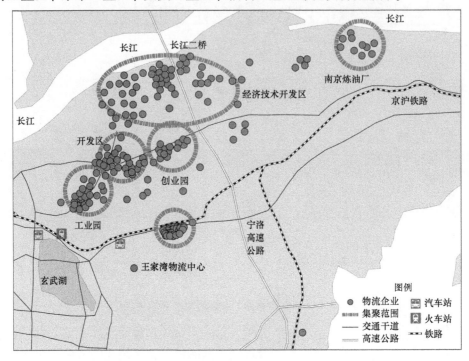

图 4-8　基于客户指向的南京物流企业布局格局

四、交通区位指向

交通是影响物流企业布局的重要因素，物流企业往往在车站或货运站等地域进行布局，这种区位倾向是时间成本和交易成本共同作用而形成的，因这种布局的共同特点是邻近交通设施，所以将其称为交通区位指向。交通区位指向的形成，存在两个机制。①交通基础设施附近往往是物流活动较为密集的地域，形成了规模不一的物流市场，是物流企业收集物流服务需求和业务信息的最佳地带，如火车站、货站、港口及其他类型的车站与机场。物流企业选址对大型交通基础设施有着强烈的依附性，临近交通设施地域进行布局，可直接接收从远程运输工具（如火车和货船）卸载的货源，便于搜集物流市场信息，减少了市场交易成本。②目前，我国物流企业的主导功能是运输，如何便于组织运输活动便成为影响物流企业布局的重要因素。交通条件尤其公路交通条件深刻影响了企业选址，物流企业一般倾向于能快速进入运输通道的区位，避免堵车从而减少时间成本，这促使许多物流企业在高速公路口的临近地域布局。同时，为了便于同水运、铁路、航空等运输方式开展联运、换载以及报关、订舱和租船等物流活动，许多物流企业在火车站、货站、港口和机场等地域进行布局。基于以上两方面的机制，物流企业形成了基于交通区位的布局指向，这就决定了物流企业在城市内部与外部通道的进出口、高速公路口、港口、火车站和机场及编组站等地域进行集中布局。如图4-9和图4-10所示，在大连市和南京市，物流企业的交通区位指向尤为明显。

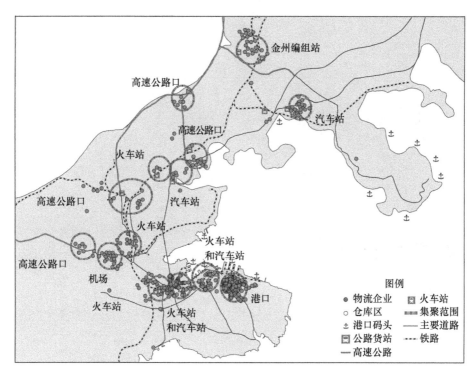

图4-9　基于交通区位指向的大连物流企业布局格局

　　在大连市，围绕大连港（老港区）形成了物流企业的密集分布区。这些企业主要是货运代理企业和物流企业总部，而且多为非资产型物流企业。同时，在火车站、汽车站、周水子机场、三个高速公路口和金州编组站等地域布局了大量的物流企业（图4-9），其中火车站包括大连火车站（中山区）、沙河口火车站、周水子火车站、大连西站（西岗区）和大连北站（甘井子南关岭）五个车站，汽车站包括中山区、西岗区和开发区三个。这些地域均为交通区位优势明显，拥有大容量的交通基础设施而形成便捷的交通条件，这是物流企业布局的主要原因。

　　在南京市，物流企业围绕着火车站、汽车站、高速公路口、港口等大型交通设施区位进行了集中布局，形成了明显的交通区位指向。其中，火车站包括南京火车站（玄武区）、南京西站（下关区）、南京东站（栖霞区）、煤炭站，汽车站有南京长途汽车站（下关区）和中华门汽车站（白下区），港口为栖霞区新生圩外贸港。尤其在建宁路和高速公路口附近，物流企业更多，其中建宁路依次串联南京车站、汽车站、玉桥市场、西站、港口，集聚了大量的物流企业，如图4-10所示。

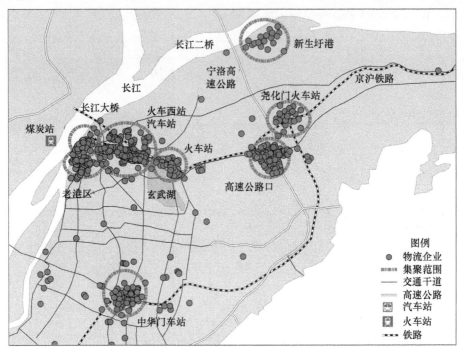

图 4-10　基于交通区位指向的南京物流企业布局格局

　　根据千庆兰等（2011）的研究，广州市的物流企业沿交通主次干道呈轴线状分布，道路级别和物流企业的区位关系密切，市区一级道路200m缓冲区内的物流企业有1891家，占市区物流企业总量的53%。其中，沙太路是南北向的交通干道，是广货北运的主要通道，该路周围200m范围内，有403家物流企业，占物流企业总量比重为10.2%，是物流企业分布最密集的地区。莫星和千庆兰（2011b）发现，广州市的仓储企业主要分布在交通干线上，黄埔港吸引了大量物流企业的布局，白云国际机场是白云区大量物流企业布局的重要原因；花都区有39家仓储企业和100多家物流企业，如祈福物流、广州空港物流、顺丰速运、威时沛运货运等，集中在新白云机场附近的主要道路，联邦快递亚太转运中心落户新白云国际机场。此外，曹卫东（2010）发现，苏州市的物流企业呈带状集聚，向东沿 312 国道、向北沿江呈带状分布。

五、运输工具指向

在物流企业组织物流活动的过程中，最重要的物流设施就是运输工具。物流学界中，一直有资产型和非资产型物流企业的分类观点，部分学者认为第三方物流不拥有物流设施，而是利用运输企业和社会的运输工具组织物流活动，即整合社会物流资源。在我国，虽然现代化的物流体系尚未发展成熟，但已出现了许多物流配载企业，这些企业主要整合社会物流资源来组织物流活动。根据有关部门的调查，目前我国自货自运车辆占社会运输的 70%，货运空载率为 37%，工商企业自有运输工具的空驶率为 40%，平均运输速度仅有 50km/h，物流资源的利用率很低，浪费现象严重。物流企业是物流资源整合的承担者，如何整合这些物流资源，对于物流企业减少固定投资和提高企业利润有重要意义。因此，这些物流资源在一定程度上引导了物流企业的布局。在各类物流资源中，最重要的是运输工具，特别是大量的返程运输车辆，其分布引导了物流企业的布局，这在南京市表现尤为明显。为了整合这些运输工具，提高车辆利用率并减少企业投资，物流企业在布局上会倾向于这些车辆信息容易获得的地域，如大型停车场、高速公路口、汽车宾馆或旅店等，这些地域往往是社会车辆和返程车辆的停泊场所。

如图 4-11 所示，在 2005 年前后，南京市玄武湖、紫金山、宁东三个货运市场是依靠南京二桥高速公路口而创建的大型停车场。南京市区位于长江以南，北方车辆通过长江只有长江大桥和长江二桥两条通道，其中长江二桥是高速公路桥道，同南京绕城高速公路、宁沪高速公路相连，交通集散便捷。大量到达南京及周围地域的返程车辆集中停靠在二桥高速公路口附近，即玄武湖货运市场、宁东货运市场、紫金山货运市场以及王家湾物流中心。其中，玄武湖和宁东两个货运市场位于高速公路口地域，而紫金山货运市场和王家湾物流中心邻近此地域，而且这些停车场位于城市内部和外部交通体系相衔接的地域。大量停靠的返程车辆吸引了许多物流配载企业及相关企业在此布局，直接引导了物流企业的区位选择。其中，2005 年之前玄武湖货运市场是华东地区最大的停车场和货运中转基地，每天可停靠来自全国各地的返程货车约 800 余辆，这吸引了近 600 多家物流企业（主要是物流配载企业）在此布局，自然生成了物流企业集群（后文将详细论述）。须指出的是，随着《南京市城市总体规划（2007~2020）》的约束和南京城市建设的推动，玄武湖货运市场已从原区位（玄武区东杨坊 120 号）搬迁至栖霞区七乡河大道，本研究引用该案例仅是为论证物流企业的区位选择规律。

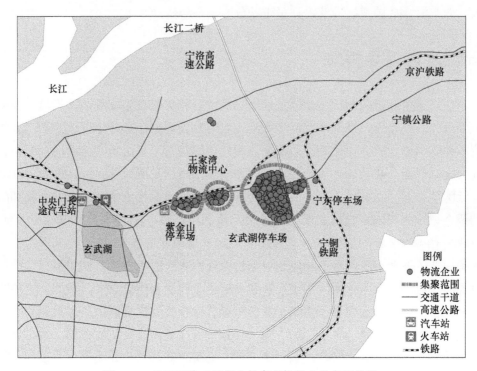

图 4-11　基于运输工具指向的南京物流企业布局格局

六、城市地租指向

前文已提到，土地因为经济区位分异而有不同的地租，从而影响了区位主体的空间选择。地租对物流企业的布局和区位选择也会产生影响，这在欧美国家表现尤为明显，以致出现了物流企业的郊区化现象。这种现象在我国并不很明显，但已有许多企业开始在地租较为廉价的郊区尤其是近郊区进行布局。物流企业主要以资产型为主，而且目前我国物流企业主要是粗放型经营，仓库未能采用立体化或自动化仓库，多是平面式或堆场；同时，停车场、集装箱堆场、货物堆场等都需要一定的空间，这决定了物流企业需要占用大面积的土地。城市中心区的土地多用于金融、贸易、商业等高端服务业，地租一般比较高昂，多数物流企业难以承受高地租，被迫寻找地租比较低廉的区位进行布局，这促使物流企业的布局形成了地租指向的空间模式。美国学者运用基尼系数进行研究发现，美国物流活动有郊区化和向内陆配送中心集中的趋势；中国台湾地区的物流企业也多分布在都市边缘的交通便捷处，这些地方的地租远低于市中心区，有利于降低区位成本。同时，政府部门在制定城市规划和相关规划时，对物流用地做统筹安排，在有限的土地资源中保障物流业的发展（忻国本，1999）。

如图 4-12 所示，在大连市，物流企业区位的地租指向较为明显。许多物流企业布局在大连市郊区尤其近郊区等地租较为廉价的地带，在近郊区—甘井子区（包括中革镇铺和后革镇铺、棋盘子、南关岭、红旗镇、凌水镇和大连湾等地域）、黑石礁及开发区的部分地区，与城市中心区相比，这些地区的地租较为低廉，对于占用较多土地的物流企业，尤其是仓储企业和配送企业具有很强的吸引力，集中了许多物流企业在这些地区进行布局。当然，很多企业也是因交通区位优势而在此布局。在广州市，仓储企业一般倾向于在城市边缘地带进行布局，花都区、白云区、黄浦区、萝岗区是集中区域，这些区域土地资源丰富而处于近郊区，地价较为廉价，而且交通便捷，办公设施和生活配套完备，资讯获取渠道通畅（千庆兰等，2011）。

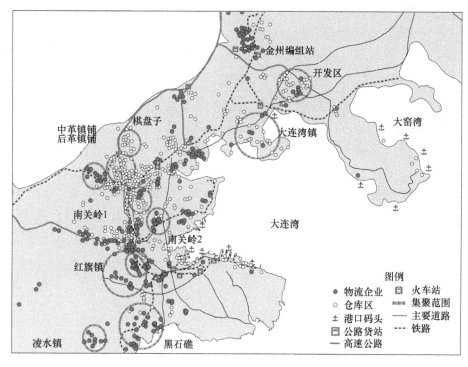

图 4-12　基于地租指向的大连物流企业布局格局

第三节 不同类型的物流企业布局

一、企业类型和空间区位

实际上，不同类型的物流企业具有不同的特征，从而决定了其成本因素各有侧重，也就使区位成本的构成各不相同，从而造成了交易成本、地租成本、时间成本、管理成本和固定成本对物流企业区位的影响程度不同。在各种区位成本中，交易成本的区位影响较为固定，因为任何一种物流企业都需要市场营销，都需要开展物流业务信息的搜集、处理等企业活动，所以类型的不同对交易成本的影响比较小。管理成本同交易成本一样，不会因类型不同而对企业区位产生影响。因企业类型不同，对区位选择影响变化较大的主要是地租成本、时间成本和固定成本。

本研究重点从两个角度进行区位分析：物流功能类型和资产属性类型。不同类型的物流企业对不同区位的成本敏感程度不同，在敏感区位成本的主导作用下，以及其他区位成本的综合作用下，物流企业在布局上会呈现出一些规律。

（1）物流功能。前文已提到，物流企业具有主导物流功能的分异特征（王槐林和刘明菲，2002），这在我国有较为明显的体现。功能型企业也称为单一型企业，按主导物流功能，物流企业可细分为运输企业、仓储企业、配送企业和货运代理企业。其中，仓储企业和配送企业往往对地租成本比较敏感，而货运代理企业往往对时间成本比较敏感，运输企业对各种成本都比较敏感。

（2）资产属性。前文已指出，因第三方物流概念界定的不同而引起物流企业的类型划分也不同，形成资产型和非资产型物流企业两种类型（Muller，1993）。其中，资产型物流企业由于拥有物流设施、占用大面积土地而对地租成本比较敏感，而非资产型物流企业由于不拥有或较少拥有物流设施而对地租成本并不敏感，但对时间成本和管理成本比较敏感。

二、不同功能的物流企业布局

1. 运输企业

运输企业是我国传统的物流企业类型，也是最重要的一种物流企业，数量较多。在早期，我国许多运输企业是国有企业或集体企业，创建时间比较早，而随

物流企业的空间网络模式与组织机理

着经济体制的改革，私营运输企业不断涌现并壮大，日益成为我国物流市场的重要力量。运输企业的主导物流功能是运输，包括货物快递服务，能提供门到门、门到站服务，这是物流功能中的核心功能，所以运输企业对物流市场的培育和完善及运作有重要作用。运输企业的区位选择由于受各种因素的综合作用，往往表现出不同的布局模式。前文已提到，欧美国家的物流企业布局呈现郊区化的趋势，而我国因传统体制的影响，大量运输企业是国有企业或集体企业，这些企业在早期享受政府的优惠政策，一般不受城市地租的影响，从创建到现在一直位于市中心区，企业区位受经济体制和企业所有制等政府行为的影响较大。但随着经济体制的改革，运输企业向综合性物流企业的方向发展，这使许多企业逐步向郊区转移。

从图 4-13 和图 4-14 可看出，在南京市和大连市两地，运输企业的区位选择和空间布局呈现类似的特点。

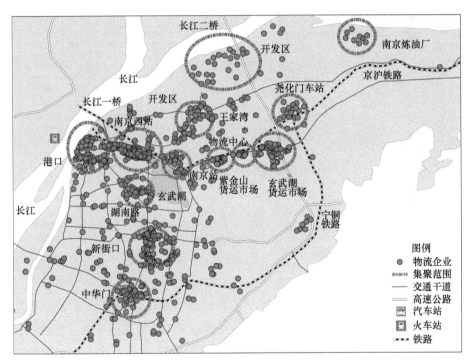

图 4-13　南京市运输企业的布局格局

（1）运输企业由于其主导物流功能是运输，同交通基础设施的关系极为密切，形成以交通基础设施为核心的布局模式。在南京市，运输企业围绕着车站（南京西站、煤炭站、南京火车站、南京东站和中华门汽车站）、港口、停车场（玄武湖、紫金山等停车场和王家湾物流中心）三种类型的交通基础设施集中布局（图4-13）。在大连市，运输企业主要围绕着港口（老港区和香炉礁码头）、机场（周水子机场）和车站（大连火车站）等交通基础设施布局（图4-14）。

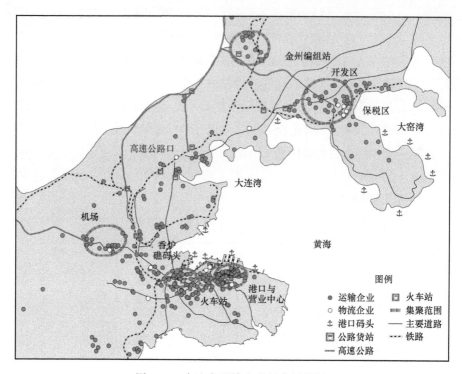

图4-14 大连市运输企业的布局格局

（2）运输企业往往以中小型企业为主，该类企业比较灵活，可实现门到门的物流服务，所以部分运输企业邻近物流市场，在市中心区布局于商业区等区域，为商业企业提供物流服务。近年来，随着信息交流方式的改变和电子商务物流的盛行，快递业迅速发展，这类企业也主要布局在市中心区。在南京市，部分运输企业分布在湖南路、新街口、夫子庙等地域，这些地域主要是商业中心区。在大连市，部分运输企业也在青泥蛙桥和天津街等商业区和商业街进行布局。

（3）部分运输企业有很强的客户企业指向，同工业企业的布局呈现紧密的跟随关系，如南京栖霞区的开发区和大连经济技术开发区。在南京栖霞区的开发区内，运输企业主要布局在三个地段；在大连经济技术开发区内，运输企业主要布局在保税区、出口加工区和工业园区等地域。

根据莫星等（2011）学者的研究，广州市运输企业分布具有中心城区高度聚集、其他地区零散分布的特点，有91.1%的运输企业分布在中心城区，7.1%的运输企业分布在番禺、花都、萝岗和南沙等近郊区，而分布在外围县级市的运输企业仅占 1.1%。运输企业的区位选择对道路、交通设施的依赖性显著，超过半数的运输企业选址倾向于在城市一级道路附近，48.2% 的运输企业位于一级道路 200m 缓冲区内，尤其是白云综合物流园、黄埔国际物流园和芳村综合物流园成为重点集聚区。而且，运输企业呈现"三心一轴"的分布格局，大量运输企业集中在中心城区的西翼，形成大的聚集中心；在花都区和番禺区形成两个小的聚集中心，市中心城区的东翼呈现轴线分布状态。这表明运输企业以满足生活需要和商务办公服务为主要功能，同时由于城市扩展实施"东进"和"中调"战略并形成新的居住区、CBD 和工业区，物流企业布局也由此形成东西向轴线分布。

2. 仓储企业和配送企业

仓储企业是以提供仓储为主导功能的物流企业，包括提供货物储存、报关、中转等仓储服务，还提供包括流通加工和包装及商品经销等功能，是在点状物流节点上从事物流活动组织的经济实体，配送企业也主要是在仓储的基础上发展而来，两类企业具有相似的区位选择法则。关于仓储企业的布局，学术界也有所论述，如仓库的传统选址理论：市场定位、制造商定位和中间定位，这是一种宏观的区位选择。仓储企业布局的自然条件包括土地资源、地形、地质、气候及水文等影响因素，仓储设施所在地的温度、湿度、风力、风向等气象条件影响仓储设施的选址，特别是要避开风口。仓储企业和配送企业是一种资产型的物流企业，物流设施较多，最关键的物流设施是仓库及堆场，这类设施一般占用较大的土地面积，并自有或租用必要的货运车辆。在我国，仓储企业设施比较落后，多为平面式仓库、露天堆场，占用土地面积更大。仓储企业占用土地面积大，受地租影响明显，在城市中心区很难有生存的空间，因此多在城市郊区，尤其是近郊区交通便利的地段进行区位选择和布局。国外多数企业倾向于将仓库选择在市场中心或距离市场较近的地方，以平衡成本和快捷之间的矛盾。美国物流领域曾发生过两次大变化：19 世纪末开始，在市区周围的多层楼房仓库让位于郊区廉价土地上的绵延单层库房，第二次世界大战期间叉车的出现，又使这种单层库房的堆码高度超过人工堆码极限 2.1m 成为可能，库房高度达到 9m 以上；20 世纪六七十年代以来，各类配送中心逐步发展，库房更加大型化，并沿高速公路向远郊区发展（沈绍基，1997）。需指出的是，由于货物种类的不同，仓储企业也形成了不同类型，莫星和千庆兰（2010）所调研的 305 家仓储企业中，通用仓库 245 家，专用仓库 11 家，冷藏仓库 6 家，石油仓库 1 家，化学危险品仓库 2 家，保税仓库 31 家，码头存储区 9 家。特殊用途的仓储企业有其布局的特定条件，本研究主要分析通用型仓储企业。

如图 4-15 和图 4-16 所示，大连市和南京市的仓储企业和配送企业主要布局在地租较为廉价的地带，即城市近郊区，具体如下所述。

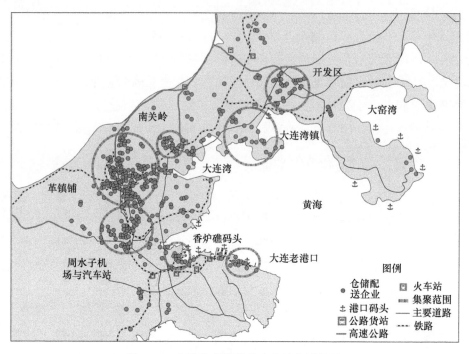

图 4-15　大连市仓储配送企业的布局格局

大连是一个港口城市，而且是东北地区的门户城市，这种地位决定了大连市拥有较多的仓储企业，并形成了大面积的仓储用地分布。如表 4-2 所示，2002 年前后，大连市的仓储企业占地达 9.26×10^6 m^2，其中库房为 1.3×10^6 m^2，露天堆场高达 5.1×10^6 m^2。在空间上，仓储企业主要布局在以革镇铺为中心的周围地域（现已规划为陆港物流园区）、南关岭、周水子机场附近、大连湾和开发区及香炉礁码头和老港区以南地带。这些地带多是金州以南的近郊区和港区，地租较为廉价，仓储企业和配送企业的数量占企业总量和仓储能力的 80% 以上。其中，革镇铺的仓储面积占全市的 38.2%，最为集中；其次是大房身、甘井子和周水子分别占 16.1%、12.5% 和 10%；而市中心区的仓储企业数量较少且仓储面积较小，比重为 7.2%。同时，仓储企业和配送企业临近交通枢纽布局，集中在港口周边，而且仓储企业与公路枢纽的关系也较为密切。

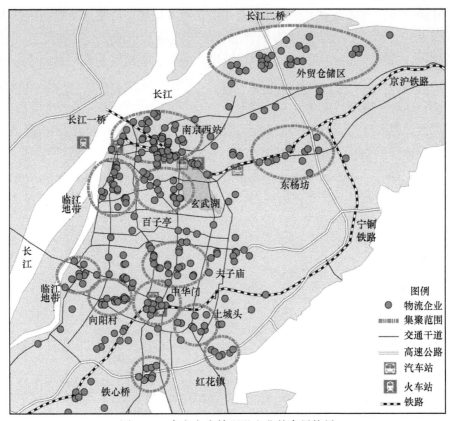

图 4-16 南京市仓储配送企业的布局格局

表 4-2 大连市各统计区仓储能力汇总表

地区	占地面积 /m²	基地面积/m²		
		库房面积	货场面积	合计
保税区	247 759	54 496	188 600	243 096
旅顺口	180 400	18 770	97 100	115 870
市中心区	670 738	179 659	225 180	404 839
周水子	931 100	228 800	464 100	692 900
革镇铺	3 536 200	405 171	2 089 100	2 494 271
开发区	456 600	70 327	316 200	386 527
金州区	586 345	46 566	365 200	411 766
大房身	1 491 070	197 520	1 130 440	1 327 960
甘井子	1 155 600	107 100	226 600	333 700
合计	9 255 812	1 308 409	5 102 520	6 410 929

注：数据引自《大连市现代物流规划》，有删减

在南京市，仓储企业主要布局在南京西站以北地域、沿江地带和经济技术开发区（新生圩港区）和市区南部的铁心桥、红花镇和土城头，这些地区的地租较为廉价。其中，南京西站和开发区以及沿江地带的仓储企业和配送企业，和交通设施包括港口和铁路车站的关系较为密切，但少数企业仍布局在中华门和夫子庙周围，这些企业主要是为了邻近客户。

根据莫星和千庆兰（2010）的研究，广州仓储企业的分布总体呈现"大集聚，小分散"的格局，主要分布在城市的近郊，如图4-17所示。其中，黄埔区、萝岗区、花都区、白云区的仓储企业相对密集，黄埔区与萝岗区内企业又主要集聚在黄埔港、广州开发区和保税区内，花都区仓储企业集聚在新白云机场周边，

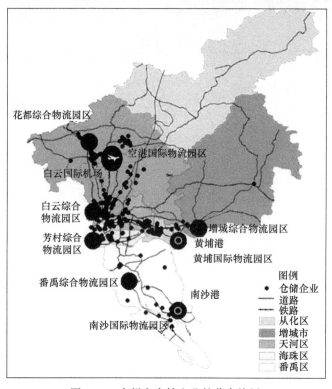

图4-17　广州市仓储企业的分布格局

白云区内仓储企业主要集聚在旧白云机场周边。同时，仓储企业主要集中在港口、机场、物流园区及主要交通干线沿线，广州三大国际物流园区有大量的仓储企业布局。在仓储型物流企业集聚的地方，集聚着大型制造企业，制造业和仓储物流业形成了双向互动关系。制造企业、工业园区、物流园区及港口与交通条件是影响广州市仓储企业布局的主要因素。

根据曹卫东（2011）的研究，苏州市仓储配送企业在 1990～1993 年集中在中心城区及东侧娄葑镇，昆山的玉山、陆家两镇也是明显的集聚区，张家港的金港镇等多处相对集中。1994～1997 年，中心城区仍为集中布局区，昆山的玉山和陆家镇依然为次级集中区，中心城区与昆山之间的带状地带开始布局仓储企业，沿江的三个港口地带也布局有仓储企业。1998～2002 年，中心城区变为次级集中区，而其外围成为主要集中区，张家港的金港镇、工业园区的唯亭镇形成集中区，盛泽镇、陆家镇出现次级集中区。2003～2007 年，中心城区成为仓储配送企业分布的稀疏区，但沿着 312 国道、沪宁线形成带状的仓储配送企业集聚分布空间，同时沿江城镇成为仓储配送企业的相对集中分布区。

3. 货运代理企业

货运代理企业是一种非资产型物流企业。物流学界一直认为第三方物流企业产生于货运代理企业，主要是整合运输企业和仓储企业及相关企业的物流资源为客户提供物流服务。货运代理企业主要向顾客提供通关、报检（商检、动检、卫检）、提货、租船、订舱、拼箱、拆箱、代算运费、货物查询、理赔等物流服务，是一种功能类型多元化的物流企业，这些物流服务同海关有着较为密切的关系。由于货运代理企业一般不拥有基础设施，所以规模较小，员工较少，如大连市货运代理企业中职员在 15 人以下的企业就占 80%（陈双喜，2002）。同时，货运代理企业经营的稳定性较弱，企业效益和企业数量往往与物流市场，特别是与国际物流市场密切相关。

如图 4-18 和图 4-19 所示，大连市和南京市的货运代理企业呈现出共同的特点：区位选择主要受物流市场、通关条件的影响，但在不同城市地域，其主导因子不同。在以上两个区位因子的影响下，货运代理企业的区位选择和布局呈现出以下空间模式特征。

（1）货运代理企业同通关的关系极为密切，往往围绕着具有通关功能或关口或接近于通关的地域布局。例如，大连市多数货运代理企业集中在老港区周围地域（如港湾街）及保税区和周水子机场等地域，其中港湾街周围集中了 90% 的货运代理企业。南京市的部分货运代理企业布局在新生圩的外贸区（海关大楼）。邻近港口和机场可直接组织和开展报关、报检、订舱和租船等物流活动。

（2）部分货运代理企业邻近物流市场，在物流活动比较集中的地域布局。例如，南京市的货运代理企业主要分布在湖南路、新街口和夫子庙周围地域。在大连市，部分货运代理企业也集中布局在香炉礁码头和火车站、商业

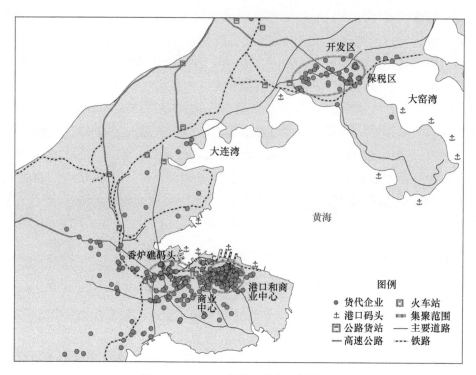

图 4-18　大连市货代企业的布局格局

中心。邻近这些地域可直接联系客户，便于组织开展提货和交接等物流活动。

　　广州市拥有货运代理企业 1245 家，集中分布在中心城区，比重为 94.1%，其中又以白云、越秀、天河和黄埔区的货运代理企业最多，分别占总数的 29.2%、24.2%、18.1% 和 13.2%。越秀区和天河区是广州的主要商务区，其中，越秀区是广州老城区和较早的中央商务区，天河区是广州东进轴线与南拓轴线的交汇点，许多货运代理企业选址在环市东路和珠江新城 CBD 附近，出现高端物流增值服务向中央商务区集聚的趋向。此外，黄埔国际物流园区以优越的港口条件吸引国际货运代理企业的进驻（千庆兰等，2011）。在苏州市，货运代理企业在 1990～1993 年集中在中心区和胜浦镇、娄葑镇及昆山的虞山镇，1994～1997 年集中在中心城区和昆山的玉山镇，但出现从中心城区到昆山玉山、太仓城厢镇的带状密集带，1998～2002 年，集中在中心城区，昆山的集中度也下降，2003～2007 年中心城区及近郊区继续有大量货运代理企业分布，昆山的玉山镇和陆家镇及张家港的金港镇成为次要的集中区（曹卫东，2011）。

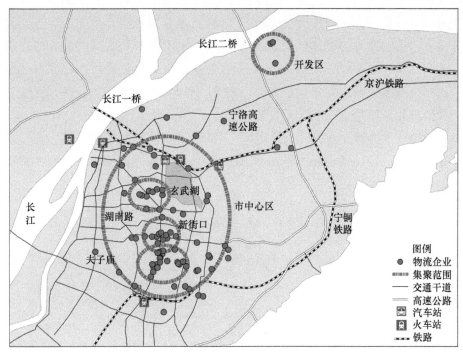

图 4-19 南京市货代企业的布局格局

三、不同资产属性的物流企业布局

资产型和非资产型物流企业有着完全不同的物流功能和企业要素，所以物流企业组织物流活动的方式也不相同，这种不同的空间响应就是企业区位的不同（王成金和韩增林，2005；曹卫东，2011）。

1. 资产型物流企业

资产型物流企业也称为基础业者，指自身拥有一定基础设施和物流设施的物流企业。其中，基础设施包括固定库房、堆场、停车场，物流设施包括运输工具（尤其是公路运输工具）、搬运装卸设施（如叉车）、加工和包装的相关设施，这些基础设施和运输工具需要大量的投资。这类企业一般使用自有的物流设施，承担和组织各类具体的物流活动，为客户提供专业化物流服务。物流功能一般以运输或仓储为主，或两类兼有。资产型物流企业具体又包括运输企业、仓储企业、配送企业等类型。这类企业一般规模较大，物流业务量较大，专业化程度高，在物流市场中有较高的竞争优势，但由于投资大，灵活性往往受到一定的限制。这类企业一般数量较多，1998 年美国 68% 的物流企业属于资产型企业，主要是以仓库业者和运输业者为母体的物流企业。2005 年前后，大连市 65.1% 的物流企业、南京市 87.1% 的物流企业属于资产型企业。由于这类物流企业拥有一定设施，占用土地面积较大，尤其是库房、堆场、停车场等面积较大，所以区位选择深受城市地租的影响。

虽然资产型物流企业的区位选择和空间布局涉及的影响因素较多，但也呈现出一些共同的区位特征。如图 4-20 和图 4-21 所示，大连市和南京市资产型物流企业的布局主要呈现出以下特征。

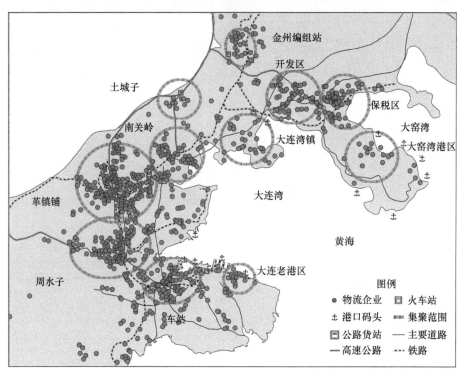

图 4-20　大连市资产型物流企业的布局格局

物流企业的空间网络模式与组织机理

（1）由于占用土地的面积较大，资产型物流企业在市中心区难以承受昂贵的地租，多数企业布局在市中心的外侧地域。但相当数量的国有或集体所有制运输企业和仓储企业，在市场经济转轨中并没有受到城市地租的影响和冲击，仍布局在城市中心区。在大连市，资产型物流企业主要布局在革镇铺、南关岭、周水子、大连湾、土城子、开发区、大孤岛、金州编组站等城市近郊地带。在南京市，资产型物流企业也主要布局在建宁路、中华门、港口、车站、停车场和开发区等城市中心区外围地带和城市近郊区。

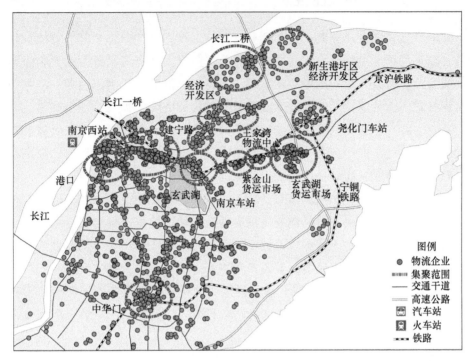

图 4-21　南京市资产型物流企业的分布格局

（2）资产型物流企业同交通设施区位形成较好的空间耦合，这反映了该类企业同基础设施的关系较为密切。大连市的资产型物流企业主要布局在机场（周水子）、火车站（大连火车站、西站、北站、周水子火车站、金州编组站）、汽车站（大连汽车站、土城子、开发区、南关岭等汽车站）和港口（包括老港区南部、香炉礁港区和大孤岛港区）等交通设施周围。在南京市，资产型物流企业也主要围绕着汽车站（中央门和中华门）、火车站（南京火车站、西站、东站和中华门火车站）、港口（老港区和新生圩港区）和停车场（玄武湖、紫金山和宁东等停车场）等交通设施的周围地域布局。

（3）曹卫东（2011）的研究表明，资产型物流企业在苏州中心城区的集中度持续下降，呈现出明显的离心化特征，且空间分布对运输通道有很强的依赖性，而次级集中区的空间分布则相对分散。

2. 非资产型物流企业

非资产型物流企业主要是指不拥有仓库、运输工具和搬运装卸等物流设施或租赁运输工具等少量物流设施，而以提供系统数据库和咨询服务为主要物流服务的物流企业。这类企业一般不承担或组织具体的物流活动，物流业务一般存在两种组织方式。①利用企业的某些专业优势，如物流咨询、报关、信息交易、软件开发等，为客户企业提供特色的物流服务。以上物流服务过程不涉及具体的物流活动组织，这是非资产型企业不拥有物流设施的重要原因。②利用自己的资源优势，整合运输企业、仓储企业和配送企业的物流资源以及社会物流资源，通过物流系统设计、库存管理和物流信息管理等手段，为客户企业提供物流服务。在物流服务过程中，物流企业将具体物流活动的组织转包给资产型物流企业，或自己承担部分物流活动。由于我国现代物流的发展时间比较短，这类物流企业在我国比较少，但在欧美国家比较多。非资产型物流企业主要包括物流咨询企业、第三方物流企业（狭义）、物流配载企业和货运代理企业等。在美国，非资产型企业以货运代理和咨询企业为主。目前我国前两类企业的数量较少，后两类企业较多。

非资产型物流企业一般投资较小，主要是软件设施的投资，企业规模也较小。因此，与资产型物流企业相比，非资产型物流企业有着不同的企业组织模式和管理机制。例如，非资产型物流企业运作成本低，但利润高；企业占用土地少，受地租影响小；企业规模小，组织灵活，可邻近客户企业或物流市场；多从事物流信息活动，企业区位选择多倾向于市中心。如图4-22和图4-23所示，在大连市和南京市两地，非资产型物流企业的区位选择和布局主要呈现以下空间模式。

（1）非资产型物流主要布局在城市中心区。在大连市，非资产型物流企业集中布局在港湾街；在南京市，主要分布在新街口，这些地段都是城市的中心区。

物流企业的空间网络模式与组织机理

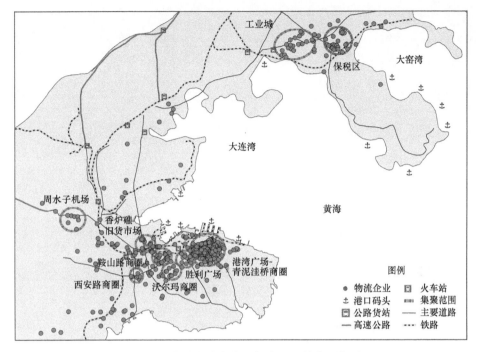

图4-22　大连市非资产型物流企业的布局格局

（2）部分非资产型物流企业布局在商业区。大连市的部分非资产型物流企业布局在青泥蛙桥—天津街、沃尔玛、家乐福等商业区；在南京市，部分非资产型企业布局在新街口、夫子庙、湖南路等商业区。这些地段往往与城市中心区相重叠。

（3）部分非资产型物流企业靠近客户，接近物流市场。在大连市，部分非资产型物流企业布局在香炉礁旧货市场、机场、开发区、保税区等物流市场繁荣的地域，近距离服务于客户企业是其区位选择的重要原则。

（4）部分非资产型物流企业（主要指配载企业）靠近运输工具市场。这种现象南京市较为明显，大量非资产型的物流企业布局在玄武湖、紫金山、宁东等停车场和王家湾物流中心，充分利用各地返程的运输车辆。

在苏州市，非资产型物流企业在中心城区的集中水平始终处于高值，呈现出明显的向心化特征，且空间分布对中心城镇依赖性强，沿312国道的主要城镇集聚分布。

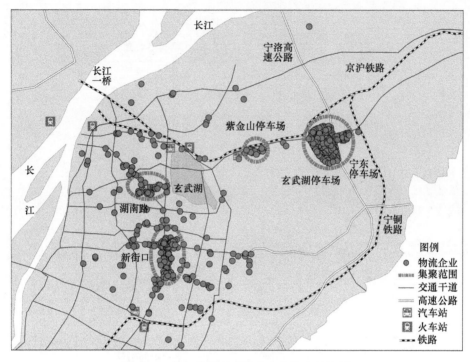

图 4-23　南京非资产型物流企业的布局格局

物流企业的空间网络模式与组织机理

第五章

物流企业的空间集聚与集群

空间集聚与集群是社会经济要素分布的一般性特征与规律，也是各类企业实体的区位选择准则之一。本章系统地分析了物流企业在微观尺度内的集聚特征与机制。在阐释企业集群概念和物流企业集群类型（包括物流中心和物流园区）的基础上，简要阐述了国内外物流企业集群的发展特征，深入分析了物流企业集群的布局规律，探讨了区位成本结构，重点论述了各类布局条件，提出了城市近郊、交通出入口和基础设施等布局指向类型。全面揭示了物流企业集群的产生机理及演化过程，认为分化效应、产业集聚、资源整合、城市功能优化、城市规划等是促使物流企业集群产生和发展的基本机理，并形成萌芽、集聚、调整和成熟等发展阶段。深入考察了物流企业集群的内在联系，包括产业联系、空间联系和社会联系，尤其是比较了自然生成型和主动构建型物流企业集群的运行机制，并以上海西北物流园区为实证进行分析。以此为基础，本章从组合性企业—物流企业集群的角度考察了物流企业区位选择的空间模式与机制。

第一节　物流企业集群类型与发展

一、企业集群与物流企业集群

1. 企业集群

集群（cluster）的概念源于生物学。《简明不列颠百科全书》认为：生物学中的集群是指个体在群体中的集聚，一般因环境因素而引起，也可能因社群或行为的相互作用而引起。在经济学中，集群是指经济实体，尤其是企业实体在空间中集聚所形成的群落，大量专业化的企业及相关机构在一定地域进行柔性集聚，并结成紧密的合作网络。集聚（agglomeration）是指同一类型或不同类型企业及相关机构在一定地域的集中，是产生外部规模经济的基础。区位论认为集聚是渴望用最小的投入获得最大的产出或追求良好空间配置效益的经济原则（曾菊新，1996）。而集聚和集群是存在一定联系但又有所不同的两个概念，集聚是地域化经济的初级发展阶段，是集群作为地域经济现象存在的条件，而集群是集聚的高级发展阶段。

企业集群代表一种能创造竞争优势的空间组织形式（Porter，1998a）。集群研究可追溯到韦伯和Marshall（1988）的论述（Gordon and McCann，2000）。Marshall（1988）在《经济学原理》中使用集聚描述地域的相近性和企业的集中，韦伯在《区位原论》中，认为集聚分企业自身集聚和企业产业化集聚两个阶段。但区位论长期以单个企业作为研究对象，集聚分析并不理想，这种现象在西方一直延续到20世纪60年代，我国则延续到20世纪80年代初。直到企业地理等理论相继产生，研究对象才从单个企业发展到多个企业。

分析企业集群就不能回避几个概念：产业簇群、新产业区和孵化器。①产业簇群的概念源于空间经济学或新经济地理学，Porter（2000）指出簇群是指某特定领域内相互联系的，在地理上集中的公司和机构的集合，其形成往往伴随着地域专门化。Gordon和Mccann（2000）认为产业综合体、集聚体及创新环境与新产业空间等都是特殊的产业簇群，并将其归纳为三种模式：单纯集聚模式、产业综合体模式和社会网络模式。②在福特制向后福特制转变的过程中，新产业区的概念开始产生，新产业区是具有共同社会背景的人们和企业在一定地域形成的社会地域生产综合体，以本地网络和根植性为识别标志（Piore and Sabel，1984）。新产业区的集聚机制在于减少交易费用，外部规模经济也拓展到外部范围经济（金相郁，2004）。多数物流园区属于近郊或远郊型的新产业空间类型。③企业孵化器（incubator）是一种为培育新生企业而设计的受控制的环境，尤其是为有发展前景的小企业提供场地、设施、咨询、培训及资金渠道和专业人才的网络，主旨是为新办或新生企业提供资源、技术和环境等服务（盛昭瀚和卢锐，2001）。

任何企业都具有外部经济性，即任何企业都是与其他企业及其环境相互依存。胡佛（1990）将规模经济分为三个层次：①单个区位单体规模决定的经济；②单个公司（即联合企业体）规模决定的经济；③某产业在某区位的集聚体规模决定的经济。而这些经济各自得以达到最大值的规模，则分别是区位单体最佳规模、公司最佳规模和集聚体最佳规模（仇保兴，1999）。企业集群作为资源配置的空间形式，是产业链的集聚。内部配套产业齐全，不仅能为企业带来基础设施共享的外部经济，而且有益于专业化协作的开展，实现个体间的资源互补及知识和信息共享，促进集群内部的技术创新与制度创新，获得胡佛提出的聚集体规模经济（仇保兴，1999）。本研究认为企业集群是企业空间关系的一种表述。

物流企业的空间网络模式与组织机理

2. 物流企业集群

物流企业集群是区域经济和现代物流业发展到一定阶段的必然产物，既是区域经济产业集群的派生产物，也是产业集群空间集聚的一种表现。目前，物流企业在地域上进行了一定程度的集聚，并初步形成了企业集群，这在以上研究尤其是大连、南京、广州及苏州市的物流企业布局分析中已得到了验证。2002 年上海外高桥保税物流园集中了 361 家物流企业（丁根安，2002），目前天津经济技术开发区物流园已拥有运输、货运代理等物流企业 700 余家，包括三星爱商、丰田物流、大田物流等大型物流企业。物流企业的空间集聚，一般是因为环境因素而引起的，例如可以获取较好的物流资源、配套条件和良好的工作场所等，并且开始促进城市物流的技术、服务升级，改善城市物流的发展环境，推动第三方物流的发展，成为培育现代物流企业发展的孵化器。从企业间的相互关系，即从企业集体行为的角度来研究企业，可获得仅研究个体企业所不能获得的许多规律。通过对物流企业集群的研究，可从空间角度解释物流企业集聚的内在原因，进一步解释外部经济或社会资本是如何影响空间集聚的（仇保兴，1999）。而曹卫东（2011）则提出了物流企业集聚的评价方法，设计了集聚强度指数。部分学者认为物流企业的集聚形成了不同类型与规模或层次的物流节点，包括物流基地、综合物流中心与配送中心及专业物流中心（高源，2007）。本研究认为目前物流企业集群在地域上主要表现为物流中心和物流园区两类，而且这两类集群也符合国际物流发展的规律，在许多地区，以开发区、保税区、港口、机场及传统物资储运单位为核心形成了颇具规模的物流中心和物流园区。物流中心和物流园区的根本属性是一种基础设施，但吸引了大量的物流企业在此布局，进而成为物流企业和物流活动的空间载体，即形成了集群，其具体的功能如图 5-1 所示。本研究认为分析物流中心和物流园区，在很大程度上就是分析物流企业集群。

二、物流企业集群的类型

1. 物流中心

物流中心的概念产生于 20 世纪 60 年代，迄今为止，国外物流中心的建设和发展大致经历了起步、发展和成熟三个阶段（杨海荣，2003）。物流中心"logistics centre"在亚洲地区使用较多，而欧美多使用"distribution centre"。我国《物流专业术语标准》指出，物流中心是从事物流活动的场所和组织，符合

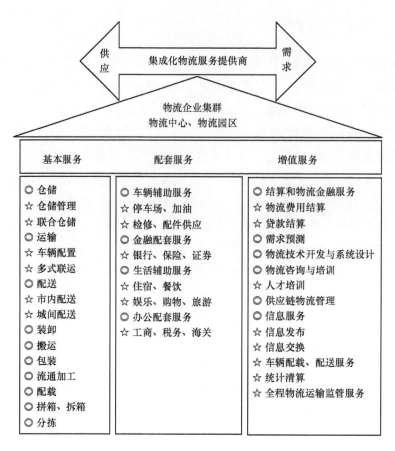

图 5-1　物流企业集群的功能体系

以下条件：面向社会服务；物流功能健全；物流信息网络完善；辐射范围广；品种与批量多样化；存储、吞吐能力强；物流活动统一经营和管理。多数学者认为物流中心是一种组织、衔接、调节、管理物流活动的据点（李长江，2002；叶怀珍，2003），是综合性、地域性、大批量的物流集中地，部分学者如李长江（2002）认为向省际、全国乃至国际用户进行配送的物流中心为广域物流中心或区域物流中心。本研究认为物流中心作为物流基础设施，是一种物流资源，同时也是一种物流资源的集聚体，在这些物流资源的基础上，物流企业作为资源整合的承担者在物流中心集聚，如南京王家湾物流中心。本研究重点探讨的是物流企业在物流中心的集聚现象。

2. 物流园区

1）物流园区概念

物流园区是物流节点体系的核心类型。关于物流园区，有几种类似的概念：

物流基地和物流团地。这些概念的内涵相似，但略有差异；日本将其称为物流团地（distribution park），德国称为货运村（freight village）。目前，物流园区的定义尚未明确。王之泰（2000）认为物流园区是巨型物流设施，综合性强，专业性弱，是多种运输方式的交汇点，是衔接干线运输和市内配送的物流结点，处理货物和储存能力强。叶怀珍（2003）认为物流园区是物流集散地，特别是在交通枢纽建设的具有多种物流功能、兼营多种物流业务的大型据点。金真和唐浩（2002）认为物流园区是多家物流（配送）中心集中布局的空间场所，是具有一定规模和综合服务的物流集结点。彭望勤和刘斌（2003）认为物流基地（logistics zone）是把分散的物流据点相对集中，是实现物流合理化和系统化的基地。部分学者认为物流园区是一家或多家物流企业在空间上集中布局的场所，是具有较大规模和综合物流功能的物流集中用地。地理学者如牛慧恩和陈璟（2001）指出物流园区是一个空间概念，是集中连片的相同或相关产业用地，具有"园区化"特点。

从以上分析可看出，物流园区具有以下特点：①是一种物流基础设施；②占有较大面积的空间地域；③内部集中了许多物流企业。本研究认为物流园区是物流企业的空间载体，是大量物流企业甚至包括配送中心和物流中心集中布局的场所，是具有一定规模和综合物流功能的物流节点。物流企业在物流园区内集聚，可使各企业间的资源和信息实现互补，增加企业的适应性，发挥整体优势和规模效益（张文杰，2002），有利于专门化物流服务设施和机构的发展，有利于增强物流企业的竞争力（李小建，1999a）。物流园区以物流企业的经营运作为主导，形成了高密度的物流活动，是宏观上的企业集群。例如东京和平岛物流园区内有30多家物流企业，租用 12.7 万 m^2 的仓库，40 多家企业租用了 8.6 万 m^2 的货运站。

2）物流园区类型

由于物流功能和生成机理及运行机制的复杂性，物流园区也形成了不同的类型。关于物流园区的类型，学术界有多种观点。王战权和杨东媛（2001）根据物流功能的不同，将物流园区分为配送中心型、仓储型和货运枢纽型等类型，其中货运枢纽型又分为港口类、陆路口岸类和综合类三种类型。部分学者将物流园区分为六种类型。①自用型，仅为本企业提供物流服务；②定向服务型，为区域内工业园或机场、海港等提供定向物流服务；③陆路交通枢纽型，以提供货物转运为主，同时具备其他物流功能；④产业聚集型，为锁定的行业提供专业物流服务，如汽车物流园区；⑤功能提升型，将原已具备物流功能的片区赋予明确功能，整合片区资源；⑥综合服务型，以基本物流服务为基础，提供各种物流服务

（亚太博宇，2003）。部分学者（周骞等，2003）根据服务范围，将物流园区分为国际货运枢纽型、时效性区域运送型、市域配送型和综合型四类，其中第一类多与机场、港口相结合，以集装箱运输为主，并设有海关；第二类指满足跨区域的长途运输，是城市配送体系间的转换枢纽和多式联运转运枢纽；第三类指满足多品种、多批次、少批量、高质量的配送服务的物流园区；综合型兼有上述各种类型的特征。具体如表 5-1 所示。近年来，我国许多城市围绕大型交通设施建设了物流园区，尤其是空港物流园区发展迅速。2000 年天津空港物流园区成立，随后，北京、上海、南京、广州、大连、宁波、成都等特大城市相继建立了空港物流园区。

表 5-1　不同类型物流园区的服务功能

类型	国际货运枢纽型	实效性区域运送型	市域配送型
存储	■	■	■
配载	■	■	■
运输方式转换	■	□	□
包装	□	□	■
拼装	■	■	■
组装加工	□	☆	■
信息服务	■	■	■
报关三检	■	○	○
保险金融	☆	☆	☆

注：■基本服务功能；□可选服务功能；☆增强型服务功能；○不需要

3）基于生成机理的物流园区划分

从前文分析可看出，物流园区的类型主要依据功能和区位两种标准进行划分。本研究认为这是通常的分类方法，难以从中考察机理和机制，而从物流园区的生成机理进行研究更为重要。肖玲（2002）分析大学城时，认为存在自然生成型和主动构建型两类。部分学者根据物流园区的开发模式，将物流园区分为政府规划而工业地产商主导型、政府规划而企业主导型、企业自主开发型三种类型。本研究认为从生成方式来看，物流园区也存在自然生成和主动构建两类，这两类园区有着完全不同的生成机理和运行机制。从地理学的角度，分析物流园区的空间机理更具有意义。

（1）自然生成型主要指根植于本地社会经济系统，以传统物流园区或相关基础设施为增长极，各种物流企业和相关企业以及其他物流设施，按市场法则和

物流企业的空间网络模式与组织机理

园区规律逐步集聚而形成的物流园区。这种物流园区的发展模式是自下而上的，主要受市场机制作用而形成，政府干预和影响相对较小。2005 年之前，南京自然生成的物流园区有紫金山、玄武湖、宁东三处货运市场，其中玄武湖货运市场集中了近 600 多家物流企业（和紫金山货运市场合计则达 1000 多家，集中了南京市 90% 的货运散户）在此集聚，占地 200 余亩（1 亩 ≈ 666.7m²），每天配载 1000 多辆车，配载货物达 2 万多吨。在大连市域内，分布着革镇铺、香炉礁、老港区等物流园区，但老港区和香炉礁两处同城市功能融为一体，而革镇铺地域则是功能相对独立和地域属性相对统一的物流园区。在这种物流园区内，物流企业主要是中小型企业。根据调查，2008 年企业自主开发的物流园区有 71 个，占全国物流园区总数的 15%。

（2）主动构建型指政府或主管部门从区域发展的角度出发，根据物流市场的发展趋势和物流园区的发展规律，主动规划建设的物流园区，以整合各种分散的物流资源，形成区域物流发展的平台和空间载体，并借以理顺城市功能，提高城市经济的运行效率。目前，我国多数城市兴建的物流园区主要为这种类型。但这类物流园区多基于自然生成型园区而形成，即对自然生成的物流园区施加政府行为和主动构建，投资基础设施建设，通过鼓励和优惠政策，引导物流企业在区位上向物流园区集中（牛慧恩和陈璟，2001），制定规章制度以规范市场秩序（李小建，1999a）。大连陆港物流园区就是在革镇铺物流园区的基础上，通过政府规划而重新构建的。少数物流园区是政府通过规划，选择合适地域而新建，如大连大孤岛国际物流园区。调查显示，2008 年政府规划而企业主导开发的物流园区最多，有 289 个，占全国物流园区总数的 60.8%；政府规划而工业地产商主导开发的物流园区有 115 个，占全国物流园区总数的 24.2%。目前，这类物流园区只是积极吸引物流企业在这些地域集中布局，但物流企业的集聚要依赖于市场机制和空间机制，所以普遍存在这种现象：主动构筑型物流园区尽管设施齐全，但企业集聚程度远低于自然生成型的物流园区。

三、物流企业集群的发展

1. 国外物流中心和物流园区建设

发达国家的物流企业集群发展很快。物流园区最早出现在日本，后来在德国等物流业发达的国家相继出现，并快速发展。

20 世纪 90 年代之前，欧洲各个国家纷纷建设物流园区和物流中心。1985

年，不来梅物流园区创建，该物流园区位于水陆运输的交汇点，占地 100 万 m² 以上，由 52 家物流企业发起并进驻。20 世纪 90 年代初，德国为了平衡全国经济发展，完善物流设施，通过物流园区整合物流资源，共建设了 33 个物流园区，形成规模化的全国物流园区网络（王国锋，2003）。其他国家如英国、荷兰、西班牙、法国、意大利等积极推动物流园区的建设。2000 年，法国在北部哈佛港设立大型物流园区，在马赛港建设 160hm² 的物流园区，同时扩建戴高乐机场物流园区。荷兰有 550 家物流中心，多数位于鹿特丹港和阿姆斯特丹契福尔机场，形成大规模的物流园区（牟旭东和陈健，2002）。欧盟成立之后，欧洲的物流园区及配送中心呈现集中化趋势，跨国公司将过去分散在各国的配送中心、物流中心逐步消减整合，甚至在欧洲只保留一个物流中心或配送中心。欧洲物流企业集群的共同点是充分利用多式联运交接方面的功能，以共用的两种或三种交通方式联立结点站和大型的货运中转站，提升多式联运物流链的竞争力，而且海关、金融、保险等公共机构入驻园区。部分国家组建了物流园区联合会，1993 年德国货运中心/物流园区联合会成立，该国 33 个货运中心中有 22 个是联合会的会员。部分国外物流中心和物流园区的概况，如表 5-2 所示。

表 5-2　国外城市物流配送中心概况

名称	建设时间	占地面积/hm²	经营品种	地理位置
美国加利福尼亚州食品配送中心	1982 年	10	牛奶等食品	—
日本平和岛物流基地	1965 年	50	各种货物	东京南部填海地
日本东京铁路货物集散中心	1973 年	144	各种货物	东京
德国不来梅物流中心	1985 年	200	各种货物	距港口 20 公里
德国纽伦堡物流中心	1980 年	337	煤炭、矿石、肥料、泥土等	公铁水联合处
日本小松关东补给中心	1970 年	2.67	小松设备部件	东京工业区
日本上组大阪仓库	1980 年	0.5	新鲜果蔬	大阪港
美国 RPS 洛杉矶中心	1988 年	—	小包装货物	洛杉矶
日本卡世美中央流通中心	1980 年	0.5	食品	
日本可口可乐公司千叶流通中心	1996 年	1.48	饮料	千叶
日本花王川崎物流中心	1986 年	2.4	化妆品	川崎市
日本伊藤洋华堂崎玉物流中心	1978 年	3.2	杂货、日用品	埼玉县
美国 Super Rite 哈里斯堡配送中心	1985 年	5.76	食品	哈里斯堡
德国马自达汽车配送中心	1988 年	2.5	汽车配件	—
美国 SUZUKI 汽车洛杉矶配件中心	1988 年	4	汽车配件	洛杉矶

第二次世界大战后，由于城市内部的流通设施过度集中、功能低下、交通阻

滞，1966 年日本制定《城市流通业务规划法》，在城市外围建设物流团地，集中各类物流企业与仓库等物流设施并进行重新配置，以提高流通效率和优化城市功能。20 世纪 70 年代后，日本以建设物流团地为切入点，完善物流设施。1965 年开始东京将流通功能从市区分离出去，在近郊外环路地区建设了葛西、和平岛、阪桥和足立等以公路运输为主的物流园区。1997 年日本制定《综合物流施政大纲》。目前，日本已建成 120 个规模较大的物流园区，平均占地 74 万 m²；每个物流园区集中了大量的物流企业，其中横滨货物中心集中了 42 家配送企业。日本以 86 个物流园区为核心，以各种配送中心、物流中心为节点，构建综合物流体系。日本政府颁布了"流市法"，用法律条文规定了物流中心选址，许多物流中心依法布局建设，如东京足立物流中心和神户阪神物流中心等。近年来，亚洲的新加坡、韩国、中国台湾等国家和地区涌现了许多物流园区，例如新加坡港口物流园区、韩国富谷和梁山物流园区以及中国台湾的高雄物流园区。

2. 国内物流中心和物流园区建设

长期以来，我国运输业和仓储业发展水平低，基础设施建设不够，尤其是"重线轻点"的建设模式，导致大型货运枢纽、配送中心、物流中心和物流园区等物流节点较少，难以形成有效的物流网络。二十一世纪以来，有关部门制定了促进物流基地发展的宏观政策，国家"十一五"规划明确提出："加强物流基础设施整合，建设大型物流枢纽，发展区域性物流中心。"2001～2003 年 20 多个省市和 30 多个中心城市制定了区域性物流发展规划，积极推动物流中心和物流园区的建设，成为当时物流业发展的突出特征（表 5-3）。根据第二次全国物流园区（基地）调查，截止到 2008 年，全国物流园区共有 475 个，其中已经运营的有 122 个，在建的有 219 个，规划中的有 134 个。东部沿海地区有物流园区 97 个，南部沿海地区有 96 个，北部沿海地区有 67 个，整个沿海地区占全国的54.7%，已运营的物流园区占全国的 64.8%；西南地区有 56 个，东北地区有 48 个，黄河中游有 47 个，长江中游有 43 个，西北地区有 21 个。总体来看，物流园区的发展步伐比较快，呈现数量增长快、地域差异明显、政府主导作用大的特点，特别是长江三角洲、珠江三角洲和环渤海地区，物流园区的建设更快、更集中（何黎明，2009）。根据对物流园区的抽样调查，我国综合物流园区较多，占总数的 50.3%；其次是货运枢纽型物流园区占 38%，港口型和陆路型物流园区分别占 16.4% 和 16%，配送中心型物流园区占 8.2%，仓储型和空港型物流园区较少，占 4.3% 和 4.8% ①。

表 5-3　我国部分省市的物流园区（中心）的规划和建设

规划名称	物流园区	物流中心
北京城市物流系统规划	空港、马驹桥、良乡、平谷马坊	五里店、首钢建材、十八里店、宋庄、怀柔新城、顺义李桥、清河、马池口
上海现代物流产业发展规划	深水港、外高桥、浦东空港、西北综合	国际汽车城、化学工业区、临港装备制造业、钢铁及冶金产品
华中物流总体规划及试方案	舵落口、阳逻、关山	冷库区、升官渡、配送中心
沈阳现代物流业发展规划	苏家屯	铁西、张士、沈海、孤家子、北站、桃仙、浑南、小韩屯
无锡市现代物流业发展规划	无锡综合和江阴港口	无锡口岸
成都市现代物流发展规划	航空、国际集装箱、青白江	新都、龙泉、双流、保税
大连市现代物流发展规划	大孤山、甘井子、老港区、金州、羊头洼	大连湾、北粮港、大窑湾、周水子、黑嘴子
济南市现代物流业发展规划	现代、盖家沟、郭店	邢村、国际集装箱、桑梓店、空港
西安市现代物流业发展规划	新筑	纺织城、韦曲、三桥、草滩、北石桥、中储

　　北京、上海、天津、广州、厦门、深圳、青岛、芜湖、济南、邯郸、聊城、郑州、武汉、成都、杭州、宁波等地建设了许多物流园区。其中，杭州物流园区面积达 7000 多亩，宁波确定了"一主六副"的物流园区格局。2003 年江苏拥有 7 个物流园区、75 个专业化物流中心，而规划建设的物流园区和物流中心有 100 多个，分布在宁镇扬、徐连盐淮宿和苏锡常通泰三大区域，其中苏锡常地区是重点布局地域。在政府引导下，散落在城市各角落的运输企业、仓库、货运站在物流园区内集中布局。

第二节　物流企业集群的空间布局

一、物流企业集群的区位成本

　　集群作为物流企业的一种集聚体，其区位的空间选择机理不同于单体物流企

---

　　① 由于调查表的指标设计问题，以上各类物流园区有重复归属，各比重的加和不等于 100%

业。集群既是一种空间载体，同时是一个宏观的"组合性"物流企业。从微观层面探讨集群区位，更有利于剖析物流企业网络的空间组织机制。作为一种组合型的物流企业，其区位成本显然反映了多数物流企业共同具有的区位成本因素，其区位反映了多数物流企业的一般性空间规律。但是，作为一种产业园区的空间载体，集群的成本又不同于一般的物流企业成本，而且探讨的空间尺度也发生了变化，开始拓展到城市区域或更广大的区域。

前文对物流企业的成本因素分析主要着眼于服务过程，对于集群而言，尽管由不同的物流企业组成，但其功能由向客户提供物流服务发展为对物流企业的组织和管理。假设集群的成本因素仍包括：①固定资产费及折旧费；②场所地租成本；③劳动力成本；④运输成本；⑤交易成本；⑥生产成本；⑦管理成本；⑧时间成本，需要对这些成本因素的区位影响进行重新评价。其中，固定资产费及折旧费包括公共设施、市政设施、物流设施的固定投资和折旧，集群布局如果靠近市区显然可利用已有的市政设施和公共设施，如果远离市区则需要重新建设。生产成本包括包装和加工过程的费用，这种成本因素不具有区位内涵。交易成本主要是指市场营销、谈判等费用，是否邻近物流市场很重要。时间成本主要是物流企业从集群进入交通干道的时间效率，具有很强的区位内涵。管理成本主要是指集群对物流企业的管理成本，这同政府的物流规划或城市规划有紧密关系。对于面向区域的集群，劳动力雇佣走向规模化，且因其来源差异而形成层次和素质差别，这决定了劳动力成本的差别。企业集群作为一种空间载体，占用土地面积较大，土地自然属性和自然条件的重要性显现。

二、物流企业集群的空间布局

1. 国外物流企业集群布局

物流企业集群的布局是物流系统中具有战略意义的问题，其区位对物流系统的合理化和商品流通的效率有决定性影响。物流中心是联结生产和消费，并利用时间和场所创造经济效益的设施，区位选择的影响因素很多，而且不同类型、经营不同产品的物流中心对各类区位因素的敏感程度也不同（金真和唐浩，2002）。目前，国外物流网络发生巨大变化，在距离都市40km的郊外，陆续建设了物流园区和物流中心（霍红，2003）。物流园区、物流中心等物流集群的郊区化是物流节点空间优化的重要方面，发达国家的趋势是充分利用城市郊外高速公路等交通优势区位建设物流企业集群，形成城市物流郊区化和商流市中心集聚化的空间态势。

根据 St Quintin 的研究，英国配送中心的区位选择遵从以下条件。①靠近市中心，多数配送中心分布在包括大伦敦、大曼彻斯特在内的都市圈。②靠近交通干道出入口，配送中心多分布在距交通干道入口 30km 以内的范围。③追求较低的地价区位，20 世纪 80 年代以来市中心地价上涨，原有配送中心无法支付高昂的地价纷纷外迁。④数量充足、素质较高的劳动力条件。⑤可达性好，靠近铁路枢纽，运距为 400~480km 内，铁路才具有竞争力。

德国对物流园区的区位选择很重视，规定应符合以下准则。①临近港口，靠近铁路编组站，周围有高速公路，至少有两种以上运输方式相连，以整合各种物流资源。②附近有从事运输、仓储的物流企业，特别是著名物流企业，还有银行、保险等服务机构。③远离市区，面积至少在 100hm^2 以上，周围有充足的发展空间，为企业发展留有余地（叶怀珍，2003）。

1966 年，日本制定了《流通业务城市街道整备法》，把大城市中心部位的流通设施向距离市中心 20km 左右的郊区集中搬迁，以提高城市流通机能。日本规定以都市外围高速道路网和铁路网交叉口为中心、半径 10km 之内的范围为物流园区选址地点。1990 年，日本建设省的调查表明，由于城市地价上涨、交通阻塞，许多物流企业在大城市很难找到合适区位，而政府通过政策推动在城市郊外设置与高速公路连接的物流基地，以优惠政策促使物流企业集中。后来，日本把市中心的物流企业及仓库、货站等物流设施移至保护区外的边界区域，通过城市快速路和主干路提高物流设施的可达性，使物流企业及物流设施集中于特定区域，形成富有效率的物流园区。依据 1996 年制定的《东京都市流通设施基本政策》，东京在 5 个分区建设流通中心（汤宇卿，2002），如图 5-2 所示。日本的物流团地通常布局在城市的市郊边缘带、内环线外或城市之间的主要干道附近。

2. 国内物流企业集群布局

李小建（1999b）认为经济活动区位研究在于解释经济现象的空间机理，把握经济活动的地域结构。20 世纪 90 年代以来，我国部分地区开始建设各类物流企业集群，特别是在上海、天津、沈阳、深圳、北京等商品标准化程度高、交通条件好、零售业密集的沿海中心城市试办（张来庆，1995）。部分城市按经济区域划分服务范围，以城市为中心建设多层次、辐射广的物流中心体系，如北京、武汉、沈阳、大连、南京、上海等城市。北京从五环路出发，在各方向分别建设石景山、丰台、南郊、十八里店、机场、马驹桥、中关村和沙河 8 个物流中心，形成环型辐射结构；在西南闫村、南部黄村大庄和东南张家湾建立综合物流园区。上海重点发展外高桥保税区、浦东空港、西北、西南、

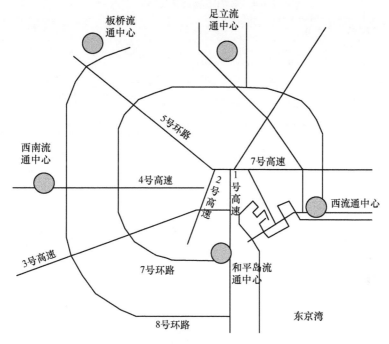

图 5-2 日本东京流通中心的空间区位及格局

海港新城等物流园区（丁根安，2002）。天津建设了开发区工业物流园、保税区国际物流区、南疆散货物流中心、空港国际物流园区、交通局物流中心。厦门创建了东渡、海沧、航空港三个物流园区，建设同集、杏林工业物流园和刘五店综合物流园区；广州已建设南沙、新沙、花都国际物流园区。南京将物流中心布局在绕城公路附近，分别辐射主城区、江宁开发区、新港工业区和江北工业区，对都市圈形成环型辐射。深圳是较早建设物流园区的城市，如表5-4所示。深圳建设的物流园区包括：①建设四个以配送为主要功能的物流园区，包括笋岗-清水河、南山、龙岗和机场—宝安物流园区；②把港口物流和航空物流作为重点，在盐田港区和西港区建设港口物流园区，在宝安机场内布局航空物流园区，临近港口和机场交通设施；③陆路口岸物流是最大的进出口物流，深圳为陆路口岸物流专辟物流园区，建设龙华物流园区，临近口岸关口；④依托铁路枢纽，建设平湖综合性物流园区，临近铁路编组站。这些物流园区的建设为深圳市现代物流业的发展提供了空间框架。

表 5-4　深圳市物流园区建设情况

类型	物流园区	用地/hm²	服务范围	主要功能
货物枢纽型物流园区	西部港区	40	西部三大港区	散杂货集散、集装箱中转、拆拼、加工、海关查验
	盐田港区	50	盐田港区	国际集装箱中转、仓储、拆拼、加工、海关查验
	龙华	40	深—港陆路口岸	陆路口岸货运中转、集装箱接驳、拆拼箱、货代、海关查验
	平湖	50	珠江三角洲、京九沿线	远距离货物集疏运，内地香港物流和城市消费物流中转，公铁联运和配送
配送中心型物流园区	笋岗—清水河	50~60	罗湖、福田区	消费性物流节点、配送服务中心
	南山	20	南山区、福田区中西部	消费性物流节点、配送服务中心
	龙岗	10	龙岗中心区和工业区	消费性物流节点、配送服务中心枢纽
	机场—宝安	20~25	航空物流、宝安中心城和西部组团	开辟航空物流、国际货运代理物流区

从以上分析可看出，各类物流企业集群的布局主要有以下特征。①减少征地费用，地价较低，留有必要的扩建余地，位居城市边缘区。②交通方便地带，靠近高速公路，便于与铁路联结、船舶换装。③不在市区交通要道布局，避开交通易阻的闹区。④城市货物流通区。⑤接近货主或物流市场（肖昭升，1989；牛慧恩和陈璟，2000；徐杰等，2001）。⑥数量充足、素质较高的劳动力。这决定了物流园区多布局在市中心边缘或市区边缘、交通条件较好、用地充足的地方。不同服务范围的物流园区，具有不同的区位条件要求，地方性物流园区一般靠近城市生产消费集中的工业区、商贸区，区域性物流园区多依托铁路、公路、航运货运站或交通枢纽等建成商品转运中心，国际性物流园区主要在国际集装箱码头、铁路货站和空港附近建设（牛慧恩和陈璟，2001）。不同功能类型的物流企业集群具有不同的布局特征，转运型物流中心布局在城市边缘和交通便利的地段，以方便转运和减少短途运输；储备型物流中心布局在城镇边缘或城市郊区，且具备方便的水陆运输条件的地方；综合型物流中心根据商品类别和物流量选择在不同地段，要求交通条件方便。

三、物流企业集群的布局条件

物流企业集群的区位选择和空间布局要综合考虑各种因素的影响，包括：物流市场需求、地价、交通设施、劳动力成本、环境等因素。以下重点分析主要因素的影响。

1. 物流市场信息的获取

物流企业是以获取经济利润为目的的经济组织，市场营销尤其重要。物流企业集群作为物流企业的复合体，其布局须体现这一主题，考虑如何接近物流市场，为其内部的物流企业提供方便的市场营销条件。所谓物流市场信息的获取主要是指物流企业从客户企业获取物流业务的过程，对于运输而言指货源信息，对于仓储而言指仓储信息。物流社会化的发展，使工商企业成为物流企业的主要市场信息源。一般而言，多数城市的大型工业企业都已外迁到郊区，形成工业园区或小区，同时部分大型的商业批发市场也搬迁到城乡结合部，这在郊区或城市接合部形成了规模较大的物流市场。而多数商业企业仍布局在城市中心区，尤其是商业中心，如 CBD 等，同时在部分老城区仍有部分物流量较小的批发市场，经营以生活资料类商品（如服装、鞋子、文具、食品等）为主的批发及零售，如广州市荔湾、越秀和海珠区就分布有 9 个批发市场。由于市中心商业网点集中，是物流中心的主要供、配货对象，但与物流市场形成一定的空间分离。物流中心和物流园区作为物流企业的集聚体，就须从物流企业市场营销的角度出发，考虑如接近大型工业区或商业区，以缩短同客户的距离，接近物流市场或物流服务的需求地，使物流企业为客户提供即时的物流服务。如果偏离物流市场，物流园区对物流企业的进驻就缺少吸引力；靠近某物流市场而偏离其他市场，只能吸引部分物流企业。因此，物流企业集群的布局必须在如何接近物流市场上做出取舍，这就影响到了区位选择。日本在 1966 年开始的物流团地建设中，将批发市场或批发城迁至其中，显然考虑到了物流企业同客户的市场关系（汤宇卿，2002）。大连开发区在规划建设保税区、出口加工区时注重了物流园区规划，将工业企业同物流企业在空间上相对应。

2. 便捷的交通条件

李小建（1999a）在分析物流企业集群的企业可进入性时，将其分为地理可进入性、制度可进入性、经济可进入性和社会可进入性四类。本研究重点探讨地理可进入性，即从交通条件入手。物流活动，尤其是运输和配送需要有进出城市的便捷交通条件，以降低时间成本，这成为影响物流企业集聚地布局的关键条件。首先，公路是目前我国物流活动的主要运输方式，而且目前物流企业直接开展门到门的物流服务，所以公路运输条件很重要。其次，铁路和港口运输的条件也很重要。国外物流园区或物流中心在布局时要求具有综合性的交通运输条件，以便不同运输方式间的换装和联运，提高物流活动的灵活性及对腹地的辐射能力，所以物流企业集群要求靠近交通枢纽，如港口、交通主干道枢纽、铁路编组站或机场，有两种以上运输方式相连接。1965 年，日本建设的平和岛流通基地，西靠东京湾港区码头，南邻羽田机场，附近有高速公路和城市环状公路，是东京的水、陆、空交通枢纽（龙江和朱海燕，2004）。我国台湾的台糖高雄物流园区距离高速公路仅 3km，而且靠近高雄港，同时附近有小港机场，海陆空交通条件便利。在平湖物流基地，京九线、广九线穿基地而过，平盐铁路和平南铁路以基地为起点，平蛇公路、深惠高速、机荷高速、水官高速、深平快速、荷梅观高速公路在基地周围纵横交错，机荷高速与宝安国际机场相连。上海物流园区区位和交通条件的关系如表 5-5 所示。

表 5-5 上海物流园区的交通运输条件

园区名称	高速公路	公路	铁路	水运
西北物流园区	沪宁、沪嘉高速公路	国道 312 和 204、外环线、曹杨路、武宁路、真北路、交通路	沪宁铁路	—
西南物流园区	沪杭高速公路	国道 312 和 320、沪青平公路、沪乍公路、漕溪路、外环线、中山环路、龙华路、宜山路、斜土路、南北高架	沪杭铁路	黄浦江上游水运交通
东部物流园区	—	城市干道、外环线、高等级公路	浦东铁路	外高桥港区、黄浦江

3. 追求较低的地租区位

物流企业需要占用较大面积的土地，地租是物流企业的重要区位成本。对于物流企业集聚的物流园区和物流中心而言，占用土地面积更大，而且周围地域需要预留足够的发展空间。尤其是在我国仓储业仍未规模性采用立体化仓库的背景下，平面仓库或堆场需要占用大量的土地。从 1965 年至今，日本已建设 20 个大型物流园区，平均占地约 74hm^2，东京物流园区占地情况如表 5-6 所示。1995 ~ 1996 年，韩国分别在富谷和梁山建立了两个物流园区，占地规模都是 33hm^2；荷兰统计的 14 个物流园区平均占地 44.8hm^2，纽伦堡物流园区占地已达 7km^2（牟旭东和陈健，2002）；比利时的 Cargovil 物流园区占地 75hm^2；德国的货运中心占地规模较大，平均规模为 135.7hm^2，不来梅货运中心占地 100hm^2 以上；英国物流园区的平均占地为 44.8hm^2，而西班牙物流园区平均占地为 42.1hm^2，意大利物流园区平均占地为 198.1hm^2，法国物流园区平均占地为 30.5hm^2，丹麦物流园区平均占地为 139.6hm^2。一般而言，国外物流园区用地多在 7hm^2 以上。因此，地租的高低直接影响了物流企业集群的布局，城市中心区的地租比较昂贵，尽量选择地租便宜、交通便利的城市近郊区（李长江，2002）。

表5-6　东京物流园区的建设和营运指标

物流园区	占地面积/hm^2	日均物流量/（t/d）	每1000t 占地面积/hm^2
Adachi	33	8 335	4
Habashi	31	7 262	4.3
Keihin	63	10 150	6.2
Koshigaya	49	7 964	6.2

在中国，物流园区也往往占用大量的土地，对地租比较敏感。根据 2008 年中国物流与采购联合会对 302 个物流园区的调查，这些物流园区形成了不同的占地面积，其中占地面积在 0.1～1km^2 的物流园区最多，占 54.3%；占地介于 1～2km^2 的物流园区占 15%；占地为 2～3 和 3～5km^2 的物流园区分别占 6.6%；占地为 5～10km^2 的物流园区占 11.2%，占地 10km^2 以上的占 6.3%。中国部分物流园区的占地规模如表 5-7 所示。

表5-7　中国部分物流园区的用地规模

城市	物流园区名称	占地规模/hm^2	城市	物流园区名称	占地规模/hm^2
济南	郭店物流园区	6000	洛阳	洛阳市大一物流园区	14
广州	南沙国际物流园区	4500	东兴	二桥口岸物流园区	14
大连	甘井子综合物流园区	>2000	重庆	双龙桑家坡物流园区	14
	金州二十里铺物流园	>2000	武汉	商联集团物流基地	15
宁德	拓荣药业物流园区	14	南京	新华新港物流园区	15
长春	长春东北亚物流园区	>2000	连云港	金港湾物流园	>2000
天津	大港煤炭物流园区	15	深圳	西部港区物流园区	40
上海	临港制造业物流基地	>2000		盐田港区物流园区	50
	临港物流园区	>2000	宁波	主物流园区	80
	外高桥物流园区	120		镇海物流园区	30
	西南综合物流园区	100		慈溪物流园区	30
	西北综合物流园区	133		江东物流园区	20
南京	龙潭物流园区	100	苏州	高新物流园区	20
	禄口物流园区	70		唯亭物流园区	40
	丁家庄物流园区	50		陆慕物流园区	20
	王家湾物流中心	74	北京	华通物流园区	39
	南京化工物流园区	50		空港物流园区	63

4. 劳动力条件

劳动力成本对于单一物流企业的区位并未产生很大的影响，因为目前中国企业规模比较小，单一企业的劳动力比较有限。但对于物流企业的集聚体——集群而言，劳动力数量开始呈现规模化。而且，物流企业集群形成了市区、郊区和乡村不同层次的劳动力来源，不同来源的劳动力存在雇佣成本的差异。目前，物流业是一种集资产密集型和劳动力密集型于一体的产业形式，需要大量的劳动力，包括物流管理人员和操作人员，其中物流操作人员的数量较多。尤其是在中国，物流业在技术上未能实现现代化，尚未普遍地采用先进的物流管理技术和设备，人工操作比较普遍，雇用劳动力较多，拥有一定数量和素质的劳动力成为物流中心和物流园区进行区位选择所必须考虑的因素。因此，城市近郊区成为首选区位。

5. 基础设施

物流资源本身是城市内部社会经济系统的组成部分，随着物流社会化的发展，这些要素逐步从工商企业中分离出来，然后进行整合。但这些物流资源的整合和运作需要较高的基础设施条件，这些设施主要包括公共设施和市政设施，具体包括道路、通讯、供电、供水、供热、供暖、卫生及污水处理、固体废物处理等设施。物流企业集群不能脱离这些基础设施的支持，是否拥有这些基础设施，直接影响到其管理成本和区位选择。

6. 其他因素

对于单体的物流企业，自然条件的影响比较小，并且可能只对部分仓储企业产生影响。但是物流中心和物流园区作为一种大面积的空间地域，显然会受自然条件的影响。①气象条件。物流企业集群在布局过程中要考虑温度、风力、降水量、无霜期、蒸发量等指标。例如，物流园区建设在区域风向的风口上，可能会加速露天堆放商品的损坏。②地质条件。如果地面以下存在淤泥层、流沙层、松土层等不良地质条件，会在受压地段造成沉陷、翻浆等后果，物流企业集群布局地的土层承载力要高。③水文条件。布局要远离容易泛滥的河川流域与上溢地下水及积水的区域。④地形条件。物流用地要地势相对较高且平坦，应具有足够的面积和连续性的外形，回避山区的陡坡地区，在外形上可选择长方形，不宜选择狭长或不规则形状的地块。

四、物流企业集群的空间指向

影响物流企业集群的成本因素很多，但在关键区位成本的影响下，区位选择形成了三个重要的指向模式：郊区指向、交通出入口指向及交通设施指向。郊区指向和交通出入口指向两种空间模式符合国际物流的发展规律，在实际布局中，这两个指向又往往相互融合，即物流企业向郊区附近的高速公路口进行集中以形成集群。交通设施指向是我国目前各城市普遍存在的物流企业集群模式，交通出入口指向实际上是交通设施指向的一种类型。

1. 城市近郊指向

随着城市功能的分化，大量的工业企业向郊区集中，形成新产业区（李小建，1999b），从而将大量的物流活动即物流信息源外迁到郊区。物流企业作为物流活动的专业承担者，也随着物流信息源向郊区集中，这样可降低市场交易成本。城市地租的昂贵性迫使物流企业追求廉价地租的土地，而这种土地需求只有在城市近郊区才能满足，这样可降低地租成本。同时，物流企业布局在郊区可向此处的工业企业迅速提供物流服务，同时缩短向城市中心区的物流配送距离，以达到迅速供货配送，在两者间实现时间成本的最小化。近郊区往往是城市内外交通的融合地带，物流企业在此集聚形成物流园区，可有效衔接城市内部交通和外部交通，方便转运和减少短途运输，降低时间成本。在发达国家，大型物流节点已经呈现郊区化的趋势，物流园区多位居距离都市区40km的郊外（霍红，2003）。德国布局物流园区时要远离市中心，以保证周围地区有发展空间（叶怀珍，2003）。日本将物流节点设在城市外部，在城市郊外设置物流基地，把位于市中心的批发商场、仓库、货车终点站等流通设施，移至城市规划区的边界区域（汤宇卿，2002）。马赛港新建设9万hm²的物流园区也距离城市55km（Slack，1999）；鹿特丹港的物流园区在居民抗议下，改变原来沿海拓展的计划，被迫在距离城市30km的内陆进行建设。平湖物流基地距离深圳市区15km。应指出的是，以上距离的表述须根据其所依托的城市规模进行判断，但物流企业集群位于城市近郊是共同特点。

2. 交通出入口指向

为了便于城市物流的集散，需要有方便的交通运输条件。现代物流中，公路运输是重要的物流集散方式，因此靠近便捷的交通干道进出口成为物流企业集群区位选择的主要考虑因素。这促使物流企业纷纷向城市内部与城市外部地区相衔接的交通出入口附近进行集中，物流企业集群布局形成很强的交通指向。

日本的流通基地往往设在中心城市的边缘，位于高速公路、铁路、港口、机场快速干道入口的交汇处，尤其是靠近高速公路，如表5-8所示。1991年建成的阪神流通中心，位于距离神户市20km、大阪市中心30km、西宫市20km、尼崎市25km的交通要道上。

表5-8　日本各种物流设施与高速公路的理想距离

类型		距离高速公路/%				
		直临	<3km	<5km	<10km	>10km
物流设施	区域物流中心	5.6	32.4	29.6	28.7	3.7
	配送中心	16.3	37	27.2	17.4	2.1
	仓库	13.9	22.2	38.9	22.2	2.8
	物流设施	10.8	34.4	30.5	22.0	2.3
行业类别	基础材料	5.9	35.3	35.3	23.5	0
	加工装配	8.1	25.3	30.3	33.3	3.0
	生活用品	14.3	35.7	35.7	10.7	3.6
	批发业	16.4	38.2	23.6	16.4	5.4
	零售业	15.2	39.4	30.3	13.6	1.5
	其他	4.3	41.3	26.1	26.1	2.2

注：数据转载自《现代物流系统与管理》：78～79

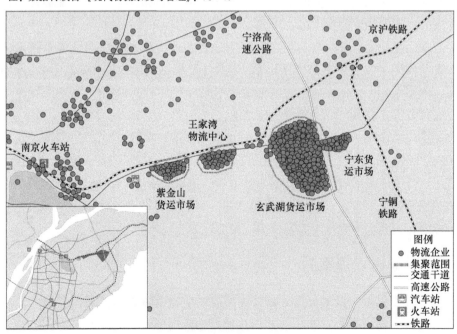

图5-3　南京市物流园区的区位和物流企业集聚

2005 年之前，南京市最大的物流企业集群——玄武湖货运市场，靠近南京二桥高速公路出入口处，并紧靠 120 国道，南部靠近沪宁高速公路，西部紧邻环陵公路，东部是宁镇公路，是高速公路和国道以及一级公路的交叉处。该集群的区位选择受交通条件的影响非常明显。具体区位如图 5-3 所示。但 2007 年左右，因南京城市规划的约束和城市空间功能优化的需求，该物流企业集群搬迁至二桥高速公路的东侧。

　　大连市的陆港物流园区地处哈大高速公路的出入口处，并且有哈大铁路和大连—旅顺铁路在此交汇，同时邻近港口，具有公路、铁路、海运衔接合的交通优势，交通区位的指向特征明显。该物流园区的区位如图 5-4 所示。上海市的物流园区在布局时对交通运输条件也很重视，如表 5-5 所示。中国台湾的台糖高雄物流园区距离高速公路仅 3km。同时，许多物流企业集群也倾向于布局在铁路编组站等附近地区，以充分利用铁路运输优势，便于物流的集散和物流市场信息的搜集。

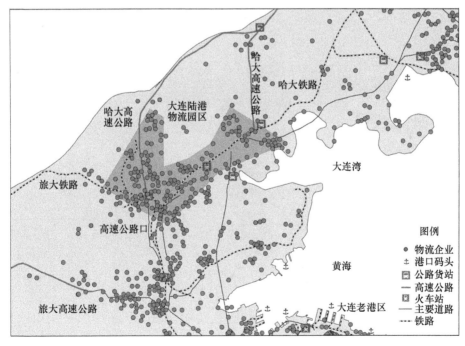

图 5-4　大连市陆港物流园区的区位和物流企业集聚

3. 基础设施指向

交通设施作为一种基础性的物流资源，包括港口、车站、机场、道路等，往往是多种交通方式汇集、转换的场所，对其他社会经济要素具有很强的吸引作用。物流资源作为与交通设施属性相同的资源，有着共同的规定性和功能，更容易在交通设施周围地域集聚。物流企业作为物流资源整合的承担者，依赖于这些物流资源的集聚，所以也往往在交通设施周围集中布局，以支撑多种物流服务、物流组织功能。在我国，这种企业集聚在各个城市普遍存在，各级政府制定现代物流（业）发展规划时，也往往把这些地域作为物流园区或物流中心进行规划建设。从物流园区的"园区化"特点（包括企业性质一致性、物质空间相对独立性和形态完整性）来看，交通设施指向的物流企业集群的判别显然存在缺陷或缺少一定的科学性，但着眼于时间演化，将其作为一种物流园区或物流企业集群也有一定的合理性。在本研究中，将其作为传统的物流园区进行分析。交通设施地域的物流企业集聚主要有两种空间模式，如图5-5和图5-6所示。

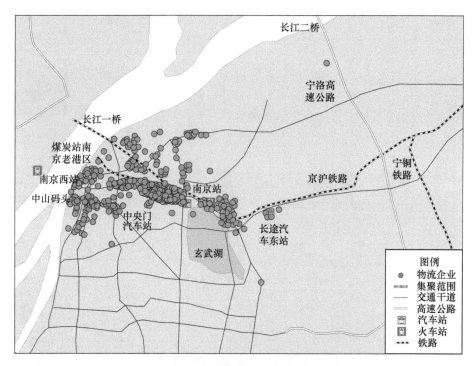

图5-5　南京市交通设施指向的物流企业集群

模式一：城市内部交通设施周围地域，如火车站、港口。在南京市，"南京火车站→中华门汽车站→南京西站→南京老港区"形成了线型的物流企业集聚带，如图5-5所示。在大连市，"大连老港区→大连火车站→香炉

物流企业的空间网络模式与组织机理

礁"形成了沿海物流企业集聚带，如图 5-6 所示。这些地域的物流企业数量多，且布局时间较长。从国际物流发展路径来看，这些地域逐渐失去其物流功能而正在向郊区迁移。目前，这种趋势已显现，大连老港区的物流功能逐步丧失并转移到大窑湾港区，只保留客运功能，但由于企业和相关机构（如海关）布局的空间惯性，部分物流企业尚未转移到大窑湾港区或保留了某些企业组分，如总部或报关部门。

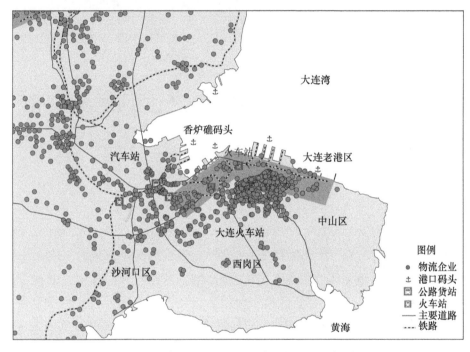

图 5-6　大连市交通设施指向的物流企业集群

模式二：郊区交通设施周围地域，如机场和新开发的港区。南京的新生圩港区、大连的大孤岛港区是近二十年来新开发的港区，也是老港区物流功能逐步迁移的地域。目前，物流企业数量虽然相对较少，但集聚态势已形成。这些地域将是物流园区的发展重点，也是符合国际物流发展规律的物流园区。如表 5-9 所示，美国芝加哥奥黑尔机场、纽约肯尼迪机场和孟菲斯机场已经形成了颇具规模的物流企业集群。围绕机场这种大型交通设施，以空运为核心的物流企业集群在全球各城市机场得到普遍发展。前文分析表明，交通区位指向的物流园区带有一定交通设施指向的色彩。

表 5-9　美国三大机场物流企业集聚概况

城市	面积/km²	物流企业	货运吞吐量/万 t
芝加哥奥黑尔机场	30	50 家航空公司、10 家运输公司及货运、仓储、货运代理、报关等企业近 500 家	150
纽约肯尼迪机场	20	38 家航空公司（包括 22 家外国航空公司）和 57 家货运代理公司	170
孟菲斯机场	15	10 家航空货运公司，其他货运公司 50 家	250

资料来源：王富强.2001.美国空港发展航空物流的做法及启示.港口经济，2：32～33

第三节　物流企业集群的产生机理及演化

一、物流企业集群的产生机理

1. 分化效应

城市功能结构与城市形态间存在着某种适应性关系。物流网络尤其是大型物流设施对城市空间结构和功能性质有着重要影响（郭建科和韩增林，2006；韩增林和郭建科，2006），物流企业区位集聚所形成的产业空间及带来的关联效应，推动了城市空间结构的演化。社会经济的发展促进城市各组成部分功能的变化，即城市出现新的功能或原有功能的衰退，破坏了"功能-形态"的适应性关系，加剧城市功能与形态的矛盾运动，从而产生逐步变化的内应力。随后，旧的城市形态逐步瓦解，大量新的结构要素从原有形态中游离出来，新的形态在旧的形态中作为一种潜在形式，不断吸收游离出来的新要素，城市空间结构呈现混沌现象。新的形态不断发展，取代旧的形态并与新的功能建立适应性关系（图5-7）。初期阶段，物流作为企业的一项功能而依附于企业布局，物流企业布局重视离工商企业的距离和商品的密集度，物流资源要素在原有城市形态中处于分散、零星状态，不能形成规模，相互间缺少联系和交流协作。当技术创新使物流组织形式发生变化并使物流独立于企业而成为独立个体时，这些零星分散的要素在各种区位指向的作用下，在地域上会集聚在一起，形成新的城市功能—形态适应性关系。在此过程中，结果之一是形成了物流园区、物流中心等物流企业的集聚地域。这种分化过程是一种城市异质空间分离与同质空间集聚和整合的过程（王兴平和崔功豪，2003）。当然，这种空间过程在不同城市及同一城市的不同发展阶段，存在不同的表现形式。

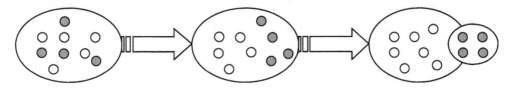

图 5-7　城市功能分化效应示意图

2. 产业集聚

产业集聚是指一定数量的企业共同组成的产业在一定地域内的集中，实际上产业集聚是企业集聚的宏观描述，目的是追求一种规模经济。马歇尔使用"集聚经济"来描述同类企业在地理上的集聚而产生的外部规模经济（李新春，2000）。外部规模经济指来自企业外部的成本节约优势，使企业获取更多的便利条件。企业集聚是源于企业为谋求改变自身生存环境而结成的联盟，而生存环境可表述为交易成本、外部化成本和内部化成本。如果企业能同其他企业建立分工协作体系，降低交易成本并使外部化成本小于内部化成本，则会将企业活动外部化以获得外部规模经济（仇保兴，1999），并可获得其他规模经济。李小建（1999a）认为相关行业的企业集聚一地可造就具有规模经济的生产，有利于专门化服务设施和机构的发展；马歇尔也认为专用机械和人才在企业集聚中有很高的使用效率，认为高价的专用机械可在企业集聚中为很多临近的企业工作（仇保兴，1999）。

为了追求外部规模经济，物流企业在地域上形成集群。物流企业集中布局在物流园区或物流中心等集群内，可发挥物流功能的整体优势。对于集群整体，可形成规模化生产，获得内部规模经济。对于物流企业，可实现相互间的功能互补，并形成专业化操作，既可获取外部规模经济，同时又可加强企业核心竞争力。而且，这些企业可共享基础设施和配套设施，降低运营成本。Hesse 和 Rodrigue（2004）认为由于规模经济而带来的成本降低，使大量的物流功能走向集中，形成配送中心、物流园区等物流企业集群，各国开始规划和实施物流配送系统，并使这些区位盛行。目前，世界范围内出现了物流据点的集中化趋势，随着物流企业规模和物流量的扩大，各国为实现物流合理化，采用物流据点集中化的模式，减少库存和采用先进技术，以提高物流效率和降低物流成本。东芝公司把日本 177 个物流据点集中为 23 处，制造手表的服部精工公司把仓库从原来的 140 处减为 11 处。

3. 整合物流资源

传统的物流资源比较分散。从空间的角度来看，传统物流资源分散在城市市区的各个区位，尚未形成集中布局；从部门的角度看，传统物流资源分散在商业、物资、交通、运输、邮政等诸多领域，仅为本系统提供物流服务，处于附属地位。现代物流的发展要求对分散于各领域和各角落的物流资源进行整合，发挥物流的整体功能。大量的工商企业开始将物流活动进行外部化，物流资源逐渐从工商企业中分离出来，但分离后仍呈现分散化和无序化状态或闲置状态，经营粗放，许多物流资源被浪费，这需要采用先进的流通形式来组织和利用这些物流资源，或需要一个整合的载体和平台，而物流园区满足了这种资源整合的需求。当前，培育物流企业和建设物流园区是推进我国现代物流发展的两大主题，也是欧美国家的成功经验。物流园区是推进物流业发展的基础，也是构筑物流基础设施的重要内容，以至于部分学者认为物流园区是一种推进型产业（邹慧霞，2003）。物流园区通过市场机制整合物流资源，将运输、储存、配送、货运代理和报关等各种物流企业及物流设施进行集中，发挥孵化器的作用，使社会化物流活动的组织更有序化和系统化，具体表现为以下方面。①物流企业间构建合理分工体系，形成功能优势上的互补与配套服务，获得集合优势，满足不同层次客户的物流服务需求。②各物流企业实现了专业化发展，增强了企业核心竞争力，获取规模效益。③突破部门和行业界限，由物流企业来承担和组织物流活动，共享各类物流基础设施和公共平台，加快大型和专业化物流装备与设施的利用，推动行业的技术应用和标准化，可实现物流资源的合理配置，提升经济运行效率。

4. 城市功能优化

由于社会经济的发展，城市内部及城市间的联系日益频繁，物流规模随之扩大，这给城市发展带来许多影响，如物流用地散乱、城市交通堵塞、噪音和污染等（Slack，1999），严重干扰了城市功能。长期以来，交通设施与物流活动已渗透到城市空间结构的演化过程中，不同规模和功能的物流节点在城市不同区位的布局，以及引发的物流密集型产业与之相邻的布局，严重影响了城市功能区的有序合理化。尤其是随着城市的持续扩张，原来的城市边缘区成为城区，商贸、金融、餐饮等服务业急剧发展，物流要素的布局已无力支付上涨的地价与地租。物流企业集群的建设则促进了城市用地结构的调整，促使城市功能分区更加明确，使城市生产区、生活区、商务区、文化旅游区、物流区等功能分区更为合理。其中，城市交通拥挤和堵塞是目前重要的城市问题，原因之一是城市进出的交通流对城市交通尤其是内部交通施加了巨大压力。为了缓解城市交通压力，需要在城市郊区进行小批量和大批量物流的换装和分载，而物流园区适应了这种需求。物流企业集群布局在郊区尤其在城市内外交通的衔接地带，可使进入市区的物流先集中在物流园区内化整为零，按内部运输线路采用小型车辆统一分送进入市区，限制大型车辆进入市区以扰乱城市交通；出市区的物流先用小型车辆小批量地集中到物流园区内集零为整，再采用大型车辆运输到全国各地，如图 5-8 所示。发达国家尤其是日本在建设物流园区时，首先考虑减轻城市交通压力，理顺城市功能。1966 年日本颁布《城市流通业务规划法》，宗旨是使物流企业及仓库、卡车终端、批发业等物流设施向城市外围集中，重新配置，如东京在内环线的市郊区边缘地带建设了四个物流团地。欧美物流园区的建立将许多城市的交通运量安排在市区外，这成为不少城市缓解交通压力的有力措施。

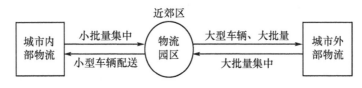

图 5-8　物流园区缓解城市交通压力的机制

环境保护是影响经济活动的重要因素（李小建，1999a）。城市是物流活动高度集中的地域，高密度的物流活动尤其是运输活动产生了大量噪声，同时排放大量尾气和其他污染物，尤其是大型车辆严重影响了城市居民的日常生活，破坏了城市环境。大型物流设施分散布局在市区，也破坏了城市景观。物流园区的建设将分散布局的物流企业和物流设施集中，减少车辆出行频率，集中车辆检修和清洁，集中处理物流所产生的废弃物，减少噪音、尾气等对城市环境的污染（过秀成等，2002）。这是近年来欧洲大型物流园区布局在城市周边地区的重要原因。Vandermeulen（1996）认为 20 世纪 70 年代到 80 年代是欧洲大型物流设施包括港口、机场和车站、物流园区企图在城市拓展发展空间的时期，但由于居民抗议和新环境保护法的出现，这些计划多被取消。

5. 城市规划和用地属性的约束

发达的产业集群与地方政府的产业政策及空间战略有密切关系，政府建立合适的制度促进分散型的企业进行自我组织，为集群企业发展创造环境。政府的政策和规划是物流企业集聚的导向性因素，直接影响是通过规划引导物流企业的布局趋向，间接影响是通过城市功能定位、城市空间拓展来引导工业、商业等物流需求的变化，间接引导物流企业布局。随着市区的不断扩大，原来的城市边缘区成为市区，第三产业在此集中，物流企业集群无力支付上涨的地租，而且对城市交通、环境影响较大，因此需要迁出市区。随着仓库作业自动化和机械化水平的提高，仓库建设朝着大型化方向发展，而市区大面积、可用于仓库建设的空间越来越少，必然迫使仓库等物流设施向市区以外的地区寻找新的发展空间。在我国，多数城市在制定城市规划和土地规划及其他专项规划时，会对城市区域和区域内的所有土地规定用地属性，形成城市用地结构。在此过程中，政府或主管部门往往将物流用地，尤其是仓储用地在区域内集中规划和布局，这种政府行为从宏观上和法律上规定了用地属性，干预市场机制下的物流企业空间运动或迁移。在城市规划和用地属性的宏观引导下，各种物流企业和物流设施向具有共同用地属性——物流用地的区位进行迁移和布局，形成了空间集中和集聚，一定程度上促生了物流园区等企业集群（金真和唐浩，2002）。物流园区的出现可为物流企业及物流设施提供共同的用地空间，也为城市用地结构调整创造条件。广州依托新白云国际机场、南沙港和黄埔—萝岗开发区，规划建设空港、南沙和黄埔三大国际物流园区和五个区域物流园区（白云、花都、荔湾原芳村、番禺、增城），这将促进物流企业向这些区域的集聚。南京的玄武湖、宁东等货运市场是在某些区位优势的作用下而形成的物流企业集群，但由于城市规划和用地属性的约束，这些集群不断搬迁。其中，玄武湖货运市场先后经历了"玄武湖边→绕城公路西东杨坊→绕城公路东岔路口"的迁移路径，目前又搬迁至 312 国道栖霞大道。

二、物流企业集群的发展演化

物流企业集群的发展遵循一定的内在规律。目前在我国，物流企业集群虽已出现，但其演变规律仍难以把握，而在欧美国家，这种集群尤其是物流园区的发展比较成熟，其规律相对明显。通过对欧美国家和中国进行对比，本研究认为物流企业集群经历了企业集聚和企业集群两个基本阶段，空间上实现了由城市内部向郊区的转移。具体演变规律如下。

1. 企业集聚萌芽阶段

物流企业的集聚首先出现在交通运输的发展时期，并出现在城市内部，这种萌芽体现在传统的物流企业集聚在物流基础设施的周围地域。工业革命以后，随着市场经济发展，水运和铁路运输也得到发展，港口和火车站成为重要的交通设施，交通运输体系粗具雏形。部分与水运和铁路运输相关的企业（包括仓储企业）开始在这些设施周围布局，这是物流企业集聚的最早现象。经过两次世界大战，公路运输得到快速发展，航空运输也开始发展，现代交通运输体系日益完善，港口、车站、货运站和机场等交通设施成为具有集聚优势的区位，传统物流企业（运输企业、仓储企业和通关企业）开始围绕这些地域布局。在该阶段，这些交通设施的区位主要集中在城市内部，数量相对较少，集聚的物流企业较少，种类也少，集中度较低，相互间是一种无意识集聚或简单的自由市场行为。如图 5-9 和表 5-10 所示。

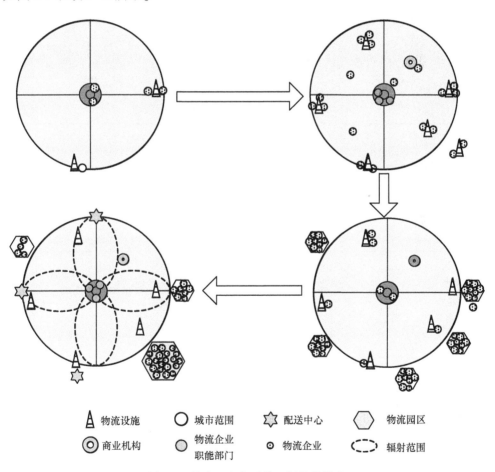

图 5-9　物流企业集群的空间演化模式

2. 企业规模集聚阶段

20世纪50年代到70年代中期,在欧美国家,随着市场经济和交通运输业的发展,车站、货运站和机场等物流基础设施日益增多,港口规模也日益扩大,相关的物流企业尤其是运输企业、仓储企业和通关企业等得到较快的发展,这些企业集中布局在城市内部交通设施的周围地域,企业集聚现象明显,交通设施地域成为具有明显集聚优势的区位。在该阶段,物流资源和集聚分布的物流企业日益增多,种类也增多并综合化,物流企业的空间集中度得到提高,而且集聚区位数量较多,此时是传统物流企业规模化集中布局的时期。但此时的物流企业集聚仍是完全的市场行为。这个时期,我国是计划经济时期,企业布局受政府控制,物流企业的集聚不明显。80年代到90年代,我国多数地区的物流企业集聚普遍进入该阶段,尤其在中小城市。目前我国多数中小城市和部分西部大城市,这种现象很明显,这说明目前我国多数城市的物流企业集聚正处于城市内部的发展阶段(表5-10)。

表 5-10　物流企业集群不同阶段的特征对比

阶段 项目	萌芽阶段20世纪 50年代前	发展阶段20世纪 50～70年代	调整阶段20世纪 70～90年代	成熟阶段 90年代末期至今
空间区位	城市内部	城市内部	城市内部和郊区	郊区
区位数量	较少	较多	城市内部较少,郊区开始出现	较少
企业种类	单一	开始综合化	综合化	综合化
集聚程度	企业数量少,集聚度低	企业数量多,集聚度较高	城市内部企业数量减少,集聚度降低;郊区企业数量增多,集聚度提高	企业数量很多,集聚度很高
集聚意识	无	市场驱动	初具集聚意识	自我意识
专业化分工	没有	没有	郊区出现初步分工	专业化分工形成
基础设施	交通设施	交通设施	城市内部是交通设施,郊区出现空间载体——物流园区	空间载体包括物流园区、物流中心和配送中心等
管理	无	无	政府管理和企业管理	企业管理
运作机制	自由市场行为	市场行为	政府规划,市场调控	市场调控,政府引导

物流企业的空间网络模式与组织机理

3. 集群调整阶段

该阶段以 1966 年日本政府颁布的《城市流通业务规划法》为标志。20 世纪60 年代末期开始，发达国家的城市问题日益显露，城市交通拥挤和环境污染等影响了城市功能和居民生活，其中物流是造成这些城市问题的重要原因，因此物流问题得到各国政府的重视，尤其是日本。政府重新审视城市规划和物流布局，在城市郊区或外环线周围规划物流园区，在空间上引导物流资源从市区向郊区转移。这在日本、欧洲（如德国、荷兰）和美国等国家普遍出现，如日本从 1965年在东京近郊环路旁的周边地区分别建设了葛西、和平岛、阪桥和足立 4 个以公路运输为主的物流团地，将大量的物流资源迁移到流通基地（Slack，1999）。该阶段，物流企业的集聚处于从城市内部向郊区转移的调整阶段，城市内部的物流资源数量和集聚区位逐渐减少，物流企业的集中度降低；郊区物流资源逐渐增多，并出现物流资源整合的空间载体或主导设施——物流园区（表 5-11），内部的专业化分工出现。物流资源整合是一种有意识的行为，其空间载体由政府和企业进行管理，物流企业集聚是在市场机制和政府行为共同作用下运行。我国在20 世纪末和 21 世纪初进入该阶段，但这种调整现象仅发生在东南沿海的大城市及内陆少数大城市。

表 5-11　处于调整阶段的欧美及中国物流园区

国家	物流园区名称	时间
日本	东京葛西物流团地、东京足立物流团地、东京板桥物流团地、神户西神物流团地、东北仙台流通中心、东北郡山流通中心等 36 个	20 世纪 70 年代末
德国	不来梅物流园区等 33 个	
荷兰	鹿特丹物流园区等 550 个	
中国	深圳平湖物流基地、上海西北综合物流园区、南京王家湾物流中心、大连陆港物流园区、天津保税区物流园区等近 60 个物流园区	20 世纪末到 21 世纪初

注：由于物流园区众多，本研究选择具有代表性的物流园区

4. 集群成熟阶段

在日本等发达国家将物流园区引导在郊区布局后，这种模式在欧美的各城市迅速推广。尤其是近十年来，社会经济环境变化巨大，高速公路作为一种新的交通方式出现，现代物流理念得到倡导，综合物流和绿色物流得到发展，作为新的物流形态——第三方物流也开始产生。政府在城市郊区，特别是高速公路出入

口、铁路编组站、新港区或多种运输方式衔接地带，积极规划物流园区或社会化的配送中心和物流中心，建设各种配套设施，并提供各种优惠政策。该阶段，城市内部的多数物流企业和物流基础设施等迁移到郊区的物流园区，物流企业的数量日益增多，种类多元化，集中度提高。物流园区内形成了完善的物流产业体系，物流企业间的专业化分工开始形成，实现了较好的外部规模经济。此时，物流园区或物流中心经过合理调整后，部分物流园区被融合到其他大型物流园区，物流园区数量减少，如前文所述的欧洲和日本案例。物流园区成为物流资源集聚的空间载体，物流企业集聚程度得到提高，园区内部的各种物流设施得到高度利用，规模效益明显。目前发达国家基本处于这个阶段，而我国尚未进入这个阶段。

第四节 物流企业集群联系及运作机制

一、物流企业集群的内在联系

1. 分析框架

分析一种经济活动的发展机理，可从经济机理、空间机理和社会机理三个方面进行，企业间的联系可宏观性地分为功能联系和空间联系即非功能联系（王辑慈，1994）。分析物流企业集群的内在联系，可遵循以下三个方面。①经济机理，主要解释集群内部究竟形成了怎样的一种经济联系，即形成了什么样的产业分工或专业化分工，发育程度如何。②空间机理，主要分析集群内部的物流企业是否属于纯粹的空间关系，相互间并未产生经济联系，目的只是趋于最优的区位以降低区位成本。③社会机理，主要分析集群内部的人文关系。多数学者从经济机理的角度分析企业集群（Scott，1993；Pyke et al.，1992），如 Krugman（1991）从规模报酬递增规律来解释经济机理；王辑慈（1994）、王辑慈和童昕（2001）在关注经济机理的同时，强调社会机理，但对空间机理分析不够；McDermott 和 Taylor（1982）、李小建（1999a）在强调经济机理和社会机理的同时，关注信息联系。

2. 产业联系

大量文献证明，企业集群内部存在着一定的经济联系。20 世纪 70 年代中期以来，学者们认为为了减少交易费用，分离的企业在地理上集聚在一起，强化了社会劳动分工。随后，Scott（1993）、Pyke 等（1992）、仇保兴（1999）等学者的研究也证明了企业集群内部存在着一定的经济联系。这种联系就是物流企业间的社会分工或专业化分工以及在此基础上所形成的协作，即不同企业承担不同的功能，单体企业的功能总是集中于有限的物流服务和过程。物流企业集群的效益增长源于集群成员间的相互关联与作用机理，以及在供应链上的功能衔接，集群化运作能很好地弥补单体企业资源及能力的不足，实现价值链的完整与供应链的畅通。

对于物流企业集群，内部的社会分工存在狭义和广义两层涵义。①狭义的社会分工主要是针对物流服务所实现的过程而言，各类物流企业具有不同的主导功能，主要是某阶段的物流服务，物流企业间形成专业化分工，一个完整物流服务的实现需要不同功能的物流企业的共同合作，这决定了集群内部多数企业相互间是一种协作关系。②广义的社会分工主要是基于物流分工所形成的更广泛的产业联系，包括以物流企业为核心的相关服务，如银行、海关、工商、税务、金融、保险、邮政等公共机构，及住宿、餐饮、娱乐等服务机构。各种不同类型和业务范围的物流企业在地域上相对集中，从报关、报检、仓储、运输、物流加工等方面所形成的物流产业链显现出明显的集群效应。作者在调研中发现，不同类型的企业集群产业联系不同，尤其在自然生成型和主动构建型两类园区之间有明显体现。以下以南京王家湾物流中心（主动构建）、玄武湖货运市场（自然生成）和空港物流园区为例进行分析。

1）南京王家湾物流中心

通过对所进驻物流企业及相关机构的功能分析，设计出了其产业联系，如图 5-10 所示。①狭义产业联系为："物流解决方案→物流教育培训→物流信息管理→招标竞标→物品采购→仓储保管→运输配送→搬运装卸→加工包装→物流配载→集装箱运输→中介代理→海关监管→通关报关→中转联运"。从以上产业链来看，王家湾物流中心在物流企业间形成了细致的专业化分工，基本形成物流"一条龙"服务。但这种产业联系的发展需要更多的物流企业集聚，并形成规模性操作，也需要长期的建设和发展。②广义产业联系为：发达的物流企业集群与政府资源的配置直接相关，需要提供各种公共机构服务，政府以公共管理者的身份，为集群企业提供服务，形成"物流服务→海关→工商→税务→金融→保险→维修检修→配件销售→加油停泊→餐饮住宿→休闲娱乐→商业"的广义产业联系。从这种产业联系来看，南京王家湾物流中心在相关服务方面提供了较为完善的条件，这也显示出了政府规划的作用。

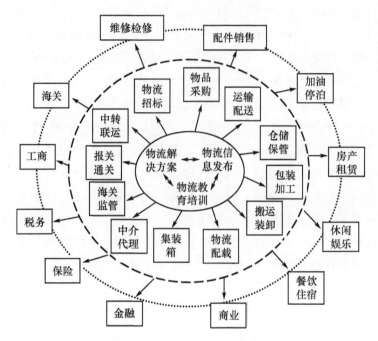

图 5-10　南京王家湾物流中心的内部产业联系图解

2）玄武湖货运市场

通过实地调研，根据物流企业的各主导功能，设计出了玄武湖货运市场的产业联系，如图 5-11 所示。①狭义产业联系："物流信息交易→物流配载→搬运装卸→仓储保管→包装加工→运输配送→整车运输→零担运输→专线运输→不同地域专线运输"。从这种产业联系来看，玄武湖货运市场基本上在物流企业之间形成了一定的专业化分工。须指出的是，2005 年左右，这种专业化分工并没有形成规模化操作，这是由于物流企业集群基本处于发展阶段和调整阶段。②广义产业联系："物流服务→维修检修→配件销售→加油停泊→房产租赁→餐饮住宿→休闲娱乐→美容理发"，这种产业联系主要是围绕物流企业所形成的外生性专业化分工。对比王家湾物流中心和玄武湖货运市场形成的产业联系可发现，前者所形成的产业链条更长而且层次较高，而后者产业链短且层次低，从中可看出主动构建和自然生成两类物流企业集群的差别。

3）空港物流园区

以机场为依托的物流园区已成为重要的类型。空港物流园区对航空货运的前后产业链进行了拓展，不仅提供运输、装卸、仓储等货运服务，还提供加工、展示、贸易等增值服务，可分为货运基本功能、衍生功能和空港运输衍生功能，如

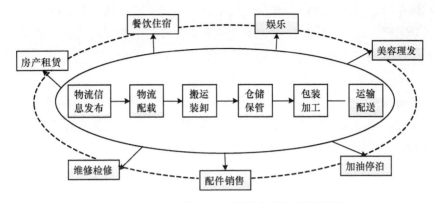

图 5-11　南京玄武湖货运市场的内部产业联系图解

表 5-12 所示。围绕核心功能，由航空货运代理和航空公司等物流运营商承担货主与机场货站的联系，基本功能区块有快递中心、航空货运代理中心、航空公司基地、保税物流区、国内货物存储、中转中心、综合物流区等。衍生功能主要是航空货物的处理加工等产业链的延伸，包括生产加工、贸易和保税等，提供增值服务功能，如日本、韩国机场物流园区均有生产加工功能，北京空港物流基地将进出口贸易作为重要功能。一般有保税物流区（国际货物生产加工中心）、生产加工区、贸易商务区及咨询培训商务等。空港运输衍生功能是直接或间接服务于航空运输的产业，如飞机维修、航空食品的加工服务、商品展示、国际贸易、酒店及配套服务，功能区块一般有飞机维修基地、生产加工区、贸易商务区、生活配套区等（顾哲和夏南凯，2008）。

表 5-12　国内外空港物流园区的功能定位

机场	物流园区	功能
日本成田国际机场	原木物流园区	保税、存储、运输
香港国际机场	东涌物流园区	存储、运输、组装、装配
韩国仁川国际机场	勇宗物流园区	存储、货物延期存、组装、装配、返修
新加坡樟宜机场	自由贸易区东段	中转、装卸、展示和贴标签
上海浦东国际机场	浦东空港物流园区	保税、存储、运输、飞机维修、贸易、商务综合服务
北京首都国际机场	北京空港物流基地	保税、存储、运输、组装加工、商务综合服务
杭州萧山国际机场	杭州国际空港物流中心	保税、存储、运输、贸易、商务综合服务

资料来源：顾哲，夏南凯，2008. 空港物流园功能区块布局. 经济地理，28（2）：283～285

3. 空间联系

物流企业集群内部的许多企业，相互间并不存在产业联系分工，这在南京玄武湖货运市场、宁东货运市场和紫金山货运市场及王家湾物流中心和大连陆港物流园区等集群内都存在，这些物流企业主要是物流功能相同的企业。这些物流企业间不仅没有协作关系，而且主要是市场竞争关系，其背后机制是空间联系，进一步而言是物流企业追求区位成本的结果。前文已指出，区位成本主要包括交通成本、时间成本、地租成本和管理成本，背后的区位因素是市场条件、交通条件、地租和基础设施。如果某地域具有明显的区位优势，物流企业基于区位成本的追求而共同倾向于该区位，或为了邻近物流市场以降低交易成本，或为靠近便捷的交通区位以降低时间成本，或为廉价地租以降低地租成本，或为共享公共设施和市政设施以降低管理成本。玄武湖货运市场有物流配载企业约600多家，这些企业功能相似，主要为从南京二桥高速公路下来停泊的返程车辆提供货物配载，相似的企业功能决定了配载企业间并未形成产业联系。

　　纯粹的空间区位的耦合造成了物流企业的集聚，这种空间联系演化为市场竞争关系，主要表现为物流服务价格和物流服务质量的竞争。这在自然生成的物流园区内较为明显，玄武湖货运市场的物流企业在服务价格上经常发生哄抬或无约束压低等现象，影响了物流市场秩序。多数情况下，竞争结果是大型物流企业因规模优势带来的低服务价格而进一步扩张，小型企业因物流服务价格的压低和经营成本的限制而被淘汰出物流市场。近年来玄武湖货运市场的物流企业数量减少就与这种竞争有关。但有时也出现相反局面，2004年开始的全国治理超限超载，改变了玄武湖货运市场的秩序，货运价格经历了先涨后落的过程，小型物流企业竞相压价承揽市场，而大型企业由于同客户间是长期服务协议，服务价格固定，在市场竞争中处于不利状态。

4. 社会联系

　　物流企业集群内的联系不仅表现为专业化分工，单纯的物质联系可能也不再重要，而包括信息、思想的交流可能更为突出，王辑慈和童昕（2001）在分析企业集群时尤其侧重社会联系，McDermott 和 Taylor（1982）、李小建（1999a）也给予了重视，这种联系属于非功能性联系的范畴（王辑慈，1994）。在物流企业集群内部，社会联系主要表现为两种形式。①血缘、同学、同籍等关系。在玄武湖货运市场及附近自然生成的物流园区，很多物流企业的创始人或主管人员间存在着同学、同籍、血缘和战友等社会关系，甚至来自同一机构如政府部门或国有企业，相互间联系紧密，20年之前玄武湖货运市场就存在着"扬州人"的地域群体。②企业间交流，主要指管理经验的交流。以上各种紧密社会关系的存在，使集群内部物流企业的职员有更多的亲切感和归属感，产生更多的接触、交流和合作机会，各企业的管理人员及工作人员利用休息、娱乐、会餐、周末活动等机会就物流市场营销、企业组织和管理、人员雇用、市场动态、政策变化等方面进行交流，增强各企业的市场经验和管理经验学习（章建新，2008），提高抵御市场风险的能力。物流企业集群为物流人才的流动提供空间，尤其是集群内完善的劳动力市场和各种中介机构直接促进了人才的流动。这种社会联系系统形成了区域创新与扩散网络，不但通过合作形成新的创新系统，而且由于信息沟通的便捷性和频繁的正式的、非正式的联系，使公共的乃至隐含的先进物流理念、经营技术的外溢更加迅速。

二、物流企业集群的运行机制

1. 自然生成型物流企业集群

自然生成型物流企业集群是一种市场机制的产物，目前普遍存在于我国各个城市，由市场规律配置物流资源。这种企业集群的运作机制往往遵循以下程序，如图 5-12 所示。①集群区位本身是一种物流基础设施，或具有优势的区位或具有其他优势，如高速公路出入口、大型停车场或批发市场等，为物流资源的集聚提供了一个平台或空间载体，对物流资源具有很强的吸引力。②这种地域属于一家企业所有，但企业本身不从事物流活动，只是拥有这种物流设施。③由于集聚地域具有优势，大量中小型物流企业入驻此地，集聚地域仍未具有配套设施和优惠政策，但各种物流交易信息开始在此集聚（最终信息源不在集聚地域），物流企业在此获取物流交易信息。④物流企业形成集聚后，集聚地域开始营建仓储或停车场等简单的物流设施，专业性装卸搬运等设施经营者也向此地域集聚，并向物流企业提供租赁，物流企业集群内形成一定规模的物流市场。⑤各物流企业自己开展物流信息的获取，独立经营，相互间不存在控制和被控制的关系，同集群区位拥有者的关系为租赁关系，不存在严格的管理关系，相互间的关系较为松散。⑥物流企业间开展横向协作，同时围绕客户、物流资源、渠道及劳动力等形成相互竞争的关系。此种集群是一种自由物流市场，物流资源的流动由市场规律控制，符合国际劳动组织和 Hayter（1997）提出的共和式企业集群：以中小企业为主，企业地位平等。南京市的玄武湖货运市场（2005 年前）、紫金山货运市场和宁东货运市场及大连陆港物流园区的前身均遵循这种运行机制（图 5-13）。应指出的是，这种集群的运行管理存在不确定性，这表现为两方面。①由于没有统一的管理机构，物流市场是一种自由市场，市场秩序比较混乱，服务价格经常哄抬或压低。②由于这些集群自然生成，用地属性不一定符合城市规划或土地规划，在城市建设和城市功能优化过程中，这些集群经常发生迁移，运行和管理存在不稳定性。

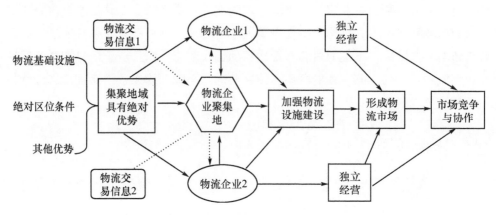

图 5-12　自然生成型物流园区的运作机制

2.　主动构建型物流企业集群

物流企业的集聚是一种市场行为，遵循市场机制下物流资源的空间流动规律。但为了构筑区域物流体系，培育有序的物流市场，理顺城市功能，许多地区的政府或主管部门规划建设了物流园区，这种主动构建型集群同自然生成型集群有不同的运行机制（图5-13）。物流园区属于投资大、回收周期长且涉及多个部门的公益性项目，国内外物流园区的建设运营多有政府参与。德国的物流园区建设，首先由政府进行规划，主管部门给予资助或提供贷款担保，州政府和市政府是主要投资人。如德国图林根州府 Erfurt 市郊的图林根物流基地，市政府投资占总投资的 42.5%，州经济开发部占 35.5%，联邦铁路占 14.7%，行业协会占 7.3%。德国物流园区也经历了公益组织管理和公司管理的两个阶段，公司受投资人的共同委托，负责物流基地的生地购置、基础设施及配套设施建设及地产出售、租赁、物业管理和信息服务，由于基地投资人主要是政府机构，基地经营不以盈利为目标而侧重平衡资金。入驻园区的企业自主经营，依自身需要建设库房、堆场、车间、转运站，配备机械设备和辅助设施。德国物流园区的投资模式中，政府投资型和政府-企业投资型物流园区各占一半左右，对德国 48 个物流园区的调查表明，城市、地区主管部门投资的物流园区最多，为 16 个，而私营企业投资的有 10 个，银行投资的有 8 个，地方所有制企业和公有企业投资的有 5 个，联邦州投资的有 3 个，工商会投资的有 2 个，经济发展促进公司投资的有 2 个，而联邦铁路股份公司投资的有 1 个，其他组织投资的有 1 个。

国内物流园区的投资开发模式主要有三类。①公共投资型。借鉴德国和日本的经验，交通、商贸等政府主管部门通过对既有交通、仓储等设施的投资，以及政府以土地优惠、整合或置换物流设施资源等方式支持物流园区建设，并由大型企业进行开发建设和运营，如深圳平湖物流基地、上海外高桥综合物流园区、南京龙潭物流园区等。②企业投资型。该物流园区没有公共机构的资金支持，完全或大部分由私营企业投资开发建设。这类园区在我国比较少见，通常由流通企业、大型工业企业、运输企业独立完成或通过招商引资共同开发建设，然后吸引各类企业加盟。具有代表性的企业有台湾高雄物流园区、上海南方综合物流中心、深圳航空物流园区、青岛澳柯玛物流园区。③公共-私人合资型。是吸引非官方资本加入物流园区融资、建造、经营的模式，如云南浩宏工业物流园区。

目前，我国现代物流发展遵循"自上而下"的轨迹，政府行为在物流企业的集聚中发挥重要作用，部分物流企业集群的建设和发展离不开政府管理部门所搭建的平台与载体。物流园区的运行基本遵循以下机制。①政府通过论证选择合适的地域，这些地域在物流发展中具有优势，尤其是本身已自然生成物流企业集聚的地域。②建设基础设施，包括道路、仓库、停车场、搬运装卸设施以及其他市政设施和公用设施，王家湾物流中心投资建设了 25 万 km^2 的仓库，以形成物流运作的物流环境和促进物流设施的共用性。同时，由政府组织创建大型国有物流企业，拥有物流园区的基础设施资产权和管理权。③吸引中小型的物流企业入驻园区，采取松散性的会员制或组织行业协会进行管理，如南京王家湾物流中心吸引了 3000 多家会员物流企业，会员通过现场、电话、网络等方式进行物流服务的竞价、摘牌、招标等交易，并对企业职员进行物流培训。④提供各种优惠政策，包括土地政策、税收政策和仓储租费等，同时公共配套机构入驻园区，如海关、工商税务、金融保险、海事、三检等，形成协同工作机制，为物流企业创造良好的环境。⑤构建物流交易信息与电子商务平台，通过门户网站建立 B-B、B-C、B-G 等交易模式的物流信息系统，提供订单管理、计划、过程跟踪、客户管理等功能的物流信息系统，以及与银行、海关、商检、税务等部门的衔接。国有物流企业成为物流信息提供商，将物流信息发布于中小型物流企业，由这些企业组织具体的物流活动，形成物流园区和中小型物流企业的"共赢"。主动构建型物流企业集群中，政府对物流企业的集聚发挥引导和管理作用，形成由龙头企业-中小型物流企业共同参与的运作机制。这符合国际劳动组织和 Hayter（1997）提出的王国式企业集群：大量中小企业围绕核心企业，按生产垂直联系组成多层次的承包、再承包网络，南京王家湾物流中心和上海西北物流园区便是如此。根据中国物流与采购联合会的物流园区调查，南京王家湾物流中心的入驻企业中，商贸企业最多，占39%，货运代理公司占26%，物流公司占15.1%，生产企业占7.2%，运输企业占2.7%，银行等服务机构占0.4%，快递公司占0.3%，其他类企业占9.3%。

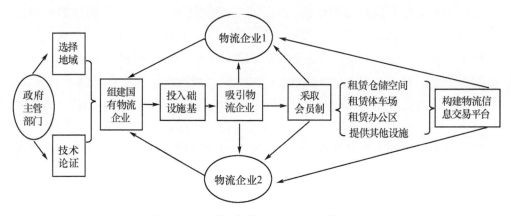

图 5-13 主动构建型物流园区的运作机制

保税物流园区是物流企业集群的重要表现形式，是在毗邻保税区的特定港区或在国务院已批准的保税区规划区域内，划出专门发展现代国际物流业的独立封闭区域。区港联动、建立保税物流园区是将综合型保税区的保税仓储功能和邻近港口的装卸、运输功能整合起来，实现保税区与港口的一体化运作，重点发展仓储和物流业，并赋予国际中转、国际配送、国际采购中心和国际转口贸易等功能。2003年12月国务院批复《上海外高桥保税区区港联动试点方案》，2004年8月，进一步扩大保税区与区港联动试点范围，同意青岛、宁波、大连、张家港、厦门象屿、深圳盐田港、天津港保税区与其邻近港区设立联动试点，其保税物流园区如表5-13所示。同时，我国建设了部分保税物流中心，包括东部的南京龙潭港、苏州高新区、上海西北、北京空港、天津开发区、东莞、中山、广州空港、江阴、太仓、杭州、青岛、日照、厦门火炬（翔安）、营口港、深圳机场、连云港、宁波栎社，中部的长沙金霞、南昌、山西方略、武汉东西湖，西部的成都、西安、南宁，和东北的沈阳、丹东 SK 等保税物流中心，这些保税物流园区和保税物流中心主要集中在东部地区。

物流企业的空间网络模式与组织机理

表 5-13　八大区港联动保税物流园区的概况

园区名称	面积/km²	物流种类	重要客户	封关时间
上海外高桥保税物流园区	1.03	钢材、有色金属、家电、IT 产品、IC 产品	世天威、东方海外、上商船三井、DHL、日通	2005-1
宁波保税物流园区	0.95	机械、化工、棉花	东方嘉盛、意大利邮船、巨龙物流、德威物流、东方海外、嘉宏物流	2006-1
厦门保税物流园区	0.7	IT 产品、生物制品、保鲜货物	伯灵顿、怡亚通	2005-12
深圳盐田港保税物流园区	0.96	—	嘉里物流、日通物流	2006-4
青岛保税物流园区	1	电子、面纱、不锈钢卷板、油漆、稀释料、轮胎	美国 UPS、荷兰世天威、瑞士名门、瑞士地中海、东方海外、新加坡棉佳	2005-11
天津保税物流园区	1.5	—	海信、中集造箱、太平造船、马士基物流、韩国物流、嘉里物流	2005-4
大连保税物流园区	1.5	汽车配件、机器设备	伊藤忠、东方海外、美国阿拉斯加标准渔业	2004-11
张家港保税物流园区	1.53	化工、纺织、机电五金	荷兰孚宝、荷兰百科、德国瓦克、三井商船	2005-3

三、案例：上海西北物流园区

1. 园区组织

西北物流园区是上海市"十五"计划期间重点发展的陆路口岸型物流园区，辐射长江三角洲和内陆省份。上海市政府（2001）42 号文件提出"西北物流园区是以省际物流集散功能为主，集货运配载、交易、信息服务、仓储、流通、加工、配送等物流服务于一体的综合性物流园区"。园区建设由上海市政府领导，根据《上海市 1999～2020 年城市总体规划》，结合城市布局调整和物流发展，采用"政府组织，公司运作，自主开发"的开发建设模式，成立由物流（西北物流有限公司）、房地产（未来岛投资置业有限公司）、交通（上海陆上货运交易中心有限公司）、工业（金环工业有限公司）等部门组成的建设小组，市政府提供专项基金，建设基础设施，同时地方政府设立财政专项基金。

2. 区位和交通条件

西北物流园区宏观上地处华东、华中、华南各地区向上海扩散与上海对外辐射的交结点和必经之处；微观上位于上海西北部外环线附近和沪宁、沪嘉高速公路之间，至虹桥机场的车行时间仅10分钟，至浦东国际机场45分钟，至张华浜和吴淞码头分别为15分钟和20分钟，如表5-14所示。独特的区位优势使西北物流园区成为上海物流的重要基地。

表5-14　上海西北物流园区的交通条件

方向		路线名称	备注
公路	横向	204国道	起点上海，可至江苏和华北地区
		312国道	起点上海，可至西北地区
		沪嘉高速公路	起点上海，可至江苏
		沪宁高速公路	起点上海，可至南京，并北上至北京
	纵向	外环线	连接沪嘉、沪宁、沪杭等高速公路、延安路高架
		祁连山路	从宝山区到虹桥路
		真北路	连接沪嘉高速公路虹桥
铁路	横向	沪杭铁路	由上海至杭州，有上海铁路最大编组站
	纵向	沪宁铁路	由上海至南京并北上可至北京
其他		水路	通过外环线与张华浜、外高桥港区和芦潮港城连通
		空运	通过外环线连接虹桥机场，两个通道连接浦东机场

3. 园区规划

1）功能空间结构

该园区的开发和建设是根据详细的规划而实施的。西北物流园区制定了产业发展导向为：物流业、物流加工业和都市型加工业及房地产业。该园区规划了四大功能区：信息交易中心、物流加工区、未来岛和配载一条街，总用地约270hm^2。其中，未来岛分为高科技区、北区和西区三部分；交易中心分为配套服务区和交易中心两部分，前者设置工商税务、陆管、银行、海关及航运、铁路、空运等代理点，为企业提供咨询、结算、运输等服务，后者为货运代理企业和运输车主提供货源、车辆、仓储等信息交流与服务，如表5-15所示。

物流企业的空间网络模式与组织机理

表 5-15　上海西北物流园区的功能区结构

功能片区		占地面积	企业数量	物流功能	代表企业
配载一条街		600 亩	400	配载、货运代理	广东远成集团
未来岛	西区物流基地	2005 亩	20	仓储、配送	华联超市配送中心
	北区物流基地	3625 亩	39	综合物流功能	新加坡招新物流、熙可物流
	高科技物流园区	1547 亩	—	物流信息	法国 Schneider、美国 APW、日本佐川、台湾大荣
交易中心		7200m²		信息交易和配套服务	—
物流加工区		1094 亩		流通加工	荷兰 Delaval、方大、乐凯、江钻、家化

注：1 亩≈666.7m²

2）信息交易平台

"上海市道路货物运输交易信息中心"是一个提供收集、储存、传输货运信息，及时反映货运交易供求信息、交易确认等服务的专业机构，是西北物流园区乃至上海的物流交易中心。信息中心有 120 余个交易席位，设有 LED 电子显示屏。"物流信息平台"以互联网为依托，建立上海货运市场网络交易系统，由管理服务层、园区操作层和会员、联盟用户层组成。交易信息中心和物流信息平台的初期建设，以省际货运配载市场入手。信息中心采用会员制，会员企业缴纳会费而获取有效资质，享有中心提供的各种信息并参与交易。①交易：货运和运力信息发布网上，承运人和货主在网上竞价；②查询：车主与货主进入系统或委托代理机构进行查询；③分析：管理部门或经营者了解和掌握货物流量、流向和车辆动态。

3）园区配套设施和优惠政策

物流园区向物流企业提供配套设施和优惠政策。第一，提出"服务第一"的理念，项目审批在三天内完成申报，项目实行前期工作全力制、外经审批一站式、工商登记一条龙和项目建设一门式，重点项目采用绿卡的方式，市交通局陆管处、普陀工商分局和税务分局等部门在园区内联合设立物流注册大厅。第二，提供市政设施，建有水厂、污水处理厂、变电站及程控交换系统、宽带网络、煤气管道及雨污水管道。第三，建设配套设施，包括大中小学校、医院，工商银行、建设银行等金融机构。第四，开发房地产，包括办公楼盘、厂房、仓库等，进行招商或招租，企业可通过买地自建或租地委建等方式获得用地。第五，提供优惠政策，入驻企业享受市、区政府的优惠政策，入驻未来岛的企业享有科委和区政府的优惠政策。

4. 物流企业集聚

经过十年的建设和发展，西北物流园区已经吸引了部分物流企业入驻，形成了一定的集聚。这些入驻企业主要包括普洛斯西北物流园、上海好德物流、上海久良现代物流、上海太极医药物流、隆冠（上海）置业仓库、利仕通、利源通仓库、苏源物流仓库、上海西北国际商务广场等。

物流企业的空间网络模式与组织机理

第六章

物流企业的空间网络结构

企业空间网络是物流企业网络的核心部分，也是形成区域空间结构系统的重要部分，充分体现了企业要素的作用机制。物流企业作为跨区域组织物流活动的企业实体，需要在城市、区域、全国甚至全球范围内，布设具有不同企业职能和物流职能的企业网络单元，以形成企业空间网络。本章界定了物流企业网络的概念，提出了其地理结构，包括城市网络和区域网络及外部网络，以案例研究为主要方法，深入分析了城市企业网络和区域企业网络的地理结构、功能分异和区位模式，刻画了各网络单元之间的经济联系，总结了企业网络空间形态的演化图式；简要地分析了企业外部网络的基本特征，包括物流企业间网络与物流企业-客户网络；同时，揭示了各类企业网络单元的空间组织机理，包括组织形式、组织原则与组织模式。

第一节　物流企业空间网络

一、企业网络

1. 企业网络概念

企业组织形式的网络化，出现了网络企业（network enterprise）。网络的概念起源于 20 世纪六七十年代，后来被应用于社会学、经济学等学科。Mitchell (1969) 把网络定义为联系特定的一组人、物体或事件的特殊关系类型，构成网络的人、物和事为"行为主体"。如果行为主体是企业，则称为企业网络（卢福财和周鹏，2004）。对于企业网络的研究，集中在经济学和地理学领域。经济学认为企业网络有狭义和广义之分，广义的企业网络概念指与企业活动有关的一切相互关系及由所有单元组成的 N 维向量空间，狭义的企业网络概念指企业和市场相互作用与替代而形成的企业契约关系或制度安排。这种界定忽视了空间内涵或未充分重视空间意义。李小建（1999a）认为第二次世界大战后，企业组织加速向多部门、多区域和国际化方向发展。90年代以来，企业空间网络或企业地理结构开始为地理学者所关注，如意大利北部小企业网络（Best，1990）、硅谷创新网络等（Saxenian，1994）。以李小建和费洪平为代表的中国企业地理学者对企业内部空间结构进行了详细的论述，但没有把这种分析纳入企业网络的研究范畴。

企业空间网络是一种企业组织结构，是基于企业经营需要而对市场的一种空间响应，同时也是企业的一种空间扩张。在空间响应和扩张中，企业不同部门开始独立承担不同的企业职能，产生企业内部职能分工；同时和其他企业进行一定的分工（或产业的或空间的）；不同企业或企业不同职能部门在地域（不同尺度）上分别选择不同区位，实现了企业内部不同部门和外部不同企业的区位分离，由此便形成了企业网络。企业网络是企业的总体空间行为，深刻反映了企业对环境的响应，这种响应既包括空间的，也包括结构的（李小建，1999a）。

企业空间网络形成于不同企业或企业不同组分间，主要存在两种表现形式。①企业内部网络：指形成于企业内部，是企业内部不同部门所形成的网络。这种网络反映在区位上是相互分离的，不同网络成员间依靠某种或某些联系而成为整体。经济地理学尤其是企业地理学关注企业内部不同组分空间结构的研究（李小建，1999a），企业空间结构实际上是企业内部不同组分间实现合理分工，并相互协作及竞争，最终形成的企业内部空间网络或企业地理结构。②企业外部网络：指形成于不同企业之间，企业网络中的每个单元（即网络成员）都是相互独立的企业个体，不同网络成员间通过某种或某些联系而成为整体。这种企业网络反映在空间上是区位相互分离或耦合（孟韬，2002）。无论经济学还是地理学均将研究重点放在企业外部网络，并把企业网络和企业外部网络相等同，这无疑缩小了企业网络的内涵。

2. 企业网络内在联系

社会经济系统中，不同企业间或企业不同组分间存在一定的联系，这种联系是由分工不同或地域不同而造成的，这种联系是企业空间网络形成的主要动力。企业经济学认为企业内部存在技术分工而企业间存在社会分工，这种技术分工和社会分工就是企业网络内部产生各种经济联系的根源。其中，技术分工是指企业内部相互关联的生产环节间的分工，各生产单位间的资源流动通过单一企业组织机制来协调；企业间的社会分工是指相互关联的企业间的分工，企业间的资源流动通过市场机制来协调。两种分工的区别在于各自的资源配置机制不同（王德忠，2002），但都产生了企业网络，其中技术分工产生了企业内部网络，而社会分工和空间的共同作用则产生了企业外部网络。

企业分工产生了企业联系。王辑慈（1994）将企业联系分为功能联系（或生产联系）和非功能联系，功能联系又分为垂直性功能联系（或纵向联系）和水平性功能联系（或横向联系），主要指企业间在生产环节上的经济联系。

（1）垂直性功能联系：原材料经过一系列加工过程或工序而形成产品，此过程的不同部分或工序由不同企业分别完成，各加工过程或工序间的联系为垂直性功能联系，这是企业空间网络形成的关键动力。基于此而形成的企业网络，科斯给予精辟剖析：节省交易成本，避免不同企业组分间的内部交易，将市场交易进行企业内部化。

（2）水平性功能联系：由于具有相同的工序和技术流程，生产同类产品的不同企业间的联系为水平性功能联系。基于此而形成的企业网络中，成员间的关系由于在价值链和产业链的位置相同，所以为同位关系，其形成原因主要是规模经济，使生产功能较强的企业成本低于生产功能较弱的企业（王德忠，2002）。

（3）非功能性联系：包括组织联系和公共要素联系，是集聚在同一地域的企业，相互间没有功能性联系，却在地理空间上联系在一起（王辑慈和童昕，2001）。其中，组织联系是指一个多工厂企业的内部各工厂间的联系，具有公共要素联系的企业或工厂往往同处一地，共同利用基础设施或劳动力等要素（王德忠，2002）。本书认为非功能性联系还应包括空间联系，就是指不同企业由于位居不同地域而形成的企业联系，这是一种非功能性联系，该联系的存在对物流企业外部网络的形成具有重要意义。

二、物流企业空间网络

1. 物流企业网络

物流企业的空间网络特征远比制造业明显。李小建（1999a）认为多分部公司尤其大公司内部各部门的空间分布，形成了相应的公司地理结构。由于物流企业的企业行为往往跨区域进行组织，物流企业在区域中或城市内部开展企业活动时，就面临着各项企业资源的"配置"与"协调"、各种职能的"集中"与"分散"问题（郑京淑，2002）。物流企业由众多的组分（或部门）或分支机构所组成，不同组分或分支机构的功能和等级有所不同，"配置"和"协调"与"集中"和"分散"的发生机制便有所不同，同时物流企业还面临着外部资源的利用和同客户的空间协调。物流企业网络是指在不同企业组分间由于劳动分工、经济联系所形成的企业空间网络或企业地理结构，不同的物流企业或企业组分往往具有不同的主导功能或主导活动空间，这就是一种技术分工或社会分工或地域分工，这促使不同物流企业或企业组分间的联系是功能性联系或空间联系，并导致这些企业或企业组分的规模不同，推动它们在空间上趋向于不同的区位，形成职能分工和区位分离，物流企业的空间网络便得以形成。物流企业的空间网络反映了物流企业间和企业内部的一种空间关系和组织模式。

须指出的是，物流企业网络和物流网络是两个不同的概念。物流企业的空间网络主要从企业角度分析企业不同组分的空间关系，是一种企业组织要素所形成的空间网络。物流网络是物流企业组织物流活动的一种手段或方式，是企业组织物流活动时发生的企业行为，具体讲是一种企业物流设施或国家基础设施所组成的网络，以及在此网络上开展的物流活动，是物流企业行业属性要素的一种空间组织模式。

2. 物流企业网络结构

物流企业的空间网络存在两种基本类型：企业内部空间网络和企业外部空间网络。

（1）企业内部空间网络主要是由于物流企业内部不同职能部门具有不同区位而形成的，可细分为物流企业城市网络和区域网络。其中，城市网络主要是由于垂直性功能联系而形成，而区域网络则主要是由水平性功能联系和垂直性功能联系共同作用而形成。两者是基于不同尺度的地域而形成，同时是基于企业间不同的经济联系而形成。

（2）企业外部空间网络包括物流企业间网络和物流企业-客户企业网络。物流企业间网络主要是由企业功能相同的物流企业所形成，相互间存在垂直性联系，具体又存在一定差异。物流企业-客户企业网络显然将这种垂直性功能联系进一步延伸到供应链系统，主要是指物流企业同客户企业（即商品的需求者和供给者）所组成的网络。

物流企业的空间组织研究应从不同层面进行剖析，包括微观、中观和宏观三个层面。物流企业的空间网络是从中观和宏观的角度进行考察，其中城市网络着眼于中观层面，区域网络着眼于宏观层面，而前文探讨的物流企业区位则从微观角度进行分析。本章与前文相结合，则形成了微观、中观和宏观三个层面的研究系统。通过对物流企业的空间网络解析，可为其空间运营研究奠定基础，有益于对经济地理现象形成过程的考察，即物流企业空间扩张和物流活动组织行为的分析。

第二节　物流企业的城市网络

一、企业城市网络

1. 城市网络概念

李小建（1999b）认为区位论侧重于企业内部经济效果的研究。企业地理学一直认为企业不同组分的区位分离主要是针对大型跨国或跨区域的公司或企业集团而言的。实际上对物流企业来说，即使是一般性的物流企业，在城市内部地域就已经出现了这种区位分离。物流企业城市网络的产生，主要受两个原因的驱动：功能分异与区位分离。

（1）随着物流企业在城市中的持续发展，其规模不断扩大，部门不断增多，不同部门的职能分工也日益清晰，分别承担着企业的不同职能，即在企业内部形成了功能分工。这种功能分工是专业化发展的结果。

（2）物流企业的不同部门具有不同的企业功能或物流功能，这种功能分异促使不同职能部门的布局受不同区位因子的影响，并趋向于城市的不同区位，在城市内部实现了职能部门的区位分离。

（3）企业职能部门间的功能分异和区位分离，促使物流企业在城市内部形成了企业空间网络。尽管物流企业不同职能部门在空间上出现了分离，但这些职能部门通过功能性联系而形成紧密的企业网络，使物流企业在城市内部实现完整物流活动的组织和操作。

2. 城市网络结构

一般性的企业内部网络中，部分学者将其分为公司总部、区域总部（管理单元）、R&D 部门和生产单元等企业组分（费洪平，1995；李小建，1999a）。这主要是针对生产企业而言，不同行业的企业具有不同的内部结构。在对大量物流企业样本进行整理、分析和总结的基础上，根据企业部门相互间的职能分异，本书认为物流企业的城市网络主要由三种单元组成，分别为总公司、营业点和配送中心。这三种企业单元分别承担着不同的企业功能或物流功能，并有着不同的区位选择法则和布局模式，这就形成了物流企业的城市网络结构或地理结构。不少物流企业的城市网络由四种组分组成，即总公司、分公司、营业点和配送中心，其中分公司和营业点的职能不同，但区位选择没有明显的差别。因此，本书只分析城市网络结构的总公司、营业点和配送中心。

二、功能分异和区位分离

1. 总公司

1）职能分工

费洪平（1995）和李小建（1999a）认为企业网络中总公司是核心，其功能是制定影响企业发展方向的战略政策。物流企业不同于制造企业和商业企业，物流企业的城市网络是一个相对微观或中观的概念，总公司的功能结构略有不同。同时，本节讨论的总公司不同于后文的企业总部，企业总部是宏观意义上的概念，而此处的总公司是微观意义上的概念。

总公司是物流企业城市网络的核心，一般具有信息中心、指挥中心、谈判、协调、市场营销以及物流操作等功能，尤其是作为信息中心、指挥中心和协调、谈判的功能非常明显，协调和控制着整个物流企业的运转，不承担和组织具体的物流活动。这种企业功能部门构成比较复杂，规模比较大，但不具有完整的企业功能。对于物流企业的城市网络，总公司是唯一的。

2）区位选择

总公司的企业功能决定了其区位选择深受信息条件、市场条件，以及与政府部门、相关机构进行协调的便利条件等系列因素的影响。这些区位因素的综合作用，促使总公司的布局倾向于信息较为灵通、容易交易的地域，一般多位于城市中心区，而且多集中在城市内部的交通干道以及商务办公场所集聚地区，即城市内部的高端商务区。例如，在大连市，总公司的区位选择主要倾向于中山区，而且集中在港湾街、丹东街、鲁迅路等地域，这些地域紧邻港口，信息传递和交流方便，如图6-1所示。在南京市，总公司的区位选择倾向于新街口和湖南路等地域，这些地域是南京市的商业中心和中央商务区（CBD），信息交流和社会经济联系方便，物流市场潜力大，如图6-2所示。

总公司的区位选择趋向于这些地域，因为这些地域具有以下优势。①这些地域企业总部、商业企业、国外办事处和外地办事处众多，便于物流企业针对客户企业的管理层进行市场营销。②这些地域集中了大量的金融、法律、咨询、保险、通信、政府和广告等机构，便于物流企业同这些机构进行交流，开展企业活动。③这些地域信息密集，融合了城市、全国和国际的政治经济信息，总公司布

物流企业的空间网络模式与组织机理

局在此可及时了解社会经济动态，以调整企业发展战略和管理思路。④这些地域提供高密度、高水准的商务楼，满足总公司的办公需求（郑京淑，2002）。以上分析说明，影响总公司的区位成本主要是管理成本和交易成本。

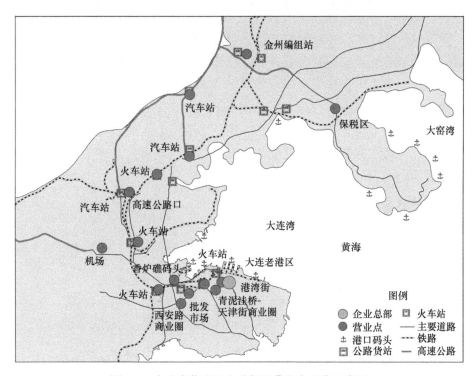

图 6-1　大连市物流企业总部和营业点区位示意图

2. 营业点

1）职能分工

营业点也可称为"业务受理点"或"物流操作处"。营业点是具体负责物流活动的企业职能部门，具有搜集和承揽物流业务并组织和操作具体的物流活动等功能。这种企业职能部门相当于制造企业的生产部门或商业企业的销售部门。营业点一般组织简单，规模较小而不具有企业的完整功能，一般不具备协调、信息中心和指挥中心及谈判等功能，即使存在部分此类功能，也是较为低层级的功能。一般而言，在城市网络中，物流企业的营业点数量比较多，并分散分布在城市的不同区位，目的是搜集更多的物流需求信息，形成物流活动的规模化作业，以实现企业的规模经济。布局尽可能多的营业点是物流企业实现内部规模经济的重要途径。

2）区位选择

与公司总部和R&D部门等机构相比，企业地理学认为企业的生产单位比较分散，其区位选择很难做出一般性地概括（费洪平，1995；李小建，1999a）。这是针对制造性企业而言，对于物流企业的生产单元——营业点则不同。营业点虽然数量较多且比较分散，却有着较为明显的区位倾向。营业点由于承担搜集和承揽具体的物流业务，区位选择往往倾向于城市内部或其他区域中物流活动较为集中或物流市场较为发达的地域。这些地域有着共同的特点，或是商业区，或是工业区，或是交通基础设施地域，包括城市内部的火车站、机场、港口或汽车站、货运站、批发市场、商业中心、商业街及工业企业集中的地域，这些地域有着较高密度的物流活动，营业点可及时搜集物流业务和组织物流活动。

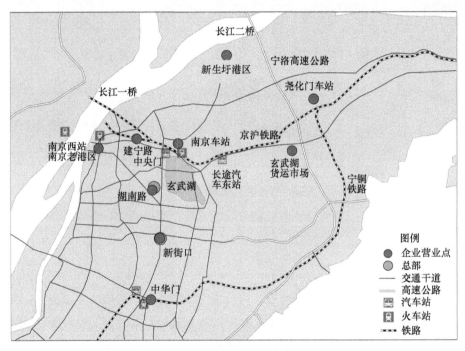

图6-2 南京市物流企业总部和营业点区位示意图

例如在大连市，这些地域包括大连火车站、青泥洼桥—天津街商业区、周水子机场、香炉礁码头、沙河口火车站、老港区等地域。在南京市，这些区位主要有新街口、湖南路、建宁路、玄武湖货运市场、栖霞开发区和中华门等地域，具体如图6-1和图6-2所示。这些地域对于物流企业的营业点布局具有以下优势。①物流活动的密度较高，形成一定规模的物流市场，营业点布局在此可靠近客户，及时获取物流业务信息，承揽更多的物流业务。②营业点布局在这些地域尤其是接近交通设施，便于营业点快速有效地组织物流活动，如装货、卸货和接货以及实现不同运输方式间的换载联运。以上分析说明，营业点的区位成本主要是交易成本和时间成本。但部分物流企业的营业点布局呈现分散状态，难以归纳其区位特点，比如搬家公司和快递公司，这些物流企业的服务对象是终端消费者而不是企业。但随着电子商务物流的迅速发展，快递公司围绕着高等院校进行布局的现象日益形成趋势，大量的青年人和知识分子成为电子商务物流和信息材料传递的需求者。

3. 配送中心

1）概念界定

配送中心是物流企业基于物流合理化和市场拓展需要而发展起来的一种职能部门（许胜余，2002），是物流领域中社会分工细化和专业化的产物。配送中心是在仓库不断演变过程中出现的末端物流结点设施（王斌义和李冬青，2003）。在欧美国家，配送中心多指经过改造并已综合化且社会化的"流通性仓库"。配送中心的形成有其历史渊源，是物流系统化和规模化的结果。由于用户在货物处理内容、时间和服务质量上提出更高的要求，物流企业须引进分拣设施和配送设备以建立迅速、廉价的作业体制，由此建立了配送中心（丁立言和张铎，2002b）。日本《物流手册》将配送中心定义为："从供应者手中接受多种大量的货物，进行倒装、分类、仓储、流通加工和信息处理等作业，然后按众多需求者的订货要求备齐货物，以令人满意的服务水平进行配送的设施"。我国学者多认为配送中心是从事配送业务的物流场所和组织（崔介何，1997；汝宜红，2002；叶怀珍，2003）。配送中心有多种类型，美国物流的特点之一是生产企业产供销一体化、零售和连锁企业、社会化物流三种配送中心并存（杨海荣，2003）；日本的配送中心主要有三类：商业企业的配送中心；批发商投资、小型零售商加盟组建的配送中心；接受委托、为其他企业服务的配送中心（汝宜红，2002）。梁金萍（2003）、金真和唐浩（2002）按所有关系将配送中心分为企业自营和社会型两类，其中自营型配送中心发展较快，社会型配送中心发展较慢。本书的研究定位于物流企业的配送中心及其空间网络。例如，台湾东源储运在桃源、台北、台中、高雄、花莲、台东等城市均有配送中心，这些网点形成完整的配送网络，负责所在区域的物流配送（汝宜红，2002）。物流企业要在激烈的竞争中占优势，必须构建配送网络，某种意义上，物流企业间的竞争关键在于配送网络的竞争。

2）职能分工

配送中心是城市内部网络的重要组成部分，是物流企业的一种生产单元，但其功能又不同于营业点。配送中心是物流企业组织物流活动的地域单元或网络单元，包括仓储、流通加工、包装、搬运装卸、配送和运输等物流活动。配送中心的服务范围，根据其规模和总公司在物流企业网络中的地位进行确定，可能服务于城市内部，也可能服务于城市区域，也可能服务于区域甚至全国。不同等级的配送中心，具体的物流功能就不同。一般大型配送中心具有暂存、储存、分类、拣选、分货、分放、配装、加工、包装、配货、送货、搬运装卸和运输等功能。对于物流企业的城市网络而言，配送中心一般有一个，但部分企业由于规模较大，也会有多个，但不同的配送中心往往围绕着城市地域形成环形辐射配送网络。

3）区位选择

配送中心的区位选择主要考虑以下原则。①动态原则：考虑用户数量和需求、交通条件、成本和价格等因素的动态变化进行区位选择，使配送中心更具柔性。②低运费原则：由于运费和运距有关，最低运费简化成最短运距，配送中心与营业点、用户间的距离尽可能短。③交通原则：要考虑交通网络条件，优先临近交通干道。王东明和万延林（1995）提出配送中心应布局在港口地域；王德勤（1995）认为配送中心应布局在连锁商店地区，同时因受地价影响，选在交通便利的城乡结合部为宜。分析说明，配送中心的区位成本主要是地租成本和时间成本。

本书所探讨的配送中心是物流企业的一种职能部门，其布局应符合以下条件。

第一，布局在城市范围内或接近中心区。市区有集中布局的商业网点，这是物流企业的主要配送对象和服务对象，靠近市场、缩短运距和迅速供货是决定配送中心布局的主要因素。离市中心的距离远近，直接决定着配送中心的利用率和经营成本，如表6-1所示。例如，英国的多数配送中心布局在大伦敦、大曼彻斯特在内的都市圈。

表6-1　配送中心的费用比较表

离市中心距离/km	仓储费用［元/（m²·月）］	运输费用［元/（t·km）］	仓库利用率/%	备注
1	25	4.29	>100	供不应求
10	16	10.14	100	饱满，最高费用大于20元/m²·月
12	10	11.44	60	交通条件不如第二类方便
30	7.5	23.14	—	—

注：市中心以中心广场为0km；运费计费为0.5元/（t·km），起步费为2.8元/t，回程空驶加30%

物流企业的空间网络模式与组织机理

第二，可达性好。物流配送要求迅速及时，达到客户快速反应的物流需求，配送中心需要较好的可达性。公路是物流配送的主要运输方式，靠近城市交通干道的进出口便成为配送中心首先考虑的区位因素，可实现城市内外交通的有效衔接。例如，英国的配送中心多分布在距离交通主干道出入口30km以内的范围。物流市场上呈现市中心仓库供不应求、内环线仓库爆满的局面，内环线以外出租率随着距离增加而下降。因此，靠近市区环线、高速公路口等可便于城市内外公路运输。

第三，追求廉价的地租。配送中心占地规模大，包括一般物流、退货物流、换货补货、流通加工、仓库管理、车辆设施维修等作业区（李长江，2002）。例如，美国赫马克配送中心拥有16.3万个货位的储存区，Dry Storage在芝加哥的配送中心达30万 m²，沃尔玛超市在芝加哥的配送中心也有10万 m²，德国REWE公司的配送中心拥有25万 m²的仓库和1万 m²的车场（李桑田，2001）。根据St Quintin的研究，英国地方性配送中心的用地一般为1.15hm²，区域性配送中心为11.5hm²。通过查询AWC（Affilated Warehouse Companies）网上资料，以用地规模为标准，筛选美国51个配送中心的资料，如表6-2所示。地方型配送中心的用地规模一般介于1~5hm²，区域型配送中心的用地规模介于1~10hm²，最大不超过40hm²。但这些配送中心多是社会化的配送中心，所以占地规模大，对于物流企业的配送中心，其用地规划取决于企业规模，但占地面积较大是共同的特点。

表6-2　美国配送中心的用地规模结构

类型	用地规模/hm²	数量	配送商品类型
地方配送中心	1~5	9	食品、日用百货
区域配送中心	1~5	16	食品、日用百货、冷冻物品、酒类
	5~10	16	食品、化学产品和机械产品
	10~15	2	工业产品、日用百货
	15~20	6	食品、木材、危险品、家电、计算机、化学产品
	20~40	3	冷冻、冷藏食品及饲料、日用百货

地租的高低对配送中心的区位选择有重要影响。20世纪80年代以来，英国城市中心的地价上涨，配送中心纷纷外迁。仓储费用和地租有关，市中心地租高，仓储费用高；运输费用和距离有关，距离市中心近，运费少。总费用公式为 $Y(x)=f(x)+g(x)$，即总费用=仓储费用+运输费用。基于此，配送中心的空间关系如表6-1和图6-3所示，配送中心离市中心的最佳距离为10km左右，此时储运费用为最小值而地租处于五级地段。沃尔玛的配送中心一般不设在城市内部，

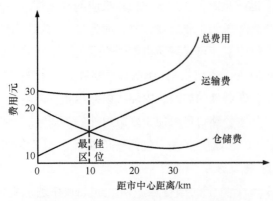

图 6-3　配送中心的距离-成本关系曲线

而是在郊区，这样有利于降低成本（许胜余，2002）。

第四，由于配送中心的功能之一是仓储，库房建设也适应相关的条件，如表 6-3 所示。在各类因素的综合作用下，配送中心一般布局在城市近郊区。2001 年马士基在上海高速公路附近独资建设配送中心；在欧美国家，配送中心已由城市中心区转移至城郊、临近高速公路之处，呈现郊区化的趋势。在大连市，配送中心主要布局在以革镇铺为中心的周围地域、南关岭、周水子机场地域、大连湾和开发区及黑石礁码头和老港区以南地带；在南京市，配送中心布局在南京西站以北地域、沿江地带和经济技术开发区（新生圩港区）和市区南部的铁心桥、红花镇和土城头地带。

表 6-3　配送中心区位选择的约束条件

约束条件	具体内容
土地	面积与使用限制条件
储存物品的性质	1. 危险品、环境污染物质管理规定 2. 防温、防湿、气密性的作业成本
影响服务水准、营运成本的条件	1. 与供应商及顾客的距离 2. 交通便利性：包括配送中心与交通网的距离、交通是否顺畅、周围道路的宽度等 3. 土地成本：各地地价不同，影响土地租金或税款金额，影响营运成本
基础条件	1. 劳动力是否充足，招聘是否容易，上班条件如何 2. 基础建设如水电、道路、电讯设施、排水系统是否完备 3. 电脑系统的软硬条件是否充分
自然条件	考虑设置配送中心的气候、温湿度、风向、地质等条件
行政条件	包括当地政府的行政效率、产业政策与优惠措施等

资料来源：刘斌. 2002. 物流配送营运与管理. 上海：立信会计出版社. 有删减

三、城市网络联系

1. 经济联系

企业网络的形成是因为其成员间存在着某种或某些联系。企业网络形成后，须基于一定联系方可运作，企业联系是指企业间的信息、物质接触和流动（Johnston，1986），这和 Dicken 提出的生产链概念相似。长期研究表明，形成企业网络的主要原因是产业联系，归根到底是一种产业分工。城市网络使物流企业的企业活动和物流活动局限在城市内部或包括近郊在内的地域内就能完成，这说明城市网络是紧密联系的有机整体。城市网络的主要组分包括总公司、营业点和配送中心，具有不同的企业职能和物流功能，而且在空间上相互分离。能够克服这种空间分离而使之成为网络整体的，就是基于技术分工而形成的职能分异。这种技术分工使企业不同组分间形成了紧密的垂直性功能联系，即产业链联系，这种经济联系决定了不同网络成员只能完成物流服务过程的某部分活动或某阶段的活动。

2. 价值链位置

依据前文所述，总公司具有信息中心、指挥中心、谈判、协调等功能，物流操作功能较弱；营业点具有搜集和承揽物流业务、操作具体物流活动的功能；配送中心执行物流配送的功能，包括储存、加工、包装、配货、配装、分选、配送等。这些功能是基于企业内部技术分工所形成的不同活动过程或工序，这些不同的活动过程段或工序须相互衔接和协作。按照物流企业的活动过程或工序，三种企业组分间的产业链或价值链位置为"总公司→营业点→配送中心"，职能位置为"营销、谈判、指挥、控制→揽货、收货、集货→储存、加工、组装、包装、配送"，形成一种前后向的垂直关系，如表 6-4 所示。这种价值链或产业链位置，使任何网络成员都不能独立承担和组织完整的物流服务过程或实现企业功能的完整运转，所有网络成员间须紧密相连、协调组织和统一协作，方可成为企业功能和物流功能都完整的物流企业。

3. 市场交易对象

在物流市场中，城市网络不同成员由于其主导功能（包括企业功能和物流功能）和所处价值链位置的不同，其交易的市场对象也不同，如表 6-4 所示。

表 6-4　城市网络的地理结构和经济联系

组分 项目	总公司	营业点	配送中心
空间区位	城市中心商务区	车站、货运场、港口、机场、商业区	近郊区

项目 \ 组分	总公司	营业点	配送中心
职能	营销、谈判、协调、指挥、信息	揽货、收货、集货	储存、加工、组装、包装、配送
价值链位置	第一位置	第二位置	第三位置
数量	一个	比较多	一个
交往对象	客户企业的决策部门	客户企业的物流职能部门	客户企业的销售部或生产部及消费者
实现过程	商流、资金流	物流	物流
价值创造	商业价值和信息价值	空间价值	空间价值、时间价值、形体价值

（1）总公司作为决策部门，一般直接面对工商企业的决策层，进行高层次的市场营销、谈判、签约和协调以及资金往来，相互间发生的主要是商流和资金流，所实现的是商业交易和资金流动的过程。

（2）营业点作为具体物流活动的组织者，所交往的市场对象一般是工商企业的物流职能部门，如物流部、储存部、仓库或运输部，主要是高层决策部门交易结束之后对物流活动的交接和组织行为，是实现物流活动空间价值的过程。

（3）配送中心面对的市场对象，一般是工商企业的生产部门或销售部门以及商品的终端消费者，为客户企业的生产和销售以及终端消费者进行配送，是实现物流活动空间价值、时间价值和形体价值的过程。

四、城市网络演化

物流企业作为企业个体，其城市网络的形成遵循着一定的演化规律，这种演化属于企业扩张过程的一部分或某阶段。物流企业城市网络的演化主要体现了两个主导路径。第一，企业职能部门出现分化，不同职能部门承担不同的企业功能，企业组织结构产生演化；第二，不同职能部门在空间上追求不同的区位，物流企业出现地域上的演化。总体上，物流企业城市网络的演化遵循了以下阶段：初始母体阶段、功能初步分化阶段、功能综合化阶段、网络完善阶段，如图6-4和图6-5所示。

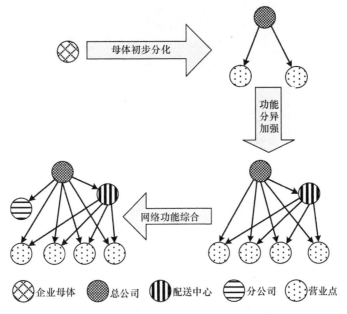

图 6-4　物流企业城市网络的空间演化

1. 初始母体阶段

物流企业是一个生命有机体，存在着从小到大的生长过程。物流企业在生长初始阶段，尤其是在创建阶段，企业规模一般比较小，企业部门比较少或尚未形成部门分化，企业功能往往由单一部门或少数部门来承担和完成，部门之间的职能分工尚未形成。此时，企业是一个统一的整体，尚未形成职能分化，所以空间上物流企业的区位单一，主要布局在城市内部的某一地域，如交通设施周围或城市商业中心。该阶段的企业形态称为初始企业母体。

2. 功能初步分化阶段

随着企业规模的日益扩大，物流企业开始拓展市场空间，追求物流活动的规模效益。此时，物流企业开始设置物流网点，但数量比较少；企业网点主要是营业点，物流企业的功能仍集中于运输服务，综合性的物流服务仍尚未形成。该阶段，物流企业产生了初步的部门职能分化，同时区位上也实现了分离。企业职能部门形成了营业点和总公司两种类型，营业点主要负责企业的具体物流活动操作，而总公司逐步减少物流活动的组织职能而发展高层市场营销、控制和指挥及协调等功能，向企业精神枢纽的方向进行升级发展。空间上，由于总公司和营业点具有不同的企业功能，所以追求不同的区位；总公司倾向于布局在商务区等企业总部比较集中的

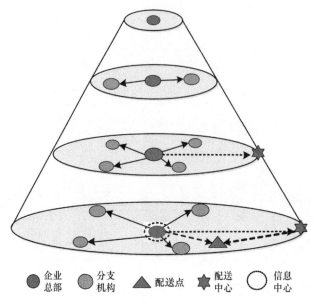

图 6-5　物流企业城市网络的职能分化和区位分离关系及过程

市中心区，以便于加强同高层经济要素的交流；营业点主要布局在车站、港口、机场和商业区等物流活动密集的地域，以便于承揽和组织物流活动。

3. 功能综合化阶段

营业网点的设置使物流企业的规模进一步扩大，物流业务继续增多；同时，物流企业对物流活动的组织能力也日益提高，物流操作也进入标准化阶段；物流功能上，物流企业也由简单的运输向运输、仓储、配送、加工和包装等相对综合的物流服务方向进行拓展。为了便于组织客户企业的物流活动，及时为客户企业提供配送服务，同时追求更高的经济利润，物流企业积极发展加工、包装以及组装等高附加值物流服务，配送中心在企业内部产生。该阶段，企业的部门职能分化进一步发展，区位也进一步分离。物流企业的职能部门形成了总公司、营业点和配送中心三类单元。空间上，总公司倾向于城市中心区，追求便捷的市场交流、信息获取和相关服务；营业点布局在港口、车站、货场和机场等物流活动密集的地区，扩大承揽物流活动的能力；配送中心布局在地租廉价但进出城市交通条件便捷的近郊区。总公司、配送中心和营业点的形成，使物流企业在城市内部形成相对完整的城市网络。

4. 网络完善阶段

物流企业的城市网络形成以后，企业功能比较综合化，且部门间的职能分工也清晰，形成由垂直性功能联系所牵系的企业整体；同时，各职能部门追求不同的区位，以提高各单元经营效益的最大化。物流企业城市网络的发展带来了企业规模的扩大，使企业内部和外部产生了大量信息，但职能分化和区位分离也给企业管理带来一定困难。为了合理组织各部门间的关系，在物流活动组织和地域上形成统一运作的整体，物流企业更加关注不同单元间的信息传递和交流。物流企业在总公司构建物流信息平台，基于 Internet 和门户网站，采用统一的物流信息管理软件，将企业不同组分联结为整体，总公司成为企业网络的信息中心，其功能进一步提升。物流企业的物流服务也进一步拓展，发展物流信息管理和交易等高附加值服务。企业网络内部的信息传递和交流（包括市场、财务和指令及客户反馈信息）通过物流信息平台完成；同时，物流信息平台完善了外部功能，开展电子商务，通过网络平台进行市场营销、交易和业务联系，企业的运营空间出现物理空间和虚拟空间两部分。物流企业网络内部的职能分工和区位倾向仍遵循以上规律，但部分企业为了扩大企业网络规模，在城市设置相对独立的分公司，这种企业单元的功能相对完整。

五、案例：大连远征物流

关于物流企业的城市网络，以大连远征物流有限公司为例进行论证。大连远征物流是一个提供综合物流服务的企业，是城市区域型的物流企业，在大连市中心区和近郊区形成了企业空间网络。2005 年左右，远征物流企业网络的基本组成部分包括总公司、营业点和配送中心，如图 6-6 所示。其中，总公司位于中山区的港湾广场附近，该类企业单元仅有一个；配送中心位于革镇铺，该类企业单元仅有一个；营业点/部有 10 个，分别布局在金州区、金州编组站、南关岭、营城子、周水子机场、甘井子、西站、沙河口火车站、大连港、大连火车站，该类型的企业单元比较多，形成由总公司、配送中心和营业部组成的城市网络地理结构。

（1）总公司：布局在物流企业集聚的中山区港湾广场。此地域是大连市的中央商务区（CBD），市场信息灵通，集中了大量的物流企业和其他类型的企业总部（包括在大连、辽宁和东北地区的区域总部），以及国外政府机构、商务机构驻大连或辽宁省的办事处、分公司与金融、财务等相关机构，便于远征物流从企业高层同其他企业进行交流以及开展市场营销，执行宣传、谈判、协调等功能。

（2）营业点：这类企业单元的数量比较多，主要布局在城市内部及近郊区范围内的汽车站、火车站、机场、港口等交通基础设施地域。这些地域是大连市物流活动最集中的地域，有着大量的物流业务信息和高频率的物流活动，营业点

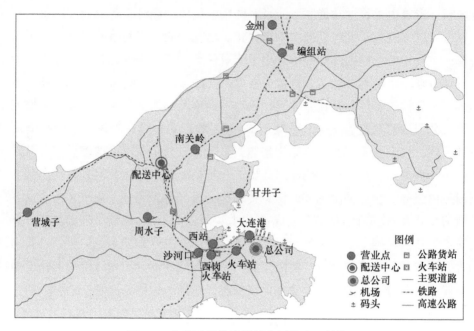

图 6-6 大连远征物流的城市网络地理结构

布局在这些区位便于远征物流搜集物流业务和组织物流活动。总体上，大连市区的营业点数量较多，而近郊区的营业点比较少。

（3）配送中心：该类企业单元布局在大连市近郊区——甘井子区的革镇铺。该区位居高速公路的出入口，临近铁路中转站；位于近郊区，地租廉价，地租压力小；离城市中心区较近，约 8km 左右，是城市内外交通进行衔接的枢纽地带，便于快速进入外部通道和城市主干道。配送中心主要负责向城市市区及近郊区的工商企业执行配送功能。

第三节 物流企业的区域网络

一、企业区域网络

1. 概念界定

企业增长和物流组织共同促进了物流企业的区域网络发展。随着国内物流市场的快速成长，越来越多的物流企业着力于扩展网点布局，以提高网络覆盖密

物流企业的空间网络模式与组织机理

度；同时，物流企业的企业活动是一种跨区域行为，仅依靠单一地域的组织单元很难完成其组织行为和运营行为，需要在不同地域之间构建网络，依靠各地域组织单元的相互协作和配合。物流企业的区域网络主要是指在不同地域上设置物流网点以形成物流活动统一运作的整体，这些网点多是相互独立的企业组织，相互间存在一定的等级，从而使不同单元间的功能也略有不同；不同的企业单元由于其等级和职能不同，其布局倾向于不同的空间区位，这种区位表现为具体的城市；由于以上区位分离和企业功能分异的产生，促使这些企业组织在地域上形成了企业集合-物流企业的区域网络。与城市网络不同，区域网络是一种宏观性的概念，是一种区域性的企业空间网络。区域网络的形成是因企业的功能性联系所导致，包括垂直性联系和水平性联系，其中水平性联系占主导。

2. 区域网络结构

通过对全国 600 家物流企业的样本进行分析，认为物流企业的区域网络主要由以下五种基本单元组成，分别为：①企业总部；②区域分公司；③地方分公司；④办事处；⑤业务受理点。这五种网络成员在区域网络中承担着类似但又不同的企业功能和物流功能，而且有着不同的等级和规模；空间上又趋向于布局在不同的城市。其中，总部是企业网络的核心，区域分公司是物流企业在各区域的核心，地方分公司是区域网络的骨干，办事处和业务受理点是区域网络的补充部分。不同的物流企业，由于其网络规模的差异，其网络结构有所不同，包括单元类型和数量结构。南方物流公司的企业网络分为总部、分公司、办事处三级，总部位于广州开发区，下设华南区、华东区、华北区、华中区、西南区五大区域，三十四个分公司及办事处（宗会明等，2009）。对于跨国物流企业而言，区域网络会更复杂，形成总部、区域总部、区域分公司、地方分公司、办事处、业务受理点六种网络单元。物流企业的空间网络一般分等级进行设置。本节仅对以上五种单元组成的区域网络进行分析，不涉及区域总部。

二、功能分异和区位分离

1. 企业总部

1）职能分工

任何企业网络都存在着一个核心，对于物流企业的区域网络，企业总部是核心，在区域网络占有中枢地位。前文已提到，城市网络的总公司和区域网络的企业总部是两个不同的概念，这既表现于结构层次，也表现于地域层次。公司总部与总公司均为企业网络的核心，企业职能类似，但两者之间仍有很多不同。企业总部的核心功能是促进物流企业各项资源，包括有形资源（如人力资源、物质资源和资金等）和无形资源（技术、信息、经营经验、品牌效应等），在整个物流活动空间和企业网络内的合理配置和高效利用，以提高企业网络的决策效率和经济效益。

企业总部的主导功能是策划和制定影响整个企业发展的规划和战略决策，以及在整个企业网络中的信息传递。具体而言，企业总部功能包括企业发展规划、财务控制、商务谈判、高层交际、宣传广告、人事安排、教育培训、市场调查、法律事务、工商税务、关系协调等，其中企业发展规划功能主要包括企业网络的市场扩张、企业网点的设置、市场营销、企业效益目标等。企业总部在物流企业的区域网络中，居于规划中心、决策中心、指挥中心、信息中心的地位，是企业网络的精神枢纽（李小建，1999a）。

2）区位因素

物流企业不同于制造企业或商业企业，它具有很强的根植性，其发展与当地的社会经济环境息息相关。而且，我国多数物流企业的规模比较小，部门的职能分工和区位的空间分离现象不明显，完善的物流企业网络尚未形成。因此，多数物流企业的总部仍布局在企业发源地，分析这些企业空间网络的意义较小。但是，目前我国已有少数物流企业的规模很大，在区域或国家层面上形成了强大的企业空间网络，总部的区位选择也开始呈现一定的特点。总部的功能不同于其他类型的企业单元，其区位选择有独特的规则和条件。部分学者认为企业总部应趋向于大都市区，因为大都市区具有其他地区不能替代的优势。

本书认为企业总部的布局条件，主要包括以下方面。

（1）及时的信息获取。具有丰富信息的区位对企业总部的分析、判断和决策有重要意义，这些信息包括物流市场、竞争对手等各类信息。

（2）有繁盛的物流市场。经济发展水平高的地区往往集中了许多大型工商企业，有着繁盛的物流市场，便于企业总部同客户企业进行"面对面"地接触，同大型工商企业总部的高层决策人员进行协商、谈判，有利于扩大企业网络的市场营销，提高物流业务规模。

（3）便利的交通运输和信息通信条件。便捷的交通通信条件，便于企业总部主要决策者同相关人员进行及时地接触、传递信息、掌握企业运营状态，及时发现问题，解决问题；便利的交通条件，可使整个企业网络组织大体量的物流活动，统一调度企业网络的物流资源以组织物流活动。

（4）便于同行政和金融等机构进行随时地接触。企业总部的核心功能是制定企业网络的发展规划，所以必须同关键行政机构保持频繁的联系，及时了解国家的物流政策和其他经济政策。同时，企业总部需要法律、金融、保险、财务及广告等机构的支持，同这些机构的决策人员当面交谈、交流，不仅可以获取信息，而且建立人际关系（李小建，1999a）。

3）区位选择

在以上区位条件的综合影响下，企业总部的区位往往倾向于区域或国家的特大型和大型城市，尤其是大型经济中心城市或政治中心城市。本研究以中国物流网搜索的大型物流企业1000家为初始样本，从中选取有效样本600家企业，作为研究对象进行分析。具体数据源于网站 www.chinalogistics.com.cn。这些样本基本囊括了中国的大型物流企业，可反映我国物流企业区域网络发展的一般性特征。通过梳理600家样本企业的总部所在城市，并将结果绘制成图6-7。由此图可发现，在全国范围内，物流企业区域网络的总部集中在上海、北京、广州、杭

图6-7 我国物流企业区域网络的总部分布格局

州等特大城市和大型城市。其中，上海集中了 109 家，占样本企业总量的 18.7%，是企业总部分布最集中的城市。北京集中了 65 家企业总部，占样本企业总量的 10.8%；广州、杭州、济南、成都等省会城市和厦门、青岛、深圳、大连等沿海港口城市的比重也比较高。其他物流企业的总部则分散在其他省区的省会城市或经济中心城市（如苏州）。

上海和北京作为全国最大的经济中心城市，形成了大规模的物流市场，吸引了物流企业总部的布局。同时，这两个城市是我国的金融中心、商业中心和交通枢纽，有着发达的第三产业，金融、保险、广告、法律等相关机构众多，可为物流企业的发展提供极为便利的环境，这成为企业总部进行布局的优先考虑因素。但两个城市又有不同之处。北京是我国的政治中心，企业总部布局在此，便于同政府主管部门进行交际，及时了解国家层面的物流业政策变化。上海是我国最大的港口和长江流域的门户枢纽港，货物吞吐量和集装箱吞吐量均居全球首位，同其他地区和城市及其他国家有着密切的贸易往来，形成了大规模的物流市场；同时，各种国际贸易和国内贸易信息以及其他信息在此汇聚，上海成为我国获取全球贸易信息的中枢。企业总部布局在上海，便于物流企业临近物流市场，组织国际物流和国内物流的衔接工作，同时容易获取各种物流信息，及时了解国际经济发展动态。

广州、厦门、深圳、大连等城市均为港口城市，国内外贸易频繁，国际经济联系紧密，同时也是我国各区域的重要中心城市，经济实力强大，有着大规模的物流市场；而且，这些城市也是我国重要的信息源地，这是吸引物流企业总部进行布局的主要因素。

杭州、济南、成都等城市均为我国的经济中心城市，有着较强的经济规模，并是各省的行政中心，有着较大的物流市场，信息交流便捷，便于同政府打交道，这吸引了大量的物流企业总部。

4）区位空间演变

企业网络是一个动态演变的过程，总部的区位并非固定不变。随着企业网络的地理扩张及其经营环境的变化，总部的区位选择和空间布局也会发生变化。物流企业网络在地域上最容易进行空间扩张和拓展，其格局演变的频率比较高；随着物流企业的规模扩大和市场份额的增长，其经营管理的理念和发展战略也不断调整，对总部区位条件的考察范围和认知水平也不断变化。这使企业总部的空间区位呈现从低层级城市向高层级城市进行迁移的规律，这种演变符合城市之间的梯度规律。这种变换在不同尺度、不同国家其表现有所不同，国家层面上主要表现为企业总部由中小城市向大城市进行转移。例如，华宇物流集团的总部原来位于黑龙江省佳木斯（企业注册地），1995 年企业总部迁往广州，后来随着全国物流网络的构建，总部从广州迁移到上海，形成了"佳木斯→广州→上海"的演化路径。上海兄弟物流的总部也是在 2001 年从其他城市迁往上海。物流企业总部的区位演变，会引致整个企业网络的空间变化，成为物流企业区域网络进行演变的重要影响因素。

2. 区域分公司

1）物流运营区

分析区域分公司之前，首先要分析一个物流概念——物流运营区，因为区域分公司的产生同物流运营区有直接关系。物流运营区是指物流企业在地域上组织物流活动时所划分的一种地域范围。从企业的角度来讲，物流运营区是一种企业活动空间或企业运营空间；从物流组织的角度来讲，物流运营区是一种物流功能区。随着物流企业网络的扩大，物流业务量不断增多，这使物流企业的经营和管理难以在空间上实现有效组织，原有的企业组织和管理模式已难以适应目前的企业网络。在这种背景下，物流运营区便得以产生，目的是提高物流企业的业务组织和加强企业的管理效率，是物流企业对外部环境和内部环境的一种空间响应。

物流企业在地域上组织物流活动时，往往参照整个企业的物流业务和网络设置格局，根据物流活动的空间组织需要，如物流活动的内在规律（包括物流的主要发生地、目的地和流向）、企业网络资源（包括办事处、分公司和业务受理点）空间配置和物流业务（包括客户销售范围和空间网络等），将全国划分不同的物流运营区，每个物流运营区相对独立而完整，具有各自的地域范围和企业资源。不同的物流企业，物流运营区的划分不同，这同物流企业网络的规模相关。企业网络覆盖的地域越大，物流运营区的划分越趋于完整。物流运营区的划分不同于行政区，明显打破了行政区的界限。通过对部分物流企业设置的物流运营区进行分析和总结，本研究认为物流运营区基本遵循了经济区的划分方法，形成了东北区、华北区、华东区、华中区、华南区、西南区和西北区的基本格局。因此，物流运营区实际上是一种市场机制下的经济区。对于不同的企业，物流运营区的划分又具体不同，这表现为两点。①具体空间范围与以上经济区略有出入，界线并不完全吻合。②部分企业的物流运营区数量或少于或多于以上经济区数量。2009 年，国务院颁布的《物流业调整和振兴规划》提出，全国重点发展九大物流区域：华北、东北、山东半岛、长江三角洲、东南沿海、珠江三角洲、中部、西北和西南物流区域。物流企业的物流运营区划分与国家的物流区域划分有着类似之处。

2）职能分工

分公司是物流企业进行空间组织的重要形式，是区域网络的重要组成单元，但分公司之间也具有不同的组织形式或等级。根据物流企业分公司的设置形式，将其分为区域分公司和地方分公司两类。目前，许多物流企业在布局物流网点时，划分了物流运营区，每个物流运营区都是一个相对独立的企业管理空间和物流运营地域，企业管理和业务组织等企业行为都相对独立；同时，每个物流运营区都有数量不一的地方分公司，地方分公司相互间保持相对独立，缺少协调和管理作用的企业分支机构。物流运营区的空间相对独立性，就产生了区域分公司。物流企业在每个运营区内设置区域分公司，在企业总部制定的发展战略下，从区域层面对各运营区内的企业资源进行优化配置，统筹管理和协调区域内各项企业活动（例如市场营销、人才培养、融资和物流运作），并负责制定本运营区的经营战略（郑京淑，2002）。区域分公司下辖本运营区的地方分公司和办事处及业务受理点，形成域内企业网络；各运营区的域内网络相互融合和衔接，便构成了物流企业的区域网络。

区域分公司是介于企业总部和地方分公司的中间组织形式，这种中间性促使区域分公司兼有地方分公司和总部的部分职能。区域分公司不但独立开展物流业务的组织、营销和财务等活动，同时具有管辖下属分公司的信息中心、指挥中心及协调、控制等功能，在区域网络中具有战略性地位（郑京淑，2002）。具体表现为以下七个方面。第一，以本运营区为组织单元，制定区域性发展战略，促进本运营区内企业资源的合理配置和统筹利用。第二，统一管辖本区域的所有分支机构，规划设置各分支机构的功能，保证物流活动的统一组织和相互协作。第三，构筑区域物流信息平台，统一处理运营区内的物流信息。以上功能类似总部职能，是区域分公司在本运营区内具有公司总部的企业职能和物流功能。第四，负责本运营区内的物流市场营销，具体包括广告宣传、市场调查、物流业务信息获取等工作。第五，提供法律、财务、税收等功能。第六，负责同企业总部的联系，并执行总部的指令（郑京淑，2002）。以上三点是区域分公司作为独立分支机构所具有的企业功能和物流功能。第七，设置区域配送中心，执行整个物流网络中物流活动的中转和本运营区内的物流配送，及流通加工和包装等活动。

3）区位因子

区域分公司的企业功能和物流功能，决定了其布局条件和区位选择同企业总部相似，倾向于具有以下优势的区位。

（1）较为便利的信息生产和传输条件：区域分公司与总部以及所辖分公司之间的信息传递量大，对信息通讯手段要求高，以及时把握运营区内的经济形

物流企业的空间网络模式与组织机理

势，各种通讯手段如电缆、光缆、交换机系统、传输装置、卫星天线等一般集中在运营区内的首位城市或特大城市。

（2）较为发达的高端服务业：区域分公司企业功能的开展需要一系列服务业的支持，如金融、保险、房地产、广告、市场咨询、会计、法律等高端服务业。

（3）具有规模较大的物流市场：物流市场是区域分公司设置的主要依据。经济实力较大的城市往往集中了运营区内主要的经济实体，形成本区域内最大的物流市场，可为区域分公司的市场营销提供充足的潜力。

（4）较为便利的交通运输条件：区域分公司是统一组织和协调本运营区物流活动的枢纽，并中转区域网络的物流活动和负责向本区内所有客户和分支机构进行配送，所以交通运输条件尤为重要。

以上区位条件促使区域分公司倾向于布局在本运营区内的主要经济中心城市或行政中心城市，这些城市往往是省会城市或计划单列市或港口城市，如表6-5所示。

表6-5　物流企业的物流运营区与区域分公司

企业名称	物流运营区	区域分公司所在地
中海集团物流	北方、华北、山东、华东、福建、海南、华南、西部	大连、天津、青岛、上海、厦门、海口、深圳、重庆
上海佳宇物流	华南、华北、华东	广州、北京、上海
大连锦程物流	东北、华北、华中、华南、华东、西南、西北	大连、天津、武汉、福州、上海、重庆、兰州
台湾大荣物流	华东、华中、华南、华北、东北、西南	上海、武汉、广州、北京、沈阳、成都
上海申丝物流	华东、东北、南京、华北、西部	上海、沈阳、南京、北京、西安
环东物流	东北、华北、华东、华南	大连、北京、上海、广州
广州信义物流	华南、华东、华北、东北、西北、西南、华中	广州、上海、北京、沈阳、西安、成都、武汉
上海超环物流	华南、华东、西北、华北	广州、上海、重庆、北京
上海圣雅货运	华北、华南、华东、西南、华中、东北、西北	天津、广州、上海、成都、武汉、沈阳、兰州

4）区位选择

通过对部分物流企业的区域分公司的分析可发现，大连和沈阳、北京和天津、青岛、上海和南京、厦门、重庆和成都、西安和兰州、广州和深圳、武汉等城市是区域分公司设置的首选区位，尤其是北京、武汉、广州、上海等城市往往是区域分公司的集中区位。但不同类型的物流企业在设置区域分公司时有所侧重，以海运为主导的物流企业往往在港口城市设置，如中海集团物流，如图 6-8 所示。区域分公司的区位城市往往控制着各运营区的物流市场，便于组织各区域的物流活动和协调各分支机构，对区域网络的物流组织起关键作用。

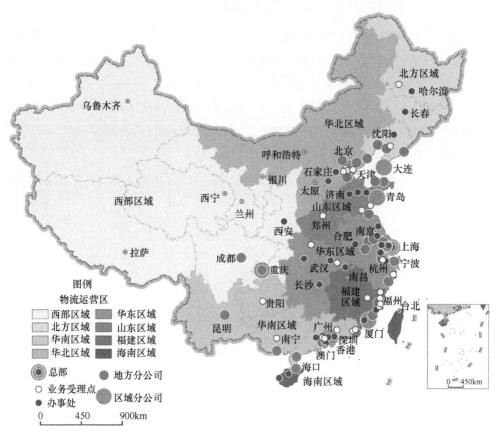

图 6-8　中海物流集团的运营区和区域分公司分布格局

（1）东北运营区。区域分公司主要集中在沈阳和大连。这两个城市是东北地区的经济中心和信息中心，沈阳又是辽宁省省会和交通枢纽，而大连则是东北地区的门户枢纽，是东北地区物流进出的枢纽港。2009 年《物流业调整和振兴规划》提出东北物流区域的中心是沈阳和大连，本研究的结果与此相吻合。

（2）华北运营区。区域分公司集中在北京和天津。这两个城市是华北运营区的经济中心，尤其是，北京作为全国的政治和经济中心，信息灵通，交通方便，是区域分公司的首选地点。天津作为该区域的海上"门户"，也成为区域分公司的选择区位。该研究结论与《物流业调整和振兴规划》相吻合。部分物流企业还设置了山东运营区，青岛是山东省的门户枢纽港，由此成为区域分公司的

物流企业的空间网络模式与组织机理

集中区位，这也与《物流业调整和振兴规划》相符合。

（3）华东运营区。区域分公司主要设置在上海和南京。这两个城市是华东地区的政治经济中心。其中，上海是长江三角洲甚至全国的门户枢纽，也是全国金融和商贸及航运中心，物流市场规模大，信息灵通，交通方便，是区域分公司的最佳区位。而《物流业调整和振兴规划》提出长江三角洲的物流中心是上海、南京和宁波，本研究表明宁波暂时未能成为区域分公司的集中区位。

（4）东南运营区。区域分公司主要集中在厦门。厦门是该区的门户枢纽和经济中心及信息中心，成为区域分公司的首选区位。《物流业调整和振兴规划》提出了东南沿海物流区域，其中厦门是物流中心城市，这与本研究相吻合。

（5）西南运营区。区域分公司主要集中在重庆和成都。这两个城市是该区域的政治经济中心和交通运输及信息中心，重庆又是长江上游的门户枢纽港，是西南水路物流的必经地。《物流业调整和振兴规划》提出西南物流区域的物流中心是重庆、成都及南宁，本研究表明南宁暂时未能成为区域分公司的集聚区位，而且广西应归属到华南运营区。

（6）西北运营区。西安和兰州是该区域的政治经济中心和交通枢纽及信息中心，成为区域分公司的首选区位。《物流业调整和振兴规划》对西北物流区域中心城市的认定除西安、兰州外，还认为乌鲁木齐是物流中心，这与本研究略有不同。

（7）华中运营区。武汉是该区域的政治经济中心和交通枢纽及信息中心，并是长江中游的门户枢纽港，因此成为区域分公司的首先区位。《物流业调整和振兴规划》认为中部物流区域的物流中心除武汉外，还应有郑州。

（8）华南运营区。区域分公司主要集中在广州和深圳，这两个城市是该区域的经济中心和门户枢纽港及信息中心。广州又是本区域的政治中心，深圳又靠近香港，物流市场规模大。本研究与《物流业调整和振兴规划》相吻合，但后者将该物流区域界定为"珠江三角洲"。

3. 地方分公司

1）职能分工

地方分公司相对于区域分公司而言，两者之间的差别主要体现在企业功能上。地方分公司是具有完整企业功能的组织单元，主要体现为以下两方面。第一，物流操作、市场开发、客户服务等具体的企业功能及财务结算等相关功能；第二，负责其他分公司或区域分公司及公司总部在本地的物流中转，并组织本地物流向其他地区的转移工作。地方分公司一般与区域网络中的办事处和业务受理点处于同等地位，不具有管辖分支机构的功能。

2）区位选择

由于地方分公司同区域分公司及总公司具有不同的企业功能，这就使地方分公司的区位选择标准有所不同。地方分公司的区位条件如下所述。第一，开辟物流市场。为了扩大物流业务而实现规模经济，物流企业需要在各城市设置分支机构，进行当地的市场营销和物流活动的组织、操作。第二，协调区域网络物流运作。物流企业行为是跨区域的空间行为，需要在不同地域设置网点，尤其是在物流运作的主要路线上设置地方分公司，参与整个物流网络的运作。这种区位选择条件要求地方分公司倾向于布局在物流网络中主要运行路线上的关键城市。但不同规模的物流企业的地方分公司布局也略有不同，对于大型物流企业，地方分公司的区位一般倾向于省会城市或省内重要的经济中心；对于小型物流企业，受企业规模和活动能力的影响，根据企业业务需要在经济中心或业务集中的城市设置地方分公司。因此，地方分公司出现四种区位：①省会城市；②重要经济中心城市；③重要交通运输枢纽；④总部周边城市。其中，这些区位又往往叠合。为了形成具有可比性的分析，选取总部设在北京的物流企业样本100家，分析其地方分公司的区位，并将结果绘制成图6-9。

物流企业的空间网络模式与组织机理

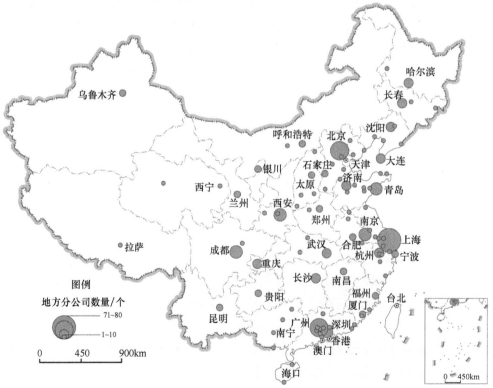

图6-9 北京物流企业的地方分公司分布格局

由图 6-9 可看出，企业总部设在北京的物流企业中，地方分公司主要集中设置在上海、天津、广州三个城市，其中天津位于总部周边地区；同时，南京、成都、深圳、青岛、西安等主要省会城市和经济中心城市也较为集中；其次是重庆、南昌、武汉、济南、沈阳、大连、吉林、哈尔滨等经济中心城市和省会城市。总体来看，地方分公司的布局集中在长江三角洲、珠江三角洲和环渤海地区，这也反映了这些地区的物流市场繁荣，以至形成物流企业区域网络和物流市场相耦合的关系。2009 年《物流业调整和振兴规划》提出，区域物流节点城市包括哈尔滨、长春、包头、呼和浩特、石家庄、唐山、太原、合肥、福州、南昌、长沙、昆明、贵阳、海口、西宁、银川、拉萨 17 个城市，除拉萨外，均为地方分公司的集中分布城市。

4. 办事处和业务受理点

办事处和业务受理点是物流企业区域网络的两种组成单元，并且这两种单元都是分公司的前身，是一种尚未完全具备企业功能的网络成员。办事处和业务受理点的功能有所不同。办事处侧重于协调、谈判和市场扩张等功能，同主要客户及政府、市场调研和咨询及广告等机构开展联系和交际等工作，功能相对复杂。业务受理点主要侧重具体物流活动的操作，尤其是协助物流企业在某地域完成物流活动的组织，功能较为简单。尽管两种单元的功能有所不同，但区位选择没有明显的差别。一般而言，办事处的数量比较多，而业务受理点的数量相对有限，因为办事处的功能之一是市场扩张，其数量越多意味着物流企业有着越大的市场潜力空间。例如，2005 年中海集团物流在全国设置了 34 个办事处，而业务受理点为 28 个，如表 6-6 所示。办事处和业务受理点的区位条件同地方性分公司一样，主要是侧重于市场扩张和参与整个物流网络的运作，两者在布局上多根据物流企业的业务需求，在企业网络外部或内部的空白处进行布局，以扩大企业网络或充实企业内部网络。

表 6-6　2005 年中海集团的物流企业网络结构

物流运营区	区域分公司	下辖分支机构		
		地方分公司	办事处	业务受理点
华东运营区	上海	宁波、南通、南京、常熟、苏州、杭州、张家港、镇江、扬州、温州、芜湖、昆山	武汉、无锡、泰州、湖州、太仓、宜昌、长沙、合肥、盐城、绍兴	黄石、襄樊、椒江、萧山
北方运营区	大连	锦州、营口、丹东	长春、沈阳、哈尔滨	大庆、海城

物流运营区	区域分公司	下辖分支机构		
		地方分公司	办事处	业务受理点
华南运营区	深圳	广州、昆明、湛江、汕头、防城港、江门、海口	中山、顺德、肇庆、惠州、珠海、东方、儋州、东莞	南海、洋浦、河源、揭阳、贵阳、南宁、潮州、佛山
华北运营区	天津	北京、唐山、沧州、秦皇岛	保定、石家庄	塘沽、胜芳、文安、静海
山东运营区	青岛	烟台、龙口、连云港	济南、潍坊、淄博	临沂、日照、郑州
福建运营区	厦门	泉州、福州	漳州、莆田、九江	鳌峰、马尾、石湖、福安、南平、福清、罗源
中西部运营区	重庆	成都、重庆	西安	

三、区域网络联系

1. 经济联系

物流企业的区域网络中,各单元间的经济联系不同于城市网络。在区域网络中,总部数量仅为 1 个,区域分公司一般在 4~7 个,地方分公司和办事处的数量比较多,业务受理点比较少。这些不同网络单元间的功能既有相同的地方,又有不同之处。区域网络虽然是一个完整的整体,但不同单元又具有相对的独立性,个别单元可独立完成物流活动的组织和操作。这说明区域网络的形成首先是由于企业间的功能性联系,包括垂直性功能联系和水平性功能联系,但不同单元间的经济联系又有不同。不同的经济联系对区域网络的形成和运作起不同作用,其中水平性经济联系占主导;垂直性功能联系使不同组分具有不同的主导功能,各单元在功能上进行互补才能完成物流活动在地域上的统一运作,从而形成区域网络整体;水平性功能联系又使不同单元具有相同的功能,可相互分离,独立开展企业活动和组织物流活动。

2. 价值链位置

遵循垂直性功能联系和水平性功能联系两条主线,分析区域网络内部的功能关系。

(1) 垂直性功能联系。在垂直性经济联系的作用下,总部具有指挥、信息中心、谈判和协调的功能；区域分公司具有区域性的指挥、谈判、信息中心和协调功能，并负责向总公司和地方分公司传递信息和指令，同时负责建立区域配送中心；办事处具有谈判和企业外交的功能；业务受理点具有操作物流活动的功能；而地方分公司具有执行总公司、区域分公司指令和向他们提供信息的职责。依据以上各单元的功能，不同单元在产业链和价值链中的位置为"总部→区域分公司→①地方分公司；②业务受理点；③办事处"，其功能位置为"营销、谈判、指挥、控制→区域性营销、谈判、指挥、控制和中转→①中转；②操作；③营销和外交"。这种联系是使所有单元能够形成网络整体的主要动力。

（2）水平性功能联系。在这种经济联系的作用下，总公司、区域分公司和地方分公司三种主要的网络单元，都具有独立开展企业活动和组织物流活动的能力，独立进行物流营销、组织物流活动及财务结算等活动。但这种联系不发生在办事处和业务受理点之间。

四、案例：顶通物流

顶通物流有限公司（顶通物流）由顶新国际集团于 1998 年投资创建，是专业从事运输、仓储、配送、包装与加工及物流信息咨询服务的综合性物流企业。目前，顶通物流为康师傅、乐百氏、金红叶、脱普等 20 多家客户企业提供运输和配送服务。

顶通物流的总部位于上海，2005 年，该企业将全国划分为华东、华北、东北、西部、华南和华中 6 个物流运营区。但任何企业网络结构都是动态变化的，目前物流运营区已经整合为 5 个。其中，东北运营区和华北运营区尚未遵循行政区的完整性，将内蒙古分为两部分。顶通物流在每个物流运营区内分别设置区域分公司、地方分公司、办事处和业务受理点等网络单元，整个区域网络共有 92 个网络单元，其中总部有 1 个，区域分公司有 6 个，地方分公司有 28 个，办事处有 41 个，业务受理点有 16 个。目前，区域分公司整合为 5 个，大量的办事处和业务受理点被裁减，但新增了部分地方分公司，具体情况如表 6-7 和图 6-10 所示。

表 6-7　顶通物流的区域网络结构

物流运营区	区域分公司	下辖网络单元		
		地方分公司	办事处	受理点
东北运营区	沈阳	大连、长春、哈尔滨	齐齐哈尔、牡丹江、通化、丹东	佳木斯、锦州

物流运营区	区域分公司	下辖网络单元		
		地方分公司	办事处	受理点
华北运营区	北京	郑州、石家庄、太原、呼和浩特、青岛、济南、天津	包头、唐山、洛阳、南阳、邯郸、德州	漯河、保定
华中运营区	武汉	长沙、南昌	襄阳、衡阳、赣州、九江、常德	沙市
华东运营区	上海	南京、合肥、宁波、杭州	南通、徐州、芜湖、阜阳、苏州、无锡、温州、金华	蚌埠、嘉兴、安庆、淮阴
华南运营区	广州	南宁、深圳、汕头、厦门、福州、海口	湛江、泉州、柳州	韶关、南平
西部运营区	成都	乌鲁木齐、兰州、重庆、贵阳、西安、昆明	库尔勒、酒泉、天水、西宁、银川、延安、汉中、广元、绵阳、达州、万州、大理、曲靖、西昌、涪陵	奎屯、内江、乐山、南充、泸州

（1）东北运营区。区域分公司位于沈阳，下辖 3 个地方分公司、4 个办事处和 2 个业务受理点。地方分公司有大连、长春、哈尔滨，办事处包括齐齐哈尔、牡丹江、通化和丹东，业务受理点有佳木斯和锦州。

（2）华北运营区。区域分公司位于北京，下辖 7 个地方分公司、6 个办事处和 2 个业务受理点。地方分公司有郑州、石家庄、太原、呼和浩特、青岛、济南、天津，办事处有包头、唐山、洛阳、南阳、邯郸和德州等，业务受理点有漯河和保定。

（3）华中运营区。区域分公司位于武汉，下辖 2 个地方分公司、5 个办事处和 1 个业务受理点。地方分公司有长沙和南昌，办事处有襄阳、衡阳、赣州、九江、常德，受理点仅有沙市。目前，该运营区已并入华南运营区。

（4）华东运营区。区域分公司位于上海，下辖 4 个地方分公司、8 个办事处和 4 个业务受理点。地方分公司有南京、合肥、宁波、杭州，办事处有南通、徐州、芜湖、阜阳、苏州、无锡、温州、金华，受理点有蚌埠、嘉兴、安庆、淮阴。

（5）华南运营区。区域分公司位于广州，下辖 6 个地方分公司、3 个办事处和 2 个业务受理点。地方分公司有南宁、深圳、汕头、厦门、福州、海口，办事处有湛江、泉州、柳州，受理点包括韶关、南平。

（6）西部运营区。区域分公司位于成都，下辖 6 个地方分公司、15 个办事处和 5 个业务受理点。地方分公司有乌鲁木齐、兰州、重庆、贵阳、西安、昆明，办事处有库尔勒、酒泉、天水、西宁、银川、延安、汉中、广元、绵阳、达州、万州、大理、曲靖、西昌、涪陵，受理点有奎屯、内江、乐山、南充、泸州。

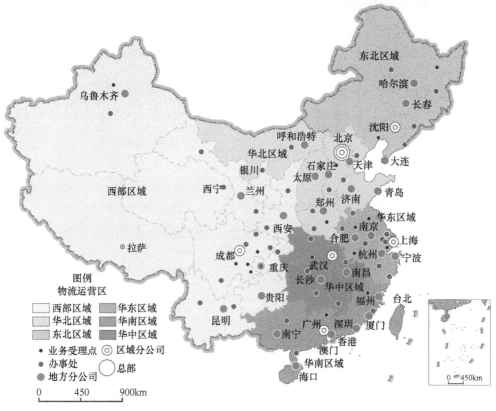

图 6-10　顶通物流的区域网络地理格局

第四节　物流企业外部网络

一、企业外部网络

　　企业网络包括两种类型：企业外部网络和企业内部网络，前文所探讨的物流企业城市网络和区域网络均属于企业内部网络的研究范畴。根据物流企业同其他企业关系的属性，将企业外部网络分为两类：物流企业间网络和物流企业-客户网络。①物流企业间网络：指某物流企业同所有与之发生联系的物流企业所形成的网络系统，网络成员之间主要是一种竞争和协作的关系。该概念将物流企业间网络的定义局限在物流行业内部。②物流企业-客户网络：指物流企业同其服务的所有客户包括工商企业及终端消费者形成的网络，网络成员相互之间是一种服务和被服务的关系，即供给和需求的市场关系。该概念存在行业间隔。严格地讲，物流企业同其他物流企业和客户形成的网络，并不一定完全具有空间内涵，或者其空间内涵甚微，所以两个概念囊括了不存在空间关系的网络部分。本书探讨的是物流企业的空间组织，因此本节侧重于物流企业间网络和物流企业-客户网络中具有空间内涵的网络分析。

二、物流企业间网络

1. 物流企业间网络

物流企业间网络主要是指不同物流企业之间所形成的一种企业网络形态，也是物流企业横向联盟的一种形式，本质是整合物流资源。目前，这种企业网络在国内外物流市场上普遍存在，并成为物流企业组织物流活动和扩大市场份额的重要途径或组织形式，目的是取长补短、优势互补，在市场、技术或业务等方面实现资源共享。任何物流企业都有其功能和规模的缺陷，为了在超出自身组织能力之外的地域内或物流服务领域内组织物流活动，往往借助于其他物流企业的组织能力，利用外部资源，以完成相关的物流活动组织。由此，物流企业之间以契约或合同为纽带，形成一种长期的协作关系，各企业成为物流活动统一组织过程中的不同部分或阶段。此过程中，物流企业之间便形成了企业网络的组织形式。物流企业间网络实际上是一种企业联盟，目前正成为物流企业进行空间组织的重要手段，尤其是物流企业跨越国界组织物流活动时，这种网络组织就尤为重要。特别是在海运领域，代表性的企业战略联盟有伟大联盟、新世界联盟、联合联盟、CYK 联盟。

物流企业间网络的形成，是为了在不同地域内或不同物流服务范围内完成完整的物流活动，网络成员相互之间构成了具有共同目的的不同活动阶段或工序，所以物流企业间网络形成的经济联系主要为垂直性联系；但网络成员又各自独立，相互间保持水平性的经济联系。①在不同地域内组织物流活动时，其经济联系是一种水平性联系，目的是在不同地域内执行不同阶段的物流活动。②在不同服务范围内组织物流活动时，经济联系是一种垂直性联系，目的是在不同物流服务领域内执行不同阶段的物流活动。现实中，两种经济联系往往交互作用。

根据调查，物流企业间网络的实现形式有签订合同、战略联盟、参股等形式，其中多采用签订合同的合作形式，并且这种形式逐年增长，2010年已经达到92.3%，如表6-8所示。此外，战略联盟也是一种重要的合作形式；相互之间的企业参股也是一种形式，近年来在大型物流企业尤其是航运企业间及码头企业间盛行。从合同的有效时间来看，物流企业多采用年度合同的方式，其次是临时合同，因此这种合作具有一定的松散性。

表6-8 物流企业间合作形式的结构

项目		2006年/%	2008年/%	2010年/%
签订合同		74.6	89.3	92.3
类型	临时合同	35.8	45.8	38.6
	半年合同	9.2	25.2	13.2
	年度合同	80.0	51.2	63.7
	长期合同	33.3	19.6	19.4
战略联盟		48.4	45.2	49.0
参股		17.5	20.3	17.8
其他		2.4	3.9	3.7

注：调查问卷中为多项选择，因此各比重之和不等于100%

2. 网络形成驱动

1）空间拓展能力有限

任何物流企业的规模总是相对有限的，不同规模的物流企业具有不同的空间拓展能力，而空间拓展往往标志着企业的空间组织能力。这种拓展能力受物流企业资金投入和管理能力的影响，巨大的网络设施投资是所有物流企业都难以独自承担的，其区域网络不可能覆盖所有的地域。但物流企业的组织行为多跨区域进行，而且所跨区域的范围由客户的物流需求所决定。在超出自身区域网络的其他地域内执行和组织物流活动，物流企业往往面临着很高的物流成本，形成"空间障碍"，这需要其他物流企业的协作。基于此的物流企业联合就是同类功能企业的联盟。现实中，综合性物流企业一般通过整合小型运输公司或仓储公司快速实现覆盖范围的扩张，近年来流行的一种方式是连锁加盟。

2）物流功能有限

不同的物流企业往往具有不同的主导功能，尤其是我国物流企业发展较晚，规模较小，资金投入相对有限，造成物流功能比较单一，难以提供综合性的物流服务。因此，多数物流企业的物流功能存在一定的局限性，集中于某项主导物流功能或某项物流服务的某阶段。但是，客户需求的物流服务往往是综合性的或连续性的，物流企业为了完成完整的物流服务，在自身物流服务阶段完成后，需要借助于其他物流企业的功能完成下一阶段的物流服务。基于这种原因的联合是供应链管理模式下的物流功能整合。

3）内部化与外部化成本比较

对于物流企业，组织每项物流服务都存在成本，既体现为内部化成本，也体现为外部化成本。企业内部化和市场外部化是两个相对的概念，科斯在《企业性质》中指出企业和市场是可以相互替代的，市场是企业进行外部化的产物。对于物流企业，内部化和外部化的比较同样存在。如果物流企业将某项物流功能或某阶段服务进行内部化时的成本（即企业自身承担本项功能和服务的组织）高于市场购买时的外部化成本，物流企业则往往将这些物流功能或物流服务通过契约形式外包给其他物流企业，即通过外部化购买而满足需求，物流企业间网络也就得以形成。

3. 网络优势

1）契约关系

物流企业间网络形成的基本途径是用契约关系代替企业内部的上下级组织关系（王德忠，2000）。这种组织方式就是通过市场购买完成相关的物流活动，将某项企业功能进行外部化，本质是用市场机制代替企业机制，实现对资源的整合和重新配置。但这种契约关系与企业规模存在关联，大型物流企业间或大型物流企业与中小物流企业之间可能采用相对稳定的契约合同，而许多物流企业之间的契约为1年，如表6-8所示。在发达国家，这种契约关系则是比较稳定，避免了物流市场价格机制的影响。我国物流企业间的合作仍需要加强。

2）降低组织成本

契约关系实际上是市场交易行为，企业间网络通过契约将企业内部的组织成本转换为市场交易成本，这意味着物流企业增加了交易成本。这种交易成本仅表现为稳定的物流服务价格成本，减少了信息搜集、谈判及毁约后的诉讼等成本，并且交易成本的增加低于物流企业内部组织成本的降低。通过物流企业间网络，物流企业节省了空间组织成本。这包括两部分：①节省物流企业设置企业网络（如分公司、办事处）的组织成本；②业务能力的共享降低了组织物流活动的物流成本。同时，相互间的合作使零散物流获得规模经济。此外，由于物流企业多处于不同地域，这种网络有助于避开不同地域的行政壁垒，对跨国物流企业尤为重要。这种合作网络打破了原有物流组织的规则，为物流资源的共享创造了条件。

3）扩大了市场范围，提高了物流组织能力

基于企业间网络，物流企业可通过其他企业的空间网络完成物流组织活动，一定程度上扩大了企业的网络范围，将尽可能多的地域纳入物流网络。此时，任何物流企业的空间网络就不再局限于原来的自身网络，而是包括多家物流企业在地域上所形成的空间网络。这种物流网络的扩大势必带来市场范围的扩大。例如，2001 年 3 月 2 日起，在广州-昆明航线上，南方航空与云南航空实行联名式代码共享，视对方的航班为自己的航班，统一运价，所得收益按一定比例分配，双方航班密度增加至每天 4～6 个航班。

企业网络的形成带来了物流活动能力的提高。此时，物流企业的组织能力包括两部分：自身网络下的组织能力和企业间网络下的组织能力。物流企业通过其他企业的网络，在尽可能多的地域上组织物流活动，提高了物流企业的规模效益和企业利润。

4）延伸物流服务链

物流企业间网络形成的动力之一，就是物流功能的有限性。物流服务内容或物流服务阶段不同，说明企业的物流服务链比较短。不同物流服务领域或服务阶段的合作，可融合不同物流企业的物流功能，形成较为完整的物流服务链。对于一家物流企业，通过企业间网络将物流功能向上游或下游扩展，延伸物流服务链，提高了物流企业组织物流活动的能力，使物流企业提供较为综合性的物流服务。

4. 网络运作程序

对于物流企业间网络的运作，采用一种简单的假设进行解释，主要遵循以下运作程序，如图 6-11 所示。

物流企业之间的决策部门，尤其是公司总部或总公司之间进行协商，通过契约形成合作关系。同时，将这种合作关系传达至各级分支机构，如区域分公司、地方分公司、办事处或营业点。这种合作关系主要表现为以下方式（图 6-11）。

（1）物流企业 a 的物流活动，跨越自身运营空间 A，进入物流企业 b 的运营空间 B 内，企业 a 在运营空间 A 和 B 交界处的某网点，将物流活动的组织交接于企业 b。企业 b 通过自身网络在空间 B 内完成物流活动的组织。

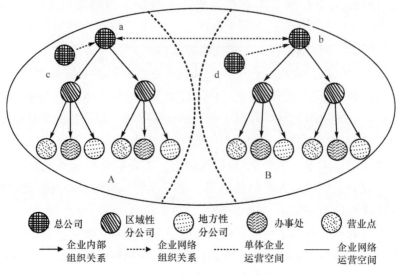

图 6-11 物流企业间网络图解

（2）企业 a 的物流活动跨越自身运营空间 A，进入企业 b 的运营空间 B 内完成物流组织，但由于企业 a 在空间 B 内不具备市场营销能力，返程运输工具处于空载状态，企业 a 将返程载运交由企业 b。企业 b 通过市场营销，为企业 a 的运输工具进行返程装载，并由企业 a 完成载运活动。

（3）由于物流企业 c（或 d）仅具有某项物流功能或某阶段的组织能力，本身不具备完整的物流功能。企业 c（或 d）在自身物流阶段完成组织后，将随后的物流组织交由企业 a（或 b）来完成。

5. 网络联系

对于物流企业间网络，其联系主要是垂直性经济联系和空间联系。

（1）从空间角度来看，不同的物流企业具有各自的主导活动空间，在越出该范围的地域，物流企业组织和执行物流活动的成本比较高，通过企业间网络则避免了该问题。实际上这是同一种企业活动在不同空间内的执行组织。由于不同物流企业具有相同的功能，经济联系不是企业间网络形成的关键动力，而空间隔离是主要原因，所以这种联系可称为空间联系。王辑慈和童昕（2001）认为是以单个企业独立存在还是"捆绑"在网络内，不仅取决于企业间物质联系和有形联系的强弱，还取决于彼此的空间关系。美国 USCO 物流公司，通过吸收欧洲、南美洲的物流企业加入以自己为盟主的物流联盟，以形成全球性的物流网络。

物流企业的空间网络模式与组织机理

（2）从物流功能来看，各物流企业具有不同的主导功能，企业间网络将产业链上不同阶段内的物流企业进行联合而形成网络。目的是借助各物流企业的主导功能，组织和执行完整的物流服务，企业之间是明显的垂直性经济联系。因此而形成的企业间网络，其空间内涵往往表现不明显。例如，南方物流以招标形式，吸引小型物流企业或运输公司、车队以合作协议的形式加入该公司网络；公司有自备车辆 300 余台，与全国 280 多个车队、超过 1.28 万辆货车有长期紧密的合作，在全国建有 50 条运输专线（宗会明等，2009）。

不同物流企业在产业链和价值链中的位置主要分为两类。

第一类为"企业 a 总部→企业 b 总部→企业 a 区域分公司→企业 a 业务受理点、办事处和地方分公司→企业 b 区域分公司→企业 b 业务受理点、办事处和地方分公司"，其功能位置为"营销、谈判、指挥、控制→营销、谈判、指挥、控制→区域性营销、谈判、指挥、控制和中转→操作、外联→区域性营销、谈判、指挥、控制和中转→操作、外联"。

第二类为"物流企业 c 或 d→物流企业 b 或 a 总部→区域分公司→业务受理点、办事处和地方分公司"，其功能位置为"营销、外联、谈判→营销、谈判、指挥、控制→区域性营销、谈判、指挥、控制和中转→操作、外联"。

6. 案例：华商纵横物流

华商纵横物流有限公司成立于 1998 年，是原国家外经贸部批准的专业化物流企业，并获得交通部授予的无船承运人资格。该企业主要从事中国各港口至世界各地的集装箱班轮、散杂货运输，办理出口货物的订舱、配载、提单签发、保险等业务。华商纵横物流的总部设在北京，目前已在天津、大连、青岛、上海、宁波、福州、厦门、广州和深圳等口岸城市设立分公司。①活动地域：华商纵横物流的网络设置决定了该企业的主导活动空间集中在东部沿海的口岸城市，国内其他地区和国外地区，活动能力无法覆盖。②物流功能：该企业主要是从事东南沿海地区的集装箱运输和仓储及配送等物流活动，不具备全国范围的集装箱运输和配送功能。受物流功能和活动空间局限性的影响，该企业在组织物流服务时面临很大的成本压力。为了克服这种缺陷，华商纵横物流采用了企业联盟的方式构筑全国和国际网络，联盟企业包括厦门海投物流、比利时集装箱班轮公司、马士基物流、总统轮船、达飞轮船、日本邮船等物流企业。通过物流企业间网络，华商纵横物流完成了在全国 32 个城市（不包括自有网络单元）和亚洲、非洲、美洲、欧洲等 32 个国家近 40 个城市的网络构筑（图 6-12），实现了集装箱在中国和全球范围内的运输、仓储和配送物流过程。

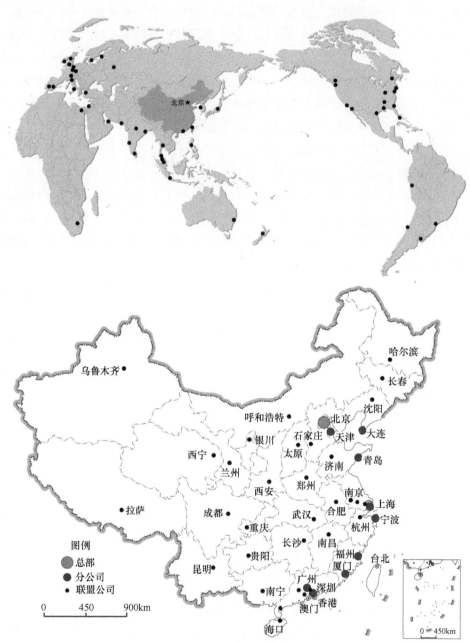

图6-12　华商纵横物流的企业间网络

三、物流企业-客户网络

1. 研究说明

物流企业-客户网络是指物流企业与客户所组成的联系网络。这种网络是物流企业纵向整合的一种结果，是供应链上存在供需关系的工商企业与物流企业的关系网络。一般而言，物流企业的客户可分为长期客户和短期客户两类；前者是指将所有企业物流和部分企业物流外包给固定物流企业的客户，即完全地实现企业物流社会化，而后者指将部分物流或全部物流业务临时委托给物流企业进行组织的客户。前文分析已表明，长期物流外包比较少，而临时性的物流委托比较多，这与企业物流的社会化进程和物流企业的发展水平相关。

客户企业数量的多少和物流合作时间的长短，往往决定了物流企业和客户间组织关系的不同（李仕兵和林向红，2003）。根据物流企业同客户企业间业务往来的紧密程度、合作时间的长短及信任关系，将企业与客户间的网络简单地分为三类：紧随型、紧密多伙伴型和分散型。其中，紧随型容易在空间上形成物流企业-客户网络，后两者虽形成物流企业-客户网络，但空间内涵比较弱。

2. 网络分析

1）紧随型

紧随型物流企业-客户网络，是指物流企业主要服务于少数的大型工商企业尤其是大型制造企业，物流企业同客户企业在网络中呈现"点-点"的空间对应关系。这种企业网络的产生是由于物流企业同客户企业之间，存在着长期物流服务协议，在国际上则表现为全球物流服务协议，本质是一种战略联盟关系。这种服务协议说明物流企业和客户企业的服务与被服务是一种长期而稳定的关系。在物流服务协议之下，物流企业须做到三点。第一，服务内容上，必须承担和组织客户企业要求的所有物流服务，不管物流企业是否具备这种物流功能。第二，服务空间上，必须构筑与客户企业相对应的空间网络，不管客户企业在空间上扩张到哪个国家或地区，物流企业都必须提供与源地相同的物流服务，不管物流企业是否具有这种空间拓展能力。第三，物流企业必须为战略合作伙伴提供量身定做的物流服务模式。这决定了物流企业必须在空间上紧随客户企业的市场拓展，形成"点-点"物流服务的空间关系。这类物流企业一般很少，多是规模比较大的企业，而且这种企业网络模式带有很大的风险，因此多适用于跨国物流企业。

2) 紧密多伙伴型

目前，我国比较成功的物流企业一般是多客户型企业，物流企业相互之间形成比较紧密的客户组织关系。通过签订物流外包合同，多家客户企业同物流企业建立一定时段内的物流服务关系。物流企业在业务组织和空间组织上同客户企业的关系比较紧密，但没有形成"点-点"的空间关系。目前，世界上的物流企业尤其是欧美物流企业多属于该类型，和客户企业通过协议的形式形成稳定的关系。但物流企业不会为单一客户企业投入巨大的投资，构筑与客户企业相对应的空间网络。例如，南方物流的主要客户有 TCL、长虹、格兰仕、康佳、深圳华为、加拿大北电网络公司、美国朗讯公司、美赞臣、格力、福地彩管、新飞电器、康师傅、伊利牛奶等知名企业，其中 1993 年南方物流开始与 TCL 进行简单地业务合作，1996 年成为 TCL 的主要物流服务提供商，1999 年双方合资成立 TCL 南方物流，兴建南方物流惠州基地，合作关系不断强化。

3) 分散型

该类型主要是指物流企业只是小频次地接受客户企业的物流业务，两者之间没有形成稳定的服务关系，由物流市场的随机性来调控两者的关系状态，这种关系决定了物流企业和客户不可能形成对应的空间关系。目前，这种企业网络在中小型物流企业中比较突出，客户企业在无法寻找到理想的物流服务提供商时，只能随机地选择物流企业，这些物流需求限于一次或一系列分散的物流功能，需求是临时性的；物流企业没有按照客户企业独特的业务流程提供个性化的物流服务，与企业价值链是松散的联系，不可能在空间上为客户企业构筑相对应的服务网络。目前，我国物流企业的客户关系主要是这种类型。

第五节　物流企业网络的空间组织

一、企业网络组织形式

企业网络本身就是企业进行空间扩张的一种产物，而企业地理学向来重视企业空间扩张（李小建，1999b）。目前，世界上大型物流企业多采取总公司与分公司的体制，采取总部集权式地物流运作，实行垂直管理，即只有一个指挥中心，其他是操作点。物流企业进行空间组织时存在多种形式，比较普遍的形式有：分公司、办事处、业务受理点和企业联盟。这些组织单元会随着企业经营范围和规模的扩大而不断变化。如表6-9所示。

表6-9 物流企业组织形式的特征对比

组织形式	分公司	办事处	受理点	联盟伙伴
注册	需要注册	需要	不需要	联盟注册
企业功能	完整功能	部分功能	尚未具有	完整功能
客户资源	拥有	少量	没有	拥有
物流设施	完整基础设施	不拥有	拥有	完整基础设施
与总部关系	"母子"关系	"母子"雏形	附属部门	协议合作
物流能力	独立开展	总部支持	能够独立	独立开展

1. 分公司

物流企业在组织企业空间网络时，设置分公司是比较普遍的一种模式。这种单元是一种相对独立的组织形式，企业功能比较齐全。同企业总部一样，分公司可以独立地开展企业活动，进行市场营销和组织物流活动，拥有自己的客户资源、企业资源和市场范围及运营空间，同时与企业总部进行协作以形成整体网络。这种分支机构需要工商注册，一般投资较大，需要进行一定规模的物流设施配置，而且具有较大的市场风险，但对于物流企业的市场规模和网络运作却有关键性作用。对于分公司与企业总部的权属关系，各物流企业的管理方式有所差异，但基本存在三种模式。第一种模式，分公司独立盈利，但上交企业总部一定的利润；第二种模式，分公司没有财务权力，其利润由企业总部进行支配；第三种模式，分公司同企业总部间不存在利润支配的关系，相互间只是业务的协作关系。这种网络单元的部门设置较为完善，职能部门分化明显，已形成市场部、运营部、财务部、客服部等基本职能部门，如表6-10所示。部分地区的分公司职能部门会更多，但主要是运营部的细化，如运营部细化为运输部、报关部、仓储部、配送部和加工部等，但与企业总部相比仍缺少某些职能部门，如企业发展战略部、人力资源部、信息中心、宣传部等。

表6-10 2005年厦门国贸物流的企业网络结构

类型	地点	部门设置
总部	厦门	行政部、财务部、市场部、仓储部、客服部、操作部、企业发展战略部、宣传部、人力资源部
分公司	上海、福州、深圳	市场部、操作部、财务部、客服部
办事处	镇江、义务	销售部、货运处
受理点	广州	操作处
协议伙伴	中国香港、新加坡、中国澳门、马来西亚、美国联航、联邦快递、德国汉莎

在某些相对独立的物流运营区内，分公司由于其规模比较大，区位相对较为重要，而且物流活动的组织规模大，往往适当扩展企业的职能部门，增加控制、指挥及协调的功能，发展成为区域分公司。区域分公司与分公司相比较，其职能部门往往扩展了信息部、人力资源部、宣传部（或广告部）以及小型的企划部（企业发展战略部）。

2. 办事处

办事处是分公司的前身。物流企业为了在某些城市或地区开拓市场，往往先采取办事处的组织模式。这种组织单元的企业功能比较简单，而且不需要大规模地投资，但可以进行本地的市场调研和营销，从事企业外交活动，并把市场信息反馈给总部；独立开展业务，同客户进行谈判，并签订物流合同，承揽一定的物流活动，拥有少量的客户资源。这种网络单元需要进行工商注册，一般很少拥有物流设施，即独立操作物流活动的能力较低，物流活动的开展需要依靠企业总部或其他分公司的支持。这种单元的组织结构简单，尚未形成完整的职能部门结构，一般只有销售部和货运处，前者是市场部的雏形，后者是运营部的雏形。这种组织单元在经过一定时间的发展后，往往扩展为独立的分公司。国际物流企业在进入我国的早期阶段及物流企业在外地设置网点时，往往首先采用办事处的组织模式。目前，大连有97家来自全国各地及国际物流企业的办事处。应指出的是，很多物流企业尤其是跨国物流企业的办事处，其功能实际上已不限于以上内容。

3. 业务受理点

由于物流活动是一种跨区域的活动，物流企业组织这种活动时，往往需要在始发地和目的地之间形成"点-点"的组织模式。很多物流企业在目的地设置一种简单的业务受理点，这种组织单元没有完整的企业功能，只是企业总部的一种附属组织或职能部门，其功能是协助企业总部在目的地完成物流活动，进行相关的衔接任务。这种组织单元不需要注册，投资小，但很有效。业务受理点一般不进行市场营销，没有独立的市场空间和客户资源，但拥有一定的物流设施以操作具体的物流活动；功能单一，未形成完整的职能部门结构，一般只有操作处，即运营部的雏形。但物流企业在某些地域设置网点的目的，是扩大市场规模和统一组织物流活动，一般不采用这种组织模式。业务受理点的物流业务达到一定规模后，往往构建其他职能部门，完善企业功能和物流功能，发展成为分公司。如表6-9和表6-10所示。

物流企业的空间网络模式与组织机理

4. 企业联盟

企业联盟也可以称为联营伙伴。并非所有的物流企业都能在全国各地构筑物流网点，在全国各地设置分公司、办事处和业务受理点以构筑企业网络的空间组织模式，仍局限于大型物流企业。但物流活动是一种跨区域进行组织的经济行为。物流企业为了降低物流成本和组织成本，通常在某些地区寻找能在物流业务上形成联盟的物流企业进行合作，通过契约形成企业联盟。目前，多数物流企业采用该模式构建物流网络。其合作多是采用以下方式：物流企业将货物发往某城市或地区，此城市或地区的联盟企业负责货物配送，并对返程车辆提供货物配载。

二、企业网络组织原则

1. 通道原则

物流企业的企业行为是组织物流活动，而物流活动的主要形式是运输、仓储和配送，其中运输和配送是沿着运输路线而发生的动态过程，物流行为主要发生在线状的交通通道上。为了便于组织物流活动，扩大企业的物流业务量，实现规模经济，物流企业往往沿着主要的交通通道进行企业网络单元的区位选择和布局，就近扩大市场。这种空间组织模式符合地理学提出的经济要素基本扩散模式–接触扩散（Laulajainen 和 Stafford，1995），也符合张文尝等学者（2002）提出的交通经济带理论，交通通道成为物流企业网络组织的基本参照。在我国，京广线、京沪线、陇海线、哈大线等交通通道沿线的城市，往往成为物流企业进行网点布局的首选区位。物流企业网点的空间组织呈现出一定的"串珠"模式，部分地区呈现"项链"模式。如图 6-13 所示，台湾大荣物流的网点设置，形成以高速公路和高等级公路为轴的"串珠"状分布。

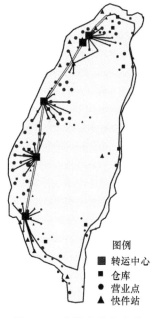

图例
■ 转运中心
▪ 仓库
● 营业点
▲ 快件站

图 6-13　台湾大荣物流的
企业网络设置模式

2. 梯度原则

从多数物流企业案例来看，网络单元的空间组织基本遵循了梯度原则，即从"特大城市→大城市→中等城市→小城市"逐次推进的布局模式。这种模式反映了企业网络单元的设置同城市之间的经济交流强度有紧密关系。这符合地理学所提出的等级扩散（Laulajainen and Stafford，1995），符合地理要素空间集散的一般性规律。例如，招商局物流集团的设置模式：北京总部（1993）→上海（1994）→深圳（1998）→南京、天津、武汉和西安（2000）→广州和青岛（2001）→大连、珠海、成都、芜湖、惠州和漳州（2002）。具体如图6-14所示。这种梯度原则往往有两种情况：①如果物流企业总部在特大城市，网点设置遵循梯度原则；②如果物流企业总部不在特大城市而处于中小城市，网点设置首先遵循反梯度原则，然后再遵循梯度原则，或总部形成反梯度原则而其他网点形成梯度原则。

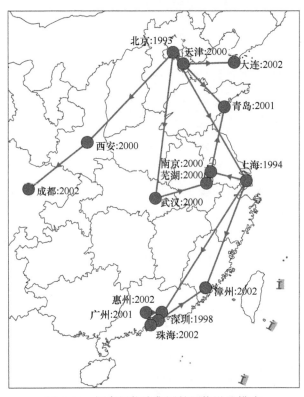

图6-14　招商局物流集团的网络设置模式

3. 就近原则

尽管物流企业在组织空间网络时遵循通道原则和梯度原则，但往往也首先考虑临近地区的网点设置。因为企业总部对邻近地区的物流市场和经济政策以及其他因素更为熟悉，在这些地区设置网点，便于企业总部同网点之间的交流和联系。如图6-14所示，招商局物流集团围绕着上海和深圳—广州两个核心，在长江三角洲和珠江三角洲进行密度较高的网点布局。图6-15说明，广州鑫昌物流围绕着广州和南昌两个核心，分别在广东省和江西省设置网点，形成"哑铃"模式。

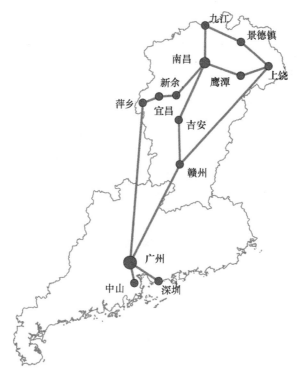

图 6-15　广州鑫昌物流的企业网点设置模式

三、企业网络组织模式

物流企业网点的设置，实际上是企业的一种空间拓展或扩张。企业组织的扩展过程是由最初所处区域向其他区域不断渗透的过程（孟宪昌，2001；盛昭瀚和卢锐，2001）。在企业扩张模型中，Hakanson（1979）的模型表明单体企业从某区域到其他区域的扩张过程中，其拓展决定于市场培育，决定于营销活动向新领域扩展的速度和生产能力的增长速度，如图6-16所示。Dicken和Thrift（1992）的模型则反映了跨国公司从局部区位优势到多区位优势的演变。

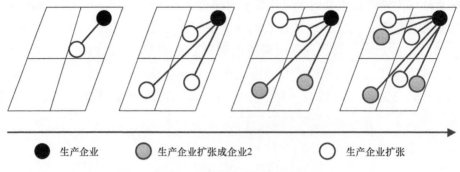

| ● 生产企业 | ● 生产企业扩张成企业2 | ○ 生产企业扩张 |

图 6-16　企业的时空拓展模式

物流企业作为一种流通性的企业组织形式，其空间拓展与其他类型企业不同。根据其空间拓展方式，可分为以下类型。

1. 线型拓展

企业扩张必须以占有市场的空间扩展为基本条件（孟宪昌，2001），市场空间拓展的重要途径是以贸易为中介，将服务延伸至其他区域的市场。物流活动是一种空间位移行为，主要沿着交通路线进行组织，所以物流企业的市场空间也往往呈现线性空间。为了使物流活动顺利完成，物流企业往往沿着交通线路依次在主要中转点或途经点，设置企业网络单元，以形成完整的运作线路。这种方式就形成了以交通路线为基础而依次推进的线型拓展。这是目前物流企业进行空间拓展的主要模式，也是最有效的空间模式。如图 6-17 所示。招商局物流集团在上海（1994 年）、深圳（1998 年）设置第一和第二个网点时就形成这种模式（图 6-14）。

2. 外扩内缩式

前文分析提到，物流企业组织物流活动时，往往要求形成"点到点"的空间模式。许多物流企业在某地域尚未设置企业网络单元，但物流活动又必须达到此地，所以物流企业在此地设置网点，然后由企业所在地和网点所在地分别向前拓展，呈现相向拓展的空间模式。作者将其称为外扩内缩式，因为外扩在前。这种扩展方式扩大市场空间的同时，逆向设置网点以充实其中的市场空隙，如图 6-17 所示。招商局物流集团在上海（1994 年）、南京（2000 年）、青岛（2001年）、天津（2000 年）设置网点时就形成这种模式（图 6-14）。

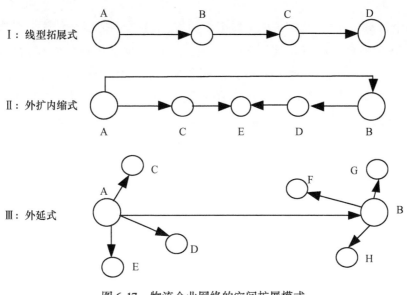

Ⅰ: 线型拓展式

Ⅱ: 外扩内缩式

Ⅲ: 外延式

图 6-17　物流企业网络的空间扩展模式

3. 外延式

企业市场拓展的途径之一是直接在某地设置企业网点（李小建，2001），占领最大市场或次要市场，并不考虑市场是否邻近，然后围绕企业网点向四周扩展市场空间。物流企业网络的设置也存在这种模式。物流企业所在地和企业网点所在地相距很远，相互间的物流业务协作也很少，市场相互独立，分别向四周拓展市场空间。通过这种模式，物流企业建立起庞大的物流运作网络，如图 6-17 所示。招商局物流集团在上海（1994 年）、南京（2000 年）、芜湖（2002 年）、漳州（2002 年）、惠州（2002 年）、深圳（1998 年）、珠海（2002 年）、广州（2001 年）设置企业网点时就形成了这种模式，如图 6-14 所示。这种模式在广州鑫昌物流的网点拓展中也较为明显，如图 6-15 所示，鑫昌物流首先在广州和南昌之间形成两个核心，然后由两个核心分别在各邻近区域扩展市场。

物流企业在网点设置时，往往采用更复合化的空间组织模式，集成了以上各种模式。例如，1993 年，顺丰快递成立于香港，同年在顺德成立分公司，业务范围仅限于广东和香港，尤其往返于香港和顺德之间，是典型的近距离扩散。2002 年之前，所有业务限定在华南范围内，采用加盟制来扩大规模。2001 年开始，从蜗居顺德一隅的单点布局发展为覆盖珠江三角洲，进而拓展到长江三角洲，并从华南先后扩展至华东、华中、华北，2007 年和 2008 年分别拓展至台湾、澳门，2010 年扩展至新加坡，2011 年拓展至韩国、马来西亚、日本，2012 年企业网点延伸至美国。截至目前，顺丰快递已经成为我国最大的民营快递企业，在全国拥有 38 家直属分公司、3 个分拨中心、近 100 个中转站、4000 多个基层营业网点，覆盖 260 个大中城市及 1430 多个县级市或城镇，在港澳台地区和国外设立了网点，拥有 1200 余条陆运干线和 6000 多辆自营车辆、全货运专机。

物流企业的空间网络模式与组织机理

第七章

物流企业网络的空间运营

物流企业是承担物流活动的企业实体，须构建物流网络以完成各类物流活动在空间上的连续性位移和物流服务增值过程，体现"流动性"的企业空间运营是物流企业网络空间组织的重要部分。本章在简要阐述物流企业的货物类型和服务地域结构的基础上，从路线物流、节点物流和物流网络三个角度，系统地分析了物流企业网络的一般性空间运营机制。探讨了路线运输的概念、类型和优势及组织模式，考察了其运行机理和运输专线的类型分异，揭示了运输专线组织的演进过程和经济机理。简要评述了国内外物流配送的发展历程，刻画了物流配送的空间结构，包括城市内部配送、城市区域配送和区域配送，并分析了其流程，提出了物流配送时域圈的概念与空间系统。阐述了物流网络的概念，考察了其形成机理，重点从范围经济、规模经济和网络经济揭示了其经济机理，并刻画了物流网络的形态分异和演化过程，从网络结构、流动轨迹和信息管理等方面揭示了物流网络的运行机制。

第一节　路线物流组织模式

一、路线运输

1. 货物分类

任何企业都有核心的产品和主导的经济活动，而这种产品和经济活动往往决定了其企业活动的主导组织模式与资源配置模式。在物流市场上，有形的商品或货物是主要的市场客体，客体种类或规模的不同会使物流企业采用不同的组织和运营模式，进而决定物流企业的企业资源和物流资源配置模式。因此，分析物流企业的空间运营之前，应首先探讨其货物的构成结构。根据对大量物流企业样本的分析，本研究认为同物流企业运营较为紧密的是零担货物和整车货物的分类。

这种类型的划分与货物的批量规模是直接相关的,但不同规模的货物往往采用不同的物流组织模式,这影响了物流企业资源的配置模式。其中,零担货物尤为重要,是目前各城市最难解决的物流问题,而且是深刻影响物流企业空间组织的货物。

1)整车货物

整车货物主要是指计费重量在 3t 以上的货物,货物重不足 3t,但性质、体积和形状需要整辆车运输的也属于整批货物。这种货物的数量可装满整辆货车,或按商品性质必须使用一辆车装运,即由同一发运站和发货单位将同种商品运往同一到站且由同一单位收货。整车的货物运营比较单一,易于组织运输。应指出的是,这种货物的计费重量标准存在一定的缺陷,随着大型运输工具的出现,其载运量已远超过 3t,所以整车货物的组织只能以是否单一整车发运为标准。整车货物多通过个别租赁的方式来实现运输,无固定路线与班次,根据客户需求而定,缺乏明确的运营组织。美国专家认为整车货物适合"点到点"的直接运输组织。运输管制放松以后,整车运输向小规模和专业化方向发展,在不拥有固定站场的优势下尽量利用回空车捎载(荣朝和,2002)。

2)零担货物

零担货物的定义尚未统一,但它是与整车货物相对的一个概念。花房陵(2002)认为零担运输是指在同辆车中混装几个货主的货物而进行运输的组织方式。物流学界认为,托运人一次托运重量在 3t 以下的货物为零担货物,物流企业将不同货主的货物按同一到站的准则,凑整一车后再进行发运。这种货物的特点是收发的货物单位多,地点分散且不固定,种类繁多,批数众多,但批量较小,流向分散。零担物流已经成为物流行业越来越重要的一种物流模式。

零担货物的特点决定了汽车组织零担货物运输具有绝对优势。目前,物流企业已发展了定路线、定时间的零担班车,提供门到门的物流服务。我国的零担运输已有较长的历史,目前主要问题是专线运输过于分散,以个体和私营经济为主,难以形成物流网络。美国物流学家认为零担运输的规模经济体现在网络上,物流企业利用物流网络将小批量物流集成为大批量物流,从而形成规模化操作。在台湾地区,从事零担运输的典型物流企业有大荣、新竹和中连等企业。1980年美国颁布了《公路运输法》,允许运输企业扩展服务网络和承运各种运量的运输,这使运输企业把原承担的整车运输转移给小型承运人,自身侧重发展零担运输,服务范围扩展到全国,而无法提供全国服务的运输企业则倒闭破产,这是《公路运输法》对零担运输企业实现规模经济的影响之一。管制放松主要体现在运输线路和货物种类等领域,过去在网络方面束缚零担运输的限制一旦消除,物流市场和物流企业的空间网络组织都会迅速产生响应（荣朝和，2002）。

我国零担物流市场庞大，公路零担物流企业约有 78 万家，总数量超过其他国家零担企业数量的总和，且每年以 15% 左右的速度增长。我国公路零担物流前 20 名的企业所占的市场份额不到 2%，而美国前 5 位零担公路运输公司垄断了美国 90% 的市场份额。其中，天地华宇、德邦物流和通成物流位居我国零担物流市场的前 3 强，前 5 强的市场份额也不足 1%。具体如表 7-1 所示。

表 7-1 我国主要零担物流企业的市场份额

物流企业	市场占有率/%
天地华宇集团	0. 34
德邦物流股份有限公司	0. 26
新时代通成（上海）物流集团	0. 17
上海佳吉快运有限公司	0. 13
中铁物流集团有限公司	0. 08
远成集团有限公司	0. 05
其他企业	98. 97

2. 路线运输

物流过程是由许多运动过程和相对停顿过程组成的，两种不同形式的运动过程或相同形式的两次运动过程中都有暂时的停顿。物流活动组织就是由执行运动使命的路线组织和执行停顿使命的结点组织所完成的。线路上进行的物流要素流动主要是运输和配送。如果着眼于组织形式的不同，运输包括集货运输、零担运输和干线运输等，如果从更宏观地角度讲，则形成了运输通道或综合运输走廊；如果着眼于实现手段的不同，则包括公路、铁路、水运和航空等线路运输形式。

路线运输是指以交通运输线为依托，将货物由始发地区向终点地区进行输送，期间所经由的地区、城市、物流园区等形成了路径性的运输类型。近些年来，欧美国家由于物流量急剧增加而造成城市道路拥挤、运输效率下降、运输成本增加。为了提高顾客服务水平和保持市场竞争力，许多物流企业推行了"路线发送"和"时间表式的发送"等计划性运输。具体操作是按物流目的地对物流量进行分区（一般按城市）划分，在此基础上确定运输时间间隔和到达目的地的具体时间。这种组织方式，有人称为"路线发送"，由于按照时间表进行运输，又称为"行车时间表式的配送"。在日本，这种组织方式被称为"定路线配送"或"定时配送"。这种组织模式带有深刻的计划性。

路线运输按照组织是否固定或是否有计划性的准则，可分为定期运输和非定期运输，其中定期运输是本研究的考察重点。定期运输也称为专线运输，是一种固定的运输方式。海洋运输中有班轮运输，指船舶按照固定船期表，沿着固定航线和港口运输，并按固定的运费率收取费用。航空运输中有班机运输，指航空器定期开航，按确定的航线、始发机场和目的机场、途经机场进行飞行。铁路运输受轨道和车站的影响，时间固定性的特征更为明显。这都是较为固定的运输方式。

在全球尺度内，重要的集装箱班轮航线有大西洋航线和太平洋航线

1）大西洋航线

西北欧—北美

西欧、北美东海岸—加勒比海

西欧、北美东海岸—远东（经地中海、苏伊士运河）

西欧、北美东海岸—远东（经好望角）

南美东海岸—远东（经好望角）

西欧、地中海—南美东海岸

2）太平洋航线

远东—北美西海岸

远东—加勒比海、北美东海岸

远东—南美西海岸

澳新—北美东海岸、北美西海岸

远东—澳新地区

远东—东南亚—中东

目前，定期运输成为交通运输的重要空间组织模式，广泛应用在铁路、公路、航空和航运的运输组织中。由于概念内涵和运作机理相似，本研究重点分析公路物流的专线运输。

3. 专线运输

目前，由于各个城市的零担货物比较多，而且频率高、服务需求分散，如何科学合理地组织零担货物的物流活动对提高社会流通效率尤为重要。零担运输是一种路线运输，指零担货物的受理、仓储、运输、中转、装卸、交付等过程。目前，零担货物比较普遍的运输组织模式是专线运输。汤宇卿（2002）将流通路线界定为"客体在主体之间进行空间运动的方向和轨迹"，任何一次流通至少要联结两个主体，并沿着某方向运动一段距离，结果形成一定的流通路线。专线运输

的概念最初源于铁路运输，这种运输形式形成了运输专线的空间组织模式。

一般而言，专线运输又称为"路线运输"或"定期运输"，是一种在固定线路上定期运行的运输组织模式，是安排固定的车辆，把多个货主的小批量零担货物进行混装运输，并按固定运价收取费用的物流组织模式。其中"专线"是指运输节点间的运动路线、运输端点和途经节点均是固定的地区或城市，即固定的行驶路线；"定期运行"是指物流企业在运行路线上固定班次、固定出发时间和固定场站的组织模式；"混装"是将许多货主的货物装在同一载运工具内进行运输。部分学者将这种组织模式称为"共同集货"，即运输专线是一种集中作业。这种运输组织模式的投资很大，必须拥有一定比重的市场占用率，但为客户提供频率相对较高的物流服务，在较大的地理范围内不经过其他承运人，直接送达货物。

4. 优势特点

专线运输的空间组织模式，主要具有如下优势和特征。①计划性强，客户可按运输专线的运营时间表安排工作计划。②运价固定，便于客户核算和选择运输方式。③有利于杂货和小批量、零星货物运输。④手续简便，便于采用，风险小。早在1997年底，北京的物流企业就与全国25个省市开通了运输专线70多条（不包括铁路）；南京玄武湖货运市场600多家物流企业共设置通往全国各地的运输专线近100条。例如，北京鑫八达货运设置的运输专线如表7-2所示。各个物流企业的运输专线设置不同，这同物流企业的规模和运营能力有很大关系，如重庆佳利明物流有限公司的运输专线只有一条：重庆—武汉—南京。

表7-2　北京鑫八达货运有限公司运输专线

序号	起点	中转点	终点
1	北京	蚌埠、合肥、芜湖	安庆
2	北京	徐州、南京、镇江	常州
3	北京	杭州、宁波、义乌	金华
4	北京	南昌、厦门、泉州	福州

二、专线运输组织模式

根据专线运输始发城市和目的地城市及与途经城市的空间关系，可将运输专线分为三类空间组织形态，如图7-1所示。

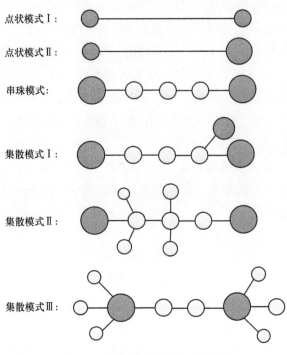

点状模式Ⅰ：

点状模式Ⅱ：

串珠模式：

集散模式Ⅰ：

集散模式Ⅱ：

集散模式Ⅲ：

图 7-1　运输专线的空间组织形态

1. 点状模式

该模式主要是指物流活动的始发城市和终点城市直接联通，形成直达运输的空间组织形态，中间不再途经其他城市。此过程中只利用一种交通方式就可完成运输过程，企业网络均为端点城市所布设的分支机构。根据始发城市和终点城市的规模和重要性不同，可细分为两种类型。

（1）类型Ⅰ：端点城市具有相同的规模或重要性，均为大城市或特大城市，形成双向性的物流组织形态。这类组织模式主要发生在中心城市之间，例如山东的济南—青岛、辽宁的沈阳—大连、河南的郑州—开封等运输专线。

（2）类型Ⅱ：端点城市不具有相对等的规模或地位，物流活动具有明显的单向性，始发城市是中小城市，而目的地城市是大型城市或特大型城市，形成一种集束性的点状组织模式。这类组织模式主要发生在大都市与邻近的地区之间，例如上海与长江三角洲的其他城市（不包括杭州和南京）。

2. 串珠状模式

该模式是由两端城市和途经中间城市共同形成的物流组织模式。期间可能形成单一运输方式，也可能存在不同交通方式的联合运输。不同节点上，物流企业均设置分支机构或形成物流企业间网络。这类模式一般跨越较长的空间距离，途经很多城市，不断补充新的货物并卸载已到达目的地的货物。两个端点城市往往是大型或特大城市，中间途经城市多是中小城市，是点状模式在更长更远距离内的拓展。

3. 集散模式

这类模式开始趋于复杂化，但未形成网络。集散模式主要是指从始发城市途经若干城市后，在中间的某城市或几个城市分化形成少数的分支路线，但核心路线仍发生在两个核心城市之间。大致形成以下三种分异类型。

（1）类型Ⅰ：分化式。主要是在串珠状运输专线的基础上，物流企业在某一中间城市，延伸出至第二个最终目的地城市的分支专线，但核心路线仍未发生改变。三个核心端点城市往往是大型或特大城市，产生分支专线的城市不一定规模很大。

（2）类型Ⅱ：集束式。主要是在串珠状的组织基础上，以两端的大型城市为始发点和目的地，构建运输专线基本路径，为了对不断卸载的货物进行再补充，在途经的若干中间城市与周边邻近中小城市形成小范围内的喂给网络，以此形成的空间组织模式。

（3）类型Ⅲ：轴辐式。在综合集成分化式和集束式两类模式的基础上，以两端城市所形成的运输专线为主轴，以两端城市为主轴心，以专线上的其他途经城市为次轴心，与周边的中小城市形成规模不一的喂给网络，由此形成更复杂的空间组织模式。这种空间组织模式仍保留了运输专线的核心特征，尚未形成相互连通的空间网络。

三、专线运输运作机理

1. 物流组织条件

运输专线是一种运输组织模式，根本属性是一种集货运输。物流企业组织这种运输必须具备一定的条件，需要编制各种路线的计划表，并拥有固定的运输工具，同时拥有一定面积的固定场站，便于货物分类、储存和配送。根据《道路零担货物运输管理办法（1996）》和目前现行的《道路货物运输业户开业技术经济条件（试行）》，物流企业开展专线运输要达到以下条件。①须拥有运输车辆五辆以上，有固定的营业场所。②须使用防雨、防尘、防火、防盗的箱式专用货车或封闭式专用设备，并喷涂"零担货运"或"专线运输"的标志。③应具有与其经营规模相适应的搬运装卸设备。④应拥有一定面积的仓储或场站，其面积应达到 $200m^2$，超过五辆车的物流企业每增加一辆车应增加仓储面积 $20m^2$。⑤仓储场地应具有防火、防盗和防潮设施，有固定的业务人员，持有运管机关核发的上岗证。江苏、南京、广东、北京等省市对零担货物的专线运输均做出了相关规定。20 世纪 70 年代美国放松管制以来，公路运输企业逐步分化成整车运输企业和零担运输企业。其中，零担运输企业朝着"轴—辐"结构的大型企业方向发展，通过庞大的集散中转网络为更多的货主提供服务，并提高车辆实载率。目前，美国的零担企业通过兼并和重组的集中化，逐步形成三家零担运输企业，即 Roadway、Yellow 和 CNF Transportation（荣朝和，2002）。

2. 运输专线运作程序

运输专线要遵循以下程序：收货→集货→输送→分货→分送。具体可分为以下阶段的物流活动组织，运作机制如图 7-2 所示。这种组织模式提高了车辆的运输效率，降低了运输成本，有效解决了多客户、小批量、多目的地的运输组织难题。一般而言，运输专线属于某家物流企业独立经营，但也会由几家企业共同经营，以达到运营规模和资源共享。

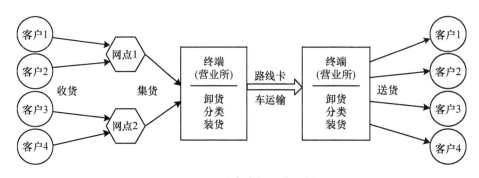

图 7-2　运输专线的运营机制

（1）收货：这是运输专线的第一步，物流企业通过城市内部的各个营业点从不同的客户（包括企业和终端消费者）收集各类货物，采用小型货车或短程车辆，将货物从各营业点集中至配送中心或堆场，或者物流企业直接收集各个客户的小批量货物，即上门取货，或由客户输送。

（2）集货：在配送中心或堆场，物流企业对货物进行再整理，将发往相同方向或相同城市的货物集中，以达到整车运输的规模，实现"集零为整"。

（3）输送：货物达到整车的规模后，在集货场站或配送中心，将货物装载到大型长途载运工具，沿固定的路线和按固定的时间发往固定的城市。

（4）分货：长途运载工具将货物运至对接城市网点的固定场站（或配送中心），由于物流企业还有来自其他专线的货物，需要对货物按客户地址和城市配送路线进行分货，即"化整为零"、"集零为整"。

（5）分送：由短程车辆或小型车辆按照一定的配送路线，将货物分送到各需求者或消费者，即"上门送货"（荣朝和，2002）。

3. 运输专线经济机理

许多学者认为运输组织的基本原理是规模经济（王槐林和刘明菲，2002；黄福华，2002）。规模经济是随着装载规模的增长，每单位重量货物的运输成本下降的现象。因为运输货物的固定费用按整票货物的重量进行分摊，货物越重，每单位重量的运输成本就越低。专线运输是零担货物运输组织实现规模经济的体现。单一客户的货物批量比较小，难以形成规模，运输专线按规模经济的原理，将不同客户相同目的地的零担货物适当集中，使其作业量达到整车运输的规模以获得规模效益，降低物流企业的运作成本。在不同货物之间，同一种类型货物的物流组织尽可能集中，按照该类货物的技术经济属性，选择与其相适宜的运输工具和装卸设施、场地及配套设施，建立专业化的运输专线，如冷藏货物的运输。

运输专线的经济机理可通过成本曲线图确定。假设运输专线在一定时期内的规模（即投入的固定资产，如场地、车辆、装卸设备等）不变，仅劳动对象（物流活动）发生改变，由此引起整体经济收益随物流量的增长而变化，整个变化过程符合收益递增规律（沈伽，1998）。成本曲线法要求物流企业根据每批量零担货物的成本曲线图确定成本曲线（以物流量为横坐标，以单位物流量的成本为纵坐标），如图 7-3 所示。图中 SAC1、SAC2、SAC3、SAC4 曲线均为每批量零担货物的成本曲线，即零担物流在 4 种规模（Q1、Q2、Q3、Q4）下分别对应的成本曲线，且 Q1<Q2<Q3<Q4。运输专线的成本曲线是根据每批量的成本曲线绘制

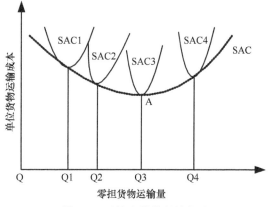

图 7-3　运输专线的经济机理

而成，被称为零担物流成本曲线的包络线。由图7-4可知，运输专线的成本曲线呈U型。这表明物流量与成本的关系存在一定规律：物流量规模逐步扩大时，即零担物流的集中规模扩大，运输专线的运营成本下降，成本曲线向下倾斜，这时被视为具有规模经济性；当到A点时，即物流量达到Q3规模，运输专线的运营成本达到最低点，此时零担物流的规模正好达到整车物流的组织规模；从A点开始，物流量逐渐增多，其运营成本又逐渐增多，长期成本曲线向上倾斜，这时就被认为是规模不经济性，但达到一定的规模（Qn）后，达到第二辆整车的组织规模后其成本又降低。这就是运输专线在经济上的运行机理。

四、运输专线类型分异

关于运输专线的类型，目前尚未进行分类。根据物流市场既有运输专线的经营规模和利润状况，可将这些专线分为三类。

1. 黄金路线

黄金路线也称为热线，是运输专线较为集中的一种类型。由于物流市场的集中性和繁盛性，物流企业纷纷在某两个城市或两个地区之间设置物流专线，促使两城市间的运输专线成为黄金路线。黄金路线在某城市设置的对外运输专线中往往占有较高的比重，具有突出的地位，是物流企业纷纷参与竞争的热点市场，也是物流企业网络布局的重点地区。在黄金路线中，物流企业的利润比较高，但市场竞争激烈。黄金路线主要是在距离较近的两个中心城市之间组织物流活动，典型的案例有沪宁专线（南京—上海）、沈大专线（沈阳—大连）、京津专线（北京—天津）和济青专线（济南—青岛）。这种运输专线在一定程度上反映了两个城市或两个地区之间具有很强的经济交流和联系。

本研究系统梳理了2005年南京玄武湖货运市场600家物流企业设置的运输专线及班次，并将结果绘制成表7-3和图7-4。由这些图和表可看出，从南京到全国各地的运输专线中，黄金路线有南京—上海、南京—广州、南京—北京、南京—天津，这些路线集中反映了南京与全国特大城市间的经济联系最为频繁。17家企业设置了南京至上海的沪宁专线，是物流企业最重视和青睐的运输专线；其次是南京至京津专线，有10家企业参与物流活动组织。从空间组织的角度来看，这种黄金路线往往采用"点—点"的空间模式，目的是实现两个端点城市之间的快速物流组织和经济联系，减少运输工具的中途停靠，提高时间效益。但空间距离的长短对这种路线的空间组织产生了明显的影响，距离较短的路线主要是"点—点"模式，而距离较远的路线可能倾向于"串珠状"模式。

表7-3   南京始发运输专线的分布结构

目的地	企业数量	目的地	企业数量
上海	17	苏州	8
扬州	5	无锡	7
北京、天津	10	常州	8
武汉	5	深圳	6
重庆	3	长沙	3
哈尔滨	4	郑州	3
杭州	9	南宁	3
宁波	5	福州	4
广州	9	温州	4
合肥	1	金华	3

由表7-3和图7-4可以发现，南京至全国各地的运输专线存在明显的空间分异。第一，目的地主要集中在东部沿海地区，南京至中西部尤其是西部和东北地区的物流专线很少。这是因为公路运输的经济距离决定了南京至中西部和东北地区的物流不适宜于汽车运输，并且各地经济发展的差异决定了这种分异格局。第二，目的地集中在各地区的中心城市，尤其是省会城市，重庆、郑州、武汉、长沙、南宁、广州、福州、杭州、北京、天津、上海、合肥均为省会城市。第三，专线形成了热点地区，如图7-4所示。以南京为核心，形成了南京联系周边城市的专线密集地区，表现在：①运输专线联系的城市数量多，密度较高；②不但联系中心城市，而且联系大量的中等城市，挂靠节点向中小城市进行拓展；③运输专线的数量多，密度大。这种格局在一定程度上反映了距离衰减的空间规律。

2. 普通专线

运输专线中有相当一部分是较为普通的路线。物流企业在这些路线上的竞争并不激烈。在某城市对外的运输专线中，这种路线较为常见，也占有相当高的比重。这些专线往往不集中于某两个地区或城市，目的地较为分散。这种专线运输反映了该城市和其他城市之间的经济联系和交流频率较低，也反映了空间上的距离远近，因为汽车运输主要适用于中短途运输。这种专线市场中，物流企业参与

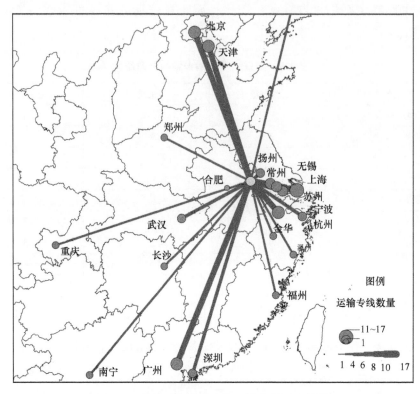

图7-4　南京至全国各地的运输专线地理结构

较少，市场价格也较为稳定，但物流量少，物流利润低于热线。从表7-3和图7-4可看出，从南京到全国各地的运输专线中，普通路线有南京—武汉、南京—福州、南京—温州、南京—深圳等。

3. 低频次专线

低频次专线也被称为冷线，在运输专线中的比重比较低，尚未发育完善。物流企业一般很少在这些地区设置运输专线，低频次专线的运作未能按其要求进行，其发展仍处于培育状态。这种运输专线一般形成于距离比较远的城市之间，这主要由汽车运输的技术经济属性所决定，但数量较少反映了起点城市和目的地城市或中间地区间的经济联系较少。从表7-3和图7-4可看出，南京到全国各地的运输专线中，冷线有南京—重庆、南京—长沙、南京—南宁、南京—郑州等，主要是南京至中西部的专线。

五、运输专线组织演化

运输专线的形成和发展是逐步推进的过程，在不同时期具有不同的特点。根据不同阶段的运营和组织特点，运输专线的演化可分为萌芽阶段、发展雏形阶段、发展规范阶段和成熟完善阶段。

1. 萌芽阶段

萌芽阶段也称为专线运输的初期阶段。在该阶段，物流企业有许多零担货物集中发往某城市，但物流量又难以形成规模化组织，而同客户的契约关系又使物流企业必须组织这些物流活动。因此，物流企业通过物流企业间网络，利用其他物流企业的运输专线来组织和完成物流活动，或者自身将零担运输作为整车运输进行组织。物流企业将物流服务再委托给其他企业进行组织，降低自身的利润，而将零担运输作为整车运输进行组织，降低了车辆实载率而增加运营成本。这促使物流企业在这些城市方向上积极筹备组建运输专线。该阶段，往往具有运输专线的某些特征或需求。

2. 培育雏形阶段

物流企业经过一定时间的准备后，逐步组建运输专线。在运输路线上配置专门的运输工具，但由于处于市场开发的初期阶段，物流量尚未形成规模，未能达到按固定班次、固定时间和固定运价的标准进行标准化操作，只能间隔性地采用运输专线组织模式。但物流企业的组织频率增多，逐渐具备了运输专线的特点。在该阶段，关于运输专线的设置，物流企业可采用联盟的方式组织，不同物流企业在不同城市作为网络成员形成运输专线的衔接站。例如，密山—哈尔滨—北京的运输专线设置就采用该模式，形成以下组织结构：密山（联鑫物流）—哈尔滨（顺迈物流）—北京（通运顺达物流）。

3. 发展规范阶段

物流企业不断开发市场，使企业在该线路上的物流活动逐渐增多，达到一定的规模，可以独立采用整车运输。该阶段，物流企业开始配置专用长途运输车辆，并在对接城市设置网络成员（如分公司），在两个城市之间采用"点到点"的运营方式，购置一定面积的场站和搬运装卸设施，形成配送中心，并按固定的时间、固定的班次（或不定班）组织运输。但该阶段，运输专线的发车频率比较低，即固定时间的周期比较长，尚未形成一天一班的发车频率，但物流活动开始形成双向组织。

4. 成熟完善阶段

随着运输专线的运营，物流企业的物流组织和操作逐步规范化，运营模式也走向稳定，具备了"五个固定"：固定时间、固定车次、固定路线、固定运价和固定场站。该阶段，运输专线完全成熟，具备了运输专线的所有特征，发车频率高，周期短，一天一班或一天两班以上。其他的物流操作也已规范化，包括车辆和物流人员及服务标准和信息传递。物流企业在运输专线上获取规模效益，利润较高。例如，在南京到上海的沪宁专线上，物流企业的专线运输组织比较成熟规范，许多物流企业的组织频率达到一天三班。上海超环物流的运输专线组织形成了每日三班（至南京、杭州）、每日二班（至北京、天津、济南、青岛）、每日一班（至深圳、广州、武汉、长沙、太原）和二日一班（至西安、兰州、西宁、银川、重庆、成都）等4个层次。

第二节　物流配送组织模式

物流环节很多，配送是面向客户提供直接服务的重要一环。物流过程是由许多运动和相对停顿过程组成，物流要素的流动就是由执行运动使命的路线和执行停顿使命的结点两种运动形式所组成的。结点上进行的物流要素停顿包括包装、装卸、仓储、分货、配货、流通加工，并可完成指挥、调度、信息管理等职能，所以物流节点有"物流中枢"之称。如果将概念放大到区域空间，物流中心城市则是宏观的"物流节点"（王之泰，2000）。物流企业想要在激烈的物流市场竞争中占优势，必须构建配送系统，这是现代物流业发展的要求。某种意义上，物流企业的竞争关键在于配送系统的竞争。物流配送专家詹姆斯·阿尔里德指出，通过物流配送能力打竞争战的时代已经悄悄来临（杨海荣，2003）。

一、物流配送的发展历程

1. 发达国家

国外物流发展的实践表明，发展社会化的配送中心是降低物流成本和提高物流效率的有效途径，是现代物流的发展趋势（汝宜红，2002）。配送服务的发展在欧美国家已推行了100多年，理论和实践得到了全面发展。

（1）早在20世纪30年代，发达国家就开始发展物流配送中心。经过几十年的发展，20世纪60年代初期，送货开始向备货、送货一体化的方向转化。该时期，配送是一种粗放型和单一性活动，物流企业配送范围小，规模小，目的是促进产品销售和提高市场占有率。

（2）20世纪60年代中期，欧美实业界组建配送中心，开展货物配装、配载及送货上门服务，配送货物种类日渐增多，配送范围不断扩大。20世纪70年代后，随着西方企业兼并风潮的兴起，物流配送也形成规模效应，集约化不断提高。该阶段，美国开展洲际配送，日本的物流配送由城市扩大到省际，配送的组织形式开始试验共同配送，建立配送体系，物流配送已经成为一种普遍的物流组织形式，并成为现代物流发展的标志。

（3）20世纪80年代后，配送区域扩大到省际、国际和洲际范围，荷兰配送范围扩大到欧盟各国。配送规模、模式都得到迅猛发展，配送中心的数量和规模都在增加，美国的社会化配送中心有250家，日本在各大城市建设了30多个流通中心。配送采取自营配送和转包配送，模式包括一般配送、共同配送和即时配送，配送集约化程度得到提高（丁立言和张铎，2002b）。荷兰国际配送委员会莱恩·彼尔玛指出，到20世纪80年代末为止，欧洲配送中心多是企业自己运作，但这些企业逐渐认识到应采取更灵活的方式，将物流运作交给物流企业操作，所以物流企业运作的配送中心从20世纪90年代开始急速增长。英国GPR公司在1986年有送货点35000个，到1988年合并成1800个，营业额大幅度提高；美国通用食品公司集中建设了20个配送中心，取代以前的100个仓库，通过集中批量取得优势（陈志群，2002）。

2. 中国

随着商品供应方式的改变，20世纪80年代开始，我国流通领域逐步开展商品配送。政府部门有组织和有计划地推动商品物流配送的工作是从20世纪90年代初开始的。1990年，原国家物资部和国家体制改革委员会在经济较发达的无锡等11个城市，进行了以发展配送制为重点的物资流通综合改革试点，建立了一批配送中心。另外，商业企业的物流配送也随着商业流通体制改革和连锁业的壮大而迅速发展，出现了一批为连锁企业和零售商提供商品物流配送服务的配送中心。1992年，原国家商业部颁布了《关于商品物流配送中心发展建设的意见》等文件，将配送中心建设作为流通体制改革的重要措施（彭望勤和刘斌，2003），明确提出商品物流配送中心的功能、形式、条件、发展步骤和政策措施，并组织广东、上海、杭州等地分别进行物流中心和配送中心的试点建设。1992 年，40 多个城市不同程度地开展了配送，签订配送协议的企业超过 1000 家。1993 年，国家贸易部成立后，总揽流通领域商品物流配送工作。

虽然配送中心的建设遍地开花，但相对于日益发达的市场经济，物流配送依然滞后。①多数企业的配送中心与传统零售店仓库相比，在功能、布局、作业、管理上无明显差别，只是充当储存商品的仓库和按规定简单送货的运输工具，缺少建立现代化配送中心的经验。②我国配送中心规模小，未形成规模经济，设施利用率低。我国连锁业的 1 个配送中心平均配送 20 个店铺，而日本连锁业的 1 个配送中心负责配送 70 个店铺，且只需 4~5 辆车，而香港百佳的 1 个配送中心负责配送 100 多个店铺。③配送中心的现代化程度低，物流作业不规范，标准化程度低，自动化程度低，管理信息系统功能不完善。

目前，我国物流配送存在三种形式。①自营配送，指某企业自行经营配送中心，并为下属各门店提供配送服务。②代理配送，指企业的配送业务由某供应商或配送中心代理，自身并不经营配送业务。③共同配送，指多家企业共同参与只有一家公司独立执行的配送业务（汝宜红，2002）。本研究探讨的是代理配送。

二、物流配送的空间结构

物流配送是针对物流企业的具体行为而言，但这种物流行为超出了地域，跨越了行政区的界线。日本《物流手册》将配送定义为：与城市之间和物流据点之间的运输相对而言，将面向城市内部和区域范围内需要者的运输称为配送。由此可看出，物流配送的地域范围包括城市内部和区域两个层面（丁立言和张铎，2002b）。崔介何（1997）将配送中心分为主配送中心和子配送中心两个层次，后者处于前者和用户中间，是前者的有效补充，位于城市局部地带。其实，配送中心是联系上游制造商和下游用户的重要物流设施，使整个供应链成为高效集成的功能实体。汝宜红（2002）将配送分为城市配送和区域配送，前者向城市用户提供配送服务；后者跨省市开展配送活动。台湾配送中心根据配送的最佳距离，合理布点，形成区域性的配送网络。部分学者根据配送网络的服务范围，将配送分为地域性、全国性和全球性配送三个层次。

本研究认为物流企业的配送在地域上是存在空间层次的，根据配送范围，可分为三个空间层次：城市内部配送、城市区域配送、区域配送。部分物流企业的配送行为发生在全球地域内，但多数企业不具有这种配送能力。

1. 城市内部配送

对于物流企业而言，城市内部配送主要是指配送行为发生在城市内部，以市区为配送地域。城市地域一般处于汽车运输的经济距离，信息网络完善，配送活动可通过小型货车或厢车，以市区主干道、放射路及其他次干道、支线为依托进行。对于物流企业而言，配送的地域范围比较小，配送开展的门槛一般比较低，多数物流企业都能够参与城市内部地区的物流配送。城市配送的主要服务对象是城市内部各种类型的工商企业甚至终端消费者，具体为这些客户提供原材料、产成品、商品的随时供应或定点供应，形成城市内部配送的空间网络。

城市内部地域的配送活动一般运距短、批量少、品种多和批次多，而且用户多（图7-5），反应速度快，但辐射能力不强，所以服务对象多为城市内部的零售店、连锁店、大型商场和生产企业以及开展门到门的配送活动。这种地域内的配送活动，使物流企业的配送中心以配送为主导功能，而储存、加工、包装等物流功能为附属功能。例如，南京市的商业企业主要集中在城市内部，各商场、超市、商店、连锁店、专卖店以及

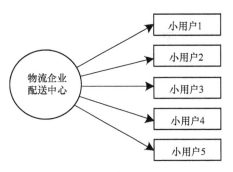

图 7-5 城市内部配送模式

贸易公司成为物流企业开展城市内部配送的核心。

2. 城市区域配送

城市区域配送指物流企业的配送行为主要发生在城市区域内，包括城市的近郊区和远郊区。随着城市功能结构和城市空间结构的优化调整，多数城市的大型工业企业逐步从市中心搬迁出去，集中布局在城市近郊区和远郊区，这些企业往往有大规模的物流需求。城市区域配送就是物流企业通过城市中心区与近郊和远郊相衔接的主要通道，利用中型运输车辆，以配送中心为基地对郊区和远郊区的工业企业进行配送，同时，对城市内部的工商企业进行配送。此时，配送对象包括大型工业企业和小型用户，如图7-6所示。

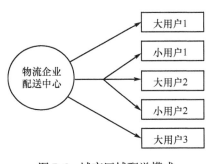

图 7-6 城市区域配送模式

这种地域内的配送距离相对延长，配送范围扩大，批量逐步较少，配送货物的品种和用户开始减少，反应速度较快，但辐射能力较强。在该空间模式下，配送中心的储存功能逐渐增强，相关的物流功能逐步增强。例如，在大连市的城市区域中，以甘井子地域为配送中心基地，通过哈大高速公路或黄海大道及大连—旅顺公路为配送通道，向开发区（近郊）、瓦房店（远郊）、普兰店（远郊）和庄河（远郊）等地区的工商企业进行配送，特别是对开发区大型生产企业的配送成为重点。在南京城市区域，生产企业主要集中在江宁经济开发区、新港开发区、大厂、浦口及沿江等地区，这些企业集中在南京市外围区域，是物流企业开展城市区域配送的重点。

3. 区域配送

物流企业所进行的区域配送，主要是指配送行为跨出城市区域，进入到区际范围，执行远距离和大范围内的物流配送活动，其地域范围既可覆盖经济区或部分省份，也可覆盖整个国家。这种配送模式是物流企业对用户分布广泛且物流活动集中的一种空间响应。在这种空间模式下，物流企业的配送中心出现层次之分，形成区域配送中心和地方配送中心两个空间层级。物流企业在大型城市或客户企业较为集中的地域设置区域配送中心（或称为中央配送中心），经营规模比较大，物流设施和设备齐全，库存能力强，数量较少。物流企业在最终用户较为集中的地域设置地方配送中心（城市配送中心），数量较多，规模较小。

区域配送中心的辐射能力强，活动空间范围广，一般批量大，批次较少、品种少，用户少而分散；运距长，借助于干线零担运输或利用大型汽车而采取共同配送的方式。该模式下，配送对象主要是地方配送中心（城市配送中心）和大型工商企业，如图7-7所示。物流配送分为两部分，一部分是直接对工商企业进行最终配送；一部分是按一定批量配送到城市配送中心，然后由城市配送中心执行到最终用户的配送。这种配送模式以较强的辐射能力和库存向省际、全国乃至国际范围的用户或配送据点进行配送，并多是配送给下层级的城市配送中心，也配送给营业所、商店、批发商和企业用户乃至终端消费者。配送中心的功能虽然以配送为主，但具有很强的储存、流通加工和包

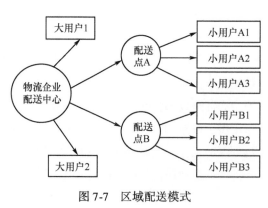

图7-7　区域配送模式

装等高附加值的物流功能。日本设于大阪的爱世克斯体育用品配送中心就是执行向全国各城市配送中心和终端用户进行配送的区域配送中心；菱食公司的日本配送体系，由9个区域配送中心和55个城市配送中心组成（许胜余，2002）。

三、物流配送的流程

不同地域的物流配送产生了不同的操作流程，形成了不同的物流配送模式。基于以上分析，可进一步分析各空间模式的配送流程，考察物流节点的物流组织规律。

1. 城市内部配送

城市内部配送主要以服务于城市内部的小型用户或商业企业为主，这些用户是配送的最终用户。物流企业配送中心的功能主要是配送，储存的功能比较弱。城市内部配送的服务对象决定了配送的批量比较小，货物种类多而且多为中小件杂货，用户数量多。这要求配送中心具有很强的理货功能，具体包括分类、拣选、分货、配货、分放和配装等物流功能，并具有各种相关的物流操作设施。在城市内部配送的空间模式中，配送中心具有较弱的流通加工功能，这使配送流程很少涉及流通加工及包装等物流活动。如图7-8所示，配送中心主要形成"进货→分类→暂存→分货或拣选→配货→分放→配装→送货"的物流组织流程。

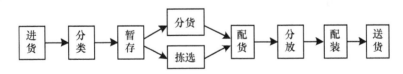

图7-8　城市内部配送的物流组织流程

2. 城市区域配送

城市区域配送的服务范围有所扩大，服务对象也扩大到工业企业，尤其是分布在城市近郊和远郊的大型生产企业。物流企业配送中心的功能有所扩大，不仅具有很强的配送功能，储存功能也逐步增强。物流企业配送的货物种类比较少，用户数量逐步减少，而且配送货物多是大宗货物。这就要求配送中心不但具有很强的理货功能，而且具有部分流通加工和包装的物流功能，但仍以理货功能为主。如图7-9所示，配送中心主要形成"进货→分类→暂存→加工或包装→分货→配货→分放→配装→送货"的物流组织流程。

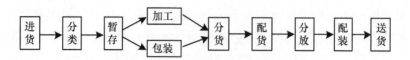

图 7-9　城市区域配送的物流组织流程

3. 区域配送

区域配送的服务范围比较广,而且配送中心出现了两层结构,不同层级的配送中心有不同的主导物流功能。其中,区域配送中心的功能以储存功能为主,流通加工和包装等物流活动比较频繁;城市配送中心的功能以配送为主,储存功能为辅。整个配送的组织流程较为复杂,流程链也在加长。区域配送中心向城市配送中心的配送批量大,批次少,配送货物种类少,而且多为大宗货物,用户少。城市配送中心向最终用户的配送,批量小,批次多,货物种类多,而且多为中小件杂货,用户多。在整个物流企业的配送流程中,区域配送中心以流通加工、储存和包装等物流活动为主,而城市配送中心以理货的物流活动为主。如图 7-10 所示,区域配送中心和城市配送中心联合形成了"进货→分类→加工或包装→暂存→配货→送货→分类→分货或拣选→配货→分放→配装→送货"的物流组织流程。

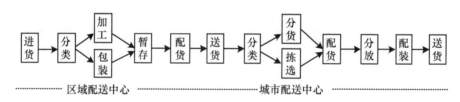

图 7-10　区域配送的物流组织流程

须指出的是,以上是针对服务空间范围的论述。从物流企业间及与工商企业间的关系来看,还存在不同的配送模式,其中,比较重要的一种类型是共同配送。共同配送是多家企业包括物流企业和工商企业共同参与,相互签订协议的配送组织模式,在此过程中,这些企业共同利用配送中心及各种物流设施设备,完成多家客户的配送任务。

四、物流配送时域圈

1. 快速反应与配送时域圈

20 世纪 90 年代,全球经济和环境发生了巨大的变化。对于工商企业而言,市场竞争加剧，消费者需求呈现多样化和个性化特点，产品寿命周期不断缩短，企业面临缩短交货期、降低成本和改进服务的多重压力。工商企业需要对不断变化的市场做出快速反应，不断开发出满足用户需求的个性化产品，拥有比竞争对手更低的成本、更快的速度。进入21世纪后，企业间的竞争从产品性能和质量的竞争演变为快速服务反应的竞争，即物流能力的竞争。在这种背景下，工商企业为了提高快速反应的能力，将企业物流外包给物流企业来承担和组织，节约采购和销售时间，以适应产品生命周期的变化。这要求物流企业必须具有很高的服务反应能力，向客户提供快速反应的物流服务，保证工商企业客户实现零库存管理。

快速反应的要求在物流企业的配送活动中得到了明显体现。许多物流企业积极规划快速反应的物流配送能力。2007年，天地华宇被澳大利亚邮政收购后，推出了"定日达"服务，货物在规定日期和规定时间内到达目的地，提供欧美公路运输标准的物流服务。德邦物流推出了"卡车航班"，在国内大规模布设网点超过1200家；联邦快递在我国物流市场做出"准时送达"的承诺，推出"亚洲一日达"及"北美一日达"服务，多数物流企业也提出了城市配送即时化和区域配送快速化的承诺。2004年中国邮政发挥"全夜航"的网络优势，提出了跨区域"次晨达"服务，在指定的开办范围内当天收寄的EMS邮件在次日上午11：00前完成投递，目前重点覆盖长江三角洲地区、环渤海区域、珠江三角洲地区、东北地区、川渝地区。

这是物流企业满足工商企业物流需求的一种响应，并且是物流服务在时间和空间上的一种复合响应。这种广域空间上的物流配送促使物流配送圈层的产生，包括空间圈层和时间圈层，在不同的空间范围内提供规定时间内的快速物流配送服务。

2. 地理结构

配送时域圈就是物流企业向工商企业提供物流服务过程中的一种时间要求和时间承诺，这种时间要求和空间范围相结合，便形成由不同时间范围所组成的物流服务时域圈。目前，我国不少的物流企业提出了"城市配送→城市区域配送→区域配送→全国配送→国际配送"的空间配送系统，并形成了基于空间配送圈的时域圈，时间效益被物流企业置于重要地位，从中可看出物流企业对时间成本的重视（Hesse和Rodrigue，2004）。目前，时域圈主要体现为物流企业的运输配送过程。

根据对部分物流企业的整理和分析，配送时域圈主要形成了以下分异：①1小时圈；②4小时圈；③6小时圈；④8小时圈；⑤12小时圈；⑥24小时圈；⑦48小时圈；⑧72小时圈（表7-4）。

表 7-4 物流配送时域圈的时间—空间关系

类型	时间/h	距离/km	空间
1	1	50	城市市区
2	4	200	城市区域
3	6	300	
4	8	400	省区
5	12	600	经济区
6	24	1200	
7	48	2400	全国范围
8	72	3600	国际范围

3. 配送时域圈运营系统

如果与距离和空间范围相结合，则可以发现物流配送时域圈具有如下特征。

（1）1 小时圈：配送范围为城市市区，距离配送中心的服务半径在 30 ~ 50km，多为城市商贸企业和终端消费者提供物流配送服务，主要的运输方式为汽车运输。

（2）4 小时圈和 6 小时圈：物流配送活动主要覆盖物流企业所在城市的周边地区，辐射半径在 200 ~ 300km，一般不跨越省界。这种物流配送活动多发生在大都市区域，以大都市中心区的商贸企业和产业园区的大型工业企业为服务对象。主要的运输方式为公路运输，尤其是高速公路和国道汽车运输。

（3）8 小时圈：物流配送活动主要覆盖省区范围，辐射半径约在 400km 左右，主要是对配送中心所在城市周边的中小城市及大型城市进行物流配送，服务对象既包括大型的工商企业或产业园区，也包括低层级的配送中心和配送点。该范围内，物流配送活动仍主要通过公路运输来实现。

（4）12 小时和 24 小时圈：物流配送活动组织的空间范围，主要覆盖经济区或物流运营区，服务半径在 600 ~ 1000km，服务对象主要是大中型城市的低层级配送中心和配送点。该范围内，物流配送活动通过公路和铁路两种运输方式组织，小件货物通过航空运输。

（5）48 小时圈：物流配送的覆盖范围拓展到全国，辐射半径约在 2000 ~ 2500km，主要服务各大城市和中心城市及交通枢纽的配送中心。该范围内，物流企业主要通过铁路和公路、航空的联运组织配送活动。

（6）72 小时圈：物流配送活动跨越国界，进入到全球范围，主要服务于部分国家特大城市的大型配送中心或物流分拨基地（如大型港口或机场的物流基地、自由贸易区、保税区与保税港、保税物流园区等）。该范围内，物流企业主要通过航空、航运和公路等多种运输方式的联运来组织物流活动。

4. 案例实证

企业地理十分重视个案的分析。公司地理在创立初期，深受实用主义影响，多数学者的研究是尽力去"发现事实"（McNee, 1986）。这种传统被延续下来，公司地理对案例的研究逐步深化。以下简单阐述武汉华中物流中心的配送地域系统。

华中物流中心以武汉为中心，构筑起可直达华中主要城市，辐射国内和远东、东南亚及欧美的物流配送网络。该配送网络依托武汉在华中地区的中心地位，把武汉作为广域物流配送网络的核心，以武汉及周边城市物流设施为基础，以长江水路、铁路、高速公路、航空等综合运输网络为主干，形成以武汉为中心的1小时、6小时、24小时、72小时四个层次的物流服务时域圈，形成了物流配送的地理结构，如图7-11所示。

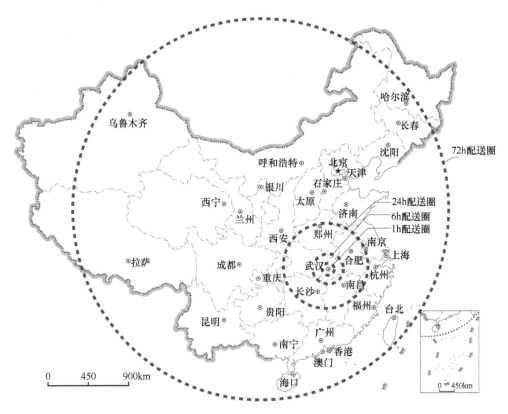

图 7-11 华中物流中心的配送地理结构

（1）1 小时配送圈：以华中物流中心为依托，面向市区的主要产业基地、商品集散基地和城市消费区组织 1 小时交通范围内的配送，用汽车送货，一般往返不超过 4 小时。美国劳动法规定，一次汽车行驶不能超过 240km，最大限度一次行驶不超过 3 小时，如果往返超过 6 小时就无法配送（仓本初夫，1998）。

（2）6 小时配送圈：以武汉为中心，以武汉及省内周边地市的交通设施和物流设施为依托，面向武汉周边城市，组织 6 小时交通范围内的物流分拨及终端配送。

（3）24 小时配送圈：以武汉为中心，以湖北省内骨干交通基础设施和重要物流设施为依托，面向华中地区的各主要城市和大型物流节点，组织 24 小时交通范围内的干线区域物流分拨与城市终端配送。

（4）72 小时配送圈：以武汉为中心，以武汉及国内各主要经济中心城市的大型交通设施（如机场、铁路）和物流设施为依托，面向华东、东南亚及欧美地区的国际中心城市进行终端配送（李长江，2002）。在华中物流配送圈内，基本服务半径为 1000km，个别方向的服务半径为 1500km。

此外，沈阳以大力发展市域和东北区的配送物流和中转物流为主，形成 1 小时市域、4 小时辽中地区、8 小时省域、12 小时东北地区以及 48 小时全国和东北亚的物流配送时域圈。南京王家湾物流中心也构筑了由 1 小时都市圈快捷物流、24 小时国内终端分拨、48 小时国际物流组成的物流配送时域圈。

五、基于电子商务的物流配送

1. 电子商务与物流

前文已指出，生产销售模式的改变往往带来物流组织模式的革新。电子商务是一次高科技和信息化的革命，主要是指通过互联网等电子工具在全球内进行商务贸易活动。电子商务把商务、广告、订货、购买、支付、认证等事务处理虚拟化、信息化，脱离实体而在计算机网络上进行处理。电子商务可分为企业对企业（business-to-business，B-B）、企业对消费者（business-to-consumer，B-C）和个人对消费者（consumer-to-consumer，C-C）以及企业对政府（business-to-government，B-G）。其中，B-C 模式是比较代表性的电子商务模式，该模式下，电子商城、消费者、客服和物流是主要组成部分。

1997 年，温哥华第五次亚太经济合作组织非正式首脑会议上，克林顿提出各国共同促进电子商务发展的议案，电子商务开始发展。目前，在欧洲，电子商务营业额占商务总额的 1/4，2003 ~ 2007 年年均增长率高达 76% ；在美国，电子商务营业额占商务总额的 1/3 以上，2000 年美国在线、雅虎、电子港湾等电子商务公司创造了 7.8 亿美元利润，IBM、亚马逊书城、沃尔玛超市等电子商务公司在各领域取得了巨额利润。全球著名的电子商务网站如表 7-5 所示。

表 7-5　全球著名的电子商务网站与经营

网站名称	经营内容	网站名称	经营内容
amazon. com	综合性	gap. com	时尚服饰
ebay. com	拍卖、贸易	sears. com	连锁百货
netflix. com	影片租赁	zappos. com	鞋类和服装产品
walmart. com	沃尔玛电子商城	barnesandnoble. com	综合购物，图书为主
target. com	连锁超市	autotrader. com	新车和二手车
bestbuy. com	家用电器和电子产品	bodybuilding. com	健美塑身产品
ikea. com	家具	lowes. com	家居装饰用品
newegg. com	IT 数码类	costco. com Target	百货公司
homedepot. com	家庭建筑装饰材料	cartoonnetwork. com	卡通频道
overstock. com	时装，珠宝，电器	jcpenney. com	服装
sky. com	数字电视付费运营	pixmania. com	欧洲 3c 在线销售商
macys. com	连锁百货公司	tigerdirect. com	电脑配件
ticketmaster. com	娱乐票务	buy. com	零库存
autos. yahoo. com	二手车和新车	nike. com	运动用品
victoriassecret. com	中高档服装	legacy. com	网络纪念堂
bhphotovideo. com	照相器材	staples. com	办公用品

我国电子商务的发展始于 20 世纪 90 年代初期。1999 年，8848 等 B-C 网站开通，网络购物进入应用阶段，21 世纪以来进入持续发展的阶段。随着网络普及率的提高，电子商务行业发展迅猛，产业规模迅速扩大，电子商务信息、交易和技术等服务企业不断涌现，通过网络进行购物、交易、支付等的电子商务模式发展迅速，2007 年交易额达到 2.17 万亿元，2008 年网络购物用户达 6329 万人，电子商务类站点的总体用户达到 9800 万户，2011 年电子商务交易额达到 5.88 万亿元。大型电子商务网站有当当网、京东商城、淘宝网、QQ 商城、卓越亚马逊、亲民商城、红孩子、拍拍商城等。电子商务的发展尤其是网络购物的爆发式增长大大促进了电子商务物流，特别是快递业的发展，使其成为社会商品流通的重要渠道。2010 年是我国快递业持续发展的一年，日业务量突破 1000 万件，进入世界前三位。据国家邮政局的统计显示，2010 年邮政企业和全国规模以上快递企

业业务收入累计完成1276.8亿元，其中快递企业业务收入累计完成574.6亿元。

电子商务时代的来临，给全球物流业带来了新的发展。电子商务物流（electronic commerce logistics）又称为网络物流，是随着电子商务技术和社会需求出现的，是电子商务经济价值实现不可缺少的重要部分，发展以商品代理和配送为主要特征并将物流、商流、信息流进行有机结合的社会化物流配送体系。

与传统的物流模式相比，电子商务物流具有如下特征。①信息化。电子商务物流有良好的信息处理和传输系统，如物流信息处理的电子化和计算机化、物流信息传递的标准化和实时化、物流信息存储的数字化等。条码技术（barcode）、数据库技术（database）、电子订货系统（electronic ordering system，EOS）、电子数据交换（electronic dataInter change，EDI）、快速反应（quick response，QR）及有效的客户反映（effective customer response，ECR）、企业资源计划（enterprise resource planning，ERP）、自动分拣系统、自动存取系统、自动导向车等技术得到普遍应用。②柔性化。柔性化物流是适应流通与消费的需求而发展起来的新型物流模式，要求物流配送中心根据消费需求"多品种、小批量、多批次、短周期"的特色，灵活组织和实施物流作业。另外，物流设施、商品包装的标准化，物流的社会化、共同化也都是电子商务下物流模式的新特点。③全球化。由于电子商务的出现，人们不受时间、空间和传统购物的诸多限制，可随时随地在网上交易，加速了全球经济的一体化，一个商家可以面对全球的消费者，而一个消费者可以在全球的任何一家商家购物。

2. 电子商务物流

在电子商务发展过程中，配送物流与电子商务形成了以下几种关系模式。

（1）垂直一体化模式。在电子商务萌芽时期，电子商务企业规模不大，多选用自营物流的方式，自行组建物流配送系统，从配送中心到运输队伍全由电子商务企业建设，经营物流运作过程。目前，物流业服务水平低，制约了电子商务的高速发展，尤其是季节性的快递企业"爆仓"迫使许多电子商务企业自营物流。企业间的竞争已经演变为物流之间的竞争。典型企业有京东商城、苏宁电器等。2010年12月，京东商城宣布将5亿美元全部投入物流建设。2010年1月，阿里巴巴宣布拿出100亿元投资物流的仓储环节，力争做到10年后在任何地方人们只要在网上下订单，最多八个小时货物就能送到家。当当网也宣布将设立物流开放平台，成立由其控股的独立物流公司。

（2）第三方物流。部分电子商务企业将物流配送委托给专业化的物流企业来承担。具体分为两种模式。第一类是轻公司轻资产模式，电子商务企业做自己最擅长的，比如平台、数据，管理好物流信息，把物流外包给物流企业，把公司做小，把客户群体做大。在美国，许多电子商务企业采取物流外包的模式，由强大的物流企业提供支撑，典型案例是全球最大网上书店亚马逊，国内配送服务提供商是美国邮政和UPS，国际快递业务外包给国际海运企业。第二类是半外包模式，电商企业自建物流中心并掌控核心区域的物流队伍，将非核心区的物流业务进行外包。美国的许多电子商务企业投资干线运输环节，但干线之外的同城和区域配送交给联合包裹和联邦快递等快递企业。卓越亚马逊也在北京、上海、广州和天津四个城市自建配送队伍，其他城市则选择中国邮政的EMS。物流企业既要把虚拟商店的货物送到用户手中，还要从生产企业及时进货入库，成为代表所有生产企业及供应商对用户的最集中、最广泛的实物供应者。

3. 电子商务物流配送

电子商务时代，由于企业销售范围的扩大，企业和商业销售方式及最终消费者购买方式的转变，使送货上门等业务成为极为重要的服务，电子商务物流迅速崛起。目前，国内外的各种物流配送虽跨越了简单送货上门的阶段，但仍是传统意义的物流配送，而电子商务物流配送在全球范围内以空前的速度自由流动，许多地区的网民往往能在点击购物的当天或第二天就收到商品。"得物流者得天下"成为许多电子商务企业的信条。随着电子商务在近几年爆发式的发展，物流配送也成为瓶颈，供给与需求的差距日趋扩大。据相关统计，国内电子商务的发展速度是200%~300%，而物流增速只有40%，物流发展水平远远不能满足电子商务发展的需求，节假日往往成为电子商务物流的繁忙时期，圆通、申通等快递物流企业频繁出现爆仓现象，2010年11月11日，大量订单让淘宝的物流几乎瘫痪。但网络购物的异军突起，给快递物流业带来了前所未有的发展机遇。

根据电子商务物流的特点，电子商务与物流的整体流程大致分为以下部分："网络订单→订单处理→配送中心→货物出库→货物配送→客户签收→客户评价→退换货物管理"，但物流核心环节是"货物配送"环节。电子商务企业和物流企业通过远距离的数据传输，将若干家客户的订单汇总起来，在配送中心采用计算机系统编制出路径最佳化"组配拣选单"。灵活高效的物流配送系统是沃尔玛达到最大销售量和低成本存货周转的核心，配送中心设立在沃尔玛100多家零售卖场中央位置的物流基地，通常以320km为一个商圈建立一个配送中心，同时满足100多个附近周边城市的销售网点的需求。

根据表7-6中的三个美国配送案例，可发现在物流配送的具体过程中，主要呈现出如下特点。

理机织组式模络网间空间值价业企流物

表 7-6 美国电子商务配送案例

案例	案例1			案例2			案例3		
电商企业	亚马逊			雅诗兰黛			亚马逊		
物流企业	联邦快递（FedEx）			联合包裹（UPS）			美国邮政（USPS）		
商品类型	笔记本电源线			化妆品			剃须刀		
距离/km	1000			1200			600		
物流配送	时间	地点	状态	时间	地点	状态	时间	地点	状态
	20日 17:27	默弗里斯伯勒/TN	离开卖家	14日 14:07	路易斯维尔/KY	扫描	14日 14:07	南海/MS	物流企业接收
	20日 17:03	默弗里斯伯勒	物流企业接收	14日 21:17	路易斯维尔	离开扫描	14日 15:49	南海	到达转运点
	20日 19:12	默弗里斯伯勒	装车	14日 23:19	纳什维尔	到达转运点	14日 21:30	南海	离开转运点
	20日 23:37	默弗里斯伯勒	离开承运人	15日 3:17	纳什维尔	离开转运点	15日 10:07	巴吞鲁日	到达目的地
	21日 1:01	纳什维尔/TN	到达转运点	15日 8:26	孟菲斯	到达转运点	16日 8:40	巴吞鲁日	配送
	21日 6:20	纳什维尔	离开转运点	15日 10:31	孟菲斯	离开转运点	16日 16:26	巴吞鲁日	接收
	21日 15:31	孟菲斯/TN	到达转运点	15日 14:47	杰克逊/MS	到达转运点			
	21日 19:19	孟菲斯	离开转运点	15日 10:17	杰克逊	离开转运点			
	22日 6:38	巴吞鲁日/LA	到达转运点	16日 3:40	艾伦港/LA	到达转运点			
	22日 6:42	巴吞鲁日	配送	16日 3:41	艾伦港	配送			
	22日 13:52	巴吞鲁日	收货	16日 19:56		接收			

注：TN，田纳西州；KY，肯塔基州；MS，密西西比州；LA，路易斯安那州

第一，大型物流企业成为主要的物流配送承担者，例如联邦快递、联合包裹以及美国邮政（United States Postal Service，USPS），成为美国电子商务物流的主要组织者和承担者。同时，大型的电子商务企业会有多个物流企业提供配送服务，比如亚马逊就由联邦快递和美国邮政两家物流企业提供物流服务。

第二，物流配送的各环节之间形成紧密的无缝衔接，物流配送的时间效益很高。案例1的配送距离为1000km，完成时间为37个小时；案例2配送距离为1200km，完成时间为53个小时49分钟；案例3配送距离为600km，完成时间为50个小时19分钟。综合来看；货物从出库到达买家的时间大约是2天半左右。高效的物流配送、配送到门的服务始终是电子商务物流的关键。

第三，物流配送的距离较长，均跨越了几个州，电子商务将交易的时间和空间进行了收敛。在长距离的配送过程中，货物不断进行集货、分拣、分货、载运等过程，"货主→顾客"的直达配送很少。多批次、不同方向、小批量的电子商务物流决定了轴辐网络成为最高效的物流组织模式。这促使大型物流转运中心的产生与发展，例如孟菲斯。

第三节　物流网络组织模式

一、物流网络的概念内涵

1. 概念辨析

物流网络的概念可以从不同的角度去理解和界定。从物流功能的角度来看，物流网络包括运输网络、仓储网络、配送网络等；从运作形态来看，物流网络有物流基础设施网络、物流信息网络和物流组织网络。首先指出的是，此处所探讨的物流网络和前文所探讨的物流企业网络不是同一个概念。荣朝和（2002）将网络分为以下三类。①实体网络，即有物质网络作为实体的基础设施网络，如交通设施网络、电力网络和通讯网络；②虚拟网络，如组织和社会关系；③因特网，指依靠并超越实体网络的信息网络。本研究探讨的物流网络是第一类和第二类网络相融合的网络形式：在物流设施组成的实体网络上形成的物流组织网络。

长期以来，学者们重视基础设施网络的研究而忽视组织网络的分析。Kenneth和Boyer（1997）在《运输经济学原理》中，清晰地把运输经济分析建立在运输网络经济特性的基础上。Chiou（2007）提出多层物流网络的定义，包括上层的制造商、中间层的分销商和底层的消费者。Ackermann 和 Müllexr（2007）则提出了物流系统网络结构的三层模型：基础设施系统-运输系统-生产和分销系统。王之泰（1995）提出"线路和结点相互关系、相互配置及其结构、组成、联系方式不同，形成了不同的物流网络"。徐杰和鞠颂东（2005）认为物流网络的内涵不应仅局限于物流基础设施网络，而是建立在物流基础设施网络之上的，以信息网络为支撑，按网络组织模式运作的综合服务网络体系。《中华人民共和国标准物流术语》注释到：物流网络是在一定的区域内建立起能够使商品在众多物流节点、线之间有效流动的物流设施和物流组织关系，网络是物品流动的路径。在发达国家，物流网络研究侧重于微观的企业层面，对宏观层面的物流网络研究涉及较少，仅少量研究对城市物流网络进行分析，国内的物流网络研究则起步较晚。

一般而言，物流运动分路径运动和节点运动；相应地，物流分为路线物流和结点物流。对于物流企业，物流节点、物流路径和物流企业网络单元的纵横交错形成了物流网络，物流网络运动包括路线运动和节点运动，也就囊括了路线物流和节点物流。本研究中的物流网络主要是指物流运输配送网络、物流信息网络。物流运输网络是指由物流企业的配送中心和仓储中心、运输工具、运输线路等组成的运输网络，节点间的连接是物理连接，如铁路、公路、航空、水运等；物流信息网络是指物流企业建立的有关企业网络管理、用户需求信息、市场动态、企业业务处理等信息共享的网络，是依靠信息网络技术建立起的节点间信息网络，并是由统一的指挥中心和多个操作中心所组成的网络。对于整个物流网络，运输网络是物理基础，信息网络是信息基础，管理网络则是控制保证，而整个物流网络具有服务性，目的是以最低的成本在有效时间内将货物从供给方送达需求方。同时物流网络具有很强的动态性特征。

2. 网络组织必要性

生产和流通强调社会资源的有效利用和合理分配，强调商品流通的有效性，而大范围的商品流通需要相应的物流网络的支持（李万秋，2003）。长期以来，我国的管理体制把物流市场进行了分割，阻碍了物流企业的网络扩张，规模经济无法形成，布局不合理。我国物流企业网络一直处在小规模和低效率运行状态，多数企业的物流网络数量众多，但规模和实力弱小，并且各物流企业独立运营，难以形成规模优势和群体优势，可概括为"小、散、弱"。王槐林和刘明菲（2002）认为第三方物流的重要趋势是组织高效的物流网络，汝宜红（2002）、李长江（2002）提出物流企业应构筑由点、线、面组成的全国性物流网络，根据流量和流向在物流产生地和终结点及中转点设置网点。目前，许多物流企业逐步构筑物流网络，部分企业如中国远洋物流、中外运等走出国门，在全球范围内构筑物流网络。中外运在全国拥有完善的海陆空运输与仓储、码头设施，形成遍布国内外的物流网络，为摩托罗拉等客户提供服务的网点已达 98 个城市。物流企业是否拥有覆盖较大范围的物流网络直接影响其物流空间组织能力和发展潜力，是表现其竞争力的重要指标（郝聚民，2002）。

二、物流网络的形成机理

1. 基本驱动力

网络是由点和线组成的，但物流网络不仅是由点和线所组成的基础设施网络，更重要的是在此基础上开展物流活动所形成的组织网络。物流网络的形成基于两个基本驱动，具体如下所述。

（1）物流是一种运动状态，存在着运动方向（袁炎清和范爱理，2003）。对于不同物流企业，有着不同的供给者和需求者，而且需求者呈现分散分布，所以不同的物流活动，其目的地是不同的，即物流运动存在多方向性。物流企业为了完成物流服务，就必须在不同的方向上组织物流活动。这成为物流企业进行网络化运营的基本驱动，也是一种外在压力。

（2）物流企业在不同方向上分别组织物流活动，但由于各方向的物流规模小，难以形成规模化操作，这导致各方向的物流组织都具有很高的成本，增加了物流企业的成本。因此，物流企业面临在不同方向降低物流成本以谋求最大利润的压力，这是物流企业进行网络化运营的内在动力。

2. 物流网络形成

基于以上驱动，物流企业为了实现多方向性物流活动的空间组织，其途径主要有：①利用其他物流企业的资源，完成物流活动，即形成物流企业间网络；②自己创建物流网络。如果利用其他物流企业的资源，则增加了交易成本，降低了企业利润。因此，在有充足物流市场潜力的条件下，物流企业自己组建物流网络可获取更大的利润，其形成机理如图 7-12 所示。

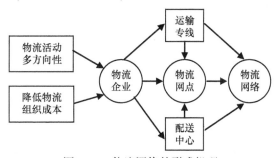

图 7-12　物流网络的形成机理

（1）设置网点。物流企业根据物流的流量和流向，在物流运动的各目的地或中转地及途经地设置各种类型的物流企业网络单元（如分公司、办事处或业务受理点），与物流企业总部形成"点到点"的关系，保证物流活动的组织。同时，各网络单元独立进行市场营销，开展物流组织活动。因此，各网络单元不但承担物流企业的中转物流，而且组织自己开拓的物流活动，使物流量达到规模经济。这促使网络单元从衔接点演变成为独立的经济组织。以此，物流企业实现有效组织多方向物流活动和降低物流成本的目的。例如广州福地物流在 2005 年就已在长江以南地区布局了大量网点（图 7-13）。

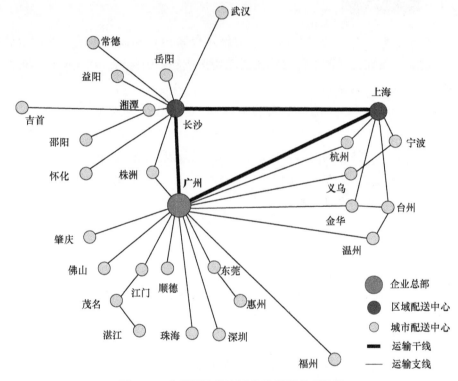

图 7-13　广州福地物流的物流网络地理结构

（2）路线运输。为了有效衔接各网络单元的物流活动，物流企业在不同的网络单元间设置物流路线。运输路线便形成物流网络中的"线"，各网络单元则成为网络中的"点"，点和线通过物流活动的组织而有效衔接，形成物流网络的基本框架。

（3）形成网络。物流网络的基本框架形成后，仍然是较为混乱的格局，为了协调整个网络，物流企业通过物流配送的组织方式，构建功能分异、等级清晰的物

物流企业的空间网络模式与组织机理

流网络。在物流活动较为集中的城市设置区域配送中心，在其他城市设置城市配送中心，对其所属的各网络单元组织物流配送。如图 7-15 所示，广州福地物流在广州、上海和长沙构建了区域配送中心，而其他城市则设置城市配送中心。

三、物流网络的经济机理

以上仅分析了物流网络的形成机理，未能揭示物流网络的经济机理。从经济学的角度来看，物流网络是通过规模经济与范围经济的共同作用而形成了网络经济，扩大了物流的总产出，降低了物流成本。

1. 范围经济

范围经济（economics of scope）的概念是 20 世纪 80 年代初美国学者 Teece 等（1980）、Chandler（1990）首先使用的，指企业进行多元化经营，拥有若干独立的产品和市场，若干经营项目联合经营要比单独经营能获得更大的收益时，则获得范围经济。荣朝和（2002）分析了范围经济在运输业中的表现形式，Fang（2007）探讨了网络特征下铁路运输业的范围经济。本研究将范围经济引用到物流网络的分析中，但内涵有所不同。

如果物流网络中每条"线"的起讫点不同，可称为不同的物流产品。通过物流网络可把孤立的物流路线相连，提供许多新的起讫点联结，将更多的物流节点（城市）纳入网络中，使物流网络衔接的市场成倍增加，即产生更多的物流服务。因此，通过物流网络开展物流服务的平均成本比各网络单元单独开展物流服务的成本要低，即实现了范围经济（荣朝和，2002）。物流企业构筑物流网络后，会拥有更多的物流信息源和客户企业，扩大了物流企业的物流量，这些物流活动的联合经营会比各网络单元单独经营获得更大的收益，这就是范围经济在物流网络中的体现。从范围经济来看，现代物流是一种网络经济形态，空间上拓展越多的网点，扩大越多的物流业务量，物流服务的范围越大（包括运输、储运、包装、配送、流通加工、采购等），平均成本就越低，物流企业的竞争力就越强。

为了获取范围经济，联邦快递从 20 世纪 70 年代开始快速扩张物流网络。20 世纪 70 年代初期到 80 年代中期，联邦快递的战略重点是提供国内隔夜快递服务，此时运输工具是最重要的资源。20 世纪 80 年代中期，公司已拥有庞大的运输能力：8 架 DC-10 大型飞机、38 架波音 727、5 架波音 737 和 34 架小型的达索尔特鹰飞机，另有 2000 辆运输车辆，而且设计了独特的中心辐射运输系统，保障隔夜快递，服务业务开始扩大。80 年代中期到 80 年代末期，联邦快递的关键价值活动转为提供跨国的全球快递服务，通过在美国、英国、荷兰和阿拉伯联合酋长国等国家的几次并购来构建全球运输系统，物流网络覆盖范围急速扩大。1989年，联邦快递并购飞虎国际，获得大件包裹运输的航线资源以及在世界上许多城市的着陆权，包括巴黎、法兰克福，三个日本机场和几乎所有东亚、南美主要城市，服务业务不断多元化。20世纪80年代末，联邦快递已可以向90多个国家提供快递服务（何琳和丁慧平，2009），业务范围也开始由传统的快递扩展到增值服务等多元化物流服务。在此扩张过程中，联邦快递的物流服务能力也迅速提高，具体如图7-14所示。

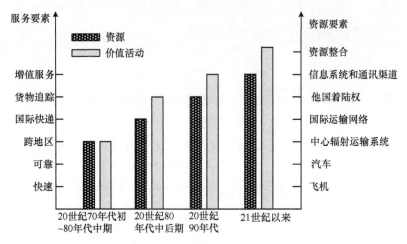

图7-14　联邦快递的物流资源与物流活动拓展图示

2. 规模经济

规模经济（economics of scale）指在一定的技术条件和投入价格不变的前提下，因扩大生产规模所带来平均成本的降低，可分为内部规模经济和外部规模经济。荣朝和（2002）分析了规模经济在运输业中的表现形式，Fang（2007）探讨了网络特征下铁路运输业的规模经济。物流企业不同于一般生产企业，是提供无形物流服务的经济实体，为了获取规模经济效益，除一般企业扩大规模的方式外，还需要在服务手段与设施上降低成本。其中，内部规模经济指企业规模扩大时内部产生的收益增加。随着物流业务的扩大，包括运输大批量化和仓储合理化、包装标准化、搬运装卸机械化和自动化、物流管理信息化，单位成本下降，物流网络的开展是一种内部规模经济。外部规模经济指来自企业外部的成本节约优势，以获得更多的经济利润，物流园区等企业集群便是外部规模经济的表现。

物流网络的规模经济是指随着网络上物流总产出的扩大，平均物流成本下降的现象，即指通过网络实现物流活动的集中操作，使物流活动达到规模，获取规模效益。这表现为三方面。①物流网络中，网络单元不仅是从事物流活动的环节，同时还是经济组织，开展同企业总部相同的物流服务，即进行物流市场营销，获取物流信息源。物流网络越大，仓储、运输、配送及其他增值服务就越多，这扩大了物流企业网络的业务量。②每个节点可以与其他节点发生联系，快速交换信息，协同处理业务。在单一网络单元的物流量仍难以形成规模经济的前提下，形成物流网络后，通过物流活动在物流网络中的运动，不断汇集各网络单元中具有相同方向的物流量，使物流活动进行集中操作，以最终达到规模经济。③从物流企业的物流设施而言，规模越大，物流设施的使用率也会提高，物流设施损耗的边际效益就越高，运输工具的承运效率就越高，典型方式是整车运输和混载运输，仓库的库存能力也会提高。有了规模经济效益，物流企业的单位平均物流成本就可以降低，就会增强企业市场竞争力。欧盟成立后，大型物流企业的重要战略就是确保规模经济。

3. 网络经济

网络经济（economics of network）是物流网络由于规模经济与范围经济的共同作用，物流总产出扩大引起平均物流成本不断下降的现象。由于物流产品的特性，物流过程体现在载运设备和固定网络上，故物流网络的规模经济与范围经济交织在一起，难以清晰分开，从而形成网络经济。网络经济一般体现为运量密度经济、幅员经济和速度经济（荣朝和，2002）。

（1）密度经济。指物流网络在其幅员（以线路长度和网点数量等衡量）不变的条件下，物流产出扩大引起平均成本下降的现象，即路线物流量越大，单位物流成本就越低。密度经济包括线路通过密度经济、载运工具能力经济、车（船）队规模经济和节点处理能力经济等，属于规模经济的范畴。其中，线路通过密度经济是指在某条线路上由于物流密度增加而引起平均成本下降的现象；载运工具能力经济指随单个工具载运量增加而平均成本降低；车（船）队规模经济指随车（船）队规模扩大而平均成本的降低；节点（配送中心）处理能力经济指随配送中心分放、分拣、分货和仓储等能力的提高而引起平均成本的降低。这些经济现象在物流网络中有明显的体现，如运输干线、区域配送中心、零担运输等。

（2）幅员经济。指物流网络在运输密度不变的条件下，网络范围扩大时物流总产出引起平均成本不断下降的现象。具体包括两类：①运输距离经济，指随着距离延长而平均物流成本降低的现象；②范围经济，指由于网络单元增多而产生更多的不同物流服务。单纯的密度经济应在物流网络幅员不变的条件下产生，单纯的幅员经济则在网络线路运量密度不变的条件下产生，但多数情况下，密度经济与幅员经济同时存在。

（3）速度经济（Economics of Speed）。最早由美国的 Chandler（1990）提出，认为是"因迅速满足客户需求而带来超额利润的经济"；后来，今井贤一（1996）对其进行了发展，认为"速度经济是指依靠加速交易过程而得到流通成本的节约"。现代物流是一种流量经济形态，物流网络中的物流量越大，经济效益越好，物流速度越快，物流网络处理的物流量就越多，这种因时间减少而获得的经济效益就是速度经济。

四、物流网络的形态分异

物流网络的形成和发展经历了不同的阶段。在各个阶段，物流网络具有不同的组织形态、职能分异和等级结构，塑造了不同的地理结构，形成了物流网络的演化过程与发展路径。本研究根据大量的物流企业案例分析，对物流网络的空间模式和演化路径进行了演绎，总结了一般性的空间规律。

1. 单一核心阶段

物流企业在组织物流网络时，必须构筑相应的物流企业网络单元。单一网络单元时，即企业母体时，企业运营空间有限，尚未形成网络。对物流网络的分析，必须在物流网点不断扩展的前提才能进行。随后，物流企业在范围相对较小的地域内设置了不同的网络单元，并建立了 1 个配送中心，构建了简单的物流网络，形成"单一核心阶段"。该阶段内，物流网络覆盖的地域范围有限，多局限在城市区域，企业规模也相对较小，物流组织的能力较低。物流网络形态如图 7-15（a）和表 7-7 所示。典型案例有大连远征物流，具体见第六章第二节的相关论述。

表 7-7　物流网络的演化阶段及特征

阶段 项目	单核心阶段	双核心阶段	多核心阶段	系统化阶段
网点数量	较少	较多	很多	很多
配送中心	1 个	2 个	多个	形成中央配送中心、区域配送中心、城市配送中心及配送点的层次结构
运输专线	尚未形成	1 条	多条	形成运输干线和运输专线两个层次
运营空间	城市区域或小区域	两个城市区域或地区	区域间或全国	全国
信息平台	尚未形成	尚未形成	尚未形成	形成

2. 双核心阶段

随着在某城市或某地区物流市场的日益稳定和巩固，为了扩大运营空间，物流企业往往向第二个城市或地区集中扩张，形成了两个城市或两个区域的运营空间。随着物流网点的数量不断增多，物流活动的规模也不断扩大。为了有效组织物流活动，物流企业在第二个城市或区域设置了配送中心，形成了两个配送中心，并在配送中心之间组建运输专线，开展"定线、定时、定班、定车、定点"的专线运输。该阶段，物流网络形成两个核心，网络形态开始趋于复杂。如图7-15（b）和表7-7所示。典型案例有广州鑫昌物流，见第六章第五节的相关论述。

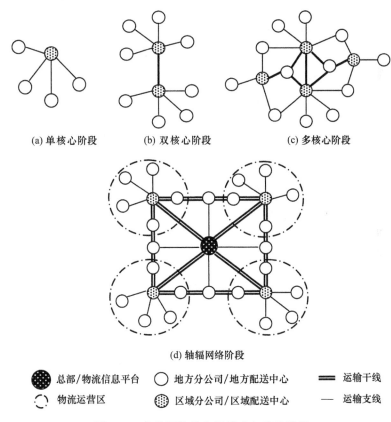

(a) 单核心阶段　　　(b) 双核心阶段　　　(c) 多核心阶段

(d) 轴辐网络阶段

| ⬤ 总部/物流信息平台 | ○ 地方分公司/地方配送中心 | ▬ 运输干线 |
| ⌒ 物流运营区 | ◉ 区域分公司/区域配送中心 | ― 运输支线 |

图 7-15　物流网络的空间模式与演化路径

3. 多核心阶段

随着在两个城市或地区的物流市场的巩固，物流企业的规模进一步扩大。这促使物流企业加快在地域空间上的扩展，积极向其他地区进行大规模扩张。因此企业的运营空间扩大至区域之间甚至全国，物流网点的数量进一步增多，物流活动的规模也日益扩大。如图 7-15（c）和表 7-7 所示。为了便于组织整个运营空间的物流活动，企业在不同地区设置配送中心，而且在配送中心之间形成运输专线，开展"五定"的班车运输，促使配送中心和运输专线的数量不断增多。在该阶段，物流网络形成了多个核心，网络形态更趋复杂化。典型案例有广州福地物流，具体见第七章第三节的相关论述。

4. 系统化阶段

随着企业活动空间的扩大，物流网点和配送中心及运输专线的数量已有很多，形成了庞大而复杂的物流网络。为了协调和组织各地区的物流活动，企业在物流网络内部进行系统化调整，如图 7-15（d）和表 7-7 所示。第一，根据经济运行或物流组织规律，将全国或整个运营空间划分为几个物流运营区，每个运营区相对独立且完整。第二，构建中央配送中心，负责整个运营空间的配送功能，同时在各运营区设置区域配送中心，配送中心出现了两级结构的层次分化，实际操作往往形成"中央配送中心→区域配送中心→城市配送中心→配送点"四层结构，对应地域为"全国或整个运营空间→物流运营区→城市→城市某地域"。第三，构筑物流信息平台，其区位有两种趋向：中央配送中心或公司总部。实际操作中，两种区位往往叠合。第四，在中央配送中心和各运营区的区域配送中心以及区域配送中心之间组织运输干线，在各城市配送中心间发展运输专线，专线运输出现两级结构的层次分化。该阶段，物流网络系统化，网络结构层次明显，物流网络形态也可称为轴辐侍服系统，后文将详细论述。

五、物流网络的运行机制

物流网络的运营效率决定于物流企业网络的空间形态与内部关系，物流网络的运作机制是组织整合和过程整合的综合。

1. 物流网络结构

物流网络是物流节点和运输路线所形成的集合体。其中物流节点指物流企业的各类分支机构，也可以指配送中心。如图 7-15 所示，物流网络大致形成五类构成要素：信息中心、物流运营区、物流节点、运输专线和信息通道，共同实现空间-时间-功能的整合，以形成物流网络结构，目标是将无序的物流活动形成有序的物流运动，降低物流网络的运营成本。

（1）总部——物流信息中心：这是物流网络的信息中心和指挥中心，控制着物流网络的信息流动，通过信息的流动来控制资金、物流、人员、运输工具等各类要素的空间流动与配置。从企业要素的角度而言，物流信息中心是企业总部。

（2）物流运营区——区域分公司和区域配送中心：物流运营区是指相对独立的物流企业运营空间，而区域分公司和区域性配送中心往往具有相同的区位。其中，区域配送中心是大型的物流分拨中心，以储存功能为主，同时具有很强的流通加工和包装等能力，其职责是集散该运营区内各城市配送中心的物流量，并中转其他区域配送中心的物流量。

（3）地方分公司——城市配送中心：一般两者具有相同的区位，其中城市配送中心的职责主要是集散该城市的物流量和中转本运营区内区域配送中心的物流量，具有很强的理货功能，同时具有一定的加工和包装等物流功能。

（4）信息通道——运输干线：主要形成于公司总部和区域配送中心之间（区域分公司），是物流信息网络的主体，也是运输干线，是物流网络的主体。

（5）运输干线：形成于公司总部和各区域配送中心之间，或形成于各区域配送中心之间的运输专线，一般数量比较少，是物流网络的骨干，并且配置较高密度的班次，采用大型运输工具进行运载。

（6）运输支线：形成于区域配送中心与城市配送中心之间，或形成于各城市配送中心之间的运输专线，一般数量比较多，安排较低密度的班次，采用中型运输工具运载。

2. 物流流动轨迹

物流网络中，城市配送中心通过运输支线对区域配送中心进行物流量喂给，以支撑运输干线。同时，以城市配送中心为目的地的物流量，也要通过区域配送中心疏散。区域配送中心成为中转站，物流量较少的城市配送中心间不构建直接运输，而采用中转运输把物流量运送到邻近的区域配送中心集中，然后由区域配送中心根据流量和流向对物流重新组织和分配，通过区域配送中心间的干线运输及区域配送中心与城市配送中心间的支线运输进行中转。具体如图 7-16 所示。

（1）顺向上，各物流运营区的物流量首先在城市配送中心和区域配送中心集中。这表现为物流企业在各城市内部设置营业点或其他分支机构搜集货源，然后集中在城市配送中心和区域配送中心，在配送中心加工和包装。其中，城市配送中心的物流量通过支线运输向区域配送中心集中，并由其通过干线运输向其他区域配送中心输送。

（2）逆向上，其他物流运营区的物流量首先通过干线运输在区域配送中心集中，然后再由区域配送中心通过支线运输向周边城市配送中心配送。

通过以上两个过程的衔接和集成，物流企业在物流网络内完成了物流活动的空间组织和运营，物流量在全国范围内实现了枢纽节点与支线点间的集聚与扩散。这种管理模式以区域配送中心为核心，通过区域配送中心和城市配送中心间的运输衔接，刺激并集散干支线的物流量，提高了物流网络的覆盖能力和通达性。

3. 物流信息管理

物流信息网络是物流网络运行的重要技术支撑。物流网络中信息的流动主要通过企业总部的物流信息平台和各区域配送中心及城市配送中心的物流管理系统进行管理。基于互联网，公司总部和各级配送中心设置相同的物流管理系统，形成物流信息平台。同时，在各配送中心建立仓库管理系统，并在运输路线上配置GPS 定位系统，通过门户网站与物流信息管理系统完成物流网络的信息流动和传递。以此，及时了解各网络单元的企业运营状态和物流组织状态，向客户提供货物实时跟踪、物流需求、库存状态、订单执行状态等各类信息，进行信息采集与传输、业务管理、客户查询，实现对物流网络的控制。其中，信息流集中在公司总部和区域配送中心之间，形成信息通道。例如，上海华宇物流集团自 2003 年开始，和招商迪辰软件系统公司联合开发物流信息管理系统，采用了 GPS、GIS等地理信息技术，首先在基础较好的 70～80 家企业网络单元中采用，然后在推广到其他 400 多个网络单元。

六、案例：上海新兄弟物流

1. 案例概况

上海新兄弟物流创建于 1991 年，是一家专业化物流企业，物流功能包括物流方案咨询和设计、公路运输、仓储管理、智能化配送系统、国际货运代理等服务，与科勒、亚细亚、欧倍德、清华同方、TCL、罗门哈斯、维格拉、雅培、比力奇电器、金龙钢管等 500 多家国际知名企业签订长期的物流服务协议，为这些企业提供运输、仓储、配送、信息服务、增值服务（加工、包装）、集装箱、订舱和报关等综合性物流服务。新兄弟物流与其他大型物流企业包括中外运、中海物流、马士基物流、总统轮船、东方海外等签订长期代理协议。该企业先后被中国交通与运输协会评为"中国物流企业 100 强"和"民营物流企业 30 强"，入围"中国最具竞争力的20家物流企业"。

2. 物流网络

（1）分公司——配送中心。2003年新兄弟物流将总部迁往上海，将全国分为4个物流运营区。①北方运营区：北京为区域分公司，下辖天津、呼和浩特、沈阳、大连、长春、哈尔滨、太原、郑州、石家庄、银川、兰州、乌鲁木齐等分公司。②华东运营区：上海为区域分公司，下辖宁波、苏州、合肥、南京、杭州、济南、烟台、青岛等地方分公司。③南方运营区：广州为区域分公司，下辖昆明、海口、深圳、中山、长沙、武汉、厦门、福州等地方分公司。④西部运营区：成都为区域分公司，下辖重庆、贵阳、西安等地方分公司。每个区域分公司均构建区域配送中心，上海有仓储面积3万 m²，广州有2万 m²，北京有2.5万 m²，成都有1万 m²；地方分公司均构建城市配送中心，约有仓储面积6.5万 m²。

（2）专线运输。新兄弟物流设置较为重要的公路运输专线有38条，其中运输干线有6条，即形成于区域配送中心之间，如图7-16所示；运输支线有32条，

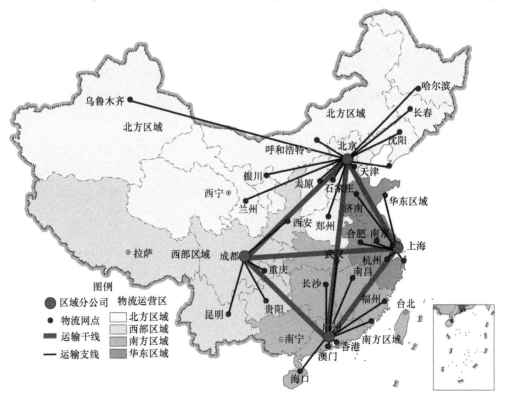

图 7-16　上海新兄弟的物流网络地理结构

形成于区域配送中心和地方配送中心之间。这些运输专线提供"正点货巴"式的物流服务，服务标准为"同步协调、同一时间、同一服务、同时到达"。在配送时间上，北京到上海为36小时，北京到广州为72小时，上海到广州为48小时，其余地区配送时间均低于24小时。新兄弟物流的配送中心设有配送车辆，共有封闭式厢式货车等专业配送车辆400余辆，并在集散枢纽城市组织市内配送车队。

（3）物流运营机制。新兄弟物流在全国共形成4个物流运营系统。①北京物流运营系统：以北京区域配送中心为枢纽，以北方运营区内的其他13个城市配送中心为网点，通过13条运输支线对北京配送中心进行物流集中，到其他运营区的物流量通过北京配送中心进行中转。②上海物流运营系统：在华东运营区，以上海配送中心为枢纽，其他8个城市配送中心为网点。③广州物流运营系统：在南方运营区，以广州配送中心为枢纽，其他8个城市配送中心为网点。④成都系统：以成都配送中心为枢纽，西部运营区内的其他3个城市配送中心为网点。全国范围内不同运营区间的物流量主要通过"上海—北京"、"上海—广州"、"上海—成都"、"北京—成都"、"北京—广州"和"广州—成都"六条运输干线中转，并通过区域配送中心集散。

（4）物流信息管理。上海总部建立基于互联网的物流信息平台，包括综合物流管理系统、仓储管理系统、运输管理系统（GPS定位）和物流配送管理EDRP系统，对企业网络进行物流信息管理。2002年，新兄弟物流在各分公司全面推行计算机网络化管理，实施"一票到底"的信息化管理模式，但主要信息指令发生在企业总部和区域分公司间及区域分公司之间。通过新兄弟物流的物流信息平台，客户可随时查询到每辆在途车辆的信息和库存情况，并且新兄弟物流通过物流信息平台整合社会物流资源，如仓库、运输工具等，具备较强的社会物流资源集成能力。

物流企业的空间网络模式与组织机理

第八章
国际物流企业的全球化网络组织

20 世纪 80 年代以来，经济发展进入了全球化时代，跨国公司成为经济发展的主要动力，全球生产网络和供应链的布局与构筑及运营，促使物流活动和物流网络日益全球化，物流企业开始了国际化进程，全球化的物流企业网络在世界范围内进行组织并不断扩张。本章系统地分析了国际物流企业的全球化网络组织，包括全球化的驱动机制、扩张模式、发展特征，刻画了典型物流企业的发展概况与网络结构。自 20 世纪 80 年代中期开始，国际物流企业陆续进入我国，物流网络不断扩张，本章全面分析了我国物流政策管制的放松过程和跨国物流企业的进入历程、扩张模式与发展态势，重点分析了跨国物流企业在我国的区位选择特征，包括企业网络结构、总部区位和企业网点区位的选择及演变，刻画了联合包裹和敦豪速递的中国物流网络特征与发展演变。以此，力图在全球尺度上揭示全球化物流企业的空间组织规律。

第一节 全球供应链与物流网络全球化

一、全球供应链

1. 经济全球化

经济全球化（economic globalization）是目前世界经济发展的重要特征和趋势，是指世界经济活动跨越国界，通过国际贸易、资本流动、技术转移、提供服务而形成的全球范围内相互依存与联系的经济整体。这反映了地理上分散于全球的经济活动开始一体化，具体表现为资本、技术、产品等要素的跨国快速流动或扩散以及跨国公司实力的强化。这种经济组织模式出现在 20 世纪 80 年代中期，90 年代以来迅速发展的信息技术缩小了各国的距离，使世界经济越来越融为一个整体，21 世纪以来跨国公司的深入发展为经济全球化带来了巨大的推动力。

经济全球化是生产力和国际分工高度发展的表现，促进了各类生产要素和资源的全球合理配置。在此过程中，经济活动的地理范围不断扩大，经济、市场、技术与通讯等越来越具有全球性特征，地方性特征逐渐减弱。经济全球化具体表现为贸易自由化、生产国际化、金融全球化和科技全球化。

2. 全球生产网络与供应链

跨国公司是世界经济体系中除国家之外最活跃的经济实体，是经济活动的主要组织者，并成为经济全球化的推动者与承担者。自20世纪90年代开始，跨国公司在全球范围内构建采购、生产和销售网络，在"地球村"的各角落布设生产链的不同环节，选择适应全球分销的物流中心及关键物资集散仓库，优化配置各类生产要素和企业要素。全球生产网络（global production networks）是经济全球化的表现形式，"生产"是指参与制造和转移资源、零部件和最终产品的经济活动，而"网络"是指相互作用的复杂联系。内在机制是生产网络在跨国公司的运作下，"以世界为工厂、以各国为车间"，根据各自的比较优势，形成新的国际分工。跨国公司倾向于把生产制造基地转移到成本最低的地方，将零配件生产单元布局到低成本中心区域，把最终装配流水线安排在邻近消费者的高成本区域，相互间形成紧密联系的生产网络。生产网络和生产流程由核心公司掌控，产品订单及生产要求首先传送到发展中国家的制造厂，在发展中国家完成产品的生产和组装，然后运送到跨国公司在全球布置的配送中心和仓库，经过统一安排，再被运送到世界各地的消费市场。例如美国通用汽车和日本丰田汽车在欧洲都设有工厂，但零部件供货商都在亚洲。

与全球生产网络相对应的概念是全球供应链（global supply chain）。供应链是指在生产及流通过程中所形成的网链结构，是制造企业上下游间的供应关系。全球供应链是指在全球内组织供应链而完成分散在全球各地但相互关联的生产活动，包括从原料采购、零部件运输到最终产品乃至零售商和消费者的运输、仓储、配送。供应链的形成深刻影响了工商企业的区位成本，并对物流企业、核心企业、上游企业和下游企业的空间关系和价值关系进行重新配置，对不同尺度下的经济空间组织产生了重要的影响。全球供应链将经济空间拓展到全球，在世界范围内重新排列价值链，拥有关键技术和掌握重要资源的跨国企业，在全球平行整合各层次的网络参与者，核心企业与供应商及供应商的下层供应商、销售商乃至最终消费者，实现在全球范围内的采购、运输、生产、配送和消费。

物流企业的空间网络模式与组织机理

二、物流网络全球化

新生产管理方式的形成往往伴随着新物流系统的构筑。20世纪末期以来，物流管理成为跨国公司参与全球竞争的重要优势来源，尤其是在全球市场条件下，如何以合理的成本将产品在正确的时间内送到正确的地点显得尤为重要。全球物流是指为了满足全球客户需求，对商品、服务及相关信息在全球内有效率和有效益地移动与储存而进行的计划、执行与控制的过程，是供应链的重要部分。21世纪以来，生产网络全球化和供应链全球化促使全球贸易体系、消费体系及物流体系的发展，影响范围从发达国家扩散到南美、非洲、中东、亚洲等新兴物流市场。跨国公司的原材料、零部件采购和产品销售的全球化带来了物流活动的全球化，大量物资和信息在全球范围内转移、储存和交换，原材料、零部件和最终产品的供应、储存和销售系统进行重组和优化。

物流全球化是传统物流活动超越国界后的延伸和发展，物流活动的基本要素虽然不变，但全球性组织促使物流企业的企业要素和物流要素的组织模式发生了巨大变化。物流全球化是以满足全球消费者的需求为目标，把商品的采购、运输、仓储、整理、配送、销售和信息等方面有机结合，选择最佳的方式与路径，以最低的费用和最小的风险，组织货物在国际区域间的快速流动。运输、仓储等主要物流活动的全球化已有很长时间，近年来采购、配送等物流环节的全球化趋势明显，尤其是现代信息技术提高了全球物流组织的标准化，促使物流在全球范围内进行组织和运营，改变了传统的物流组织空间范畴与模式。第一，物流实体的全球化流动，货物以国际贸易的形式在各国家内流动；第二，全球化的物流设施网络是物流活动全球化赖以生存和发展的基础，包括航线与航班、港口码头、机场与转运基地、轮船与飞机等；第三，物流网络网点的全球化布设，物流企业在全球范围内选择重要节点或区域布设分支机构。为了适应经营规模的扩大和跨国公司的需要，物流企业在全球范围内组织物流网络，但全球物流网络需要更多的大型物流企业和政府及国际组织进行合作才能建立。

全球生产网络下的物流组织出现如下特征。在宏观层面上，国家与国家之间的贸易交流日益频繁，给跨国运输业（海运和航空运输）带来发展机遇，航运公司和航空公司通过联盟与兼并实现产业链的横向和纵向扩张（Slack，1999；Mccalla et al.，2004）。在中观层面上，现代生产和分配已不再是围绕某个公司的简单活动，而成为供应链的重要环节，同时产生了专业化物流公司，并成为供应链整合的重要环节，以整合分散组织的各项物流职能（Hesse 和 Rodrigue，

2006）。在微观层面上，全球生产网络的要求是更小规模的多频率配送，对物流组织的时间、速度等方面提出了更高的要求，促使物流企业更加重视对小批量、多批次物流活动的快速反应。

三、典型全球化物流企业

在物流全球化的全力推动下，部分物流企业规模日益扩大，在全球范围内开展物流活动的空间组织，成为全球化的物流企业。典型的全球化物流企业如下所述。

1. 美国联合包裹（UPS）

联合包裹（United Parcel Service Inc.，UPS）是全球最大的快递承运商和包裹运送公司，也是全球主要的物流服务商。1907 年，联合包裹成立于美国西雅图，总部位于亚特兰大，物流业务遍及 200 多个国家和地区，每天递送的包裹超过 1480 万个。20 世纪 90 年代开始，联合包裹积极加强全球化网络的构筑和企业网络的扩张，1993 年成立物流子公司以开展仓储、物流规划等业务，1999 年并购 20 家企业，包括 7 家物流公司、1 家航空公司。2000 年到 2001 年，先后收购美国 Burnham 物流的配件物流部、美洲的 Comlasa 物流、瑞士的 Polysys 和德国的高技术产品物流商 Unidata，在全球建立由 450 多处仓库和 1100 多个网点组成的高技术产品零部件配送网络。2001 年收购飞驰公司及下属的加利福尼亚物流，发展报关和货运代理及供应链服务，收购法国汽车零配件物流供应商 Finon Sofecom 及位于亚洲和拉丁美洲的两家物流企业，在新加坡开设环球配送中心。2012 年收购 TNT Express，促使欧洲的营运量倍增。联合包裹通过一系列的并购，从以包裹递送为主的功能性物流企业转变为综合性的物流企业，目前已建立庞大的全球物流设施网络，航空中转站有北美的路易斯维尔、达拉斯、费城、安大略、罗克福德、哥伦比亚、迈阿密和哈密尔顿，欧洲的科隆（波恩），亚太地区的台北、克拉克、香港、新加坡、上海、深圳。从各地区的业务结构来看，美国业务占联合包裹收入的 89%，欧洲及亚洲占 11%；从运输方式来看，美国陆运占 54%，美国空运占 19%，其他占 27%。

2. 德国邮政（DPWN）

德国邮政（Dertsche Post World Net，DPWN）是德国的国家邮政局，是欧洲领先的物流企业。DPWN 分为四个自主运营的部门：邮政、物流、速递和金融服务。自 20 世纪 90 年代开始，德国邮政走全球化之路，开展了几十次的收购行动，收购对象涉及包裹、广告邮件、货运、信息技术和金融等各类企业。1999 年通过收购瑞士货运代理 Oanzas 的子公司而成立物流部门，收购北美 AEI 货运代理，把航空运输网与 AEI 的美国运输网进行合并；2002 年初收购 DHL 的 25% 股份，2002 年底收购其所有股权；2005 年并购英运物流，成为全球最大的物流企业，与汉莎航空组建网购物流公司 Trimondo；2006 年收购 BHW Holding AG。德国邮政的物流功能包括全球航空、海运、欧洲陆运和物流解决方案。目前，德国邮政的网络覆盖 220 个国家和地区，2005 年员工为 50.2 万人。1999 年，DPWN 的国外销售额仅占总销售额的 14%；2005 年邮政、速递、物流、金融的收入分别占总收入的 49%、21%、18% 和 12%，其中德国、欧洲其他国家、美洲、远东大洋洲的收入分别占 23%、60%、11% 和 6%，国外收入的比重大为提高。

3. 丹麦马士基物流（Maersk）

马士基物流成立于 1904 年，总部位于丹麦的哥本哈根。马士基集团是世界上最大的航运企业，涉及航运、石油勘探和开采、物流及相关制造业等业务，拥有 250 艘船舶和大量码头泊位，经营航空公司 Maersk Air，并提供信息服务。2001 年，丹马士物流（DAMCO Logistics）整合了原马士基物流和德高物流，形成世界一流的物流企业，提供综合性的物流服务。马士基物流成立以来发展迅猛，业务年均增长 50% 左右。在法国，马士基物流收购法国的 D'Click 物流，拓展法国物流市场；在澳大利亚，收购货运代理企业 O'Farrells；在南美洲哥伦比亚的波哥大、厄瓜多尔的瓜亚基尔、委内瑞拉的拉瓜伊拉设立办事处，随后在阿根廷、乌拉圭、巴西、委内瑞拉、哥伦比亚、巴拉圭、厄瓜多尔、秘鲁和智利设立办事处。马士基物流在全球 100 多个国家的 325 个城市建立了分支机构，分为美洲、欧洲和亚太三大分公司，拥有约 6 万名雇员，为宜家等大型工商企业提供全球物流服务。

4. 加拿大莱德物流（Ryder）

莱德物流成立于 1933 年，是美国最大的供应链物流企业，为全球财富 500 强企业。莱德物流总部位于加拿大的米西索加，在加拿大拥有 30 多家分公司，在美国拥有 184 个分拨中心，在全球拥有 900 多个分支机构，在全球范围内为 1.4 万家客户提供物流、供应链、电子商务解决方案等服务，客户遍及亚洲、北美洲、南美洲、欧洲，客户以汽车生产商为主，如丰田、本田、日产、通用、戴姆勒克莱斯勒等及汽车配件生产商。2000 年 11 月，莱德物流与丰田（美洲）及日本母公司丰田集团共同组建 TTR 物流公司，集中为丰田及其他在北美的日本汽车公司提供物流服务。2000 年 11 月，莱德物流和 From 2 Global Solutions 达成战略联盟；2008 年莱德物流收购 TCTL 和 CRSA 在加拿大的资产及在中国香港和中国上海的业务。美国业务占莱德物流总收入的 82%，国际业务占 18%，其中运输服务占 57%，物流占 32%，其他占 11%。

5. 荷兰邮政（TPG）

荷兰邮政（TNT Post Group，TPG）成立于 1946 年，总部在荷兰的阿姆斯特丹，是提供邮件、快运和物流服务的全球化企业。自 20 世纪 90 年代中期开始，荷兰邮政进行全球化扩张。1997 年，原荷兰邮政 KPN 兼并澳大利亚邮政 TNT，整合为 TPG 集团。1999 年，荷兰邮政与瑞士邮政结盟以使用其物流网络，收购法国的 JET 和意大利的 Tecno logistica 等快递公司；2000 年 3 月，与英国及新加坡邮政签订跨境邮件交寄协议；2000 年 7 月，收购法国的 Barlatier 和德国的 Schrader 等物流企业；10 月，与上海汽车实业合作建立物流企业。2000 年 6 月，荷兰邮政推出全球电子物流服务——TNT Loop。2001 年荷兰邮政为日本汽车商提供网上商店服务，包括处理、仓储及发送。此外，荷兰邮政还与 Smart Parcel 达成协议，在德国提供基于互联网的欧洲速递服务。邮递、速递和物流的净收入分别占荷兰邮政总收入的 42%、41% 及 17%，其中，欧洲占 85%，其他地区占 15%。目前，荷兰邮政在全球拥有近 1000 个转运中心及站点，有 2 万多部车辆及 43 架飞机，有 14.3 万多名员工，为 200 个国家及地区提供物流服务，在欧洲、亚洲和北美等地区提供 9 点、12 点、次日等模式的物流服务。

6. 英运物流（Exel）

英运物流是世界级的供应链管理企业。2000 年 Ocean-Group 与 NFC 公司合并为英运物流（Exel）。英运物流分为五大部门：欧洲部、美洲部、开发和自动化部、技术和全球管理部及亚太部，下设三家运营公司：Exel（原 NFC）、Msas 全球物流和 Cory Environmental。Msas 是世界最大的货运代理企业，Cory Environmental 是英国最大的废品处理公司，英运物流则提供包括运输、仓储和配送、JIT 和全球售后在内的供应链服务。在全球化过程中，英运物流的做法是收购各地已成熟的仓储公司或分发中心。1984 年 NFC 在加利福尼亚建立送货中心；1986 年收购皇太子分发中心，1988 年并购联合货车运输公司，1989 年购买 Ohio 分发中心，在西班牙成立仓储、分发公司；1991 年并购美国得克萨斯州的通用码头仓储公司，收购荷兰的国际食品快递公司，1992 年收购美国最大的仓储公司——Trammel Crow Distribution；1993 年进入墨西哥，并购德国的 Macke 公司；1995 年扩展至拉丁美洲，重点放在巴西及阿根廷；1997 年延伸至莫斯科，并购西班牙 Monros Logistica；2000 年收购 Total 物流，2005 年为德国邮政收购。英运物流提供的服务集中在配送、运输和环境上，净收入各占 58%、39% 和 3%；全球网点达 1300 个，有 5 万多名员工，业务遍及美洲、欧洲和非洲及亚太地区，净收入分别占 39%、30%、21% 和 10%。

7. 瑞士泛亚班拿物流（Panalpina）

泛亚班拿物流是瑞士最大的货运物流集团。成立于 1935 年，总部设在瑞士巴塞尔。泛亚班拿物流专注于提供跨洲空运、海运和供应链管理方案，核心业务是综合运输，尤其服务于汽车、电子、石油及能源、化学制品等领域的客户。Air Sea Broker 是泛亚班拿的全球货运"批发商"。2000 年收购南非的 Renfreight；2004 年收购韩国最大的货运代理企业 IAF，2005 年收购新加坡的 Janco Oilfield Services 和 Overseas Shipping。从利润来看，泛亚班拿的四大业务即空运、海运、物流及其他分别占总收入的 44.9%、31.3%、20.3% 及 3.5%，收入的地域分布为：欧洲/非洲占 52.7%，美洲占 33.9%，亚太地区占 13.4%。目前，泛亚班拿物流在 80 个国家拥有 500 个分支机构，雇佣约 1.45 万名员工。

8. 美国康捷物流（Expeditors）

康捷物流成立于 1979 年，总部在美国的西雅图。早期，康捷物流的主要功能是清关和货运代理，目前则提供全球物流服务。康捷物流的功能集中在空运、海运和货运代理方面，收入分别占 63%、25% 和 12%；从区域的角度来看，物流收入集中在远东，占 56%，在美国、欧洲和其他地区分别占 25%、15% 和 3%。2008 年，康捷物流在全球 226 个国家和地区拥有 250 家分公司和近百家代理，雇佣约 1.2 万名员工。

第二节　全球化物流企业的扩张模式与网络

一、物流企业的全球化

1. 全球物流服务协议

分析相关内容之前，应首先介绍一个重要概念：全球物流服务协议。物流企业推动国际化或全球化扩张，重要动力是全球物流服务协议。服务协议是发生于企业间或企业与消费者之间的合同或契约关系，从中规定服务提供商和服务需求商的关系，包括服务内容、期限、价格、方式及法律责任。全球物流服务协议是其中的一种类型，但突出了两个方面。一是，全球物流服务协议发生于跨国物流企业同工商企业之间，是物流提供商与物流服务需求者之间的服务契约；二是，全球服务协议强调了"全球"和"长期"两个内涵。其中"全球"是从空间角度而言，指协议所规定的责任和义务在全球范围内生效；"长期"是从时间角度而言，强调两者间不是短暂的交易行为而是固定的长期服务关系。全球物流协议是企业物流外包的高级形式。目前，著名的大型物流企业同客户企业之间的合作形式基本是全球物流服务协议，这深刻影响了物流企业的全球网络扩张。基于这种协议，客户企业的全球化战略要求跨国物流企业必须做出相应的全球扩张战略，提供"点对点"的物流服务，必须为客户企业在全球任何国家内提供协议所规定的物流服务，不管跨国物流企业是否能够进入该国并拥有物流网络。这种关系反映在地域上就是企业分支机构的相互跟随或形成"空间侍从"关系。

随着我国成为世界制造业中心，许多大型跨国公司纷纷将生产制造基地、地区分销中心转移到我国。这些跨国公司往往签订了全球物流服务协议，由固定的物流企业提供物流服务，但由于我国尚未开放物流市场，物流服务商无法进入我国。许多跨国物流企业鉴于全球服务协议，被迫推行进入我国的战略，如伯灵顿、英运物流、联合包裹、商船三井等。摩托罗拉、IBM、戴尔、惠普等跨国公司都是联合包裹的全球物流服务协议客户，20 世纪 80 年代这些公司在我国开展了业务，要求联合包裹把物流服务延伸到我国，但根据当时的政策，联合包裹不能在我国设立分支机构，1988 年联合包裹和中外运签订代理协议，采用代理方式将业务转到亚太地区的分公司处理，1996 年联合包裹与中外运成立合资公司。马士基物流承揽宜家家具在全球的所有物流业务，两者呈现"点对点"的链条关系，1995 年宜家在我国设立办事处以采购少量原料，马士基被迫在上海注册有利集运中国办事处，部署宜家在我国的原料物流业务并转移到中国香港，由其分支机构组织物流服务；1998 年宜家在上海等地开设销售网点，业务急剧扩张，马士基被迫将有利集运注册成独资公司，并在其他城市设立企业网点，以满足宜家的物流需求。2005 年，德国 BLG 物流跟随奔驰汽车进入北京，为奔驰轿车及福州生产的面包车提供零部件物流服务。在此过程中，外资物流企业在华业务以全球服务协议客户为服务对象，提供"跟进式"服务，尤其是具有东方文化背景的物流企业则追随客户进入，如日本的物流企业。2004 年，由于已有 40 年合作的全球物流协议客户本田汽车进入武汉，日通跟随进入武汉，为东风本田提供仓储、装卸、包装及汽车物流服务。伊藤洋华堂进入我国后，物流伙伴伊藤忠也跟随进入以承担其配送活动。

2. 物流企业的国际化与全球化

物流企业的国际化是物流企业的企业规模和物流网络发展到一定阶段的必然结果，是物流活动全球化的直接表现。物流企业国际化主要是指物流企业跨越多个国家甚至在全球范围内构建物流网络以组织物流活动，其物流业务遍及全球，为不同国家的工商企业提供物流服务，物流企业网点在全球范围内布局并开展业务活动。显然对于这些企业，其空间网络是全球化或洲际性的。物流企业的国际化或全球化，其动力之一是全球物流服务协议，同时企业的规模经济、物流网络的自然扩张规律等都发挥了重要作用。

目前，在全球范围组织物流网络的物流企业主要有三类。第一类是航运企业，主要从事以远洋集装箱运输为主的物流活动，如丹麦的马士基物流、中国香港的东方海外、法国的地中海航运、中国的中海集运等，这类企业数量较多。第二类是航空快递企业，主要利用航空网络从事以快递和包裹递送为主的物流活动，如美国的联邦快递和联合包裹、英国的英运物流等。第三类是邮政企业，主要利用庞大的邮政网络，从事以信件或包裹等为主的物流活动，如德国邮政、澳大利亚邮政以及中国邮政等。当然，还有其他类型的国际化物流企业，例如日本的日通物流等。

二、全球化物流企业发展特征

1. 物流功能相对集中

20世纪70年代以来，随着现代物流理念在发达国家的兴起和发展，各种类型的物流企业不断涌现并快速发展。全球化的物流企业多在海运、空运、快递业的基础上发展起来，如马士基物流、联合包裹、美集物流、东方海外等，在全球内的主要城市布设分支机构，形成全球化的物流网络。同时，时间敏感性强的运输业发展空间大，以空运、快递、陆运等业务为背景的物流企业居多，而且规模大。例如，联合包裹的陆运和空运业务分别占54%和19%，联邦快递分别占11%和83%，日本通运占44%和16%，荷兰邮政的邮递和速递业务分别占42%和41%，泛亚班拿的空运和海运业务占45%和31%。发达国家对邮政业进行改革以来，各国的邮政企业兼并运输企业、包裹公司、快递公司，不仅提供运输、仓储、货运代理和包装等物流服务，而且提供用户计划、控制库存服务，如德国邮政。此外，资产型物流企业占全球化物流企业的主流，多拥有物流设施和网络，但非资产型物流企业的盈利能力高于资产型物流企业，特别是既拥有大量物流设施又具有强大全程物流设计能力的混合型企业发展空间最大。

2. 发达国家企业占主导

物流市场发达程度与经济发达程度成正比。现代物流理念起源于美国和日本，但获得发展是在欧洲。从主要的物流企业来看，发达国家的企业占据物流市场的主导地位。全球100强物流企业中，欧洲有43家，北美有31家，集中了全球前百强物流企业的3/4。全球100强物流企业中，美国有28家，日本有12家，法国有10家，德国有8家，英国有7家，5个国家集中了65家，即全球前百强物流企业的2/3。从全球前10位的物流企业来看，美国占有5家，包括两家最大的联合包裹和联邦快递，5家企业的收益之和占前10位企业收益的2/3，美国物流企业在世界上的地位举足轻重。发达国家的物流企业规模大、业务范围广、物流设施现代化程度高，是世界物流市场的主导者。

3. 全球化与本地化并存

对于国际性的物流企业，全球化与本地化特征并存。多数物流企业在不同的国家设置了分支机构，相互间形成了功能分异和等级分异，物流网络组织呈现明显的全球化特征，服务客户遍布全球各地，物流业务在全球内流转。国际化的物流企业多拥有"一流三网"，即订单信息流、全球供应链资源网络、全球用户资源网络、计算机信息网络，典型的物流企业有联合包裹、联邦快递、马士基物流、德国邮政等。全球化特征是国际物流企业的最主要特征。但必须指出的是，任何企业的发展都有其起源地，而起源地往往决定了其企业网络和物流业务利润的主导性，物流业务的地区集中化程度高（即本土化程度高）。例如，联合包裹的美国业务占其全球业务总量的89%，联邦快递的美国业务占其全球业务总量的76%，德国邮政的欧洲业务占其总业务量的70%以上，荷兰邮政在欧洲的业务占总业务量的85%，日本通运的本土化达到93%。这种特征反映了全球化的目标可能更多的是满足物流的全球运营，而企业的利润追求仍更多地锁定在发源地。

4. 综合化与专业化并存

随着现代物流理念的发展，物流功能的完善程度成为评价物流企业的重要指标，但现实中物流企业功能的综合化和专业化并存。随着发达国家的运输制度与邮政制度改革，传统的快递企业、航运企业、仓储企业、邮政企业为了获得范围经济和竞争优势，纷纷跨产业并购以拓展经营领域，提供综合化物流服务。例如，联邦快递和联合包裹由传统的快递企业转变为提供一体化物流服务的企业，德国邮政由单纯的邮政业务扩展到快递、货运代理、第三方物流，提供一站式物流服务；马士基、日本邮船和总统轮船由传统的航运企业转变为综合性物流企业；Gatx 物流、DSC 物流由传统的仓储企业转变为综合物流企业。但部分物流企业集中发展某项物流服务，提供优质的个性化服务。荷兰邮政与 Smart Parcel 协议的最大优势在于"量身定制"，客户利用计算机或具有 WAP 功能的手机来决定包裹何时送达目的地。德国巨头 Schenker 在泰国 LaemChabang 建造的物流中心主要用于汽车零配件的物流服务，服务于通用汽车、福特、马自达、宝马；卢森堡 Thiel 物流下属的 LOG 公司专门提供家具物流服务。

5. 物流企业并购频繁

部分物流企业为了积极推行全球化扩张战略，以构筑全球化的物流组织网络，在全球范围内持续推行并购活动，这深刻影响了全球的物流企业结构和物流市场结构。这种并购最先发生在欧洲共同体成员国之间，目标是形成泛欧一体化的物流网络，尤其是大型物流企业在货运代理、快递、陆路运输等领域开始了积极的并购活动。荷兰邮政、德国邮政等物流企业先后收购了大量的欧洲物流企业，为其全球化扩张奠定了基础。并购随后发生在欧美物流企业之间，如 2000 年荷兰邮政并购美国 CSX 集团的 CPI 物流，2001 年瑞士德讯物流收购美国的 US-CO 物流、英国英运物流收购美国底特律的 F. X. Coughlin 公司、马士基物流收购美国专业拼箱和转运的 DSL 集团。2000 年联合包裹先后并购澳大利亚的计算机物流公司、法国的 Finon Sofecome、美国的 Burrnham 和加拿大的 Livingston。亚非与欧美间物流企业的并购活动也在进行，2001 年新加坡的 Semb Corp 物流与欧洲 K&N 进行股权互换，2001 年美集物流收购美国 GATX 物流，英运物流收购了南非的 Eagle 公司，2005 年荷兰邮政收购华宇物流。全球化物流企业的并购浪潮已扩展到亚洲与非洲，跨国、跨洲并购促进了物流企业全球网络的建立。

三、物流企业全球化扩张模式

物流企业在全球化扩张过程中，主要形成了兼并收购、直接投资和战略联盟等扩张模式。每种模式具有各自特点，但成功的物流企业多综合地运用各种模式。

1. 兼并收购

经济快速发展和企业兼并浪潮的兴起，推动物流业向全球化方向发展，也促进物流企业的整合和并购。物流企业间的兼并收购能够促进物流要素和物流活动的集中，迅速建立全球化的物流企业网络和物流组织网络。具体的并购方式，既包括资产并购也包括股权收购。欧洲许多物流巨头就是依靠并购实现了规模和品牌的扩张，马士基物流通过全球范围内的兼并整合而迅速崛起就是成功案例，联合包裹、联邦快递、荷兰邮政、英运物流、Stinnes、Danzas 等大型物流企业也通过兼并与收购，迅速建立起全球化物流网络。1999～2001 年，欧洲物流企业的并购活动频繁。法国的 Geodis 是物流企业巨头，2006 年收购荷兰邮政货运分部——礼信国际货运，2008 年收购 Rohde & Liesenfeld 和 Oughtred & Harrison Shipping；经过几次并购，Geodis 由欧洲区域性货运公司发展为服务网络覆盖 120 个国家、雇佣 4.6 万名员工的全球化物流企业，2009 年跻身全球前十位。Danzas 物流兼并奥地利的 Cargoplan/Cargoline 物流后，扩大了经营网络，奠定了中欧和东欧物流领域"领头羊"的地位。卢森堡的 Thiel 并购了 3 家德国物流企业：Birkart、GAT、AF，将物流市场拓展到德国，并进入德国的海陆空货运代理、时装物流等细分市场。2004 年 1 亿美元以上的物流企业并购案就有 5 起，包括联合包裹收购 Menlo 和亚洲合资公司、荷兰邮政收购 Wilson、联邦快递收购 Kinkos 和敦豪速递收购 BlueDart。联邦快递最初仅提供航空快递服务，通过收购 Roadway 包裹而进入普通包裹运递业，通过收购 American Freightways 而进入货运市场，成为全美第二大区域货运公司；收购文件方案和商业服务供货商 Kinko's，使其 1200 家分店成为收件中心。英运物流以 3.31 亿美元购买美国的一家物流公司，为汽车业提供物流和货运代理服务，促使英运物流在北美地区的营业额增长了 53%，营业利润上升了 43.3%。

2. 直接投资

与并购相比较，直接投资可降低管理难度，避免大额资金支出，但由于市场、网络、各种关系等需要重新建设，物流企业的扩张速度较慢。例如，日通公司自进入中国市场后，通过直接投资的方式，先后在上海、武汉、天津等城市设立了近 60 个分支机构。在实践中，很多企业采用了"先成立合资企业，再并购合资企业"的市场扩张策略，如泛亚班拿、联合包裹、联邦快递等物流企业。通过与本土企业的合资，国际物流企业可规避特定国家的进入障碍，在市场进入、政府关系、网络、客户关系等方面迅速打开局面；通过独资，物流企业可加强对投资企业的控制。泛亚班拿在开展韩国业务时，首先选择韩国最大的货运代理公司 IAF 作为合作者，与 IAF 合作 15 年后，2004 年将其收购，从而拥有韩国多数货运代理市场。2000 年联合包裹进入中国市场时，首先与中外运合资开展快递业务，物流市场对外资企业完全放开后，联合包裹收购合资企业的中外运股份。联邦快递与大田的合作也采用类似的模式。

3. 战略联盟

战略联盟是物流企业扩张的有效途径。就企业拥有的资源和经营活动的范围而言，任何企业都难以提供全部的物流服务。为了获得竞争优势和开拓新市场，物流企业联合一批在业务或服务地域上能形成互补的其他物流企业，通过契约而结成物流合作组织，形成提供综合性全程物流服务的全球网络，如表 8-1 所示。战略联盟可以使物流企业在不需要大规模投资的条件下实现市场进入，分享约定的资源和能力，形成全球化的物流网络。日本伊藤忠商社与美国的 Gatx 物流就是通过战略联盟，在北美和亚洲之间开展物流服务合作，以此进入对方的物流市场。2006 年法国的 MGF、葡萄牙的 Azkar、意大利的 Bartolini、德国的 Rhe nus 和英国的 Bibby 公司等欧洲大型物流企业在巴黎成立全球物流联盟——物流世界联盟（LWA），整合并共享业务、资源和信息技术，以欧洲市场为主，通过国际合作将服务拓展至亚洲。战略联盟发展突出的又一物流领域是世界航运业和航空运输业。在航运领域，目前形成"四大联盟"的基本格局，包括伟大联盟（Grand Alliance）、新世界联盟（New World Alliance）、联合联盟、CKYH 联盟，涉及了全球主要的大型航运企业；在航空运输领域，星空联盟、天合联盟和寰宇一家是最大的三个航空联盟，囊括了全球各国家的主要航空公司，还有 WOW 航空联盟。

表 8-1　日本大型物流企业的联合和合作动向

企业名称	合作者	国名	性质	合作内容与合理性
福山通运	Brirkart Globistics	德国	合作	利用日本福山通运的网络
佐川急便	近铁快运	日本	合作	涉及佐川急便在国内 330 处据点和航空运送商以及近铁快运在 34 个国家 221 个据点的联合与合作
西浓运输	Stinnes via Schenker	德国	战略合作	在运输和物流领域提供 3PL 服务
近铁快运	TPC	荷兰	合作	亚洲和欧洲在运送、物流以及快递领域的战略合作
福山通运	日立物流	日本	合作	卡车运输网及配送中心的相互利用
福山通运	DHL Japan	荷兰	合作	海外住宅邮件的配送服务
日本通运	FedEx	美国	合作	国际住宅邮件配送服务的扩张
大和运输	UPS	美国	合作	UPS Yamato 公司在 200 多个国家从事住宅邮件配送和空运业务

资料来源：徐杰.2008.物流组织网络：结构与运作.北京：社会科学文献出版社

特许经营（franchise）在本质上也是一种战略合作。该模式指特许权人与被特许人之间达成的一种合同关系，就是把客户信任的商誉（例如商标、商号、企业形象或工作程序等）授权给受许人，达到成功运营的目的，实现特许人和受许人的双赢。尽管特许经营很少被物流企业所采用，但鉴于特许经营可以避免大规模投资、降低文化冲突等特点，仍不失为物流企业国际化的一种选择。

四、典型全球化物流企业网络

全球化的物流企业有着复杂的企业网络地理结构和物流网络体系，其企业职能和物流功能比前文的中国物流企业要复杂。探讨跨国物流企业在世界范围内的物流网络结构和宏观区位条件及职能结构，对揭示全球化物流企业的宏观扩张规律有积极的意义。

1. 日通（Nippon Express）海外网络

日本通运株式会社（Nippon Express，简称日通）是全球化的物流企业。该企业成立于 1937 年，但物流服务却始于 1872 年，其前身是"陆运元会社"，1875 年改名为"内国通运会社"，1928 年改组为"国际通运株式会社"。物流服务集中在汽车运输、航空运输、仓库、铁路运输、海运、重量型物品和建设及其他方面，分别占经营收入的 36.6%、14%、9.1%、8.2%、10.2%、4.8% 及 17.1%，其中 90% 左右的经营收入来自于日本本土，在全球范围内组织民用物资、军用物资、原材料（如石油、矿产）、商品、黄金珠宝等物流活动。

日通的物流网络拓展经历了近 80 年的时间，全球化进程时间长。1937 年日通成立，经过 25 年的国内拓展后，1962 年在美国成立了分公司，启动了国际化进程。1966 年在阿姆斯特丹和罗马设立办事处，物流网络拓展到欧洲，1967 年在中国台北和悉尼设立办事处，物流网络拓展到大洋洲；1968～1969 年先后在巴黎、曼谷、新加坡、火奴鲁鲁及伦敦成立办事处，物流网络扩张到东南亚和太平洋地区；1979～1989 年分别在中国香港、德国、比利时、加拿大、澳大利亚、法国、美国、意大利、瑞士、西班牙及泰国成立分公司或办事处。20 世纪 90 年代初期，物流市场开始向中国拓展，1994 年在上海和深圳设立办事处。截至 20 世纪末，日通基本在全球完成了物流企业网络布局，成为在世界范围内组织物流活动的全球化物流企业。

经过近 80 年的发展，日通已经形成了庞大的全球化企业网络，并分为本土和海外两大部分，其中本土的企业网络庞大，这反映了日通的本地化特征，但海外网络的拓展也反映了其全球化特征。截至 2013 年，日通有 293 家运输公司，33 家销售公司及 22 家其他业务公司，这些企业均分布在日本本土。同时，日通在日本之外创建了大量的海外公司和海外事务所，海外公司包括子公司和关联公司，形成了全球性的物流网络。本研究重点关注其海外物流网络。如表 8-2 所示，根据日通的门户网站，海外物流网络形成了四大区域，分别为欧洲-中东-非洲（简称欧洲区）、东亚区、东南亚-南亚-太平洋（简称东南亚区）和美洲区。其中，海外公司中，美洲区有 18 家，东亚区有 25 家，欧洲区有 28 个，东南亚区有 25 家。

表 8-2　日通海外物流企业网络的地理结构

类型	欧洲区	东亚区	东南亚区	美洲区
公司（companies）	28	25	25	18
办事处（offices）	2	3	4	0
服务点（locations）	92	123	122	123
员工（employees）	2 518	5 826	7 011	2 402
仓储面积/m^2	410 726	551 887	602 591	492 951

总部和区域总部是日通物流网络的核心。日通的总部设在日本的东京，是日通全球物流网络的控制中枢。在欧洲区，德国的明兴格拉德为区域总部；在东亚区，中国香港为区域总部；在东南亚区，新加坡为区域总部；在美洲区，纽约为区域总部。其中，中国香港、新加坡和纽约均为全球性的国际航运中心，有着大量的物流信息和发达的服务业。

从日通企业网络的分布来看，日本本土集中了 1100 个网点，而海外网络分布在 345 个城市。其中，欧洲区分布在 65 个城市，东亚区分布在 97 个城市，东南亚区分布在 99 个城市，美洲区分布在 84 个城市。这种数量结构特征充分反映了跨国物流企业的全球化与本地化共存的特征。日通员工的数量分布也充分说明了这点，目前日通的本土员工有 40 287 人，而海外员工有 15 465 人。

从国家的角度来看，日通的物流网络分布在 37 个国家和地区，如表 8-3 所示，覆盖五个大陆地区。日通在欧洲覆盖了 19 个国家和地区，非洲覆盖了南非，在东亚覆盖了 4 个国家和地区，在东南亚区覆盖了 9 个国家和地区，在美洲区覆盖了 4 个国家。从具体国家来看，覆盖城市数量最多的国家是美国，日通物流覆盖了 45 个城市，而在中国内地覆盖了 32 个城市，这两个国家成为日通除本土之外的物流网络组织重点区域。其次是菲律宾和印度，分别覆盖了 13 个和 10 个城市，而英国、德国、中国台湾、泰国、墨西哥、加拿大分别覆盖了 7 个城市，韩国和马来西亚分别覆盖了 6 个城市，印度尼西亚和巴西分别覆盖了 5 个城市，其他国家覆盖的城市比较少。其中在欧洲，除英国和德国外，其他国家的城市覆盖数量都很少。

表 8-3　日通海外企业网络的地理结构

区域	国家（地区）	城市数量	区域	国家（地区）	城市数量
欧洲区 总部：德国明兴格拉德	荷兰	3	欧洲区 总部：明兴格拉德	土耳其	1
	英国	7		俄罗斯	3
	爱尔兰	2	东亚区 总部：中国香港	中国大陆	32
	德国	7		韩国	6
	奥地利	1		中国台湾	7
	匈牙利	1	东南亚区 总部：新加坡	新加坡	1
	捷克	2		马来西亚	6
	芬兰	1		澳大利亚	2
	波兰	3		新西兰	1
	瑞士	2		泰国	7
	比利时	2		越南	4
	卢森堡	1		印度尼西亚	5
	西班牙	4		菲律宾	13
	葡萄牙	2		印度	10
	法国	3	美洲区 总部：美国纽约	美国	45
	意大利	4		墨西哥	7
	南非	1		巴西	5
	沙特	1		加拿大	7

　　大型的物流基地或分拨中心成为日通物流网络的关键节点，控制着物流活动在全球范围内的集散路径。如表 8-2 所示，日通的海外仓储在四个国际区域均有分布，其中东南亚区最多，其次是东亚区。如表 8-4 所示，大型物流基地主要分布在 9 个国家和地区，分别为欧洲的德国、波兰、荷兰、俄罗斯，亚洲的中国、菲律宾，北美的美国和墨西哥，其中中国和德国的物流基地数量较多，分别集中了 5 个和 4 个物流基地。大型的仓库基地则分布在欧洲的德国、西班牙，亚洲的中国、菲律宾、越南和泰国，北美的美国、加拿大，尤其是中国的分布数量较多，集中了四个仓库基地，其次是菲律宾，但总体上集中在亚洲地区。这些大型的物流基地往往集中在各个国家的门户枢纽港、保税基地及物流园区。

表 8-4 日通的主要海外物流基地与仓库

物流基地		大型仓库	
国家（地区）	城市名称（数量）	国家（地区）	城市名称（数量）
德国	杜塞尔多夫、慕尼黑、法兰克福、门兴格拉德巴赫	德国	杜塞尔多夫
波兰	华沙	西班牙	马德里
中国	香港（2）、深圳、上海（2）	中国台湾	台中、台北
俄罗斯	莫斯科	中国大陆	上海（2）、大连、天津
墨西哥	瓜纳华托	美国	马里昂
泰国	曼谷（2）	加拿大	埃德蒙顿
菲律宾	卡布尧	菲律宾	甲米地、八打雁、宿务
荷兰	阿姆斯特丹	越南	河内
美国	印第安纳波利斯	泰国	曼谷

2. 联邦快递（FedEx）亚太物流网络

联邦快递是全球化的运输、物流、电子商务和供应链管理供应商，但核心物流功能仍是国际快递。目前，联邦快递已形成覆盖全球的物流组织网络，其中亚太地区是全球网络的重要部分，近年来发展较快，尤其是在中国地区有着明显的拓展。

联邦快递在亚太地区的网络扩张主要通过并购来实现。这种扩张始于 20 世纪 80 年代中期，1984 年联邦快递收购货运公司 Gelco，凭借其欧亚两洲的办事处而启动亚太地区的物流网络拓展。1987 年，联邦快递在夏威夷设立亚太办事处，1989 年收购飞虎航空（Flying Tigers），迅速将物流网络拓展至中国香港、日本、韩国、马来西亚、新加坡、中国台湾和泰国，覆盖东亚和东南亚。2001 年联邦快递的物流网络已覆盖亚洲的 19 个城市，目前形成了庞大的物流网络。如图 8-1 所示，亚太物流网络覆盖东南亚、东亚、大洋洲及太平洋部分岛屿，分别在奥克兰（新西兰）、曼谷、北京、广州、胡志明市、香港、雅加达、高雄、吉隆坡、马尼拉、汉城、上海、深圳、新加坡、悉尼、台北以及东京等大型城市设立企业网点。这些城市以首都城市为主，其他均为各国的特大型城市。同时，在各个国家的大量中小城市设置企业网点。

（1）区域总部。1992 年之前，由于联邦快递尚未在该地区形成较大的物流组织网络，其企业总部位于美国的夏威夷。随着亚太地区的市场扩张和物流网络的增长，1992 年区域总部迁至中国香港，成为亚太地区物流网络的管理中枢。

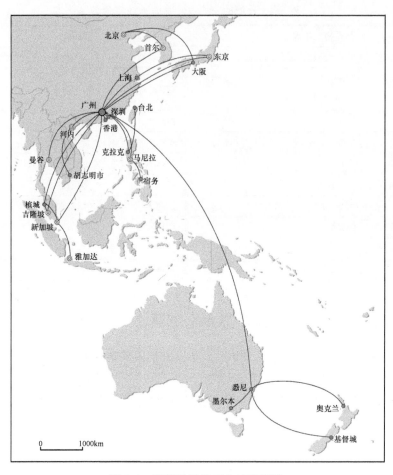

图 8-1　联邦快递的亚太速递网络

2004 年，在上海设立中国分区总部，管辖着中国大陆地区的物流网络与组织，该区域成为联邦快递亚太物流网络的核心。

（2）转运中心。联邦快递在亚太地区的转运中心具有动态性，这与企业网络与物流市场的增长有直接关系。1995 年，联邦快递在菲律宾的苏比克湾设立亚太转运中心，负责该地区的货物转运。随着在中国地区的物流市场扩张，2005年亚太转运中心迁至广州白云机场，2009 年正式运营，成为美国本土之外的最大转运中心。

（3）物流组织网络。联邦快递在亚太地区的物流网络组织始于 1988 年美日直航货运服务。1995 年，为了实现全球物流的准时递送，联邦快递开设亚洲一日达（Asia One）网络，形成亚太地区的规范运营模式。1997 年开设"印第安纳波利斯→巴黎→迪拜→孟买→曼谷→苏比克湾→安克雷奇→美国"环球货运航

物流企业的空间网络模式与组织机理

班，将亚太地区纳入全球物流网络。2003 年组织"深圳—安克雷奇"直航，首次实现华南—北美的翌日物流组织，尤其是经过 2004 年和 2005 年美国两次授权，中美货运航班增至 26 班/周。2005 年，上海—法兰克福航线开通，实现了中国与欧洲的直航，并开通中国—印度翌日航线，连接欧洲、印度、中国和美国。如图 8-1 所示，目前亚太地区已经形成了轴辐物流网络，广州为转运枢纽，即轴辐网络中的"轴"，辐射周边国家的首都城市和特大城市，并且每周通过 16 条航线 136 班货机往返于全球。如表 8-5 所示，联邦快递可将亚太货物在 1~2 个工作日之内送达美国和加拿大，在 2~3 个工作日可送达欧洲、南美或其他地区，物流服务的时效性很高。

表 8-5　联邦快递的亚太速递网络目的地及运送时间

发件地点	亚洲取件截止时间	跨太平洋取件截止时间	至北美运送时间	美国至亚洲运送时间
曼谷	17：00	17：00	第二个工作日 10：30	3 个工作日
北京	12：00	12：00	第二个工作日	3 个工作日
广州	18：00	14：30	第二个工作日	3 个工作日
胡志明	13：40	13：40	第二个工作日 10：30	3 个工作日
香港	18：18	18：18	隔日 10：30	3 个工作日
雅加达	11：00	9：00	第二个工作日 10：30	3 个工作日
吉隆坡	17：00	17：00	第二个工作日 10：30	3 个工作日
马尼拉	18：00	18：00	2 个工作日	3 个工作日
首尔	15：00	15：00	隔日 10：30	3 个工作日
上海	16：00	16：00	第二个工作日	3 个工作日
深圳	18：00	15：00	第二个工作日	3 个工作日
新加坡	18：00	14：00	第二个工作日 10：30	3 个工作日
悉尼	13：30	10：30	第二个工作日 10：30	3 个工作日
台北	19：00	16：00	隔日 10：30	3 个工作日
东京	16：00	16：00	隔日 10：30	2 个工作日

第三节　国际物流企业的中国扩张路径

20 世纪 80 年代以来，在改革开放和国际产业转移的双重背景下，我国吸引了大量的外资企业，成为"世界工厂"和全球供应链系统的重要部分，产生了大量的原材料、零部件和产成品进出口物流需求。随着我国物流市场的日益扩大和对外开放，大型国际物流企业把我国作为投资热点，以各种方式抢滩登陆我国物流市场，其物流网络快速拓展，促使我国快速融入到物流全球化的进程中。

一、中国准入政策演变与跨国企业进入

1. 我国物流市场准入政策演变

不同国家在限制其他国家企业进入本国市场时会采用不同的方式，但主要通过政策或关税等形式。对于物流领域，市场门槛主要是政策，在我国尤为明显。新中国成立以来，我国物流市场有着不同的准入门槛，对外资有不同的政策，这影响了物流企业的发展，尤其影响了外资物流企业在我国的投资经营模式和物流网络构筑。

（1）外资利用限制阶段。20 世纪 80 年代之前，我国物流领域包括交通、运输、仓储等行业，一直是计划经济管理模式。各行业的建设和投资由政府负责，从事物流活动的企业主要是国有和集体企业，私营企业比较少，而且限制外资进入。例如《水路运输管理条例》规定，外商不得以任何形式经营我国沿海运输和内河运输。该阶段是物流领域严禁外资进入的时期。

（2）政府协议与审批阶段：1980～1994 年。为了实现商业文件、银行票据和相关文件在联系密切的国家间的交流，1980 年原外贸部和海关总署批准外运公司与日本海外新闻普及株式会社签订快件代理协议。随后，联邦快递、敦豪速递、联合包裹等快递企业分别于 1984 年、1986 年、1988 年与中外运建立合资企业以进入中国国际快递业。1985 年我国首次出台规定，允许经批准的外商以合资形式在我国设立国际航运企业；1992 年我国再次规定，经批准允许外国船公司开办独资或合资船务企业，从事境内沿海和内河运输。同期，我国允许外资以合资、合作的形式介入支线铁路和地方铁路的建设和经营。但我国在物流领域尚未形成规范的外资利用政策，多是针对某些特殊需求或事件的临时措施，主要是政府协议和政府批准。

（3）外资政策探索阶段：1995～2004 年。1995 年我国颁布了第一个物流业利用外资的政策文件：《国际货物运输代理业管理规定》。同年 6 月，我国颁布了《指导外商投资方向暂行规定》和《外商投资产业指导目录》，规定"邮政、电信业务、空中交通管制"为限制外商投资产业，规定了外资进入物流基础设施投资和其他物流领域的准入条件。2001 年，我国承诺：加入世界贸易组织（以下简称入世）后一年内允许外资在华设立控股公路运输企业，三年后允许外商独资；开放航空运输业，可设立中外合资航空公司，由中方控股；以合资形式组建铁路货运公司，外资比例不超过49%；经过合理过渡期后，取消大部分外国股权限制。2002年，原对外贸易经济合作部发布《关于开展试点设立外商投资物流企业工作有关问题的通知》，将江苏、浙江、广东、北京、天津、重庆、上海、深圳作为外商投资物流业的试点，规定了投资方式、注册资本、控股底线、经营范围，且规定外商持股不得超过50%，这是我国放开物流业的实质性政策。在此基础上，我国先后两次对《外商投资产业指导目录》有关物流业的条文进行调整。

（4）外资政策规范阶段：2005年至今。2005年，我国出台《外商投资国际货运代理企业管理办法》，将外商控股比例上限提高至75%，允许外商通过购买股权来收购已设立的国际货运代理企业，突破了外商不能控股的政策底线，我国物流业正式对外资全面开放。2006年，商务部下发《关于进一步做好物流领域吸引外资工作的通知》，外资物流企业经批准可经营国际物流业务、第三方物流业务。2007年《外商投资产业指导目录》将批发零售业的"一般商品配送"和"现代物流"列入鼓励外商投资产业目录。

2. 跨国物流企业进入我国历程

随着我国政府对物流业管理和投资体制的改革，尤其对物流业外资利用政策的变化，跨国物流企业陆续进入我国，并大致经历了如下阶段。

（1）进入起始阶段：1984～1996年。20世纪90年代中期之前，国际物流企业开始进入我国物流市场。1984年，联邦快递登陆我国，与代办商开展速递业务，拉开了跨国物流企业的进入序幕。1990年，我国与香港的合资公司已在全国开展集装箱卡车运输。1994年中日合资的山东山富国际物流经营山东出口食品的集装箱卡车运输。1996年，总统轮船的美集物流成立，从事中国的代理业务，同年联邦快递提供货运航班。此阶段，外资进入我国物流市场多采用合资的方式。

（2）初步发展阶段：1997～2002年。随着改革开放的深入和国际贸易的快速增长，以及准时化物流需求的增多，越来越多的跨国物流企业进入我国。1997年开始，日本、英国等国家的物流企业纷纷在上海、北京、广州、武汉等大中城市设立办事处、分支机构，以合资、独资的方式设立物流公司，初步形成物流网络。1999年大田与联邦快递组建大田联邦快递，荷兰邮政与中国邮政建立长期合作关系，成立"中速快件"。2001年联合包裹获得中国直航权，联邦快递在中国的航班增加了2倍，服务城市增加到202个，深圳成为继北京和上海之后的第三个营运中心。该阶段，合资或独资跨国物流企业发展到31家，包括速递公司5家、航运企业10家、综合物流企业16家，在主要城市设立了309个分支机构和办事处。

（3）飞速发展阶段：2002年至今。2002年开始，国际物流企业大规模地、全方位地进入我国，显示出独资倾向明显、投资增大、占据高端市场等特征，如表8-6所示。众多跨国物流巨头纷纷以办事处、分公司、合资公司等形式进入我国，如联邦快递、联合包裹、总统轮船、德国邮政、辛克物流、马士基物流、英运物流、荷兰邮政、泛亚班拿、宅配便等，在快递、航运物流、汽车物流等领域占据高端市场。例如，敦豪速递、荷兰邮政、联邦快递、联合包裹等物流企业在我国国际快递市场的份额已达80%。2003年荷兰邮政与上汽集团组建安吉天地汽车物流；和记黄埔与英国天美百达物流合资成立和黄天百物流，以北京、上海、广州、成都及沈阳为中心，覆盖300多个城市，为百佳和物美超市等提供物流服务。同年，法国标致-雪铁龙将全资物流公司捷富凯搬到中国，敦豪速递宣布在我国五年内投资2亿美元以提高服务能力；荷兰邮政在北京征地50亩兴建空港物流基地，建设我国最大的综合快运中心；东方海外、海皇、马士基、韩进等航运企业与我国联合开办沿海港口直达内地的集装箱班列。2004年2月，中铁现代物流和日本伊藤忠株式会社合资的中铁伊通物流挂牌，3月大田集团与法国捷富凯物流合资的汽车物流挂牌，联合包裹与中外运签署"赎买"协议。2004年底，已在上海申报的独资物流企业有60家。2005年，荷兰邮政收购我国最大零担货运商华宇物流，联合包裹从中外运手中获得国内23个城市的国际快递业务掌控权。2006年，联邦快递以4亿美元收购大田-联邦快递的50%股份。2007年，外商在我国物流领域的投资项目达到6996个，占外商在中国投资项目的18.5%，增长速度为31.3%。

表8-6　2004年主要外资物流企业在我国的扩张情况

名称	母国	进入方式	主要业务	服务网络
马士基	丹麦	独资合作	货运代理服务	上海、沈阳、天津、青岛、厦门、广州
总统轮船	美国	合资合作	货运代理业务	上海、大连、天津、青岛、厦门、深圳、南京
联合包裹	美国	独资合作	快递业务	北京、上海、广州等21个主要城市
联邦快递	美国	独资合作	快递业务	北京、上海、深圳三个营运中心，覆盖190个城市
日本邮船	日本	独资合作	多式联运	上海

二、跨国物流企业的进入途径与发展

1. 跨国物流企业的进入扩张模式

跨国企业从母国进入其他国家，总是存在着一定的市场门槛，直接影响跨国企业在进入国的扩张模式。跨国物流企业进入我国时采取了多种方式,具体如下所述。

1) 基于契约的代理协议与联盟合作

与我国物流企业形成代理协议或联盟合作,是国际物流企业在早期进入我国的主要模式,方式包括授权经营、技术协议、服务合同、管理合同、分包合同等。改革开放后,我国急需商业文件、银行票据、其他文件和小件样品包裹的快速交流,快递物流的需求呈现急速增长。改革开放初期,外资货运代理和快递公司在合资公司中持股最高不能超过49%,跨国物流企业在国内成立子公司或合资企业面临风险。因此,20世纪80年代初许多国际快递企业登陆我国时,多选择"互为代理"的模式,与国内物流企业结盟,利用他们的办事处、分支机构及合作伙伴完成仓储物流配送,这种模式在我国物流市场中普遍存在。1988年,联合包裹和中外运签订代理协议;1999年,荷兰邮政与中国邮政建立长期合作关系,成立"中速快件",中国邮政EMS的国外邮件通过荷兰邮政的全球网络完成,荷兰邮政已在北京、天津、上海、广州、武汉等8个城市从事小件快递。OCS(Overseas Courier Service)、敦豪速递、联邦快递等企业都相继选择中外运作为代理合作伙伴。新加坡美集物流与上海、沈阳两家大型运输企业达成结盟议,开拓我国物流市场。

2) 物流设施建设与特殊物流服务购买

通过投资建设物流设施或购置特殊用途或专用物流服务等方式,部分物流企业间接地进入我国,主要体现在航运和港口建设领域。2002年底,新加坡港务集团加盟广州港,双方合资组建广州集装箱码头公司,随后与广州港合资组建广州鼎盛物流,通过投资物流设施而进入我国。2003年德国辛克物流(Schenk)在北京机场建设物流中心,2004年在上海外高桥保税区建设物流中心,处理包括汽车、半导体、化学品和机械等物流;同年,总统轮船在深圳盐田港建立物流中心,为客户提供包括货源地和目的地管理、货运管理和配送中心管理的供应链服务。联邦快递在广州白云机场建设转运中心,2008年10月投入运营,并将亚太转运中心迁至此。敦豪速递在上海外高桥保税物流园区和自由贸易区兴建物流中心。

联邦快递和联合包裹通过购买国际航线进军我国快递市场,1996年联邦快递已独家拥有每周直飞我国的10班航班,而联合包裹拿到直飞北京和上海的6班航班;根据2004年中美签署的《中国民用航空运输协定》,中美双方在1999年签订的"允许每个国家4家航空公司提供每周54班航班"的基础上,在今后6年内分阶段增加5个航空公司,每周航班达到249班,其中111班为货运航班。

协议签署后，联邦快递在首次航班分配中获取了 12 个新航班，连接美国和上海、青岛；2005 年联合包裹再开通美国直飞广州的 6 个航班。

3）合资组建物流企业

跨国物流企业进入我国的最佳途径是寻找本土的合作伙伴，合资组建物流企业。外资企业在进入我国的初期阶段，为了巩固原有客户和开发新市场，往往选择和中方企业合资成立新的物流企业，可充分利用中方企业的市场经验和社会关系，以更迅速、更安全地开拓我国物流市场。1988 年荷兰邮政与中外运合资建立"中外运—天地快件"，1996 年联合包裹和中外运成立合资公司，1999 年联邦快递与大田合资组建了大田联邦快递。尤其是根据 WTO 协议，外商独资的物流企业在 2005 年才允许设立，所以合资成为当时的主要进入模式。2002 年，华联超市物流与秋雨环球物流在上海共同投资商业物流；同年，商船三井与富士胶卷在苏州成立合资物流企业，联想控股与新加坡美集物流成立合资公司，英运物流和金鹰集团合资成立金鹰国际货运代理（王槐林和刘明菲，2002），中铁现代物流科技公司与伊藤忠商事株式会社合资中铁伊通物流，主要提供汽车和零部件的铁路和卡车运输服务。大田集团在北京与商捷富凯成立"捷富凯—大田物流"，随后在武汉和上海设立分公司，为神龙等汽车企业提供物流服务。2005 年，中远物流与荷兰 VOPAK 在中国建立合资企业，提供化工领域的物流服务；中邮物流与澳大利亚邮政物流在上海合资成立赛诚国际物流，利用各自的物流网络为客户提供中澳间的"一站式"国际物流服务。

4）独资设立分支机构

我国在 WTO 的协议中规定，外商企业在 2005 年后才能设置独资的物流企业。尽管我国制定了以上规定，但少数跨国物流企业仍可以通过特殊途径，尤其是政府公关，在我国设立独资的物流企业，这种模式类似于李小建（1999a）提出的关系通道。1998 年，马士基通过政府公关在上海成立第一家独资的物流企业。随着外资物流企业的业务增长和本土化程度的增强，以及我国物流市场的放开，外商企业独资倾向日益明显并调整在华投资战略，将资本连带管理技术、物流组织经验及其他技能转移到我国，建立直接控制的分公司或子公司。联邦快递首先从 1984 年开始与中外运合作，1995 年起与大通运输合作，1999 年合作对象改为天津大田航空代理公司，三个合作企业的实力不断降低，实际上是为政策完全开放后的独资奠定好基础。2003 年 5 月，荷兰邮政与中外运长达 15 年的合资企业合同期满，宣布与民营企业超马赫结成合作伙伴，实现"变相"独资。经历 16 年合作的中外运与联合包裹决定在 2005 年年底之前，中外运向联合包裹移交国内 23 个城市的业务操控权。随着我国物流领域的逐步开放，外商独资的物流企业逐步增多并占据主流，并且这种模式从关系通道转变为市场机制。2004年美国伯灵顿（Brink）成立独资的伯灵顿货运代理（广州）；2005年瑞士Kuehne & Nagel 也获得建立全资公司的许可，日通也在广州设立全资公司。2004年《关于建立更紧密经贸关系的安排》实施以来，香港在广州注册的10个独资服务型企业有9个是物流企业；上海市已将60家香港独资物流企业申请上报商务部，有28家获得批准。

5）兼并或收购本土物流企业

兼并和收购本土物流企业是跨国物流企业进行全球化扩张的常用模式。近年来，这种模式在我国有明显地体现，如表8-7所示。此模式下，跨国物流企业可直接获得本土企业的物流网络，有效地开展物流业务，抢滩物流市场。2005年以来外资企业并购的主要案例中，有6例是针对民营物流企业的并购。荷兰邮政在我国的扩张策略是通过并购而整合本土物流企业，2007年收购最大的公路货运企业——华宇物流，一举拥有全国30个省区的1200家子公司而形成覆盖全国的物流网络，拥有1100多个操作站点和转运中心，这促使荷兰邮政的中国业务从最高端、高附加值的物流领域向中端业务领域延伸。2006年，联邦快递收购大田集团的合资企业大田-联邦快递公司50%的股份，以及大田集团在中国的快递网络，一举在中国拥有6000多名员工。2007年，美国世能达收购中国宝运物流，一举拥有宝洁、飞利浦、伊莱克斯、西门子、德尔福、屈臣氏、诺维信、雀巢、三星等20多家大型客户。2007年6月，美国最大的公路运输商RYC Worldinc 收购上海佳宇物流。2007年9月，美国的 MenloWorldwide 收购上海熙可控股，成为业内网络最大的亚太货运与物流管理企业。联合包裹收购合作伙伴中外运所持有的股份，直接掌控在23个城市的国际快递业务；嘉里物流分阶段收购大通集团70%的股份，以扩展内地的物流网络。2009年，敦豪速递收购民营企业全一快递，新时代收购通成物流。兼并收购的模式可以有效地利用我国物流企业已有的社会关系和业务基础及物流网络。

表 8-7 "十一五"期间部分外资企业并购中国物流企业案例

时间	收购企业	被收购企业	收购金额及内容
2005 年	嘉里物流	大通国际运输	以 3.8 亿元收购大通国际运输 70% 的股份
2005 年	耶路全球	上海世联运	子公司 Meridian IQ 收购上海世联运物流
2006 年	联邦快递	大田（快递）	以 4 亿美元收购大田—联邦快递的 50% 股权，及大田集团的中国速递网络和资产
2006 年	YRC Worldwide	上海锦海捷亚国际货运	以 4500 万美元收购锦海捷亚货运 50% 股权

时间	收购企业	被收购企业	收购金额及内容
2007 年	荷兰 TNT	华宇物流	以 1.35 亿美元全资收购华宇物流
2007 年	美国世能达	中国宝运物流	下属世能达物流收购宝运物流的运营资产
2007 年	万络环球	熙可（公路运输）	6000 万美元收购熙可控股公司及上海熙可物流公司和上海熙可供应链管理公司
2007 年	世能达	宝运（公路运输）	收购宝运物流的主要运营资产
2008 年	耶路全球	佳宇（公路货运）	以 4470 万美元收购佳宇 65% 的股份
2009 年	敦豪速递	全一（快递）	以 3 亿元收购全一快递 100% 的股权
2010 年	美冷	招商国际冷链和康新物流	以 7 亿收购招商国际冷链 70% 股份和康新物流

注：表格引自袁平红（2009），并进行了调整

综合来看，跨国物流企业在我国有不同的组织方式，这同市场准入和加入世界贸易组织的承诺密切相关，是对我国陆续出台的物流政策的一种积极响应。跨国物流企业在我国的组织模式呈现三个发展阶段。①入世前，我国物流领域尚未开放，物流业处于受保护阶段，部分跨国企业对我国物流业的涉足主要通过代理的形式，或将物流业务交由本土企业运作，或通过本土企业将业务转移到境外再由其分支机构处理。②保护期内，跨国物流企业可投资我国物流业，但主要是合资或合作形式。以 2002 年《外商投资国际货运代理企业管理办法》为标志经历了两个阶段：第一阶段是外资对合资企业的股权最高不超过 50%；第二阶段是外资股权可达 75%。③入世后，随着物流领域的全部放开，跨国物流企业采取了不同方式，并以独资、兼并或收购等方式为主进入我国。

2. 跨国物流企业的中国发展态势

1）物流网络扩张

许多大型的知名物流企业已陆续进入我国。这种进入在我国入世之前就已通过各种途径而进行，入世后更多的物流企业进入我国（王槐林和刘明菲，2002）。联合包裹、联邦快递、总统轮船、德国邮政、日本通运、马士基等世界排名前10 位的物流巨头都已在我国许多城市布设了企业网点。如表 8-8 所示，这些物流企业涉及美国、日本、英国、法国、德国、丹麦、瑞士、韩国、中国香港、澳大利亚、荷兰、新加坡等国家和地区，以美国和日本企业为主。随着中国物流市场的拓展，跨国物流企业的中国网络逐步扩张，企业网点不断增多，形成一定规模的物流组织网络，部分大型物流企业的物流网络已遍及我国的中小城市。铁行渣华物流在青岛、南京、厦门和广州开设了分公司，联邦快递的服务网络已覆盖

220 多个城市，联合包裹在深圳、青岛、厦门、东莞、杭州、天津、石家庄和成都等 20 个城市设立了企业网点。2004 年美国交通部已授予联邦快递新增 12 条来往于中美间的航班；2007 年荷兰邮政收购华宇物流后，成为拥有中国最大运输网络的物流巨头，其服务网络已覆盖了我国 200 多个城市，网点超过 2000 个。敦豪速递在我国建立了最大的快递服务网络，覆盖了 318 个城市，开设了 50 家分公司，2004 年建设外高桥保税区海空运物流中心。马士基物流在 20 世纪 80 年代末进入我国，1998 年在上海设立总部，2000 年在 34 个城市设立分公司，网络由沿海地区向内陆扩张；2003 年大中华地区（Great China Area）设立，包括中国内地、中国台湾、中国香港、中国澳门和蒙古国，总部设在北京。普洛斯自 2003 年进入中国以来，只用 3 年便完成了在中国沿海的战略布局。

表 8-8　进入我国的跨国物流企业及所属国家

国别	物流企业
美国	总统轮船、联邦快递、敦豪速递、联合包裹、铁行渣华物流、RYC Worldinc、海陆
日本	通运、佐川急便、日通、广九、近铁快递、住友、伊藤忠、宅急送、大田物流、日本邮船、商船三井
英国	英运物流、英之杰、伯灵顿
法国	捷富凯
德国	德国邮政、辛克物流、BLG
丹麦	马士基物流、有利
瑞士	泛亚班拿、Kuehne & Nagel
韩国	韩进航运
香港	和记黄埔、东方海外、嘉里物流
澳大利亚	澳大利亚邮政物流
荷兰	荷兰邮政、VOPAK
新加坡	上海招新物流、新加坡港务集团、东方海皇、美集物流

2）物流业务增长

物流企业的网络扩张势必带来物流市场份额的增长，跨国物流企业对我国的物流市场结构产生了重要影响。近年来，外资物流企业在我国的物流业务增长迅速，业绩不断攀升，市场份额提高很快。1995 年以来，联邦快递、联合包裹、敦豪速递和荷兰邮政在我国的业务量和营业收入均保持每年 20% 以上增长；其中，敦豪速递和荷兰邮政的业务增长已达 40%，尤其是敦豪速递在中国航空快递市场的占有率达 36% 以上；荷兰邮政自 1988 年进入中国之后不断致力于物流和快递等服务，2003年在中国的销售额超过7亿元，与上汽合资的上海安吉天地物流是中国最大的汽车物流企业。2003年，联合包裹的中国物流业务同比增长45%，尤其是出口物流业务强劲增长，达到125%，而全球业务增长仅为10%，2004年销售额达到创纪录的366亿美元；联邦快递的中国业务增长达35%。2006年，以上四大快递公司已占据中国国际快递业务80%的市场份额和国际航空货运市场60%的份额。1984年进入中国的英运物流从早期的货运代理企业发展成为拥有空运、海运、陆路运输、合同物流等功能的综合物流企业，2004年业务量增长60%以上。目前，中国拥有近51万家物流企业，其中外资物流企业有680余家，仅占企业数量的0.13%，但市场份额却达8%且不断增长。这种快速发展的态势对我国本土物流企业产生了很大冲击，1995~1999年中国邮政国际速递业务年均增长率仅为2%，有些年份甚至出现负增长，市场份额从97%降为40%。2000年上海国际货运代理协会的资料显示，独资、合资物流企业的经营规模、管理水平、人均利润等均高于行业平均水平。以盈利为例，行业人均年营业额为69万元，人均年创利3.2万元，而独资和合资企业人均年营业额为77万元，人均年创利4.54万元。

3）物流业务结构

跨国物流企业不但为客户提供仓储、运输、装卸、订舱、报关、海运、空运等物流服务，还提供人力资源服务，即人力和人才的租赁、代理服务。但总体来看，跨国物流企业在我国的市场定位相对有限，物流业务集中于两类，一类是空运和速递业务，联合包裹、荷兰邮政、联邦快递在我国主要从事邮件递运和其他速递及相关物流服务；一类是海运物流，马士基和美集物流等借助原有海运网络，在我国提供以海运为主的物流业务，尤其是国际海运、集装箱、多式联运、码头等业务。因此，跨国物流企业多集中在高端物流服务，配送、仓储等物流业务相对有限。同时，跨国物流企业的服务对象也相对有限，集中在我国的外资企业，关注进出口物流业务。根据中国物流与采购联合会的统计，外资物流企业的进出口物流业务约占业务收入的70%，66.7%的服务客户是外商独资或合资企业，且多为原全球服务协议客户（陈相森，2009）。近年来，部分跨国物流企业加快向综合物流服务商转型，积极发展仓储、配送、加工、包装、报关、逆向物流、金融、进出口贸易、租赁代理等物流服务，拓展公路货运及出入境公路和铁路货运，提供全程供应链管理。例如，联合包裹在实现独资后就完成从包裹递送企业向综合物流服务商的转型，拓展为以物流、快递、金融、供应链咨询为核心的服务商，致力于全新供应链解决方案。

物流企业的空间网络模式与组织机理

三、跨国物流企业的中国区位选择

1. 跨国物流企业网络结构

跨国物流企业的运营空间是全球，物流组织网络遍布全球，我国仅是全球网络的一部分。跨国物流企业为了拓展市场份额或地域范围，争夺有利于在全球组织物流活动或建立全球物流网络的关键地域（如潜在市场区或物流轴心），在中国主动拓展空间网络，并在区位选择上形成了不同的特征和规律。跨国物流企业进入中国的主要形式是设置分支机构，这些分支机构的设置就形成了物流企业网络（郝聚民，2002；王鸣，2003）。

根据跨国物流企业的样本分析，对网络结构进行归纳总结，其结果如表8-9所示。这些网络结构单元包括总部、总公司、地区总部、物流区、分公司、服务站、操作中心、转运中心、特快专店、服务点、操作站、办公室、办事处、信息中心、事务所、物流中心等各种类型。不同的跨国物流企业，网络单元的构成不同，数量也不同，这与网络覆盖范围、物流主导功能及规模大小有直接的关系。同时，不同称谓的网络单元可能具有类似的物流功能或企业功能。

表8-9　部分跨国物流企业的企业网络结构

名称	分支类型
荷兰邮政	总部、地区总部、分公司
联合包裹	分公司、特快专店、转运中心、操作中心、办公室、服务点
联邦快递	服务站、操作站
马士基物流	分公司
伯灵顿	分公司、办事处
Kuehne & Nagel	总部、分公司、服务点、信息中心、
日通	总公司、分公司、办事处、事务所
伊藤忠物流	总公司、分公司、事务所
大田物流	总部、地区公司、分公司、服务站
近铁快递	总部、分公司、物流中心
商船三井	总公司、分公司
嘉里大通	总公司、分公司、物流中心
日本邮船	总公司、分公司、事务所、办事处
辛克物流	区域总部、分公司、办事处
住友物流	总公司、分公司、事务所

根据核心企业功能和主导物流功能，对这些物流网络单元进行归类，大致形成了以下类型。

①总部、总公司；②地区总部；③物流区；④分公司；⑤转运中心、物流中心；⑥服务站、服务点、操作站、特快专店、操作中心；⑦办公室、办事处、事务所；⑧信息中心。对于这些类型网络单元的功能，前文已有论述，此处不再赘述。

2. 企业总部区位选择

1）区位选择

由于我国是跨国物流企业网络的一部分，因此企业总部仅是区域性的概念，这种"区域性"多数指"中国大陆地区"，但部分企业的"区域性"指"亚太地区"。目前，近90%的跨国物流企业在我国设立区域总部。本研究以大型跨国物流企业为样本进行分析，结果如表8-10所示。研究发现，跨国物流企业在中国地区的企业总部主要布局在两个城市：北京和上海。本研究对设在香港、台湾和澳门的分支机构不予分析。

表8-10　跨国物流企业的中国总部区位与网络规模

物流企业	企业总部	分支机构	物流企业	企业总部	分支机构
总统轮船	北京	38	澳大利亚邮政	上海	21
联邦快递	北京、上海	15	山九物流	北京	8
联合包裹	北京	14	东方海外	上海	23
铁行渣华	上海	29	大荣物流	上海	29
日本通运	北京	7	德国邮政	北京	55
近铁快递	北京	29	丹莎物流	上海	18
日本邮船	上海	4	马士基	上海	32
英运物流	北京	16	以星物流	北京	19

（1）北京。由于我国物流市场在入世之前一直没有开放，2000年入世时才承诺对跨国物流企业在4~5年内逐步开放，投资须采取合资形式，而且中国物流管理政策不断出台，这对跨国物流企业在中国的网络扩张有着较大的影响。跨国物流企业的总部布局在北京具有以下优势。第一，便于就近同中国政府决策部门进行交流和交涉，开展政府公关。第二，可及时了解中国物流政策的出台，迅速调整在中国的发展战略。第三，有利于开展华北地区的市场营销，占领京津都市圈的物流市场。

（2）上海。上海是跨国物流企业在我国布设企业总部的又一重要区位。跨国物流企业将中国总部布局在上海，具有以下优势。第一，上海作为中国大陆地区的综合性门户，具有衔接国内物流和国际物流的区位优势，总部布局在此便于组织国内外物流。第二，以上海为龙头的长江三角洲是中国重要的人口–产业集聚区，而且上海是长江流域的出海口和门户枢纽，有大规模的物流市场，企业总部布局在此，便于扩展物流市场。第三，上海集中了大量的跨国公司总部、国际贸易组织、办事处等国际机构和中国企业实体，总部布局在此便于同这些企业的决策机构进行面对面的市场营销。

2）区位变化

总部的区位选择往往与物流企业的规模增长、网络扩张水平有着紧密的关联，呈现出明显的动态性。目前，企业总部的区位逐渐发生变化，部分跨国物流企业将企业总部由北京迁往上海。1984年英运物流进入中国，总部设在北京，2003年迁往上海；1992年联邦快递将亚太地区的总部从夏威夷迁往香港，2003年再度迁至上海；2004年荷兰邮政将中国总部从北京迁往上海。跨国物流企业总部的变化，其原因在于：随着2005年中国物流市场的完全放开，外商在中国已没有政策的市场门槛，同中国决策部门的交涉较少，更重要的任务是扩张和控制物流市场。上海地处中国海岸线的中点和长江的入海口，辐射长江流域及中西部腹地，优越的区位便于物流业务的拓展和物流活动的组织，成为跨国物流巨头布设中国总部的最佳地点。尤其是近年来，快速发展的中国物流市场促使世界级的物流企业加快中国区域的物流网络建设，纷纷将亚太地区的总部迁往上海。2004年，联邦快递在上海成立中国区总部，统筹中国所有的物流业务，并将亚太快件转运中心迁往广州新白云机场；敦豪速递与联合包裹把亚太地区的基地也迁到中国，2007年联合包裹在上海建立航空转运中心。区域总部的"区域性"逐渐从早期阶段的中国大陆地区拓展到亚太地区，但这种拓展充分体现了我国在全球物流组织网络中的地位提升。

3. 网络单元区位选择

跨国物流企业将中国总部布局在北京或上海后，在其他地区设置分支机构，以此，构筑企业空间网络和物流组织网络。本研究对30家跨国物流企业样本进行分析，并绘制图8-2。从图可看出，跨国物流企业的中国网络单元在区位选择上主要呈现如下特点。

1）企业网点分布格局

总体来看，样本物流企业的企业网点共有1049个，分布在我国109个城市。这些城市包括30个省会城市，地级城市68个，县级城镇11个。其中，物流企

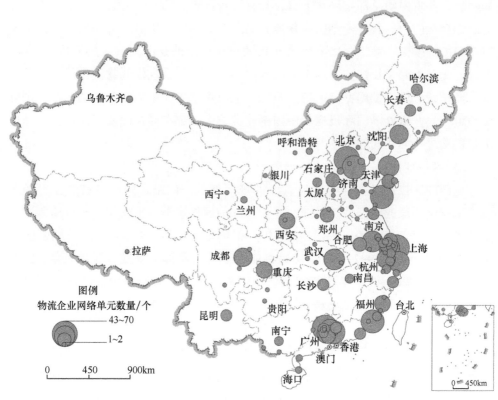

图 8-2　跨国物流企业的中国网络单元区位选择格局

业的企业网点主要集中在省会城市，为 490 个企业网点，比重为 46.7%；地级城市集中了 492 个企业网点，比重为 46.9%；县级城镇集中了 50 个企业网点，比重较低，仅为 4.8%。从空间上来看，国际物流企业的网络单元主要集中在东部沿海地区，尤其是长江三角洲、珠江三角洲和环渤海地区，形成了较多的物流网点规模，而中西部的企业网点比较少，尤其是西北和西南省区更少。这种布局格局同东部地区的物流市场规模有密切关系，跨国物流企业进入中国后，对物流市场尤为关注，而且其网点布局与我国近年来物流政策的出台有关，2000 年原外经贸部在江苏、浙江、广东、北京、天津、重庆、上海、深圳等地开展外商投资物流企业的试点，网络单元主要集中在以上省市。同时，物流企业的网络单元集中在港口城市，包括沿海港口和长江港口，这是因为我国港口城市本身是各区域的经济中心和门户，有着较大的物流市场，同时不少进入我国的跨国物流企业以海洋运输为主导功能。此外，物流企业的网络单元集中在省会城市，跨国物流企业已将空间网络扩张到中国所有的省会城市，这显然与城市的经济实力和物流市场规模及行政中心地位有直接关系。

2）各地企业网络拓展程度

从国际物流企业在各地的网点拓展水平来看，存在明显的空间差异。其中，东部沿海地区尤其是长江三角洲和珠江三角洲地区，跨国物流企业的网络扩张已经很细化和规模化，形成"县级城市→地级城市→省会城市"三级体系，如"张家港→苏州→南京"和"义乌→金华→杭州"。而中西部地区，物流企业网络单元主要扩张到省会城市以及少量的地级城市，如甘肃的兰州、黑龙江的哈尔滨、新疆的乌鲁木齐、西藏的拉萨、宁夏的银川，规模化的市场扩张尚未形成。这种网络扩张程度的差异显然与这些地区的物流市场规模有直接关系，同时与我国外资物流企业投资试点地区有关。

3）网络单元设置密度分异

不同层次和不同地区的城市，跨国物流企业网络单元设置的密度不同。上海具有最多的企业网点，数量达70个，占企业网点总量的6.7%；其次，北京、广州、天津、深圳的企业网点数量约为40～55个，而青岛、厦门、苏州、大连、南京、宁波、武汉、东莞、杭州、成都、中山、沈阳、西安约为20～35个，重庆、福州、郑州、无锡、珠海、石家庄、烟台、合肥、南通、温州、长沙、昆山、长春、惠州、济南、汕头介于10～19个，其他城市的企业网点比较少。尤其是东部的主要经济中心及港口城市，物流企业网点的设置密度最高。而中西部仅成都、重庆、西安、武汉、昆明等城市网点设置密度较高，但与以上城市已形成差距，这与这些地区在中西部的政治经济中心及交通枢纽地位有密切关系。尽管国际物流企业的市场扩展重点不在中西部地区，但提前进入这些制高点城市，便于以后的物流市场扩张。国际物流企业的市场空间和物流网点逐步向内陆地区扩展和延伸。此外，东部多数地级城市的网络单元设置密度也比较低，但珠江三角洲和长江三角洲部分中小城市的设置密度相对较高。

4）物流运营区与国际转运中心

前文所述，物流运营区是物流企业所组织的企业运营空间或经济区。大型跨国物流企业进入我国后，也基本遵循了本土物流企业的扩张模式。但不同的跨国物流企业，其运营区的划分不同，这与企业规模和网络覆盖范围有直接关系。但总结来看，这些物流运营区大致形成了华北区、华东区、华南区、东北区、华中区、东南区，部分物流企业将广阔的中西部单列为中西部区或内陆区。在这些物流运营区内，分别形成了地区性总部，主要分布在北京、上海、广州、沈阳、青岛、深圳、成都等特大城市。

随着"区域性"内涵从"中国大陆地区"向"亚太地区"的拓展，许多跨国物流企业将其在亚太地区的转运中心布设在中国。如表8-11所示，联合包裹、联邦快递、荷兰天地、敦豪快递都在我国建设了大型的物流中心，这些大型的物流中心或转运中心主要分布在上海、广州、北京等大型门户城市。2005 年 7 月，联合包裹进入上海建设物流中心，2008 年 12 月上海国际转运中心启用，是联合包裹全球第三大转运中心。2010 年 5 月，联合包裹的深圳国际转运中心开始运营，这是继上海之后的第二个中国转运中心。目前，联合包裹在全球的 10 多个转运中心中，有三个布局在中国，之前承担亚太地区转运功能的菲律宾克拉克转运中心被这两个转运中心取代，深圳转运中心的操作面积是克拉克转运中心的 5 倍，每小时处理货量是后者的 7 倍。

表 8-11 大型跨国物流企业的物流中心建设概况

物流企业	进入时间	投资规模	国际转运中心	覆盖面积
联合包裹	2005-7	5 亿美元	上海	直接掌控在中国 23 个城市的国际快递业务
联邦快递	2005-7	1.5 亿美元	上海、广州	33 条航线，覆盖 220 个城市
荷兰天地	2005-9	2.0 亿欧元	上海、北京	欧洲之外的最大市场
敦豪快递	2005-10	1.1 亿美元	广州、上海、北京	56 家分公司，覆盖 300 多个城市

四、典型物流企业的中国网络拓展

1. 联合包裹（UPS）

联合包裹在我国的发展已有 25 年的时间。20 世纪 80 年代，IBM、摩托罗拉、惠普等公司在我国开展了业务，要求联合包裹把服务延伸到我国。联合包裹采用通过中国公司代理，将业务转移到联合包裹在亚太其他地区的分公司进行处理。1988 年，联合包裹和中外运集团签订代理业务协议，在我国正式开展业务；1996 年，与中外运在北京成立合资公司，在上海设代表处，开始了在我国的企业网络扩张。通过与中外运的合作，联合包裹将服务范围覆盖到我国 174 个城市。2001 年，联合包裹收购在我国拥有货运代理资质的美国飞讯公司，并成为美国第 4 家拥有我国直航权的航空承运商，这成为联合包裹在我国的业务转折点，从仅拥有代理的快递业者发展为集航空、物流、快递等于一身的综合性物流企业。2002 年，联合包裹在我国的分公司已达 23 家，物流业务遍及 170 多个城市。2003 年初，联合包裹与扬子江快运航空合作，强化了运输网络，同年将亚太区总部由香港迁往上海。2004 年，向中外运付出 1 亿美元的股权购置费，获得 23 个城市的国际快递业务掌控权。2008 年，联合包裹将位于菲律宾克拉克的亚洲航空转运中心转移至深圳机场。联合包裹

物流企业的空间网络模式与组织机理

将业务组合连续晋级，将批发、供应链管理、金融资产管理和国内快递等业务推向市场，其定位也逐渐转变为全球供应链解决方案提供商。

经过二十多年的拓展，目前联合包裹在我国已形成了庞大的物流网络，如表8-12所示。联合包裹的企业网络形成了企业总部、分公司、转运中心、特快专店、服务点、供应链部门办公室、操作中心等不同形式的网络单元。不同的网络单元，有着不同的数量，在企业网络中承担着不同的物流功能和企业功能，其中分公司的数量最多，其次是操作中心，再次是服务点和供应链管理办公室，而转运中心和特快专店的数量很少。特大型城市和大型城市往往同时拥有多种企业网络单元，如北京和上海等城市。

表8-12　联合包裹的中国企业网络结构

网点类型	网点数量/个	城市名称/（网点数量）	城市数量/个
总部	1	上海	1
分公司	31	武汉、南通、绍兴、惠州、嘉兴、珠海、江门、泉州、中山、厦门、深圳、广州、佛山、福州、东莞、成都、西安、青岛、沈阳、大连、北京（2）、无锡、苏州、温州、常州、杭州、宁波、南京、昆山、上海	30
转运中心	2	青岛、上海	2
特快专店	3	深圳、上海（2）	2
服务点	12	厦门、广州、天津、北京（5）、南京、上海（3）	6
供应链部门	12	郑州、深圳、青岛、大连、北京、无锡、宁波、南京、昆山、上海（3）	10
操作中心	20	合肥、郑州、厦门、深圳（3）、广州（2）、东莞（2）、天津、青岛、北京（3）、杭州、上海（4）	11

（1）企业总部。该类网点唯一，布局于上海。2003年初，该企业网点从香港迁往上海。但上海企业总部的"区域性"已经不再是"中国大陆地区"的内涵，而是拓展到"亚太地区"，上海的总部地位很高。

（2）分公司。分公司是较为普遍的一种企业网络单元，目前这类网点有31个，分布在30个城市，仅北京有2个网点。这些分公司集中在东部沿海地区，尤其是珠江三角洲和长江三角洲地区，同时在中西部的特大型城市有分布。

（3）转运中心。该类网点具有衔接国内和国际物流的中转枢纽功能，其数量较少，仅有2个，分布在青岛和上海，均是我国的大型门户枢纽。

（4）特快专店。这是一类提供高标准物流服务的网络单元。近年来，联合包裹将"UPS 国际快递 Store"批发业以特许经营形式引入我国，并形成了这类网络单元。目前，这类网点有 3 个，分布在深圳和上海，其中上海分布有 2 个网点。

（5）服务点。随着电子商务物流的迅速发展，以面向青年人和知识分子消费群体的企业网点布局模式开始形成，这类网络单元有 12 个，分布在 6 个城市，尤其集中在北京和上海，在天津和广州、南京、厦门也有少量服务点。这类网点主要布局在高等院校周边地区，包括：华东理工大学、复旦大学、上海交通大学、南京大学、北京师范大学、北京理工大学、清华大学、中科院研究生院、北京科技大学、南开大学、华南理工大学和厦门大学。

（6）供应链管理办公室。这是一类特殊的企业网点，是联合包裹随着企业扩张和功能拓展而产生的新功能，这促使联合包裹逐步转变为全球供应链解决方案提供商。在我国，联合包裹主要在制造业中心地区开展供应链管理服务，重点是长江三角洲、珠江三角洲和环渤海地区。目前，这类企业网点有 12 个，分布在 10 个城市，其中上海集中了 3 个网点。在宏观尺度上，这些企业网点集中在东部沿海地区，尤其是在长江三角洲较为集中；在微观层面上，这类网点主要布局在各城市的保税区、经济技术开发区、机场、物流园区、工业园区。

（7）操作中心。操作中心是物流活动具体组织的企业网络单元。目前这类网点有 20 个，分布在 11 个城市，尤其是在上海、北京和深圳较为集中。这些网点主要分布在我国特大型城市，并集中在东部沿海地区。

2. 敦豪速递

跨国物流企业进入中国后，在空间上究竟是怎样扩展的？是否有其特殊的规律？本书以敦豪速递为例进行论述。敦豪航空货运公司（DHL）是全球领先的快递和物流企业，能在世界各地提供物流解决方案、快递、空运、海运和运输等物流服务。目前，敦豪速递的总部设在布鲁塞尔，企业网络覆盖 220 个国家和地区，由德国邮政全资拥有全球网络。长期以来，敦豪速递的网络不断以惊人的速度扩展，向西不断挺进，从夏威夷到远东和环太平洋地区，然后是中东、非洲和欧洲，持续地推动全球化进程。1986 年，中外运-敦豪在北京成立，合资双方为中国对外贸易运输集团和敦豪国际航空快递公司，双方各占 50% 股权，这是国际快递物流企业在中国成立的第一家合资公司。合资公司将敦豪国际快递的丰富经验和中外运的本土市场优势成功结合，为主要城市提供国际物流服务。1998 年，中外运-敦豪已有北京、上海和广州三个网点；截止 2006 年，已在中国建立了最大的快递网络，开设 56 家分公司（2003 年年底为 50 家），拥有 6500 名员工，北京、上海、广州、深圳等 4 个国际口岸作业中心，以及青岛、大连、成都、武汉、厦门、福州、西安等7个直航口岸作业中心。1987～2003年，中外运-敦豪物流业务量年均增长40%，营业额跃升60倍多；2002～2006年年均增长为35%～45%。在此期间，中外运-敦豪稳居中国航空快递业领先地位，市场占有率达37%。2009年，敦豪速递全线开拓在华快递业务，中外运-敦豪收购了上海全宜快递、北京中外运速递和香港金果快递，开展国内快递业务。2009年，敦豪速递将全球物流的北亚太区办事处迁往葵涌九龙，并开设时装货运管理中心，发展一站式时装专门物流业务。2011年由于经营亏损，中外运-敦豪将旗下三家国内快递公司的全部股权转让给深圳友和道通实业，敦豪速递暂时撤出中国国内快递业务。

从时间的角度来看，敦豪速递在我国的网络拓展基本形成了如下阶段。

（1）1986～1988年：该期间是敦豪速递在中国拓展的初期阶段，受当时中国物流市场政策的影响，企业网点比较少，主要是与中外运合资的物流企业。但是，敦豪速递在该阶段的市场战略是占领中国物流市场的制高点：北京、上海和广州。敦豪速递在北京成立总部后，迅速向上海和广州进军，进入了中国最大的物流市场（图8-3）。

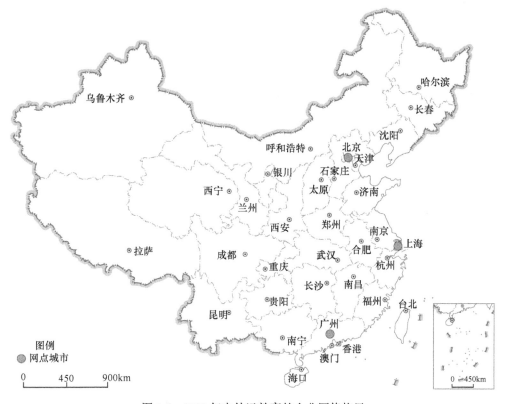

图8-3 1988年中外运敦豪的企业网络格局

（2）1989～1996年：该时期的十年期间，敦豪速递的中国市场推进速度比较慢，企业网点总量为19个。总体上市场推进呈现两个特点。第一，重点拓展东部沿海地区的物流市场，如长江三角洲、闽东南、珠江三角洲、山东半岛和辽东半岛，尤其是长江三角洲的企业网点相对密集。第二，占领中西部和北部地区的物流市场制高点，如在成都、西安、武汉、沈阳等区域中心城市布局了企业网点（图8-4）。

图8-4 1996年中外运敦豪的企业网络格局

（3）1997～2003年：敦豪速递的中国物流市场推进速度明显加快，尤其是2000年后，1997～2003年期间共增加了31个企业网点。这说明中国入世承诺和随后的一系列物流政策的出台增强了敦豪速递的物流市场扩张的信心。这些企业网点仍集中在东部，重点是长江三角洲、珠江三角洲和环渤海地区，尤其是长江三角洲成为企业网点密集布局的地区，同时中西部许多省份的省会城市开始布局网点（图8-5）。

物流企业的空间网络模式与组织机理

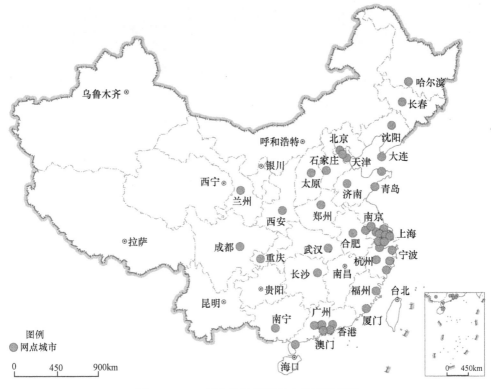

图 8-5　2003 年中外运敦豪的企业网络格局

（4）2004～2013 年。截至 2013 年，敦豪速递在我国有 423 个企业网点，集中在 67 个城市中，共有 85 处仓库，71 个枢纽，35 个配送中心。该阶段内，企业网络拓展呈现如下特征。第一，继续加强了东部沿海地区的企业网点布局，长江三角洲、珠江三角洲和环渤海地区成为重点，而长江三角洲地区仍是企业网点最密集的地区。第二，继续加强中西部的扩张。在中部地区，企业网点不但覆盖省会城市，而且覆盖少量的地级城市。在西部地区，企业网点主要集中在省会城市。第三，企业网点形成明显的空间规模差异。上海成为企业网点最密集的地区，集中了 291 家，密集分布于上海城市内部。北京集中了 22 个企业网点。武汉、深圳、西安、长沙、成都、南昌、天津、重庆等分别有 4 个网点；广州、青岛、苏州和太原分别有 3 个网点。其他城市的网点较少，其中 9 个城市分别布局有 2 个网点，44 个城市仅布局有 1 个企业网点。

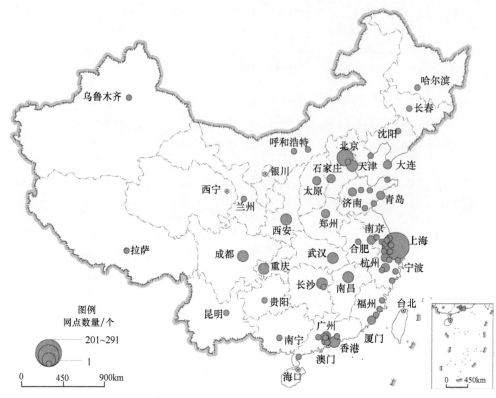

图 8-6　2013 年中外运敦豪的企业网络格局

　　敦豪速递的企业网络拓展呈现出以下特点。第一,重视东部沿海地区的企业网络构筑,尤其是长江三角洲和珠江三角洲地区,积极扩张这些地区的物流市场。第二,加快拓展中部地区物流市场的步伐。第三,巩固西部地区的物流市场。以此,占领中国东部主要的物流市场,占领中西部物流市场的制高点城市,形成由东向西逐步推进的物流网络扩张路径。

第九章

区域轴辐物流网络的空间组织

从经济地理学的角度出发，企业研究最终要回归到区域研究。众多物流企业网络的空间叠合形成了不同空间尺度下的物流网络，并成为区域空间结构的重要组成部分，支撑并保障着区域间的社会经济联系，物流企业从空间集成的角度影响了区域空间结构的形成与优化。本章的目的是探究区域物流网络的一般性空间模式，并在不同空间尺度上进行验证。本章在简要阐述区域空间结构理论的基础上，辨析了物流企业网络与区域空间结构的关系，分析了区域物流网络的结构特征和空间模式，认为轴辐网络是区域物流网络的一般性适用空间模式，深入论述了轴辐物流网络的理论要点、空间形态演化，揭示了其运行机制及空间构建方法。同时，本章从城市、区域、全国和全球等不同的空间尺度，系统地考察了轴辐物流网络的适用性。

第一节　区域物流网络的空间模式

一、区域空间结构

地理空间要素及所形成的各类地理事物，诸如河流、山体、土壤、植被、城市、企业等，其空间分布是非均衡性的。尤其是，地理事物的大小（size）或范围（scope）、形状（shape）、属性（attribute）、运动速度（speed）、与参考物的距离（distance）、感应程度（perception）、价值评定（value）是基本的衡量和刻画方法，而空间体系、等级、格局均是用于描述并刻画各类要素整体非均衡性分布的术语。空间系统发端于空间有序，但目前尚不能对这种空间有序进行精确地量化和刻画。

由于各种地理要素和社会经济活动的经济技术特点，以及由此而决定的区位特征存在差异，它们在空间上表现出的形态也不同。比如，工业、商业等多表现为点状，交通、通讯等则多表现为线状，农业多表现为面状。这些具有不同特质或经济意义的点、线、面，依据其内在的经济技术联系和空间位置关系而相互连接，就形成有特定功能的区域空间结构。区域空间结构是社会经济及自然要素相互作用与影响的结果，以各种社会经济活动和自然资源等客体形式出现，并投影于地域上而产生空间形态，而各种客体的位置关系、集聚程度及相互作用的方向和强度则形成了空间结构。一般而言，区域空间结构由点、线、网络和域面四个基本要素组成。

合理的人为调控和组织可以有效地促进空间结构的演化，即对空间结构实施合理的组织行为。空间组织是根据空间相互作用法则，依据社会经济和自然资源等要素的属性及各种要素间的作用方式，结合人类不同群体的利益目标，对地域上各种要素的布局，尤其是经济要素进行空间配置，从而优化空间结构，因此空间结构也是人类实施空间组织行为的结果。

二、物流企业网络与区域空间结构

生产、流通和消费构成社会再生产过程，流通成为社会经济发展的重要环节，而区域的发展与繁荣依赖于区域间的物质、资金、信息、人员流动与配置以及承担空间流的经济组织。物流是有效保证供给与需求畅通，并降低成本、提高效率的流通领域，保障着区域间物质（产品）的交换。以往的区域经济学或经济地理学多从经济要素或产业结构的角度，探讨区域发展的动力机制，忽视现代物流与物流企业的重要作用。物流企业既是一种经济组织单位，也是一种空间单元，是现代物流的主体经济组织，是具有空间网络的企业形式，这种空间属性对区域社会经济空间结构的形成、发展乃至优化都具有重要影响。物流企业网络将生产网络和消费网络及基础设施网络联系起来，是区域物流网络的重要部分，直接影响着区域物流市场的发育程度和区域物流空间结构乃至区域空间结构。

从空间要素解构的角度来看，物流企业网络的点、线、网络和域面等要素形式与社会经济属性，塑造了区域物流网络的空间结构，并影响了区域社会经济系统的空间结构。①物流企业网络中的企业网点呈现点状分布与点状集聚，微观尺度为企业单体，宏观尺度为城市，相互间的功能分异与等级差异塑造了空间结构，即形成区域空间结构中的点。②物流企业网络的路线运输的空间集中形成了物流通道，而与其他经济要素和社会要素及自然要素的结合，尤其是与物流中心、物流园区、交通枢纽、产业园区、城市和人口居住区、资源开发区及农业生产区等各类功能板块的空间融合，形成了区域发展轴线乃至国土开发轴线。线可以根据组成要素的数量、密度、质量及重要性分成不同的等级。③网络是由相关

物流企业的空间网络模式与组织机理

的点和线相互连接而形成的，物流企业网络中的企业要素网络和物流要素流动网络则形成了两重空间网络，如物流企业组织的层级配送网络，保障了区域发展和国土开发中的各种商品流动。④物流企业集中的地域形成了物流经济区，包括物流运营区和物流企业的集中区域（如长江三角洲和珠江三角洲地区），形成区域空间结构中的域面。

三、区域物流网络空间模式

1. 区域物流体系

区域物流属于宏观物流的范畴，是以某行政区、经济区或特定地域为活动范围，以不同地理区位和规模的城市（城镇）为依托，结合物流辐射的有效范围，将区域间及区域内部的物流活动进行有效集成的组织形式和物流形态。区域物流网络是一个动态演变的开放性系统，它的形成与发展是区域社会经济环境和物流产业特性共同作用的结果，侧重于城市间和城乡间从供应者到需求者的物流一体化过程，主要包括运输、仓储、包装加工、搬运装卸和配送以及信息处理等物流活动。区域物流网络的目的是运用区域概念和战略的方法解决区域内的各种物流问题，将区域的物流设施，包括公路、铁路、航空和水运等交通设施及物流节点（如物流园区）进行有机衔接，并将运输、储存、装卸、包装加工、配送及信息处理等物流功能进行整合，把工商企业、物流企业、中介组织和主管部门融汇在物流市场中，合理配置物流资源，降低区域经济运行成本，提高区域社会经济的流通效率与运行质量。

区域物流对区域发展的影响主要表现在以下方面。

（1）区域物流网络在区域开发中具有先导作用，是区域开发的先行条件，有利于构建经济运行和人类生存的基础条件。

（2）现代物流的发展是区域经济协调发展的动力源泉，是区域经济联动的纽带，可以增强区域增长极的极化效应和扩散效应，协调发达地区和落后地区的发展。

（3）现代物流对区域经济结构、规模和空间布局具有引导和反馈作用，有利于各类资源要素的优化配置和产业结构调整，将区域物流网络转化为生产优势和经济优势。

（4）区域物流网络在适应区域发展的过程中，其能力、效率、辐射范围及经济效益等方面均不断提升，以此改善区域发展环境，不断协调各地区的区位优势，扩大企业和产业的选择空间，引导区域经济的发展与分布，提升区域竞争力。

2. 区域物流网络结构

网络是指用若干条线段（有方向与数值的度量）把若干个点（有等级的差别）连接在一起的连通图。网络是节点和线路的结合体，节点是网络的心脏，线路则是构成节点之间、节点与域面、域面与域面之间功能联系的通道。在运输经济学中，网络是指一定地域内各种交通线路所构成的地域分布体系，至少有两层含义。第一层含义，网络表示空间经济联系的通道（channel），在空间上表现为交织成网的交通和通讯等线状基础设施，铁路网和公路网形成网络的物质构成，各种形式的"流"组成网络的非物质构成。第二层含义，网络表示空间经济联系的系统，基础构成是节点之间、域面之间以及节点与域面之间各种物质和非物质的交往关系。物流网络的形成会直接影响区域空间结构，合理组织物流企业网络的空间行为，有利于改善区域空间结构。

区域物流网络是由各级物流节点和连线所组成的相互联系、相互作用的空间系统，其网络结构反映了物流要素在区域内的位置关系、集聚程度、相互作用的方向和强度等空间关系。依据物流要素的种类、特性、地域运动规则以及空间非均衡性，物流网络应采取"点→轴→网→面"的空间组织模式，即"发展极→发展轴→网络→域面"空间模式，地域上表现为"物流中心城市→物流经济带→物流网络→物流圈（经济区）"。"节点"是指各级物流中心，"连线"是指由交通线连接形成的物流通道。在物流网络形成过程中，社会经济要素在"节点"上聚集，并由线状通道连接在一起而形成"轴线"。"轴线"对邻近区域的各类要素有很强的吸引力和凝聚力，在区域发展的过程中形成人口-产业聚集带，同时轴线集中的产品、信息、技术、人才、金融等各类要素，对附近区域有扩散辐射作用。

（1）在区域物流组织过程中，将经济活动形成的事物，如物流设施、物流企业、配送中心甚至城市抽象成为点，物流活动包括配送、包装、仓储、流通加工、装卸搬运和部分运输及相关设施集中在城市区域，使城市成为物流活动的集聚地域。区域物流网络中，节点是物流活动的"集聚点"，节点的层次越低、数量越多。微观上，物流要素的空间配置集中在少数城市，以发挥其集聚和扩散效应；宏观上，物流发展重点放在少数大城市，通过物流经济集聚的规模效应以形成增长极，对腹地物流活动产生辐射作用。区域物流网络通过节点与节点之间的集聚力和扩散力推动区域发展。

物流企业的空间网络模式与组织机理

（2）物流通道是指地域上的交通线路与运输专线，是各类物流要素的带状集聚。根据自然条件、技术装备及运量，可将物流通道分为若干等级，不同等级的物流通道在区域物流网络中具有不同的地位和作用。轴线是物流要素流动的"渠道"，地域上表现为沿某方向而形成的线状地带，对实现地域联系具有不可替代的作用。物流通道也会发生扩展和分叉等变化，随着干线实力的增强、动力的扩大和线路的扩展，随之产生支线，呈现密集"网状"的扩散态势。物流要素与周围的其他社会经济及自然要素融为一体，形成区域轴线。

（3）区域物流网络在削弱由于空间差异引起势能变化的同时，加剧空间非均衡性。生产个体的空间不均衡、生产与消费、供给与需求的空间分离，引起不同区域的经济互补需求，产生物质资料的交换，区域物流网络是实现这种过程的纽带，并且使不同区域协调统一。物流经济要素在点状和线状地域上集聚规模的扩大和扩散作用的增强，宏观上促进物流中心城市与物流经济带的数量增长与规模扩大，并相互衔接以形成物流网络，为进一步聚集创造了条件，继而引起人口的集中、企业生产的扩大、城市规模的增长、社会分工的细化。

3. 区域物流网络空间模式

由于不同地区的地理基础及经济发展特点的差异，各区域的物流网络具有不同的内在动力、形式及规模等级。网络主体就是各种物资和产品要素，而不同区位和规模的城镇则成为宏观层面上的物流节点，城镇之间物资和信息的交换是依托于彼此之间的交通设施和通讯设施，这两者组成了区域物流网络的客体。任何区域物流网络的空间模式都是所在区域经济发展与社会、资源要素及自然环境相互作用的结果，不同社会经济发展阶段下，区域物流网络的空间结构也呈现不同的形态。

网络要素之间的连接关系，包括点、线及面的关系，在空间上会呈现出不同的形态。钱颂迪（1990）从运筹学的角度将网络结构分为五类：孤立散点结构、线状结构、圈状结构、树状结构和网状结构。本研究认为网络结构大致呈现以下几种基本类型，如图9-1所示。①点对式，也称为点至点式，是简单的两点之间的连接，部分学者在航空运输网络中提出了城市对式（city to city system）的航线组织模式。该模式主要指两个节点（城市、物流中心、机场、站场等）间为直接连接，不需要通过第三个节点进行中转，这种模式尚未从网络层次上配置资源，只是简单的联系，难以形成网络规模经济。②串珠式，也称线性模式（linear network）或城市串式，主要指联系从始发地至目的地的途中，经一次或多次停留，形成串珠状的运动轨迹。这种网络实际上是点对点式进一步衍生的产物，一般适用于规模较小且依赖于通道的节点之间的联系组织。③环型连接式（ring network），主要指各节点之间均形成了直接联系，但又不同于点对点式，已形成了相互贯通的网络，并成为相对独立的空间网络形态。④中枢辐射式（star network）：也称为集中星型，各节点与中心节点之间进行直接连接，而支线节点间不形成连接，相互间的联系通过中心节点进行中转，中心节点成为枢纽或中介。图 9-1（d）为单一枢纽模式，如果存在多个枢纽则称为多重枢纽模式。

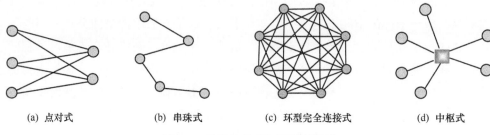

(a) 点对式　　　　(b) 串珠式　　　　(c) 环型完全连接式　　　　(d) 中枢式

图 9-1　网络的基础空间模式类型

以上仅是点与线的空间连接关系，如果与物流组织相联系，则形成物流网络。区域是一个复杂的地域体系，城镇是具有一定规模生产和消费的载体，因此物流节点必须依托于城镇体系的空间结构。不同的城镇有着不同的产业结构，形成了不同的物流需求形式，而城镇规模或位序的高低也决定了各城镇的物流量不同，尤其是城镇之间的交通连接水平和方式（如铁路、公路、水运、航空）也决定了城镇之间的物流通道模式不同，促使各城镇在物流网络中具有不同的职能。物流组织不再是简单地完成货物从发运地到接收地的运营目标，而是进行物流优化分配和运输方式的非线性组合以及基于此的综合成本比较，区域物流网络呈现出更为复杂化和多元化的形态特征。部分典型的物流网络形态如图 9-2 所示。

从现实中的物流组织网络来看，多数物流网络是前文所述四种点线关系模式的综合。①多数物流网络形成了物流节点的空间分异，形成了中心节点与次级节点，中心节点开始承担中转物流功能。②多数物流通道形成干线通道和次级通道的空间分异，前者主要是大型物流节点之间的物流通道，而后者多形成于次级节点之间以及与中心节点之间。③不同的物流节点联系模式相互交融，但大致形成了核心物流网络与分支物流网络的空间分异。部分中心节点直接连接次级节点，而部分中心节点则连接第二个由中心节点和次级节点所组成的组织网络。④次级节点与中心节点之间的连接形成更复杂的关系，有的是直接连接，有的是形成环

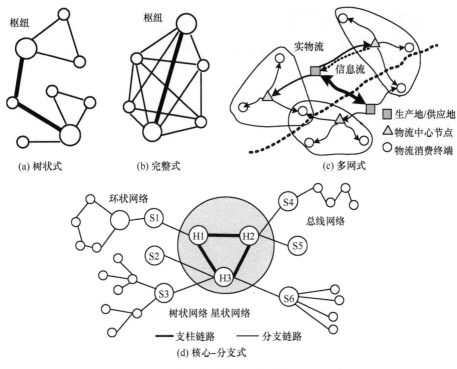

图 9-2　区域物流网络的部分典型形态结构（丁伟等，2010）

形连接，有的形成串珠状连接，有的是形成中枢辐射式连接。从综合性的物流组织网络可以发现，轴辐网络已成为区域物流网络的重要模式，任何区域或城市一旦在物流网络中赢得枢纽地位，在区域经济网络中就处于优势支配地位。

第二节　轴辐物流网络的空间机制

一、轴辐物流网络空间模式

　　追求物质流动的有效性和安全性，以充分利用各种有形和无形的社会资源，在更大的空间范围内高效地组织社会经济体系，是区域发展的必然趋势。物流网络有很多类型，但类型分异多与空间尺度相关。在不同的区域内，反映并承载要素流动的物流网络同样具有不同的层次，而不同层次的网络在结构和功能上具有自相似性。基于这种理念，对综合化的物流网络进行抽象，形成简化的轴辐网络模式。

1. 轴辐物流网络模式

轴辐网络（hub and spoke system）的概念由 O'Kelly（1987）提出，最早源于航空运输领域，但该模式适用于所有"流"的空间组织和管理（张怀明，2000），部分学者也将其称为中枢辐射式物流系统。轴辐网络是一个含有 hub 和 spoke 的空间集合，这些 hub 和 spoke 间存在某种"流"，"流"在该集合中产生、传播并终止，并通过设计不同的连接形式可使"流"的成本最低。hub 即"轴"是网络的特殊结点，用来加强与其他结点的联系，spoke 即"辐"是网络的非中心结点，辐条间的联系和作用通过轴来完成。该模式之所以称为轴辐网络，是因为轴和辐形成具有密切联系的，类似"自行车轮子"的空间联系体系（金凤君，2001）；之所以称为侍服模式，是因为轴和辐之间存在着喂给与被喂给的关系，物流必须先到达一个中心节点再中转到目的地（图 9-3）。相应地，物流网络是一种由 hub 和 spoke 所形成的集合体，其中 hub 就是区域配送中心（或区域分公司、总部），spoke 就是城市配送中心（或地方分公司）。

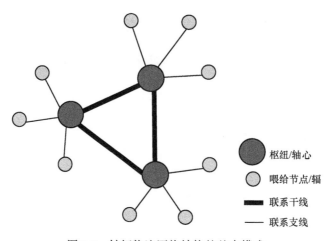

枢纽/轴心
喂给节点/辐
联系干线
联系支线

图 9-3　轴辐物流网络结构的基本模式

2. 轴辐网络模式应用

轴辐物流网络是整合物流资源、提高资源利用效率、降低物流成本的有效模式，已成为现代物流的重要组织模式，并成为区域发展的重要支撑。最初，轴辐物流网络主要用于航空运输，发达国家的航空公司率先采用轴辐网络以解决成本优化问题，这种模式促使航空公司取得了一系列的优势。随后，这种物流网络模式被应用于邮政运输业务，取得了较好的实践效果。随着信息技术的发展，在美

物流企业的空间网络模式与组织机理

国、欧盟、加拿大、日本等国家，轴辐物流网络广泛地应用到各个行业的物流领域，同时该模式还广泛地应用于信息通讯系统、计算机网路设计、电视转播网络、金融资本流动、旅游活动组织、紧急服务（如医疗和救灾等）等领域，在公路、航运、商业贸易等领域逐步兴起。在区域发展中，部分学者关注到轴辐模式在区域物流网络组织中的应用，认为轴辐网络是最有效和最重要的空间模式（李文博和张永胜，2011；潘坤友等，2006；丁伟等，2010）。

二、轴辐物流网络形态演化

区域经济体系的发展与完善是一个逐步推动的长期过程，企业的物流经营也是不断变化的，这促使区域物流网络经历了不同的发展阶段。在各个阶段，物流网络具有不同的组织形态，这就形成了物流网络的演化过程。具体如9-4所示。

1. 阶段1：点状布局结构

在区域发展的初级阶段，市场要素尚不发达，具有规模的城市数量比较少，社会经济活动的规模有限，相互间的交流较少且空间范围有限，多数社会经济活动集中发生在少数城市。这种发展格局形成了相对应的区域物流组织模式。如图9-4（a）所示，物流节点仅是分散布局的点状城市，相互间的物流联系很少，具有规模化的物流联系通道尚未构建，尚未形成严格意义的物流组织网络。多数物流活动集中发生在各城市内，各城市的物流活动分别孤立地组织与完成流通。各物流节点尚未形成物流主导功能的划分，相互间的功能类似且规模差异较小，多是简单的物流活动组织。

2. 阶段2：线状网络结构

线状网络是一种初级阶段的区域物流网络形态。现代物流理念产生初期和之前的经济活动中，这种以简单的产品产销市场为特征的区域物流网络普遍存在。线状网络是依托线状交通路线所形成的、以运输通道为主的物流网络空间组织模式，如图9-4（b）所示。随着区域内部各城市经济职能的增强，城市物流开始形成分化，其差异表现为物流规模的大小。部分工业企业集中布局的生产基地或产品的消费城市，开始规模化地组织物流活动；其他城市由于其经济规模有限，形成小批量的物流活动。城市间的物流联系开始增强，并沿主要交通线路形成具有规模的物流通道，串联各城市，但运输方式和路线较为单一，目标是向沿线工业企业提供原材料并向终端消费者提供消费品。该阶段，物流活动量较小，覆盖地域也较小。

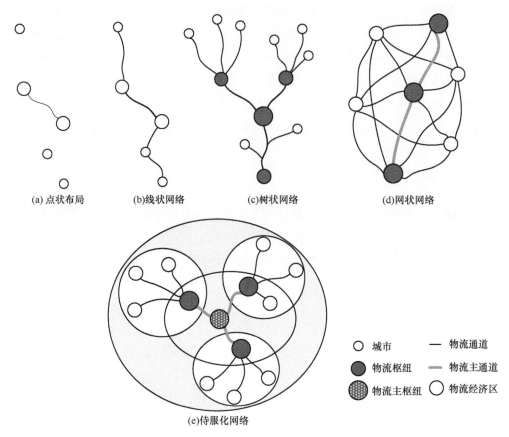

(a) 点状布局　　(b)线状网络　　(c)树状网络　　(d)网状网络

城市　　　　物流通道
物流枢纽　　物流主通道
物流主枢纽　物流经济区

(e)侍服化网络

图 9-4　区域物流网络空间模式的演化

3. 阶段3：树状网络结构

随着区域各城市的经济发展，物流活动逐步形成规模，且相互间的联系日益增强。区域发展促使树状物流网络结构的发育和形成，如图9-3（c）所示。在这种网络形态下，物流节点初步形成空间分异。部分具有优势交通区位的城市形成物流枢纽，成为区域物流的中转集散枢纽，其他拥有大型产业基地的城市继续维系着物流城市，物流节点形成了中转集散枢纽并进行等级分异，大量的小型城市依次连接在交通线上，实现与物流网络的联通。连接物流中心城市的物流通道开始形成，集中了区域内的主要物流输送量。这种区域物流网络类似自然界中树干、树枝的关系形态，故称为树状网络结构，同时类似于基于地形地貌所形成的河流流域形态。具有独特区位优势的物流枢纽的出现，改变了区域内物流的流向与流量，并对区域的经济布局产生了直接影响。

4. 阶段 4：网状网络结构

随着电子数据交换和条形码等信息技术的发展，现代物流进入追求信息即时沟通支撑下的网络经济阶段，物流活动规模日益扩大，区域间物流联系重视"时间效益"。网状结构是该时期区域物流网络的典型形态，如图9-4（d）所示。在网状结构中，所有城市之间形成完全连接，实现了点至点的连通，城市间的物流职能开始分化。由于集聚效益的结果和交通设施的完善，部分具有区位优势的城市成为物流枢纽，为区域的消费者和客户提供专业化配送，但功能仍较为单一，并依赖于传统运输节点的物流资源；其他物流节点间仍为普通的物流城市。物流枢纽之间形成物流主通道，集中了区域内的主要物流量，也成为区域发展的重要轴线，其他为物流支线通道。该网络模式下，物流节点已完全连通在物流网络中，覆盖范围广，但这种物流网络形态仍以自发无序为主，物流效率较低。

5. 阶段 5：侍服网络结构

随着区域的持续发展和产业分工的日渐细化，以及信息技术的应用和交通设施网络的完善，区域间的物流联系进入"规模效益-时间效益"的时期，主要标志是便捷化的物流网络、时效化的物流组织模式和合理化的物流网络层次，轴辐网络成为高效空间组织模式，如图9-4（e）所示。物流网络通过有效的信息传递，把较小的物流节点分配给相对较大的节点，以此形成等级体系。为了协调和组织各地区的物流活动，首先形成少数物流经济区域，每个物流区域相对独立而完整。选择具有综合交通优势的城市构筑大型物流主枢纽，以优化区域物流资源配置；物流主枢纽具有综合性的物流功能，是原材料和产成品的集散中心、物流信息的控制中心、流通加工中心，同时也是相关行业的集聚地，腹地范围决定于主枢纽的功能与规模。在各物流经济区域形成区域性物流枢纽，这使物流节点形成三级结构的层次分化：物流主枢纽-区域物流枢纽-物流城市，对应的腹地范围依次缩减。在物流主枢纽和区域枢纽及区域枢纽间形成物流主通道，并在区域物流枢纽与物流城市间形成支线通道，物流通道出现了两级结构的层次分化。该阶段，物流网络系统化，网络结构层次明显，原材料和产成品在区域中实现流动的无缝衔接。典型的是航空运输业和集装箱航运业，物流轴心分别是大型航空枢纽（如纽约、伦敦、东京）和航运中心（如香港和新加坡）。

三、轴辐物流网络运行机制

1. 网络构成和设置

轴辐物流网络是等级结构突出的典型网络形态，也是区域物流网络的发展方向，这也是区域经济形态和市场结构完善的必然趋势。轴辐物流网络的构成要素-节点、连接线及辐射面呈现出特有的网络特征，形成了六个组成部分，具体如图9-4（e）所示。

（1）主枢纽。物流主枢纽是物流组织网络的信息中心和指挥中心，控制着物流网络的信息流动，而且是由各物流经济区所组成的更大区域内的物流轴心城市，控制着距离较远的各物流经济区间的物流中转组织。

（2）区域枢纽。主要指物流网络的核心节点，具有很强的物流集中、中转和疏散功能，形成了大规模的物流量，是大型的物流分拨中心，其职责是集散该物流经济区内各城市的物流量，并中转其他区域枢纽的物流量。区域枢纽在各物流经济区内多位居交通干线交汇的城市，有大型而集中的各种物流设施，如站场、仓库、堆场、物流园区、物流中心及配送中心等。区域枢纽与其他社会经济要素的融合发展，使这类城市形成区域增长极。区域枢纽与主枢纽是特殊的网络节点，便于区域内各节点间物流的高效率和低成本流通。

（3）物流城市。主要指物流网络中的一般性城市节点，主要职责是集散该城市不同工商企业所产生的各类物流活动，以及接受来自区域性枢纽的物流量并负责该城市内部的配送活动组织等。

（4）物流主通道。主要形成于物流主枢纽与区域枢纽之间以及区域枢纽之间，是物流组织网络的主体；一般数量比较少；是物流网络的骨干，满足了物流需求集中发生于少数大型城市之间的市场特征；一般安排较高密度的物流组织，并采用大型运输工具。主通道的形成有利于政府集中资源建设大容量交通设施。根据《物流业振兴规划》，我国规划了十大物流通道，分别为：东北与关内通道、东部南北通道、中部南北通道、东部沿海与西北通道、东部沿海与西南通道、西北与西南通道、西南出海通道、长江与运河通道、煤炭通道、进出口通道。在主枢纽与区域枢纽之间也形成了物流信息传输的信息通道。

（5）支线通道。形成于物流城市与主枢纽、区域枢纽之间的物流通道，一般数量较多，是物流网络的运作主体和构成"侍服"关系的主导方，对主枢纽、区域枢纽和物流主通道的规模化运营起支撑作用，是实现轴辐侍服组织的根本；

物流企业的空间网络模式与组织机理

一般安排密度较小的物流组织，并采用中型运输工具进行载运。

（6）物流经济区。指相对独立的物流经济发展区域或物流活动组织区域。在该区域内，具有物流城市、区域枢纽、主通道、支线通道等各类物流网络要素，相互间形成了中枢式连接模式，物流经济区也是区域枢纽的腹地。在整个物流组织网络中，各物流经济区的物流网络成为轴辐网络中的"辐"。

2. 物流喂给关系

分析侍服机理，就是分析"喂给"关系，"侍服"是发生在区域枢纽节点与支线节点间的喂给关系。物流网络中，物流城市通过支线通道对区域枢纽进行物流量喂给，跨越物流经济区的物流活动则向主枢纽集中，以支撑物流主通道，同时以物流城市为目的地的物流量也要通过主枢纽和区域枢纽疏散。"侍服"关系要求主枢纽和区域枢纽作为中转站，主枢纽作为区域枢纽的中转枢纽，物流量较少的物流城市间不构建直接运输，而采用中转运输把物流量运送到邻近的区域枢纽集中；然后由区域枢纽根据流量和流向对物流进行重新组织和分配，通过区域枢纽与主枢纽间及相互间的主通道及与物流城市间的支线通道进行中转。在该模式下，物流侍服或喂给形成两层空间结构。

顺向上，各物流经济区的物流量首先在物流城市集中，通过支线通道将这些小批量而多批次的物流活动，通过小型运载工具向区域枢纽集中，活动范围限定在本物流经济区的物流活动则通过区域枢纽中转到其他物流城市，而跨越本物流经济区的物流活动，则由区域枢纽通过物流主通道和大型运载工具，以大批量、少批次的模式向主枢纽和其他区域枢纽输送。逆向上，其他物流经济区的物流量首先通过主通道在主枢纽集中，然后由主枢纽通过物流主通道输送到区域枢纽，并由区域枢纽通过支线通道向周边物流城市配送。以上两个方向相结合，就是完整的轴辐侍服过程，主枢纽、区域枢纽与物流城市便形成侍服网络，通过这种喂给关系，物流活动在全国范围内实现了枢纽节点与支线点间的集聚与扩散，各物流节点城市之间实现了空间-时间-功能的结构重组，形成了协同而有序的网络运营。

轴辐网络中，物流通道数量和运载工具配置数量减少，以物流枢纽为核心，通过物流枢纽和物流城市间的通道衔接，刺激并集散干支线的物流量，主枢纽、区域枢纽与物流主通道产生物流活动的集聚，提高了物流网络的覆盖能力和通达性。主通道的物流密度增长促使大型运载工具的配置和运营成为可能，这种集聚在实现各类物流设施利用效率的同时，实现了规模经济。不能否认的是，该模式增加了物流中转成本和多次换载的成本，但这种成本的增加要低于因采用轴辐模式而带来的物流成本降低，通过低成本的组织来弥补由于在枢纽中转而产生的损失。此外，这种物流模式有利于区域物流设施的集中建设，改变了各城市的区位优势，吸引其他产业要素和经济要素的集聚和发展，培育区域增长极。

四、轴辐物流网络构建流程

根据部分学者的研究，轴辐物流网络的评价、识别和构建方法可以总结为以下步骤。

（1）枢纽节点甄别。构建评价指标体系，通过数理模型（例如主成分分析法）测算物流中心性指数，筛选和识别核心节点，并确定核心节点的等级。以此，确定轴辐网络中的物流枢纽（hub）和物流城市（sub-hub），物流枢纽形成主枢纽和区域枢纽的分异，物流节点形成等级分异。

物流中心性的评价指标包括区域发展状况、物流市场规模和交通支撑条件，部分学者认为还应包括生态环境指标。其中，区域发展状况包括 GDP 总量、固定资产投资、工业生产总值、社会零售品总额、外贸总额、货运总量等，反映区域物流的生成能力；市场供需指标包括企业数量、工业生产总值、零售品销售额、外贸额、货运总量（包括铁路、水路、公路）、物流从业人数、口岸等指标，反映区域物流的集聚能力；交通支撑条件反映区域物流的流通能力，选取综合交通（包括公路、铁路、航道里程及等级）、港口（货物吞吐量）、机场、仓库、口岸等指标。

（2）识别物流轴心节点的影响范围。构建模型（例如潜能模型），通过不同节点间的物流流量、交通距离、运输成本、时间距离或成本等指标，通过不同方法测算各物流中心城市的辐射范围，主要对区域内所有物流节点的联系隶属度和联系强度进行计算，以确定物流轴心的辐射范围，对各物流节点进行合理的功能划分，相互间实现合理分工。

（3）构筑物流主通道。根据物流流量，在物流主要枢纽和区域物流枢纽之间以及区域物流枢纽之间，形成物流主通道。

（4）构筑物流支线通道。在物流城市与区域物流枢纽之间及物流城市之间，构建支线通道。

须指出的是，轴辐物流网络是一种理想化的物流组织模式，现实中的物流网络可能更加复杂和综合化，而且任何区域的物流网络组织都依据其社会经济与自然条件的具体情况而定。但轴辐网络是一种高效的物流组织模式已经成为共识。

物流企业的空间网络模式与组织机理

第三节　轴辐物流网络的空间系统

一、城市物流轴辐网络

1. 城市物流

城市是区域产业和人口的主要承载空间，大量的人口和产业促使物流活动集中于城市区域，城市物流规模性地发展始于 20 世纪 70 年代。城市物流介于宏观物流和微观物流之间，属于中观性物流形态，指物资在城市区域的实体流动、城市与外部区域的货物集散活动。一般而言，城市物流包括生产物流和生活物流及废弃物流，流量大；物流设施和工商企业集中，物流市场繁盛，但由于服务对象多，城市物流分散，且多批次、小批量、多品种、多流向、密度高；城市物流发生于市区及近郊区，近距离服务，活动半径小，以公路运输和配送为主。城市物流容易对城市产生影响，例如交通拥堵、环境恶化和能源消耗。

城市物流网络首先是对物流资源进行空间配置的一种形式，具体是指以物流活动为核心，以市区和近郊区为活动空间，由物流活动路线、设施、节点和承担者及需求者五部分所构成的网络体系，同时包括发生在网络内部的各种经济联系和信息。其中，物流路线包括城市内部和外部交通线，物流设施主要指运输工具、搬运装卸设施等，物流节点包括车站、码头、货运场、物流中心和物流园区等，物流承担者主要指物流企业，物流需求者指工商企业和终端消费者。城市物流网络不仅是以上要素的简单集成，还包括各种物流资源间的空间作用和组织关系及运作机制（谢五届和李海建，2005）。城市物流的轴辐网络是大型运输企业、小区域及通勤运输企业的最佳物流组织模式。

2. 传统城市物流网络模式

城市物流网络是城市空间网络的重要部分。不同城市其物流网络不同，为了便于分析，将城市物流网络进行抽象化。假设城市市区及近郊区为圆形地域，CBD 位于城市中心，城市形成以 CBD 为中心向四周辐射的道路系统，拥有水运（海运或河运）、空运、铁路和公路等运输方式。

基于以上假设，根据多数城市物流网络的现状，可抽象并总结出传统城市物流网络的空间形态，如图 9-5 所示。①由于城市的形成和发展与大型物流设施

（如港口或车站）有密切关系，这使物流设施（如车站、货场、码头）主要布局在市区且较为分散，这在多数城市有普遍地体现。②物流企业（配送、运输和仓储等企业），分散布局在市区而未形成集聚，同物流设施未形成空间结合，同工商企业未能近距离布局。③工业企业分散布局在市区，大型商业企业如商场、超市、百货等相对集中在城市商业区尤其 CBD，批发市场相对分散，小型商场、超市的布局分散。④物流供需关系形成于市区，包括市场载体（如货站和车辆）、市场客体（商品）、市场主体（工商企业和物流企业）和管理机构（主管部门）。这决定了物流运营空间集中在市区，形成以城市内部地域为载体的物流网络。城市物流功能和其他城市功能相混合，大量物流活动的组织干扰了城市的正常运转，造成城市交通拥挤，带来了环境污染和城市景观破坏，物流设施（如码头、仓库）占用大量土地，促使原本稀缺的城市土地更为紧张，物流用地、物流效益和城市景观及地租不协调。

物流企业的空间网络模式与组织机理

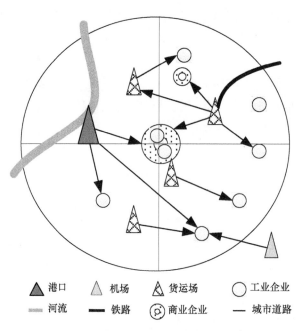

图 9-5　传统城市物流网络空间结构

3. 现代城市物流网络模式

随着现代物流的迅速发展，城市物流网络的空间组织逐步改变。20 世纪 90 年代末以来，许多城市都制定了现代物流发展规划，如上海、天津、深圳和广州等，逐步发展城市物流的共同配送，努力将物流设施郊区化，促使城市物流网络形态进行优化重构。如图 9-6 所示。

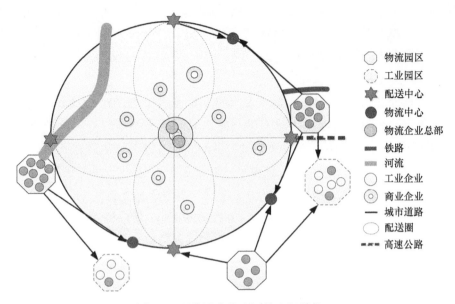

图 9-6　现代城市物流网络空间结构

图例：
- 物流园区
- 工业园区
- 配送中心
- 物流中心
- 物流企业总部
- 铁路
- 河流
- 工业企业
- 商业企业
- 城市道路
- 配送圈
- 高速公路

（1）大型物流结点开始产生。物流设施如码头、货运场等纷纷从市区搬迁到郊区，同既有物流设施或交通区位相结合而集中布局，形成港口型、机场型、铁路型和高速公路型等物流基地，城市物流活动形成规模化组织。例如，大连的港口功能从老港区（中山区）迁移到大窑湾港区，货运场主要迁移到甘井子物流园区。

（2）物流需求形成空间分异。工业企业从市区搬迁出来，集中布局在郊区，形成开发区、工业园区或保税区。多数商业集聚在城市 CBD，但部分批发市场从市区搬迁到近郊区集中布局，形成专业化物流中心。城市物流需求发生了市区和郊区的空间分异。例如，大连工业从市区迁移到甘井子的革镇铺、周水子、开发区等地域；批发市场从市区迁移到甘井子区，形成革镇铺（建材）、周水子（粮食）、南关岭（木材）等专业物流中心。

（3）物流企业形成空间分化和集聚，出现了总部和分公司的结构分化，出现了集聚和分离的空间现象。如大连许多物流企业总部布局在港湾街、天津街、青泥蛙桥等地域，大量分公司和中小型物流企业（如仓储和配送）集中布局在甘井子物流园区，大型物流企业（如海运和集装箱相关物流企业）则集中布局在保税区和大窑湾物流园区，快递和空运物流企业集中布局在周水子物流园区。

（4）城市物流网络的空间载体从市区向郊区转移。物流设施、物流企业和工业及部分商业从市区迁移到近郊区，物流市场载体和主体发生了空间转移，市场供需关系转移到了近郊区，物流运营空间也主要集中在近郊区。如大连物流市场从原来的老港区、火车站等地域迁移到周水子、革镇铺、开发区及大窑湾等近郊区，尤其集中在近郊区——甘井子区。

现代城市物流网络的重构，改变了传统物流的运作过程，采用轴辐模式的物流网络，形成了更富有效率的物流组织。

（1）将市区分散的物流设施和物流企业，集中布局在郊区的高速公路口、码头及编组站等附近，形成物流园区，使之成为衔接城市内外物流的枢纽型节点。物流园区成为城市物流网络的轴心，控制并集中了城市物流的运营。

（2）管理机构（如工商税务机构）进驻物流园区，提供近距离服务，尤其是海关的进驻提高了物流通关效率；相关服务机构（如金融保险、商业机构）也进驻园区，形成配套服务。这促使物流轴心发生了性质的变化，形成社会经济综合体。

（3）物流园区建设物流信息平台，通过信息平台将分散于市区的商业和终端消费者、郊区的工业及园区内的物流企业等联为一体，形成基于信息平台的物流市场，实现网络交易。

（4）从区域进入市区的大批量物流，首先集中在物流园区，化整为零，进行分载，按市区道路系统规定使用小型车辆统一分送；从市区出来的小批量物流，首先用小型车辆集中到物流园区，集零为整，再采用大型车辆合载，然后输送到全国各地。这形成了轴辐网络中的"集聚与疏散"和"喂给与中转"的关系机制。

（5）对于市区的配送物流，首先将不同货主的货物集中存放在物流园区，集中进行存储、加工、包装、分拣、配货等物流活动，然后按不同客户需求，联合不同物流企业，采用共同配送的组织模式，对市区内的商业企业进行定期或定量配送。

（6）物流服务域形成，物流资源的空间转移和集聚，在区域上形成"配送中心→物流中心→物流园区"的节点体系，基于这种体系和城市道路系统，形成城市物流服务地域的划分，这类似于物流运营区。这种物流服务域以物流节点和CBD为起点和终点，以城市干道为轴，以沿线地区为服务范围。城市干道成为轴辐物流网络中的干线通道。

（7）物流基地集聚了大量的物流资源，同时作为基础经济要素，物流资源对其他资源具有吸引和易结合的特性，集聚了大量的社会经济资源，形成了已超出"物流"内涵的地域综合体——物流基地，培育成新的区域增长极。

二、区域物流轴辐网络

区域物流是指在区域范围内的物流活动，包括在各城市的运输、仓储、配送、包装、装卸、流通加工和信息传递等物流活动。区域物流是区域的构成要

物流企业的空间网络模式与组织机理

素，体现了自然资源的禀赋状况，对优化企业布局、改善生产方式、提高区域竞争力具有重要作用。随着区域经济的发展，物流网络节点日渐多元化，集聚和扩散作用的结果使节点分化为区域物流中心、城市物流中心，这些结点在空间上具有不同的排列方式，构成多元化的等级体系。物流网络线路多样化，如公路、航道、航线、铁路等，通达地域范围扩大。根据学者们的研究，研究单元从城市单位拓展至区域后，区域物流网络仍遵循轴辐组织模式。

1. 长江三角洲物流轴辐网络

1）长江三角洲

长江三角洲是我国重要的经济区域，是最早编制现代物流发展规划的地区，是现代物流业最发达的区域，是我国重点发展的九大物流区域之一，是全国乃至全球物流网络的枢纽区域。沈玉芳等（2011）通过研究发现，长江三角洲物流业的布局呈现"一心（上海）、两轴（沪宁线和杭甬线）、三核（上海、南京、宁波）、多点"的格局，上海和南京的物流集聚度逐渐升高，上海的物流主枢纽地位不断巩固，其他城市尤其是宁波发展迅速。部分学者通过数量方法，识别该地区的物流轴辐网络，如徐建等（2009）和王成金（2006b），研究结果虽有差异，但大致形成了几个共同结论。如图9-7所示，在长江三角洲，轴辐物流网络基本

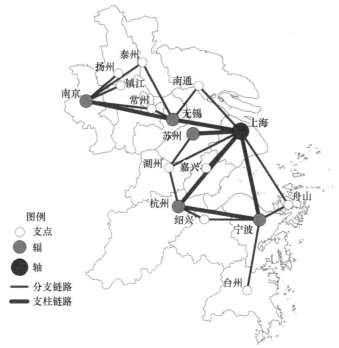

图9-7 长江三角洲轴辐物流组织网络

形成，并形成三个区域性轴辐物流系统，上海、南京和杭州分别成为各系统的枢纽，同时形成苏州、宁波和无锡等次级的物流枢纽，其他城镇为物流城市。其中，上海为物流主枢纽，物流枢纽重要性远高于其他城市，可辐射整个长江三角洲甚至长江流域。长江三角洲南翼以宁波、杭州为物流枢纽的双核结构已成型，辐射浙北和浙中地区，杭州为区域性枢纽，而宁波形成港口物流的集散枢纽。南京作为长江三角洲西侧物流枢纽的地位已确立，依托长江航运通道而辐射皖江地区。规模化的物流通道开始形成，重点包括上海—无锡—南京、上海—苏州、上海—杭州、杭州—宁波和上海—宁波通道，连接主次物流枢纽，并辐射周边市县，形成规模不一的轴辐物流网络。

2）浙江与安徽沿江地区

从浙江省来看，同样存在轴辐物流网络（图9-8）。经过多年的建设和发展，以杭州为中心、沟通浙江全省的综合物流网络已形成。李文博和张永胜（2011）的研究表明，浙江省的物流节点有三类，其中杭州、宁波、温州和金华为物流枢纽。根据物流枢纽及辐射区域，浙江省形成四大物流区域。其中，杭州物流区域覆盖浙西北地区，杭州为物流枢纽，同时区位、经济、交通等优势决定了杭州成为全省的物流主枢纽，辐射绍兴、嘉兴、湖州和衢州。宁波物流区域覆盖浙东北，宁波成为大宗物资和联系远洋港口的集散枢纽，辐射台州、舟山、绍兴、嘉兴和湖州。温州物流区域覆盖浙东南，温州因居宁波到福州海岸线的中间区位而成为物流枢纽，辐射丽水和台州。金华物流区域覆盖浙中南，其中金华物流业发达，尤其是义乌内陆口岸、金华国际物流园区、永康物流中心和中外运物流基地成为物流网络的重要节点，促使金华成为浙江省"无水港"和辐射浙江中西部的物流枢纽，辐射周边的衢州和丽水等中小城市。物流枢纽间形成了物流干线通

物流企业的空间网络模式与组织机理

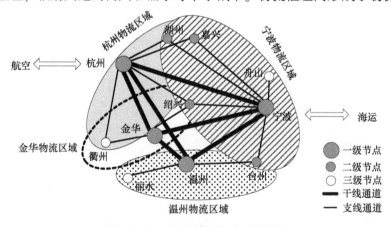

图9-8 浙江省的轴辐物流网络格局

道，包括杭州、宁波、温州和金华之间的物流通道，构成浙江省轴辐物流网络的骨架部分，集聚了全省的物流活动，其他城市间形成了支线通道。

在安徽省，各城市之间已产生了物流职能的空间分异，形成了以芜湖、合肥为主枢纽，以阜阳、蚌埠为区域枢纽，其他城市为物流节点的格局。其中，沿江地区是安徽的核心物流区域。根据潘坤友等（2006）对安徽沿江地区41个行政单元的研究，合肥、芜湖、安庆为该地区的物流枢纽，尤其合肥是全省的物流主枢纽，担负大宗货流中转、换装功能，如图9-9所示。安庆、芜湖和合肥三个物流枢纽之间，依赖于大型交通干线而形成了物流通道，成为沿江物流网络的核心部分。合肥与安庆、芜湖之间已有高速公路、铁路和国道相通，交通便捷；黄金水道将芜湖和安庆紧密相连，而芜湖与安庆的高速公路也实现了4小时往返。其他的物流节点分别与其所隶属的物流枢纽形成物流支线，奠定了沿江地区轴辐网络的基础。以此，安徽沿江地区形成了三个轴辐物流网络，合肥系统辐射皖江东段北岸的城市，芜湖系统辐射皖江东段南岸的城镇，安庆系统辐射皖江西段的沿江城镇。

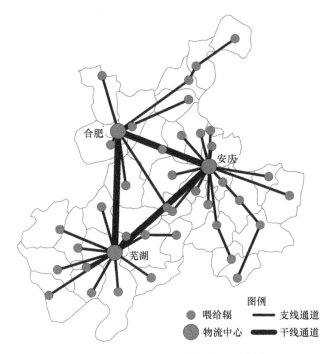

图9-9 安徽沿江地区的轴辐物流网络格局

2. 华南地区物流轴辐网络

广东省的物流发展存在一定的空间集聚，尤其集中在珠江三角洲。珠江三角洲是我国现代物流最发达的地区，也是我国重点发展的九大物流区域之一。基于公路的 O-D（origination-destination）交通联系，珠江三角洲的物流网络呈现以下特点。如图 9-10 所示，物流枢纽明显，成为公路物流组织的核心，其中广州成为珠江三角洲的物流主枢纽，佛山物流枢纽也开始发育，但近距离分布促使两个枢纽形成组合枢纽。规模化的物流通道开始形成，连接广州和佛山两大物流枢纽，其他规模的物流通道也开始发展，形成了区域性的轴辐网络，包括广州和佛山两个物流网络，前者辐射粤南、粤北和粤东，后者辐射粤西，实际上珠江三角洲的物流网络主要以广州和佛山为枢纽联系周边市县。潘裕娟和曹小曙（2012b）的研究也证明了这点。

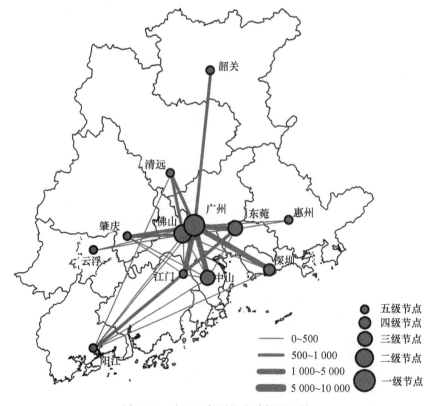

图 9-10 珠江三角洲的公路物流网络

物流企业的空间网络模式与组织机理

在广西地区，部分学者也进行了研究，尤其针对西江流域的物流网络进行了分析。如图9-11所示，在广西地区，各类城镇大致形成三类物流节点，分别在区域物流网络中承担不同的功能和地位。其中，南宁和柳州的地理位置最重要，中心城市的经济结构和产业基地地位也决定了其物流生成地的地位，同时综合性交通枢纽的地位也保障了物流网络的信息流、货流及时流通，由此成为物流主枢纽。百色、梧州作为西江流域上游和下游的中心城市，承担物流主枢纽的物流量喂给，并和其他物流节点构成物流网络畅通的基础，由此成为区域物流枢纽（丁伟等，2010）。来宾、贵港、崇左及其他地级城市、县级城市均为物流城市，成为依附物流枢纽的腹地，通过物流枢纽与其他物流区域相连接，构筑轴辐物流网络。这两类物流节点间的通道为干线物流通道，其中南宁—来宾—柳州通道是轴辐网络的核心部分。

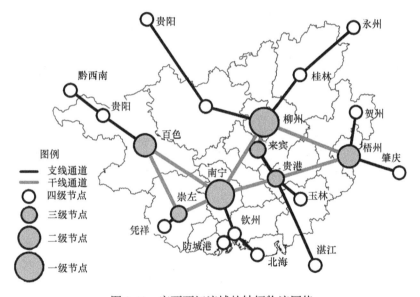

图 9-11　广西西江流域的轴辐物流网络

三、全国物流轴辐网络

1. 全国物流组织网络结构

物流网络的概念有多层含义，包括物流设施网络、物流组织网络等，本研究更强调物流组织网络，但离不开物流设施网络。长期以来，国家关注物流设施的建设。2008年之前，国家未出台专门的物流组织网络规划，但相关部门针对交通设施的布局和职能出台了若干规划。如表 9-1 所示，这些规划包括原国家铁道部 2005 年编制的《铁路中长期规划》、原国家交通部 1992 年颁布的《全国公路主枢纽布局规划》和 1997 年编制的《全国公路主枢纽布局规划》及 2004 年编制的《国家高速公路网规划》、中国民用航空局 2008 年编制的《全国民用机场规划》。这些规划对交通枢纽进行了界定，包括公路主枢纽、铁路集装箱中心站、铁路编组站、铁路客运站、枢纽港及枢纽机场，在全国布局了重大的交通干线和货物系统尤其是运输通道。其中，《全国公路主枢纽布局规划》布局了 45 个公路主枢纽，《中长期铁路网规划》提出建设 15 个路网性编组站、17 个区域性编组站和 18 个集装箱中心站，《全国机场布局规划》提出建设 3 大门户复合枢纽、8 大区域枢纽和 12 个干线枢纽；《全国港口主枢纽总体布局规划》布局了 43 个港口主枢纽，《全国沿海港口布局规划》规划了 5 大港口集群并布设 47 个主要港口，《全国内河航道与港口布局规划》提出要形成 28 个主要港口布局；《综合交通网中长期发展规划》布局了 42 个综合交通枢纽。这些规划在一定程度上确定了物流枢纽与腹地范围及物流通道。

表 9-1　国家规划的交通通道与主要枢纽

规划	交通通道	枢纽
国家高速公路网规划与公路主枢纽布局规划	放射线：京哈、京沪、京台、京港澳、京昆、京藏、京新 纵线：鹤大、沈海、长深、济广、大广、二广、包茂、兰海、渝昆 横线：绥满、珲乌、丹锡、荣乌、青银、青兰、连霍、宁洛、沪陕、沪蓉、沪渝、杭瑞、沪昆、福银、泉南、厦蓉、汕昆、广昆	北京、天津、石家庄、唐山、太原、呼和浩特、沈阳、大连、长春、哈尔滨、上海、南京、徐州、连云港、杭州、宁波、温州、合肥、福州、厦门、南昌、济南、青岛、烟台、郑州、武汉、长沙、衡阳、广州、深圳、汕头、湛江、南宁、柳州、海口、成都、重庆、贵阳、昆明、拉萨、西安、兰州、西宁、银川、乌鲁木齐
中长期铁路网规划	八纵：京哈、沿海、京沪、京九、京广、大湛、包柳、兰昆 八横：京兰、煤运北和南通道、太青、第二亚欧大陆桥、宁西、沿江、沪昆、西南出海通道	中心站：北京、广州、武汉、成都、西安、上海、昆明、哈尔滨、广州、兰州、乌鲁木齐、天津、青岛、沈阳、重庆、郑州、大连、宁波、深圳
全国沿海港口布局规划		大连、营口、天津、秦皇岛、青岛、日照、上海、宁波、连云港、厦门、福州、广州、深圳、珠海、汕头、湛江、防城港、海口

规划	交通通道	枢纽
全国机场布局规划		复合枢纽：北京、上海、广州
		区域枢纽：成都、昆明、重庆、西安、乌鲁木齐、武汉、沈阳、深圳、杭州
		干线枢纽：深圳、杭州、大连、厦门、南京、青岛、呼和浩特、长沙、南昌、哈尔滨、兰州、南宁
全国内河航道与港口布局规划		泸州、重庆、宜昌、荆州、武汉、黄石、长沙、岳阳、南昌、九江、芜湖、安庆、马鞍山、合肥、湖州、嘉兴、南宁、贵港、梧州、肇庆、佛山、济宁、徐州、无锡、杭州、蚌埠、哈尔滨、佳木斯

这些具有交通枢纽功能的城市节点在空间上的叠加实际上形成了物流轴心。2008 年年底，国务院颁布了《物流业振兴规划》，按照经济区划和物流业发展的客观规律，对我国的物流发展区域、物流中心城市及重大物流通道进行了界定，这是我国针对物流网络组织编制的国家级物流规划。如图 9-12 所示，在全国尺度上，根据市场需求、产业布局、商品流向、资源环境、交通条件等因素，物流网络的空间组织分为 9 个物流区域，分别为华北、东北、山东半岛、长江三角洲、东南沿海、珠江三角洲、中部、西北和西南物流区域，这类似物流运营区的概念，但更强调众多物流企业进行空间集成后的区域物流行为。每个物流区域形成了物流枢纽，统领各区域的物流活动组织。其中，在华北物流区域，北京、天津为枢纽；在东北物流区域，沈阳、大连为枢纽；在山东半岛物流区域，青岛为枢纽；在长江三角洲物流区域，上海、南京、宁波为枢纽；在东南沿海物流区域，厦门为枢纽；在珠江三角洲物流区域，广州、深圳为枢纽；在中部物流区域，武汉、郑州为枢纽；在西北物流区域，西安、兰州、乌鲁木齐为枢纽；在西南物流区域，重庆、成都、南宁为枢纽。

物流城市分为全国性、区域性和地区性三个层级。全国性和区域性物流城市具有全国物流组织意义和大区域物流组织意义，地区性物流城市具有地方物流组织意义。全国性物流枢纽包括北京、天津、沈阳、大连、青岛、济南、上海、南京、宁波、杭州、厦门、广州、深圳、郑州、武汉、重庆、成都、南宁、西安、兰州、乌鲁木齐等 21 个城市；区域性物流枢纽包括哈尔滨、长春、包头、呼和浩特、石家庄、唐山、太原、合肥、福州、南昌、长沙、昆明、贵阳、海口、西宁、银川、拉萨等 17 个城市，其他城市为地方性物流节点。物流枢纽根据产业特点、发展水平、设施状况、功能定位等，完善物流设施，建设各类物流园区，带动周边区域的物流业发展。

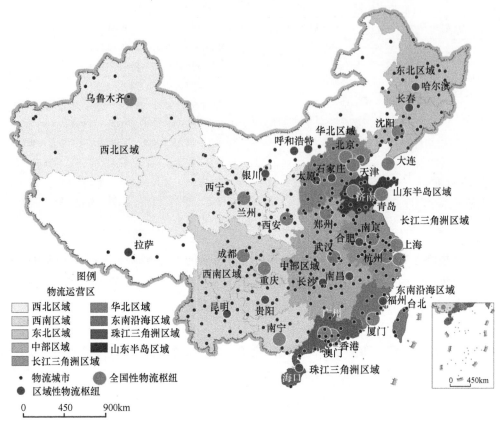

图例
物流运营区
西北区域	华北区域
西南区域	东南沿海区域
东北区域	珠江三角洲区域
中部区域	山东半岛区域
长江三角洲区域	

· 物流城市　　⬤ 全国性物流枢纽
⬤ 区域性物流枢纽

0　　450　　900km

图 9-12　全国物流中心城市与物流经济区域格局

　　根据交通干线分布，全国形成了十大物流通道。分别为东北与关内物流通道、东部南北物流通道、中部南北物流通道、东部沿海与西北物流通道、东部沿海与西南物流通道、西北与西南物流通道、西南出海物流通道、长江与运河物流通道、煤炭物流通道、进出口物流通道。

2. 基于物流枢纽的物流轴辐网络

　　物流枢纽始终对区域物流网络的空间组织具有引领作用。根据物流枢纽的既有基础与发展趋势，以培育具有国际竞争力的门户城市和高效率的物流网络为目标，物流枢纽的建设和布局应协调各种交通方式与物流组织，注重层级性与服务范围的空间划分，提升枢纽城市的区位优势和中心地位，实现对国土开发的有力支撑。丁金学等（2011）对我国 337 个地级行政单元进行评价，得出各地级行政单元的枢纽潜力，确定物流枢纽数量为 42 个，其中东部地区有 20 个，中部有 10

个，西部有 12 个。依据物流枢纽的层级性要求，确定国际性枢纽 3 个，全国性枢纽 7 个，区域性枢纽 15 个，地方性枢纽 17 个。①国际性枢纽有北京、上海、广州。铁路、航空和航运等交通方式的交汇布局、网络融合和发达的经济体系、庞大的腹地，促使部分特大城市成为全国门户，甚至成为东亚乃至亚太地区的物流枢纽，是我国面向全球的门户枢纽。这些物流枢纽较少，是我国与世界的交流咽喉，而且成为主要大区间社会经济交流的枢纽。②部分城市由于铁路、公路、航空和航运等综合交通网络的融合和完善，成为各大区域物流和客流乃至信息流集散的枢纽，包括武汉、郑州、成都、沈阳、西安、昆明、乌鲁木齐等。③地方性枢纽包括天津、重庆、南京、杭州、哈尔滨、长春、长沙、兰州、济南、南昌、南宁、深圳、青岛、大连、连云港、石家庄、太原、福州、合肥、海口、宁波、呼和浩特、银川、西宁、厦门、贵阳、拉萨、秦皇岛、徐州、湛江、大同、齐齐哈尔。其他城市的枢纽水平相对较低，多为单一性的物流节点，在空间组织中按就近原则、行政区划、自然地理等原则服务于较高层次的物流枢纽，而子枢纽又服务于更高级别的主枢纽，在国内构筑层级分明的物流枢纽体系，形成层级有序的轴辐网络，如图 9-13 所示。其中，在东北和华北地区，沈阳和北京分别

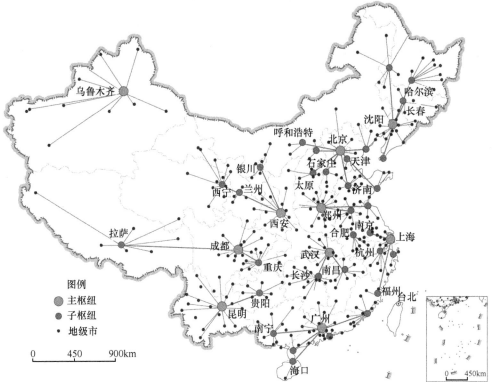

图 9-13　我国物流枢纽的轴辐网络模式

为主枢纽；在华东地区，上海为主枢纽；在西南地区，昆明和成都为主枢纽；在华南地区，广州是主枢纽；在中原和华中地区，郑州和武汉分别为主枢纽；在西北地区，西安为主枢纽，而新疆是相对独立的物流区域，乌鲁木齐为主枢纽。

四、全球物流轴辐网络

从国际区域或全球的尺度来看，在全球生产网络下，货物、信息、资金在全球范围内流动，空间流的传输方式主要有水运、航空及通讯网络，物流网络主要体现为航运网络和航空货运网络，出现了某些全球性和国际性的物流枢纽，并引领各国际区域的物流网络组织。

国外很多学者指出，航运企业多通过轴辐系统组织集装箱运输，这对全球航运的空间系统产生了深远影响。各航运企业的航线组织和航班设置，形成了相对专用的航运网络，但不同企业航运网络的空间叠合，则充分反映了世界航运物流网络的空间格局与空间模式。集装箱航运的重要空间意义是促使枢纽港和支线港产生分化，形成以枢纽港为核心、以支线港为腹地的轴辐航运网络。枢纽港是集装箱航运网络的核心，根据王成金（2008b）的研究，全球共有 42 个集装箱航运枢纽，如图 9-14 所示。一个枢纽港往往引导形成一个区域性航运网络，全球共形成了 42 个区域性航运网络，其中西北欧有 3 个，地中海地区有 7 个，南亚有 4 个，东南亚有 2 个，东亚有 8 个，东非有 2 个，西非有 2 个，大洋洲有 3 个，美国内陆地区有 1 个，北美东海岸有 4 个，北美西海岸有 3 个，南美东海岸有 3 个，南美西海岸有 2 个。从主要航运区域来看，各航运网络具有不同的规模和辐射范围。

（1）西北欧航区。西北欧一直是世界经济的发达地区和集中地区，该区域形成了 3 个区域性航运网络，安特卫普、鹿特丹和奥斯陆分别为枢纽港。其中，安特卫普航运系统主要辐射西北欧港口及少数西南欧港口，规模最大；鹿特丹航运系统主要辐射西北欧少数港口；而奥斯陆系统主要辐射北欧港口，后两者的规模都比较小。

（2）澳新航区。该航区以大洋洲为核心，包括太平洋地区及少数东南亚地区，形成了 3 个航运网络，墨尔本、悉尼和莱城分别为枢纽港。其中，墨尔本航运系统主要辐射大洋洲港口，规模较大；悉尼航运系统规模较小，主要辐射周边区域和太平洋港口；莱城航运系统主要辐射太平洋港口，规模相对较大。

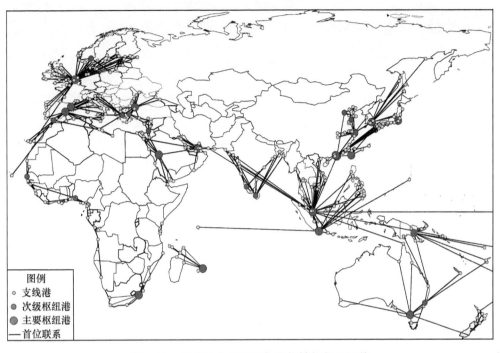

图 9-14 亚非欧大洋洲的集装箱轴辐航运网络

（3）东南亚航区。随着亚太经济的崛起，东南亚凭借其区位优势而成为重要的航运组织区域，培育了两个航运网络，新加坡和雅加达分别为枢纽港。其中，新加坡航运系统最大，支线港较多，可与安特卫普航运系统相媲美，主要辐射东南亚港口和印度洋、波斯湾的少数港口及太平洋港口；雅加达航运系统主要辐射菲律宾、印度尼西亚的少数港口。

（4）非洲航区。由于历史原因，非洲的经济发展相对落后，港口航运业发展缓慢，但也形成了 4 个航运网络，德班、路易斯、达喀尔、拉各斯分别成为枢纽港。在非洲东海岸，德班航运系统辐射东非南部港口，而路易斯航运系统辐射东非岛港；在西海岸，达喀尔航运系统辐射西非北部港口，拉各斯航运系统辐射西非中部海港。

（5）中东南亚航区。该航区主要形成了 4 个航运网络，迪拜、吉达、科伦坡和德里分别成为枢纽港。在中东地区，迪拜航运系统主要辐射波斯湾港口，规模较大；吉达航运系统主要辐射红海港口，规模较小。在南亚地区，科伦坡航运系统辐射较多的港口，德里系统航运辐射少数港口。

（6）地中海航区。历史上，地中海一直是世界航运业的发达地区，20世纪90年代以来，该航区因其区位优势，在全球航运网络中的地位不断提升。目前，该航区形成了7个航运网络，瓦伦西亚、巴塞罗那、伊斯坦布尔、比雷艾夫斯、伊兹密尔、阿尔赫西拉斯分别成为枢纽港。其中，瓦伦西亚航运系统规模最大，主要辐射地中海的欧洲、北非港口；巴塞罗那航运系统主要辐射地中海的欧洲港口，规模相对较大；伊斯坦布尔航运系统主要辐射黑海和爱琴海港口，规模相对较大；比雷艾夫斯航运系统主要辐射亚得里亚海和北非的少数港口，伊兹密尔航运系统主要辐射爱琴海和中东西海岸港口，阿尔赫西拉斯航运系统主要辐射少数的北方港口，三者规模都比较小。

（7）东亚航区。自20世纪90年代开始，世界产业向亚太地区进行转移，尤其是以中国大陆为核心的东亚地区成为经济快速发展的地区，产生了大量的集装箱港口和国际贸易物流，发展了8个区域性航运网络，香港、深圳、上海、釜山、东京、天津、青岛、高雄分别成为枢纽港。其中，香港航运系统主要辐射中国、韩国和日本港口，规模最大；深圳航运系统主要辐射中国华南和日本南部港口，规模相对较小；上海航运系统主要辐射长江流域、华东沿海和北部海港，规模较大；釜山航运系统主要辐射韩国南部和远东港口，规模相对较小；东京航运系统主要辐射日本中北部港口，规模相对较小；天津航运系统主要辐射少数渤海港口，青岛航运系统辐射山东海港，高雄航运系统主要辐射台湾海峡港口，三者的规模都比较小。

（8）北美及加勒比海航区。北美地区一直是世界经济的发达地区和重心地区，也是全球主要航线的始发地区，而中北美和加勒比海地区由于其区位优势而成为世界航运网络的咽喉地区。该航区形成了7个航运网络，芝加哥、查尔斯顿、纽约、科尔特斯、利蒙、曼萨尼亚、奥克兰、温哥华分别成为枢纽港。在北美内陆和东海岸，芝加哥航运系统主要辐射密西西比河和五大湖的港口，形成庞大的内河航运网络；查尔斯顿航运系统主要辐射美国东海岸及少数加勒比海港口，规模较大；纽约航运系统辐射周边的少数港口，规模相对较小；科尔特斯航运系统辐射中美港口，利蒙航运系统主要辐射中美东海岸和加勒比海地区的港口。在西海岸，曼萨尼亚航运系统主要辐射美国以南的中美港口，规模较大；奥克兰航运系统辐射美国少数港口，而温哥华航运系统辐射美加交界处的港口，两者的规模都比较小（图9-15）。

物流企业的空间网络模式与组织机理

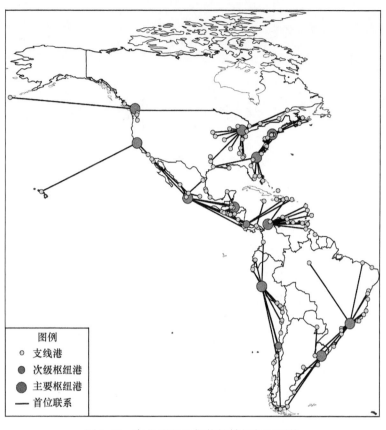

图 9-15 南北美洲的集装箱轴辐航运网络

（9）南美航区。该地区形成了 5 个航运网络，桑托斯、蒙得维的亚、卡塔赫纳、卡亚俄、圣安东尼奥分别成为枢纽港。在南美东海岸，桑托斯航运系统主要辐射巴西港口，规模较大；蒙得维的亚航运系统主要辐射阿根廷港口，规模较小；卡塔赫纳航运系统主要辐射加勒比海和南美北部港口，规模相对较大。在北美西海岸，卡亚俄航运系统主要辐射南美西岸中北部的港口，规模较大；圣安东尼奥航运系统主要辐射智利南部的少数港口，规模较小。

第十章

物流业发展趋势与物流企业战略

为实践和未来发展提供指导始终是科学研究的核心和起点，本研究的目的是为我国物流企业的发展和功能提升提供战略性指导。本章系统地分析了现代物流业的发展趋势，重点从物流需求、物流社会化、电子商务物流、信息技术等角度分析了物流行业的发展趋势，从物流市场竞争、区域物流合作、物流市场格局、物流全球化等角度考察物流市场的发展趋势，从中央、部委、地方政府及节能减排等角度预判了物流业政策趋势。基于此，从市场开拓、企业网络和物流功能等角度提出了物流企业的发展战略。未来，要加快物流企业与制造企业、商贸企业的联动发展，积极发展网络物流；加快物流企业网络构筑，建设物流配送基地；推动物流企业间的合作和并购扩张，加快国际性甚至全球化物流网络组织；提升经营理念，积极发展综合性物流服务与供应链，培育大型物流企业集团，重视专业化物流服务品牌的塑造。

第一节　现代物流业发展趋势

一、物流行业发展趋势

1. 物流需求规模持续增长

随着社会经济的深入发展，我国物流需求将持续增长，这为现代化物流企业的培育和发展提供了空间。"十五"计划期间，社会物流需求呈现持续的高速增长，社会物流总额达到158.7万亿元，比"九五"计划期间增长了近1.4倍，运输、装卸等物流服务的实物量年均增长速度在15%左右。1991年，我国单位GDP对物流需求的系数为1:1.4，2006年已上升到1:2.8；工业品物流总额同比增长25.1%，占全国社会物流总额的比重高达86.7%。从原材料到产成品，用于加工制造的时间不超过10%，90%以上的时间消耗在仓储、运输、搬运、包装、配送等物流环节。"十一五"时期,我国处于工业化中期和经济结构调整的阶段,是转变经济增长方式的关键时期。如表 10-1 所示,该期间,我国社会物流总额持续增长,2010 年达到 125.4 万亿元,而工业品物流总额为 113.1 万亿元,社会物流总费用快速增长,占 GDP 的比重虽有所下降,但仍然很高。物流行业增加值一直高速增长,几乎翻了一番。未来一段时间内,经济社会发展对物流业的依赖程度将明显增强,尤其是随着国民经济的稳定发展,物流需求规模将继续扩大。

表 10-1   "十一五"期间我国主要物流指标概况

年份	全社会物流总额/万亿元	社会物流总费用/亿元	社会物流总费用占 GDP 比重/%	物流业增加值/亿元
2006	59.6	38 414	18.3	14 120
2007	75.2	45 406	18.4	16 981
2008	89.9	54 542	18.1	19 965
2009	96.7	60 826	18.1	23 078
2010	125.4	70 984	17.8	27 310

未来一段时间内,物流需求结构的调整也是物流业发展重要趋势。钢铁、粮食、煤炭、石化、汽车、建材等基础性原材料以及重点制造行业的物流运作模式开始加速转型,农业和农村物流更加受到重视,军地物流一体化、军事物流社会化将继续推进,带动社会物流需求结构的调整。2010 年,全国物流业连锁经营额为 2.2 万亿,统一配送率为 63.4%,2015 年经营额将达到 12 万亿,统一配送率将达到 70%,但连锁超市企业如苏宁、国美、华联、物美等仍以自营物流为主,这是巨大的物流市场空间。此外,国家全速推进"万村千乡"工程,2015年连锁化农家店的行政村覆盖率将从目前的 65% 提高到 90%,配送率从 60% 提高到 70%,农资的统一配送率达到 80% 以上,这必然推动农村商贸物流的发展。农产品、食品的冷链物流将有实质性地推进。2015 年果蔬、肉类、水产品冷链的流通率将分别达到 20%、30%、36% 以上,冷藏运输率分别提高到 30%、50%、65% 左右。区域物流合作开始从物流设施、道路交通等基础性物流资源整合,向物流信息平台、物流政策体系、人员联网管理的物流资源联动方向延伸。枢纽港口和产业集群的辐射带动作用更加明显,而且随着产业梯度的转移,物流服务由东向西、由城入乡的趋势开始出现。跨国、跨境的物流合作,如东盟和中国、东北亚和新亚欧大陆桥等国际物流合作也势必进一步加强。这些未来发展必将带动物流需求格局的变化。

2. 工商企业的物流社会化推动

随着现代物流业的发展，工商企业的物流组织逐步由"小而全，大而全"向"主辅分离、服务外包"的方向转变，第三方物流日益成为物流服务的主导方式。从欧美国家来看，制造企业不再拥有自己的仓库，而由专业化配送中心提供服务。1998 年美国对 500 家制造企业的调查显示，将物流交给物流企业的货主占 69%。我国的企业物流也呈现类似的发展趋势，越来越多的工商企业从战略高度重视物流功能整合。根据调查，2006 年我国销售物流外包以 5%～10% 的速度在增长，运输与仓储外包以 10%～15% 的速度增长，运输外包已占 67.1%。物流社会化的行业已从早期的家电、电子、消费品等产业向钢铁、建材、汽车等上游产业扩展，外包环节由销售物流向供应物流、生产物流、回收物流拓展，由简单的仓储、运输外包向供应链一体化延伸。随着 2010 年《制造业与物流业联动发展示范工作的通知》的发布，青钢集团与青岛港签署战略合作协议，对矿石、钢铁等物资的装卸、仓储、运输业务进行全方位合作。2010 年 5 月，中国远洋与中国二重签署合作协议，2010 年 12 月北车股份与中国外运签署物流合作协议。"十二五"期间及未来一段时间，我国制造业将进入转型升级和产业结构调整的时期，大型企业对物流组织进行改造或剥离物流职能，物流社会化水平将进一步提高，这为物流业的发展提供了机遇。

3. 基于电子商务的网络物流发展

技术进步往往带来生产方式的变革，进而引起物流组织方式的跟随变化。近十年来，基于网络的电子商务迅速发展，消费者直接在网上获取有关产品或服务信息，实现网络购物，但随后的商品配送形成了新的物流组织模式——电子物流（e-logistics）。这种网上"直通方式"的实现是依赖于顾客订货的生产销售模式和物流服务。据统计，通过互联网开展企业间的电子商务交易额，1998 年全球已达到 430 亿美元，这促使全球物流业形成了新的发展趋势。随着以淘宝网为首的 C2C 模式的成熟及 B2B 模式的迅速成长，我国电子商务发展更为迅速，2010 年网络购物规模达 4980 亿元，比 2009 年增长 89.4%，占社会消费品零售总额的比重达 3.2%。据预测，2015 年电子商务规模将达到 12 万亿，其中网络购物将超过 2 万亿。在网络购物市场高速增长的带动下，网络物流服务迅猛增长，给零担物流市场带来了巨大的增长空间。2009 年 4 月，德邦物流宣布和阿里巴巴合作，成为淘宝网大件货物的物流服务商；2009 年初，京东商城自建快递公司；2009 年年底，淘宝网与 4 大物流企业签订战略合作协议，并投资百世物流；2010

年阿里巴巴入股星辰急便，淘宝物流宝平台上线。根据中国快递协会统计，2010年中国快递日业务量突破1000万件，跻身全球前3位，全国规模以上快递企业的业务量累计完成23.4亿件，收入累计完成574.6亿元，增速远高于国民经济增长。尤其是民营快递企业已成为网购物流市场的主体，并促使部分专业快递企业和整车运输企业将业务拓展方向瞄准零担物流。

4. 信息技术与物联网技术的应用

现代物流的生命力在于用最新的信息技术、管理技术、装备技术组织物流活动。20世纪70年代，电子数据交换技术（EDI）在物流领域的应用，曾简化了物流订单处理流程，使供需双方的物流信息及时沟通，物流过程的各环节精确衔接，提高了物流效率。目前，信息技术、网络技术广泛应用于物流领域，包括EDI、GPS、RFID，及时准确的信息传递保障了物流系统集约化的管理，保证了物流网络各网点和总部间以及各网点间的信息共享，其中RFID技术使美国军队后勤补给时间从33天降到11天，使沃尔玛处于全球零售业的领先地位。我国《物流业调整和振兴规划》明确提出：向以信息技术和供应链管理为核心的现代物流业发展。我国物流业从条形码到物联网，许多信息化技术都在应用。以物联网为核心的信息技术被誉为第三次信息技术革命，物联网的应用使迪拜的城市配送车辆减少53%，配送时间节约12%，二氧化碳排放量降低29%。我国政府对物联网的发展极为重视，"十二五"规划提出将物联网作为新一代信息技术的重点发展方向，促进物联网发展的产业政策及规划相继出台。物联网将对物流业产生全方位的影响，带来物流配送网络的智能化，促进供应链的敏捷智能化变革，将深刻影响了物流企业的发展。

二、物流市场发展趋势

1. 物流市场竞争日趋激烈

随着工商企业物流的外部化和各类物流企业的迅速发展，我国物流市场的竞争日趋激烈。特别是汽车、石化、家电、冷藏、医药等行业分别形成了一定的物流市场竞争，优胜劣汰的市场机制已逐步明显。珠江三角洲是第三方物流市场起步较早的地区，由于对外开放较早、产业基础雄厚，物流外包的条件成熟，外资企业进入较早，出现了以空运、海运为主的跨国公司，如马士基物流、总统轮船、联邦快递、联合包裹；而国有物流企业，包括在香港的中资物流企业，在改革开放中成功转型，形成了具有影响力的现代物流企业，如招商局物流集团、广东邮政物流、广东物资集团等。同时，一些民营物流企业也在竞争中崭露头角，形成一定的市场影响力，如宝供物流、共速达物流等。各种物流企业的迅速发展显然强化了物流市场竞争。

2. 区域物流合作加强

长江三角洲、珠江三角洲和环渤海地区是我国的经济发达地区，也是现代物流最强劲的增长极，区域物流合作的趋势逐渐加强。2004 年内地与香港和澳门相继签署《关于建立更紧密经贸关系的安排》（Closer Econonic Partnerchip Arrangement，CEPA），允许香港企业以独资形式在内地提供货运分拨和物流服务，这成为大珠三角物流整合和紧密合作的新机遇，许多粤港澳物流合作项目启动。长三角物流圈建设提上议程，以上海为龙头，由江浙两省 14 个城市组成的长江三角洲经济圈积极推动物流合作，2003 年 8 月苏浙沪三地物流主管部门齐聚杭州，共同探讨"长江三角洲物流圈"事宜，建立物流合作联系制度。环渤海物流逐步向东北亚经济圈融合，知名的日韩企业，如三星、丰田、富士、爱普生、大宇重工、大显手机等纷纷在环渤海地区落户，相继成为当地物流企业的重点客户资源，许多物流项目已实现成功运作，在东北亚物流网络中发挥更大的作用。在区域物流协作过程中，各经济区域致力于建立统一协调的区域物流体系，协调公路、铁路、港口等交通设施的规划与建设，建设重点是物流通道和物流信息平台。

3. 物流市场新格局

沿海与内陆以及东中西部的地带性社会经济发展，曾深刻影响了中国的经济格局与交通建设及物流组织。近十年来，我国区域政策渐趋稳定，形成了"东部加速发展，中部崛起，东北振兴，西部大开发"的总体格局，2010 年 12 月国务院发布了全国主体功能区"3+18+7"的规划方案，优化开发区包括环渤海地区、长江三角洲地区、珠江三角洲地区，重点开发区包括冀中南地区、太原城市群、呼包鄂榆地区、哈长地区、东陇海地区、江淮地区、海峡西岸、中原经济区、长江中游地区、北部湾地区、成渝地区、黔中地区、滇中地区、藏中南地区、关中—天水地区、兰州—西宁地区、宁夏沿黄经济区和天山北坡等 18 个区域，农产品主产区包括东北平原、黄淮海平原、长江流域等 7 大优势农产品主产区及 23 个产业带。未来，这些优化开发区、重点开发区及农业生产区是我国物流活动最密集的地区，尤其前两类功能区是我国主要的产业-人口集聚区，是支撑我国经

物流企业的空间网络模式与组织机理

济增长的关键区域。这些功能类型区的发展促使我国物流市场形成了新的格局，影响了物流的流品、流量、流向、流速，从而影响现代物流的空间格局、组织结构与运作模式。

4. 物流全球化

随着经济全球化的持续推动，世界各地成为一个经济实体，大型公司尤其是跨国公司在全球内组织生产-销售网络，原材料和零部件采购、产品销售的全球化带来了物流活动的全球化，这势必要求物流网络的全球化，影响了全球物流市场的发展与格局。现代物流业在全球范围内加速集中，大型物流企业通过国际并购与联盟，形成愈来愈多的物流巨无霸。①在邮政快递行业中，联合包裹、联邦快递、澳大利亚邮政、英运物流、Stinnes、Danzas 等大型企业通过兼并与收购，迅速建立起全球化物流网络；1998 年澳大利亚邮政兼并法国第一大国内快递公司 Jef Service，1999 年英国邮政兼并德国第三大运输公司 German Parcel。2004 年金额在 1 亿美元以上的物流企业并购案就有 5 起，包括联合包裹收购 Menlo 和亚洲合资公司、澳大利亚邮政收购 Wilson、联邦快递收购 Kinkos 和敦豪速递收购 BlueDart。这些并购活动不仅拓宽了企业的物流服务领域，同时增强了企业的市场竞争力。②在航运领域，航运企业并购活动频繁，成为航运企业向国际化和巨型化经营的有效途径。1996 年英国铁行和荷兰渣华合并形成新的铁行渣华，1997 年东方海皇收购总统轮船，1999 年马士基收购海陆。2005 年全球航运资源兼并与收购进入高潮阶段，一年就发生了 6 起企业并购事件，其中马士基/海陆收购铁行渣华成为航运市场中规模最大、波及面最广和影响最深远的并购活动。

5. 物流企业发展迅速

20 世纪 90 年代中期以来，随着现代物流的发展，第三方物流市场迅速扩大，这培育了大量的物流企业。近年来，随着我国市场经济的发展和逐渐成熟，一批拥有先进管理理念、完善治理结构和管理体制以及规模优势的物流企业脱颖而出。根据国家发展改革委、国家统计局和中国物流与采购联合会联合发布的《2007 年全国重点企业物流统计调查报告》，随着物流服务需求的高速增长，物流企业的业务量上升较快。2006 年综合型物流企业的业务收入增长 37.9%，仓储型物流企业收入增长 22%，运输型物流企业收入增长 1.3%。根据调查，2007年主营业务收入前 50 名物流企业中，30 亿元以上的物流企业由 13 家上升到 18家，20 亿元以上的物流企业由 18 家上升到 24 家，10 亿元以上的物流企业由 34家上升到 35 家，排序第 50 位的物流企业由 3.55 亿元提高到 6.22 亿元，物流市场集中度提高，物流企业的规模持续扩大。

三、物流政策发展趋势

1. 中央政策环境

20世纪90年代中期开始，中央政府及相关部委日益重视现代物流业的发展，陆续出台了系列政策促进物流业的规范和繁盛发展。国家"十一五"规划明确了现代物流的发展地位，提出"积极发展现代物流业，推广现代物流管理技术，促进企业内部物流社会化，实现企业物资采购、生产组织、产品销售和再生资源回收的系列化运作；培育专业化物流企业，积极发展第三方物流；建立物流标准化体系，加强物流新技术开发利用，推进物流信息化；加强物流基础设施整合，建设大型物流枢纽，发展区域性物流中心"。尤其是，2009年国务院颁布了《物流业调整和振兴规划》，将物流业发展上升到国家战略，大大提升了物流业在国民经济中的地位。我国"十二五"规划纲要继续提出："大力发展现代物流业，加快建立社会化、专业化、信息化的现代物流服务体系，大力发展第三方物流，优先整合和利用现有物流资源，加强物流基础设施的建设和衔接，提高物流效率，降低物流成本。推动农产品、大宗矿产品、重要工业品等重点领域的物流发展。优化物流业发展的区域布局，支持物流园区等物流功能集聚区有序发展。推广现代物流管理，提高物流智能化和标准化水平。"2011年6月8日，温家宝总理主持国务院常务会议，讨论通过了《关于促进物流业健康发展政策措施的意见》，共9条，涉及税收、土地、城市配送、管理体制、物流园区、物流企业、投融资、农产品物流等各项政策，再一次表明了中央政府对现代物流业发展的重视。

2. 相关部委政策环境

在中央政府的带领下，2010年相关部委积极制定专项规划，并陆续出台促进产业转移、产业重组以及农村流通体系建设等文件。2011年3月《商贸物流发展专项规划》颁布，由国家发展和改革委员会牵头的全国现代物流工作部际联席会议办公室于2010年4月公布《关于促进制造业与物流业联动发展的意见》，积极推动制造业物流的健康发展；2010年7月《农产品冷链物流发展规划》公布，2010年8月制定《全国物流标准专项规划》，2010年9月颁布《制造业与物流业联动发展示范工作的通知》；2010年10月国家发展和改革委员会、交通运输部共同发布《甩挂运输试点工作实施方案》，拟定浙江、江苏、上海、山东、广东、福建、天津、内蒙古、河北和河南等 10 个省区以及中外运长航集团、中国邮政等为首批试点省份或单位。此外，国家税务局与国家发展和改革委员会、中国物流与采购联合会继续组织物流企业的税收试点工作，先后公布第五批和第六批试点物流企业；商务部继续组织开展流通领域的现代物流示范工作，原铁道部（现为交通运输部）积极推进战略装车点的建设和路企直通运输，国家邮政局制定规章以规范邮政快递市场，海关总署开展出口货物分类通关的试点改革，国家开发银行等金融机构为物流项目提供战略性的融资服务。国家各部委和国务院直属机构的鼓励政策，均为现代物流业的发展起到指导和支持作用，这也表明我国现代物流发展的政策环境日益成熟与完善。

3. 地方政府推动力度加大

前文已提到，全国多数省份和大型城市均已制定了现代物流业的发展规划，引领了过去十年的物流发展。目前，随着国家《物流业调整和振兴规划》的实施，全国已有超过半数的省份出台了《物流业调整和振兴规划》的实施细则，大部分省市建立了现代物流工作协调机制，一些省市政府成立了物流管理的常设机构。许多省市制定了相应的专项规划和法规，2010 年 10 月国内首部促进物流业发展的地方性法规《福建省促进现代物流业发展条例》出台。目前，《京津冀地区快递服务发展规划（2010～2014）》、《长江三角洲地区快递服务发展规划（2010～2014）》、《珠江三角洲地区快递服务发展规划（2010～2014）》等相继出台。这表明地方政府的推动力度在不断加强，尤其是区域性专项规划的陆续出台为物流业的发展创造了更加完善的政策法制环境。

4. 约束因素增多与物流转型

近十年来，环境保护已经成为我国社会经济发展的重要趋势，尤其是近年来节能减排日益为国家和企业所关注，这成为物流业发展的约束性因素，同时表明我国现代物流的发展需要加快转型。2009 年中国政府已向全世界承诺，2020 年单位GDP 碳排放强度比 2005 年减少 40%～45%，中国经济将进入整体低碳转型之路；"十二五"规划进一步突出了节能环保和绿色低碳发展的理念。物流业是我国能源消耗量较大的行业，物流业的能源有效利用对实现节能减排目标有一定的影响。据有关部门的测算，物流业的油品消耗占全社会油品消耗总量的三分之一，每吨公里二氧化碳的排放量，装载卡车、铁路、船舶、飞机的比例是 5：1：2：75；货运汽车油耗比世界先进水平高 30%，内河船舶油耗比发达国家高 20%。能源环境的约束促使大型物流企业发展绿色物流与低碳物流，加快物流组织转型。敦豪速递宣布到 2012 年包括转包服务在内，将递送的每件包裹、运输的每吨货物和公司不动产每平方米减少碳排放 10%。中国是国土面积大、大宗商品跨区域流动频繁的国家，高投入、高消耗、高排放、低产出、低效益、低科技含量的传统物流模式需要转型，积极发展绿色物流，这对物流运输方式、多式联运、逆向物流、绿色物流包装、物流技术的发展都将带来深远影响。

第二节　物流企业发展战略选择

一、市场开拓战略

1. 加快物流企业与制造业的联动发展

工业企业尤其是制造业企业是物流服务的主要需求者。随着 2010 年《制造业与物流业联动发展示范工作的通知》的实施，越来越多的工业企业将物流组织进行社会化，产业物流特别是制造企业的物流外包已成为必然的趋势。物流企业的市场开拓应积极加强与制造业的联动发展。第一，积极加强与制造业企业的长期物流服务合作，围绕各个城市的主导产业，包括装备制造、化工、机械电子、家电纺织、运输设备等各类物流量较大的核心产业，签订长期的物流外包协议，积极发展专业化的物流服务。第二，物流企业积极加快制造业集聚区的物流市场开发，重点包括开发区、工业园区、保税区、高新区等各类产业区。第三，针对大型的单体制造企业，基于"点到点"的空间模式，实施"跟随布局"的市场营销战略，与这些大型制造企业形成全方位的长期物流合作。以此，依托制造业的原材料供应、燃料运输、半成品和产成品仓储、销售及配送，积极推动物流企业的规模扩张和核心竞争力的塑造。

2. 加快物流企业与商贸企业的互动发展

商贸企业是物流服务的重要需求者，但其布局与制造企业有明显不同的空间模式。一般而言，商贸企业集中在城市内部，形成城市商贸中心的集中布局和零售商贸业的零散分布。随着我国对消费拉动经济增长的重视，商贸物流将成为物流市场的重要组成部分，物流企业必须加强与商贸企业的互动发展。第一，积极加强与大型商贸企业的合作，包括大型商场、超市、连锁店，建立长期的物流服务协议，在全国范围内为这些商业企业提供全国化的物流服务，重点是以仓储配送为核心的增值性物流服务。第二，加强与各城市大型批发市场和专业批发市场的合作，积极拓展大宗货物的跨区域物流组织。第三，适度拓展与零散商贸企业的合作，发展零担物流。第四，针对某些特殊商品市场，发展专业化物流服务，如危险品、液体冷链等特殊物流，塑造企业的特色物流功能。

3. 关注电子商务下的网络物流发展

近十年来，基于网络的电子商务迅速发展，电子商务物流（e-logistics）开始迅猛发展，其扩张速度惊人，并深刻影响了人们的消费模式与物流企业的空间组织模式。在此背景下，网络物流配送服务急速增长，给零担物流市场带来了巨大的增长空间。物流企业尤其是民营快递企业积极发展网络物流配送，并成为网购物流市场的主体。一是，积极加强与大型电子商务网站的合作，例如与淘宝、阿里巴巴、京东商城、当当网、赶集网等的合作，成为这些大型商务网站的主要物流提供商。二是，与大型网络店铺形成长期的网络物流配送协议，提供"店至门"的物流服务。三是，关注电子商务消费者的空间集中性，在消费群体比较集中的商务办公区和高等院校区，加强企业网点的布局，形成以终端消费者为服务对象的物流网络。四是，加强与各类网络店铺的合作，在各大城市建设大型的仓储配送基地。

二、企业网络战略

1. 加快物流企业网络的建设

物流企业作为特殊类型的企业，物流组织需要通过各地区的不同企业网点共同协作方可实现，尤其是跨地区的物流组织必须依赖于区域性或全国性企业网络。物流企业的覆盖范围越广，物流市场就越大，物流组织的成本就越低，这是物流企业的技术经济属性。企业网络的覆盖范围和完善程度，直接决定了物流企业的市场竞争力。第一，改变传统的区域点阵式企业组织，针对物流活动的空间范围，积极加强我国各大城市的网点布局，建立跨地域的物流企业网络。第二，积极扩大物流企业的物流业务量，拓展物流服务覆盖范围，形成网络经济效应。第三，以市场开拓为导向，围绕重点的城镇密集区积极推动企业网点布局，例如前文所述的优化开发区、重点开发区。第四，沿着重要的物流通道（如京沪、京广、京哈、哈大等物流通道），基于轴辐式、串珠状等空间组织模式，积极布局企业网点，开发黄金路线。以此，构筑区域性或全国性的物流企业网络，提高物流企业的空间竞争力。

2. 积极建设物流配送基地体系

根据物流企业网络构建的一般性规律，配送基地建设是重要的内容，也是物流企业走向物流功能和等级结构分异化增长和扩张的重要标志。第一，选择国内具有优越地理区位、雄厚工业基础、信息灵通等条件的大型城市和综合交通枢纽，积极建设物流配送基地。第二，物流配送基地要形成体系，形成全国性物流基地、区域性物流中心和城市配送中心等不同空间层次，并付之于不同的物流功能和服务范围。第三，积极构建大型的物流配送信息平台，形成全国各物流配送基地进行信息传递和管理的技术平台。以此，提高物流企业的市场竞争力。但物流企业的配送体系建设必须关注与企业规模和市场定位的关系，要形成适宜企业增长与物流组织的配送网络。

3. 积极推动物流企业合作

目前，各行业企业间的联动与合作已成为重要的发展趋势。任何物流企业的空间网络和物流功能都不可能是完整的，小、少、弱、散是我国传统物流企业的基本特征，因此物流企业之间必须合作，形成企业外部网络。要实现全球化或区域化的物流服务，物流企业必须具备规模效益，通过资本渗透、战略联盟、长期合作协议或短期合作等形式，积极构建物流企业间网络。第一，针对物流企业的核心功能，积极加强具有不同主导物流功能的企业间的合作，形成完整的物流服务体系。第二，针对物流企业的空间服务范围，积极加强不同地区的物流企业合作，实现物流活动在全国范围内的有效组织。以此，组建物流企业外部网络，发挥不同功能物流企业和不同地区物流企业之间的优势互补与信息共享，形成功能完整、服务范围广的物流网络，实现共赢目标。现实中，这种趋势已经形成并快速发展。例如，2010年4月青岛港与连云港就集装箱物流签署战略合作协议；为促进铁路汽车物流的纵深发展，2010年中铁特货运输公司采用合资方式，分别与安吉汽车物流建立从事整车铁路运输的上海安北公司，与风神物流成立了提供商品车及零部件物流的广州东铁公司。

4. 加快物流企业的并购扩张

国内外物流企业的成长历程与经验证明，收购或兼并同行物流企业是实现企业快速扩张与增长的有效途径。2010年8月，国务院为了加快调整优化产业结构、促进企业兼并重组，下发了《关于促进企业兼并重组的意见》，许多省市明确提出要加快商贸流通及物流企业的兼并重组，为物流业的发展以及制造企业、商贸企业物流的社会化创造了有利条件。物流企业应积极推进形式多样化的兼并重组，使物流企业走向规模化经营和专业化服务。一是，物流企业通过资本运作，并购竞争对手，以此获取企业网络和物流网络，实现物流企业网络的迅速扩张。二是，收购同行企业的基础设施，例如大型仓库、港口码头、运输设备、配送基地、物流中心等，提高物流企业的物流组织能力。

5. 积极推动物流企业国际化

随着经济全球化的推动，物流活动也开始了全球化，尤其是随着中国制造企业和商贸企业的国际化以及海外工程承包的发展，物流企业需要扩大海外物流市场，加强国际物流网络的空间构筑，进行全球范围内的物流组织和运营，促进物流企业的国际化进程。第一，在国外加强物流企业网点的布局，力争形成独立的物流企业网络。例如提供纺织服装物流服务的福建吉田集团已在国外多个城市设立了企业网点，并计划用 5 ~ 10 年时间在全球建立不少于 30 个的商贸物流基地，其中境外设立 4 个核心基地。第二，选择交通运输条件便利、经济发达、物流活动繁盛的国际城市或门户枢纽，建设大区域性的物流分拨中心和配送基地。例如，东亚地区的釜山、上海及东南亚的新加坡等成为许多跨国公司的亚太物流分拨基地。第三，积极加强同大型国际物流企业的合作，通过物流服务协议，共享这些国外物流企业的全球物流网络，以此促进我国物流企业参与全球的物流市场竞争。

三、物流功能优化战略

1. 物流经营理念提升

长期以来，我国已经形成了大量的物流企业，例如运输企业、仓储企业、搬运装卸企业等，并成为我国第三方物流的关键力量。但是，我国大量的物流企业是由传统的储运企业改造转型而来，经营理念落后，功能单一，效益较低。随着现代物流理念的倡导，物流企业必须转变经营理念。一是，积极推动物流企业改革，建立现代企业管理制度。二是，充分利用物流设施与物流市场网络，进行存量资产优化重组，发挥比较优势。三是，积极加强现代物流技术的应用，通过技术进步提升物流服务能力、延伸服务功能，发展增值性物流服务。四是，改变零散客户不定期、不定时的传统物流服务模式，重点是与大型企业建立长期的物流服务协议。

2. 物流服务综合化与供应链管理

现代物流的重要优势是对流通领域的各类物流资源进行整合，以降低整个物流系统的成本。物流企业积极加强各类物流功能的建设，提供综合性物流服务是必然的趋势。一是，积极推动物流服务功能的延伸，从传统的运输、储存、搬运、装卸等物流功能，向流通加工、信息处理、包装等增值性物流功能延伸，发展为功能综合的物流服务商。二是积极推动低附加值物流服务向高附加值物流服务的延伸和拓展，结合商流的功能要求和进出口商品的特点，拓展口岸等物流服务功能。三是，随着现代物流理念的普及和物流功能向上下游的延伸，供应链管理成为工商企业和物流企业共同关注的重点，这指引着我国物流企业的发展和变革方向，核心是产业链、服务链、价值链、信息链的延伸，物流企业在不同的链条中应积极拓展影响空间，以发挥更重要的作用。

3. 积极发展专业化物流服务

物流企业在发展综合物流服务的同时，必须注重专业化物流功能的发展。随着社会分工的细化，物流市场也不断细分，这要求物流企业向更专业化的方向发展，在物流市场竞争加剧的情况下，物流企业根据自身优势进行市场细分，以形成专业化的物流服务优势。例如，八达的钢铁物流、大庆的能源物流、安吉的汽车物流、南方的家电物流、依厂的危险品物流、九洲通的药品物流、众品的冷链物流、安得的快速消费品物流等。第一，积极发展核心物流功能，明确市场定位，突出特色经营，实现物流服务的专业化。从物流功能环节来看，配送、包装、加工、信息服务等发展速度快于运输和仓储等传统服务。第二，针对产品的技术经济属性，突出加强针对某些特殊物流的服务功能，如食品物流、药品物流、冷链物流、危险品物流，业务创新和增值服务成为物流企业的重要竞争手段。第三，服务个性化，不同客户存在不同的物流服务要求，物流企业需要根据客户企业的业务流程、产品特征、顾客需求等各方面的要求，提供针对性强的个性化物流服务。

参 考 文 献

阿布都伟力·买合普拉，杨德刚. 2012. 物流地理学研究进展与展望. 地理科学进展, 31 (2)：231-238.

白光润. 2003. 微区位研究. 上海师范大学学报（自然科学版），32 (3)：79-82.

坂本英夫，滨谷正人. 1985. 最近的地理学. 东京：大明堂出版社.

蔡定萍. 2003. 物流企业竞争力评价. 中国物流与采购，(17)：32-34.

仓本初夫. 1998. 建立物流配送中心应具备的条件. 商品储运与养护，(6)：21-24.

曹嵘，白光润. 2003. 交通影响下的城市零售商业微区位探析. 经济地理，23 (2)：247-250.

曹卫东. 2011. 城市物流企业区位分布的空间格局及其演化——以苏州市为例. 地理研究，30 (11)：1997-2007.

陈才. 2001. 区域经济地理学. 北京：科学出版社.

陈璟，杨开忠. 2001. 电子商务环境下我国物流业发展对策探讨. 经济地理，21 (5)：554-558.

陈双喜. 2002. 提高报关企业竞争力的对策思考. 经济研究，(6)：42-43.

陈相森. 2009. 跨国物流企业在华业务战略性调整与启示. 山东财政学院学报，(6)：54-57.

陈兴鹏，于雪鹰. 1990. 物流合理化的几个问题讨论. 干旱区地理，(3)：42-47.

陈颖慧. 2002. 第四方物流在我国发展模式及格局的探讨. 世界海运，(2)：20-21.

陈志群. 2002. 物流与配送. 北京：高等教育出版社.

程爱娟. 2002. 现代企业经济学. 上海：华东理工大学出版社.

崔介何. 1997. 物流学概论. 北京：中国计划出版社.

丁根安. 2002. "入世"后上海物流企业面临的形势及对策. 综合运输，(3)：31-33.

丁金学，金凤君，王成金，等. 2011. 中国交通枢纽空间布局的评价、优化与模拟. 地理学报，66 (4)：504-514.

丁俊发，张绪昌. 1998. 跨世纪的中国流通发展战略：流通体制改革与流通现代化. 北京：中国人民大学出版社.

丁俊发. 2001. 正确认识中国物流市场. 浙江经济，(11)：24.

丁立言，张铎. 2002a. 仓储规划与技术. 北京：清华大学出版社.

丁立言，张铎. 2002b. 物流配送. 北京：清华大学出版社.

丁伟，张亮，李健. 2010. 轴-辐式现代物流网络构建及实证分析. 中国软科学，

（8）：161-168.

董锁成. 1994. 经济地域运动论. 北京：科学出版社.

杜德斌. 2002. 跨国公司 R&D 全球化的区位模式研究. 上海：复旦大学出版社.

费洪平. 1994. 产业带空间边界划分的理论与方法. 地理学报，49（3）：214-225.

费洪平. 1995. 大型企业集团（公司）的空间组织研究. 地理学与国土，11（3）：17-24.

费洪平. 1996. 我国企业组成空间联系研究. 地理科学，16（1）：18-25.

高源. 2007. 东北经济区粮食物流系统空间布局模式研究. 地域研究与开发，26（5）：34-37.

谷艳博，宗会明. 2012. 物流业发展与城市空间结构演变关系分析——以重庆市江北区为例. 现代城市研究，（1）：84-96.

顾哲，夏南凯. 2008. 空港物流园功能区块布局. 经济地理，28（2）：283-285.

郭建科，韩增林，仇培宏. 2011. 中国城市群物流研究述评. 地域研究与开发，30（1）：51-55.

郭建科，韩增林. 2006. 试论现代物流业与港口城市空间再造——以大连市为例. 人文地理，（6）：80-86.

过秀成，胡斌等. 2002. 我国物流中心的建设模式与策略研究. 公路交通科技，（3）：147-151.

韩增林，郭建科. 2006. 现代物流业影响城市空间结构机理分析. 地理与地理信息科学，22（4）：61-65.

韩增林，李晓娜. 2007. 第三方物流企业的区位影响因素研究. 地域研究与开发，26（2）：16-25.

韩增林，李亚军，王利. 2003. 城市物流园区及配送中心布局规划研究——以大连市物流园区建设规划为例. 地理科学，23（5）：535-541.

韩增林，王成金. 2001. 我国物流业的特征及布局研究. 地理科学进展，20（1）：336-341.

郝聚民. 2002. 第三方物流. 成都：四川人民出版社.

何黎明. 2009. 中国物流园区. 北京：中国财富出版社.

何琳，丁慧平. 2009. 基于价值创造的企业能力形成及演进机理研究——以快递物流企业为例的分析. 生产力研究，（5）：136-138.

胡春芳. 1989. 试论开辟企业第三利润源. 管理现代化，（2）：33-35.

胡佛. 1990. 区域经济学导论. 王翼飞译. 北京：商务印书馆.

胡双增，张铎. 1999. 第三方物流与物流一体化. 中国物资流通，（11）：39.

花房陵. 2002. 物流构造——图解现代物流. 聂永有译. 上海：文汇出版社.

物流企业的空间网络模式与组织机理

黄福华. 2002. 现代物流运作管理精要. 广州：广东旅游出版社.

霍红. 2003. 第三方物流企业经营与管理. 北京：中国物资出版社.

今井贤一. 1996. 企业集团. 北京：经济科学出版社.

金凤花，李全喜，孙磐石. 2010. 基于场论的区域物流发展水平评价及聚类分析. 经济地理，30（7）：1138-1143.

金凤君. 2001. 我国航空客流网络发展及其地域系统研究. 地理研究，20（3）：31-39.

金相郁. 2004. 20 世纪区位理论的五个发展阶段及其评述. 经济地理，24（3）：294-299.

金真，唐浩. 2002. 现代物流：新的经济增长点. 北京：中国物资出版社.

科斯. 1990. 企业、市场和法律. 盛洪，陈郁译. 上海：上海三联书店.

克里斯泰勒. 1998. 德国南部中心地原理. 常正文，王兴中译. 北京：商务印书馆.

兰丕武. 1993. 物流体制改革初探. 山西财经学院学报，（5）：28-30.

李长江. 2002. 物流中心设计与运作. 北京：中国物资出版社.

李国平，杨开忠. 2002. 外商对华直接投资的产业与空间转移特征及其机制研究. 地理科学，20（2）：102-109.

李虹，吕廷杰. 2003. 第四方物流在我国的发展与应用. 北京邮电大学学报（社会科学版），（2）：30-34.

李建成. 2002. 现代物流概论. 北京：中国财政经济出版社.

李桑田. 2001. 关于现代物流产业几个核心理念的思考. 商场现代化，（12）：27-29.

李仕兵，林向红. 2003. 浅析第三方物流企业运营模式. 技术经济，（1）：42-44.

李万秋. 2003. 物流中心运作与管理. 北京：清华大学出版社.

李文博，张永胜. 2011. 浙江轴辐式现代物流网络构建的实证研究. 经济地理，31（8）：1335-1340.

李小建. 1996. 香港对大陆投资的区位变化与公司空间行为. 地理学报，51（3）：213-223.

李小建. 1997. 跨国公司对区域经济发展影响的理论研究. 地理研究，17（3）：101-111.

李小建. 1998. 国有企业改革对区域经济发展的影响. 经济地理，18（3）：1-7.

李小建. 1999a. 公司地理论. 北京：科学出版社.

李小建. 1999b. 经济地理学. 北京：高等教育出版社.

李小建. 1999c. 外国直接投资对中国沿海地区经济发展的影响. 地理学报，54（5）：420-430.

李小建. 2001. 大型国有企业面临中国入世的空间行为. 经济地理，22（5）：

545-549.

李新春. 2000. 企业联盟与网络. 广州：广东人民出版社.

梁金萍. 2003. 现代物流学. 大连：东北财经大学.

刘斌. 2002. 物流配送运营与管理. 上海：立信会计出版社.

刘彦平，王述英. 2003. 西方第三方物流理论述评. 中国流通经济，(8)：8-11.

龙江，朱海燕. 2004. 城市物流系统规划与建设. 北京：中国物资出版社.

卢福财，周鹏. 2004. 外部网络化与企业组织创新. 中国工业经济，(2)：101-106.

陆大道. 1995. 区域发展及空间结构. 北京：科学出版社.

陆薇. 2000. 第三方物流理念的认识和实践. 工业工程与管理，(6)：58-61.

路紫，刘岩. 1998. 通讯网络：公司空间组织、联系和运行的战略要素. 地域研究
与开发，17 (3)：31-34.

吕拉昌，闫小培. 2003. 现代物流经济与经济地理学. 地域研究与开发，22 (2)：5-7.

骆温平. 2001. 第三方物流. 北京：高等教育出版社.

马健. 2003. 物流企业发展的困境及解决方案. 现代管理科学，(1)：14-15.

毛蕴诗，王三银. 1994. 公司经济学. 广州：中山大学出版社.

孟韬. 2002. 企业网络与中国企业集团的比较研究. 中国软科学，(11)：62-66.

孟宪昌. 2001. 企业扩张论. 成都：西南财经大学出版社.

苗长虹. 1997. 中国农村工业化的若干理论问题. 北京：中国经济出版社.

莫星，千庆兰，郭琴，等. 2010. 广州市运输型物流企业空间分布特征分析. 热带
地理，30 (5)：521-527.

莫星，千庆兰. 2010. 城市仓储型物流企业区位选择——以嘉里大通物流广州分公
司为例. 城市观察，(4)：154-161.

牟旭东，陈健. 2002. 物流：第三利润源泉. 上海：上海远东出版社.

牛慧恩，陈璟. 2000. 国外物流中心建设的一些经验和做法. 城市规划汇刊，(2)：
65-67.

牛慧恩，陈璟. 2001. 物流用地与物流园区. 规划师，(2)：18-20.

潘坤友，曹有挥，曹卫东，等. 2006. 安徽沿江中心城镇"轴-辐"物流网络构建研
究. 长江流域资源与环境，15 (4)：421-426.

潘裕娟，曹小曙. 2011. 城市物流业的基本/非基本经济活动分析——以广州市为
例. 经济地理，31 (9)：1483-1488.

潘裕娟，曹小曙. 2012a. 广州批发市场的供应物流空间格局及其形成机制. 地理学
报，67 (2)：179-188.

潘裕娟，曹小曙. 2012b. 广州批发市场的销售物流网络空间研究——基于基本-非基
本经济活动视角. 人文地理，(1)：92-97.

物流企业的空间网络模式与组织机理

潘裕娟，陈忠暖. 2005. 关于泛珠三角物流现状及构建泛珠三角物流圈的思考. 云南地理环境研究，17（增刊）：57-60.

潘裕娟，陈忠暖. 2007. 物流地理学研究评述. 云南地理环境研究，19（6）：91-95.

彭望勤，刘斌. 2003. 物流实务手册. 上海：立信会计出版社.

彭望勤. 1998. 建立物流基地的战略思考. 商品储运与养护，（1）：14-16.

千庆兰，陈颖彪，李雁，等. 2011. 广州市物流企业空间布局特征及其影响因素. 地理研究，30（7）：1254-1261.

钱颂迪. 2005. 运筹学. 北京：清华大学出版社.

乔晓静，唐勇，吴满琳. 2001. 浅析我国物流企业走向国际化的对策. 商务外贸，（1）：27-28.

仇保兴. 1999. 小企业集聚研究. 上海：复旦大学出版社.

渠涛. 2012. 我国物流园区建设面临的问题与对策. 经济管理与评论. （4）：157-160.

荣朝和. 2001. 关于运输业规模经济和范围经济问题的探. 中国铁道科学，22（4）：97-104.

荣朝和. 2002. 西方运输经济学. 北京：经济科学出版社.

汝宜红. 2002. 配送中心规划. 北京：北方交通大学出版社.

沈伽. 1998. 论物流配送中的规模经济. 物流技术，（6）：27-29.

沈绍基. 1997. 借鉴国外经验发展我国物流配送中心. 商场现代化，（4）：22-24.

沈玉芳，王能洲，马仁锋，等. 2011. 长三角区域物流空间布局及演化特征研究. 经济地理，31（4）：618-623.

盛昭瀚，卢锐. 2001. 区位优势理论与我国企业孵化器的发展. 财经研究，（10）：47-53.

宋光森，胡双增. 2000. 适合中国国情的第三方物流运作方式探讨. 物流科技，（1）：24-29.

宋力刚. 2001. 国际化企业现代物流管理. 北京：中国石化出版社.

苏科五. 1998. 中国古代的物流学思想. 史学月刊，（3）：21-25.

孙炜. 1990. 日本中小物流企业的政策. 国外物资管理，（2）：32-35.

谭观音，左泽平. 2012. 海峡西岸经济区城市物流竞争力的动态比较. 经济地理，32（3）：107-113.

汤宇卿. 2002. 城市流通空间研究. 北京：高等教育出版社.

唐林芳，田宇. 1999. 第三方物流. 外国经济与管理，（12）：8-12.

田宇，朱道立. 1999. 第三方物流研究. 物流技术，（5）：22-25.

汪超，杨东援. 2001. 中心城市现代物流系统规划框架研究. 城市规划汇刊，（2）：53-55.

王斌义, 李冬青, 聂国平. 2003. 现代物流实务. 北京: 对外经济贸易大学出版社.

王成金, 韩增林. 2004. 试论环渤海物流网络的形成与运作. 人文地理, 19 (2): 69-73.

王成金, 韩增林. 2005. 关于我国区域物流体系建设的思考. 人文地理, 20 (6): 19-23.

王成金. 2005. 试论我国物流经济的空间组织模式. 经济地理, 25 (3): 365-367.

王成金. 2006a. 试论现代物流的地理学研究及发展趋势. 人文地理, 21 (6): 22-26.

王成金. 2006b. 中国高速公路网的发展演化及区域效应研究. 地理科学进展, 25 (6): 126-137.

王成金. 2008a. 中国物流企业的空间组织网络. 地理学报, 63 (2): 135-146.

王成金. 2008b. 全球集装箱航运的空间组织网络. 地理研究, 27 (3): 636-648.

王德勤. 1995. 重视物流科技加快发展商品配送中心. 商品储运与养护, (4): 5-7.

王德忠. 2002. 企业扩张——理论研究及其对中国行政区经济问题的应用分析. 上海: 华东师范大学出版社.

王东明, 万延林. 1995. 试论物流配送. 商业经济研究, (9): 43-44.

王恩涛. 2003. 物流企业如何塑造核心能力. 物流技术, (1): 34-36.

王冠贤, 魏清泉. 2008. 物流企业区位研究: 综述与思考. 物流科技, (6): 10-13.

王国锋. 2003. 我国物流园区的发展与展望. 中国科技论坛, (2): 130-132.

王槐林, 刘明菲. 2002. 物流管理学. 武汉: 武汉大学出版社.

王辑慈, 宋向辉, 李光宇. 1996. 北京中关村高新技术企业的集聚与扩散. 地理学报, 51 (6): 481-488.

王辑慈, 童昕. 2001. 简论我国地方企业集群的研究意义. 经济地理, 21 (5): 550-553.

王辑慈. 1993. 关于企业地理学研究价值的探讨. 经济地理, 13 (4): 23-29.

王辑慈. 1994. 现代工业地理. 北京: 北京大学出版社.

王辑慈. 2001. 创新的空间: 企业集群与区域发展. 北京: 北京大学出版社.

王莉. 1997. 物流学导论. 北京: 中国铁道出版社.

王利, 韩增林, 李亚军. 2003. 现代区域物流规划的理论框架研究. 经济地理, 23 (5): 601-605.

王鸣. 2003. 2002 年我国现代物流发展综述. 综合运输, (1): 27-29.

王荣成, 陈才. 1993. 图们江地区物流长期预测研究的理论与方法. 人文地理, 14 (3): 21-25.

王淑琴, 陈峻, 王炜. 2004. 长三角物流园区一体化规划探讨. 城市规划学刊,

（3）：54-56.

王兴平，崔功豪. 2003. 中国城市开发区的区位效益规律研究. 城市规划汇刊，（3）：69-74.

王战权，杨东援. 2001. 物流园区规划初探. 系统工程，（1）：89-83.

王之泰. 1995. 现代物流学. 北京：中国物资出版社.

王之泰. 2000. 中国需要物流基地. 中国商贸，（8）：31.

王志国. 1990. 物流场论及其在经济分析中的应用. 地理学报，45（1）：90-101.

王子龙，谭清美. 2003. 物流经济与社会分工. 科技与管理，（1）：43-46.

王佐. 2003. 物流到底是不是产业：兼论物流企业的界定. 中国物流与采购，（3）：16-21.

魏际刚. 2003. 业务外包与第三方物流：理论及案例. 物流技术，（11）：13-16.

魏心镇，王辑慈. 1993. 新的产业空间. 北京：北京大学出版社.

吴昊. 2010. 武汉城市圈轴辐式物流网络体系研究. 物流工程与管理，32（10）：26-29.

吴清一. 1996. 物流学. 北京：中国建材工业出版社.

武云亮，袁平红. 2003. 我国物流产业形成和发展的理论分析. 商品储运与养护，（3）：6-8.

相伟，王荣成，丁四保. 2003. 国际物流格局中的东北亚区域经济一体化. 世界地理研究，（2）：86-92.

向晋乾，黄培清，卢大印. 2003. 论我国物流企业集团的构建模式. 软科学，（6）：40-43.

肖玲. 2002. 广州大学城选址布局的区位条件分析. 华南师范大学学报（自然科学版），（2）：32-37.

谢泗新，薛求知. 2003. 物流企业国际核心竞争力战略的构建与展开. 铁道物资科学管理，（5）：1-4.

谢五届，李海建. 2005. 苏州市城市物流空间格局及物流企业发展路径. 世界地理研究，14（2）：51-56.

忻国本. 1999. 物流业在台湾. 商品储运与养护，（1）：39-44.

熊彼特. 1939. 经济周期：资本主义过程的理论、历史和统计分析. 北京：商务印书馆.

徐建，曹有挥，孙伟. 2009. 基于公路运输成本的长三角轴-辐物流网络的构建. 地理研究，28（4）：912-918.

徐剑华. 1992. 参与国际海运市场竞争建立综合物流系统. 国际市场，（10）：18-19.

徐杰，鞠颂东. 2005. 物流网络的内涵分析. 北京交通大学学报（社科版），4（2）：

22-26.

徐杰, 郑凯, 田源, 等. 2001. 物流中心选址的影响因素分析及案例. 北方交通大学学报, 25 (5): 80-82.

徐文彩. 1997. 商品物流 (配送) 中心建设发展概况及规划设想. 商场现代化, (5): 15-17.

许胜余. 2002. 物流配送中心管理. 成都: 四川人民出版社.

薛东前, 郭晶, 党淑英. 2012. 中国内陆中心城市物流竞争力比较研究——以西安与郑州为例. 地域研究与开发, 31 (2): 59-61.

亚太博宇. 2003. 不同类型物流园区需要采用不同的营销策略. 中国物流与采购, (21): 17-18.

阎小培. 1996. 信息网络对企业组织的影响. 经济地理, 16 (3): 1-5.

阎小培. 1999. 信息产业与城市发展. 北京: 科学出版社.

杨海荣. 2003. 现代物流系统与管理. 北京: 北京邮电大学出版社.

杨浩. 2001. 现代企业理论教程. 上海: 上海财经大学出版社.

杨艳, 苏勤, 王克近, 等. 2012. 基于轴-辐理论的奇瑞整车销售物流网络构建. 经济地理, 32 (5): 77-83.

叶怀珍. 2003. 现代物流学. 北京: 高等教育出版社.

叶杰刚. 2001. 关于物流问题的理论探索. 当代经济科学, (1): 51-56.

袁平红. 2009. 外资并购对中国民营物流企业的影响. 物流科技, (8): 57-60.

袁炎清, 范爱理. 2003. 物流市场营销. 北京: 机械工业出版社.

曾菊新. 1996. 空间经济: 系统与结构. 武汉: 武汉出版社.

曾小永, 千庆兰. 2010. 广州市仓储型物流企业空间分布特征及其影响因素分析. 中国市场, (32): 6-9.

占英华, 易虹. 2000. 现代城市物流中心及其规划建设研究——以深圳平湖物流中心规划建设为例. 经济地理, 20 (2): 94-97.

张存湘, 孙秋生, 王立中. 1996. 京唐港港口腹地和物流分析预测. 地理学与国土, (2): 35-38.

张怀明. 2000. 中枢辐射航线网络的运行条件. 国际航空, (6): 37-39.

张来庆. 1995. 关于在我国试办物流中心的几点思考. 中国商论, (16): 9.

张文尝, 金凤君, 樊杰. 2002. 交通经济带. 北京: 科学出版社.

张文杰. 2002. 区域经济发展与物流. 物流技术, (3): 7-9.

张文忠, 庞效民, 杨荫凯. 2000. 跨国企业投资的区位行为与企业空间组织联系特征. 地理科学, 20 (1): 7-13.

张文忠. 2003. 新经济地理学的研究视角探析. 地理科学进展, 22 (1): 94-102.

张新. 2002. 第四方物流及对物流规划功能的外包. 工业工程与管理, (2): 38-40.

张艳, 苏秦. 2011. 中美物流业的产业关联效应动态比较分析. 经济地理, 31 (11): 1857-1861.

章建新. 2008. 基于产业链的物流企业集群功能升级. 经济纵横, (8): 84-86.

赵莉琴, 郭跃显. 2011. 城市物流竞争力评价方法研究. 地域研究与开发, 30 (2): 78-81.

赵娴. 1989. 发展中的物流事业. 国外物资管理, (1): 10-12.

郑京淑. 2002. 跨国公司地区总部职能与亚洲地区总部的区位研究. 世界地理研究, 11 (1): 8-13.

钟祖昌. 2011. 空间经济学视角下的物流业集聚及影响因素——中国 31 个省市的经验证据. 山西财经大学学报. 33 (11): 55-62.

周耿, 涂志玲, 彭磊. 2003. 逆向物流浅析. 管理现代化, (2): 24-26.

周平德. 2009. 穗、深、港港口和航空物流对经济增长的作用. 经济地理, 29 (6): 946-951.

周骞, 杨涛, 刘鹏飞. 2003. 物流园区规划的若干问题. 长沙交通学院学报, (1): 73-77.

朱庆伟, 相伟, 马双全. 2006. 东北老工业基地核心城市物流体系规划研究——以哈尔滨市为例. 地域研究与开发, 25 (5): 14-17.

宗会明, 周素红, 闫小培. 2008. 物流组织特征空间表现和形成机制研究的西方地理学视角. 世界地理研究, 17 (3): 132-139.

宗会明, 周素红, 闫小培. 2009. 基于公司层面的物流网络组织——以南方物流公司为例. 地理科学, 29 (4): 476-484.

宗会明, 周素红, 闫小培. 2010. 经济地理学视角下的物流活动研究进展及启示. 地理科学进展, 29 (8): 906-912.

邹慧霞. 2003. 物流园区与区域经济发展. 商业时代, (2): 45-46.

Ackermann J, Müller E. 2007. Modelling, planning and designing of logistics structures of regional competence-cell-based networks with structure types. Robotics and Computer Integrated Manufacturing, 23 (6): 601-607.

Aoyama Y, Ratick S J. 2007. Trust, transactions, and information technologies in the US logistics industry. Economic Geography, 83 (2): 159-180.

Aoyama Y, Ratick S, Schwarz G. 2006. Organizational dynamics of the US logistics industry: An economic geography perspective. The Professional Geographer, 58 (3): 327-340.

Bagnasco A. 1977. Tre Italie. La problematica territoriale dello sviluppo italiano, Il Muli-

参考文献

no，Bologna.

Bannock G. 1971. The Juggernauts：The Age of the Big Corporation. London：Weidenfeld & Nicolson.

Best M. 1990. The New Competition Institutions of Industrial Restructuring. Cambridge：Harvard University Press.

Bowersox D J, Closs D J, Stank T P. 2000. Ten-mega trends that will revolutionize supply chain logistics. Journal of Business Logistics, 21（2）：1-16.

Bowersox D J, Closs D J. 1998. Logisitical Management：The Integrated Supply Chain Process. Columbus：McGraw-Hill Higher Education.

Boyer K D. 1997. Principles of Transportation Economics. New York：Addison Wesley Longman.

Boyson S, Corsi T, Dresner M, et al. 1999. Managing effective third party logistics relationships：what does it take?. Journal of Business Logistics, 20：73-100.

Capello R. 1999. Spatial transfer of knowledge in hi-tech milieux：learning versus collective learning progresses. Regional Studies, 33（4）：352-365.

Caputo M, Mininno V. 1996. Internal, vertical and horizontal logistics integration in Italian grocery distribution. International Journal of Physical Distribution & Logistics Management, 26（9）：64-90.

Chandler A D. 1990. Scale and Scope. Cambridge：Belknap Press of Harvard University Press.

Chandler Jr A D. 1962. Strategy and structure：chapters in the history of the industrial enterprise. Cambridge：MIT Press.

Cheung R K, Tong J H, Slack B. 2003. The transition from freight consolidation to logistics：the case of Hong Kong. Journal of Transport Geography, 11（4）：245-253.

Chiou S W. 2008. A fast polynomial time algorithm for logistics network flows. Applied Mathematics and Computation, 199（1）：162-170.

Christopherson S, Storper M. 1986. The city as studio；the world as back lot：The impact of vertical disintegration on the location of the motion picture industry. Environment and Planning D：Society and Space, 4（3）：305-320.

Clarke I. 1984. Spatial Organization of Multinational Corporations. London：Groom Helm.

Dicken P, Lloyd P. 1990. Location in Space：Theoretical Perspectives in Economic Geography. New York：Harper & Row.

Dicken P, Thrift N. 1992. The organization of production and the production of organization：why business enterprises matter in the study of geographical industrialization. Transactions of the Institute of British Geographers, 17 (3): 270-291.

Dicken P. 1998. Global Shift: The Internationalization of Economic Activity. London: Paul Chapman Publishing.

Drewe P, Janssen B. 1998. What port for the future? From 'Mainports' to ports as nodes of logistic networks//Reggiani A. Accessibility, Trade and Behaviors. Aldershot: Ashgate.

Gordon I R, McCann P. 2000. Industrial clusters: complexes, agglomeration and/or social networks?. Urban studies, 37 (3): 513-532.

Hakanson L. 1979. Towards a theory of location and corporate growth//Hamiltum F E, Linge G J. Spatial Analysis, Industry and the Industrial Environment, Vol. I: Industrial System. Chichester: Wiley.

Hanson S. 1995. The Geography of Urban Transportation. New York: Guilford Press.

Harrison B. 1994. Lean & Mean: Why Large Corporations Will Continue to Dominate the Global Economy. New York: The Guiford Press.

Harrison B. 2007. Industrial districts: Old wine in new bottles? Regional studies, 41 (S1): 107-121.

Hayter R. 1997. The Dynamics of Industrial Location: The Factory, the Firm and the Production System. Chichester and New York: Wiley.

Hesse M, Rodrigue J P. 2004. The transport geography of logistics and freight distribution. Journal of Transport Geography, 12 (3): 171-184.

Hesse M, Rodrigue J P. 2006. Global production networks and the role of logistics and transportation. Growth and Change, 37 (4): 499-509.

Hesse M. 2002. Location matters: Access. Transportation Research at the University of California, (21): 22-26.

Hoyle B S, Knowles R D. 1998. Modern Transport Geography. Chichester and New York: Wiley.

Isard W. 1956. Location and Space Economy. Cambridge: MIT Press.

Johnston R J, Gregory D, Smith D M. 1986. The Dictionary of Human Geography, 2nd Edition. Oxfords: Blackwell.

Knox P, Agnew J. 1998. The Geography of the World Economy. New York: Wiley.

Krugman P. 1991. Increasing returns and economic geography. The Journal of Political Economy, 99 (3): 483-499.

Krumme G. 1969. Towards a geography of enterprise. Economic Geography, 45 (1): 30-40.

参考文献

Laulajainen R, Stafford H A. 1995. Corporate geography: business location principles and cases. Dordrecht: Kluwer Academic Publishiers.

Leslie D, Reimer S. 1999. Spatializing commodity chains. Progress in Human Geography, 23 (3): 401-420.

Lieb R C, Millen R A, Van Wassenhove L N. 1993. Third party logistics services: a comparison of experienced American and European manufacturers. International Journal of Physical Distribution & Logistics Management, 23 (6): 35-44.

Lowe D. 1991. Dictionary of Transport Logistics. Lodon: Kogan Page Publishers.

Markusen A. 1996. Sticky places in slippery space: A typology of industrial districts. Economic Geography, 72 (3): 293-313.

Marshall J N, Wood P, Daniels P W, et al. 1988. Services and Uneven Development. Oxford: Oxford Universtity Press.

Mccalla R J, Slack B, Comtois C. 2004. Dealing with globalization at the regional and local level: the case of contemporary containerization. The Canadian Geographer, 48 (4): 473-487.

McDermott P J, Taylor M J. 1982. Industrial Organization and Location. Cambridge: Cambridge University Press.

McNee R B. 1958. Functional geography of the firm, with an illustrative case study from the petroleum industry. Economic Geography, 34 (4): 321-337.

McNee R B. 1960. Towards a more humanistic economic geography: the geography of enterprise. Tijdschrift voor Economische en Sociale Geografie, 51 (8): 201-206.

McNee R B. 1986. One respective on the enterprise perspective//Taylor M, Thrift N. Multiniational and Restructuring of the World Economy. Qxon: Routledge.

Mitchell J C. 1969. The concept and use of social networks// Mitchell J C. Social Networks in Urban Situations. Manchester: Manchester University Press.

Muller E J. 1993. A defining moment for contract logistics. Distribution, (7): 64-69.

Nelson R R, Winter S G. 1982. An Evolutionary Theory of Economic Change. Cambridge: The Belknap Press of Havard University Press.

O'kelly M E. 1987. A quadratic integer program for the location of interacting hub facilities. European Journal of Operational Research, 32 (3): 393-404.

O'Kelly M E. 1998. A geographer's analysis of hub-and-spoke networks. Journal of Transport Geography, 6 (3): 171-186.

Pang X. 1995. Linkage, agglomeration economies and rural industrialization: New industrial districts in China? Paper presented at the 1995 residential conference of the IGU

物流企业的空间网络模式与组织机理

Commission on the Organization of Industrial Space, Seoul, Korea.

Papadopoulou C, Douglas K M. 1998. Third Party Logistics Evolution: Lessons from the Past//1998 Logistics & Supply Chain Management Conference.

Park S O, Markusen A. 1995. Generalizing new industrial districts: a theoretical agenda and an application from a non-Western economy. Environment and Planning A, 27 (1): 81-104.

Perroux F. 1950. Economic space: theory and applications. The Quarterly Journal of Economics, 64 (1): 89-104.

Piore M, Sabel C. 1984. The second industrial divide: Possibilities for prosperity. New York: Basic Books.

Porter M E. 1998a. Cluster and the New Economics of Competition. Boston: Harvard Business School Press.

Porter M E. 1998b. The Adam Smith address: Location, clusters, and the "new" microeconomics of competition. Business Economics, 33 (1): 7-13.

Porter M E. 2000. Location, competition, and economic development: Local clusters in a global economy. Economic development quarterly, 14 (1): 15-34.

Pyke F, Sengenberger W. 1992. Industrial Districts and Local Economic Regeneration. Geneva: International Institute for Labors Studies.

Riemers C. 1998. Functional relations in distribution channels and location patterns of the Dutch wholesale sector. Geografiska Annaler: Series B, Human Geography, 80 (2): 83-100.

Saxenian A L. 1994. Regional advantage: Culture and competition in Silicon Valley and Route 128. Cambridge: Harvard University Press.

Scott A J. 1988. Metropolis: From the division of labor to urban form. Berkeley: University of California Press.

Scott A J. 1993. Technopolis: High-technology industry and regional development in Southern California. Berkeley: University of California Press.

Simchi-Levi E, Kaminsky P. 1998. Designing and managing the supply chain: Concepts, strategies, and cases. Berkshire: McGraw-Hill.

Slack B. 1999. Across the pond: container shipping on the North Atlantic in the era of globalisation. GeoJournal, 48 (1): 9-14.

Smith D M. 1981. Industrial location: an economic geographical analysis. New York: Wiley.

SRI International. 2002. Global impacts of FedEx in the new economy. http://www.sri.com/policy/csted/reports/economics/fedex/ [2013-12-20].

参考文献

Storper M. 1989. The transition to flexible specialisation in the US film industry: External economies, the division of labour, and the crossing of industrial Divides. Cambridge Journal of Economics, 13 (2): 273-305.

Taaffe E, Gauthier H, O'Kelly M. 1996. Geography of transportation. Englewood Clis: Prentice-Hall.

Teece D J. 1980. Economies of scope and the scope of the enterprise. Journal of Economic Behavior & Organization, 1 (3): 223-247.

Van Klink H A, Van Den Berg G C. 1998. Gateways and intermodalism. Journal of Transport Geography, 6 (1): 1-9.

Van Laarhoven P, Berglund M, Peters M. 2000. Third-party logistics in Europe-five years later. International Journal of Physical Distribution & Logistics Management, 30 (5): 425-442.

Vandermeulen J H. 1996. Environmental trends of ports and harbours: Implications for planning and management. Maritime Policy and Management, 23 (1): 55-66.

Xiao-ping F. 2007. Scale and scope economies based on net characteristic of railway transportation and its application//International Conference on Transportation Engineering.

物流企业的空间网络模式与组织机理

后　记

　　三十而立，四十不惑，似乎这个年龄的学者更关注学术的积累与系统化的成果，对走过的学术道路和做过的工作不断地重新思考，反思自己最值得提起的科研成果。对四十岁的人生阶段有一个总结，或许著作是比较理想的回答。

　　如同许多朋友的困惑，著书立说是一个很艰难的工作，需要消耗大量的精力和时间，尤其是在现在绩效考核和职称评聘机制及生活节奏下，著书似乎更加困难。现代物流是我感兴趣的一个领域，在这个主题上，我曾经付出了许多时间，并在物流企业中有着实践经验。进入中国科学院地理研究所以来，由于工作的需求，我的研究方向回归到了交通地理学，集中研究港口体系，对现代物流的地理学研究很少再关注。但知识分子的脾性似乎坚定了我要出书的信心，坚信著作更能代表学者的思想与长期的系统化研究。高频次的地理考察和繁杂的事务，使我缺少工作时间，只能在深夜完成各种工作任务和学术写作。妻子对我曾有一句评价：他总是在第二天回来睡觉。每当回味这句话，颇感辛酸。

　　我对现代物流的研究最早始于攻读硕士期间的学习与科研工作，但对物流企业的系统研究始于博士研究期间。尤其是 2002 年在物流企业的工作经历和在物流培训班的授课，使我积累了现代物流的理论知识和物流企业研究的实践经验。2005 年完成的博士论文奠定了本研究的主要内容。2008 年申请到国家自然科学基金项目"基于城际物流的城市关联系统的实证研究"，2011 年申请到国家自然科学基金项目"港航企业的物流网络整合及对港口体系的影响机制"，在这些项目的资助下，我逐步对物流企业研究进行深化和拓展，新增了物流企业的宏观布局、国际物流企业的全球网络组织、轴辐物流网络的区域应用和物流企业发展战略等主题的研究，追加了电子商务物流等最新发展趋势，形成了本书的完整框架。同时，对原有内容进行选择地删减，并对数据进行了更新，重新绘制了表格图件，尤其是补充了近年来的最新研究进展和成果。

　　在现代物流研究过程中，得到了首都师范大学王茂军教授的有益交流与建议，对本著作的形成和出版做出了贡献。同时，本书的出版必须感谢国内的几位青年学者，包括西南师范大学的宗会明博士、北京师范大学珠海分校的潘裕娟博士、新疆社会科学院的阿布都伟力·买合普拉博士、辽宁师范大学的郭建科博士。这些青年学者来北京访学交流或参加地理学年会期间，不断问起我对物流企业研究的最新进展及出版问题。由于自己的惰性和经费的问题，我原本已放弃了对物流企业的延续研究和成果的积累出版，是这些青年同仁们的督促，坚定了我对现代物流进行深化研究的决心，本书的出版首先归功于这些青年同仁们。

感谢美国路易斯安那州立大学的王法辉教授及他热心善良的家人。在美国访问交流期间，让我有了集中写作与深入思考的时间。在这段时间里，我集中精力对稿件进行了最后的修改和凝练，形成了最终的书稿。

最后，我希望本著作能对促进我国现代物流的地理学研究发挥理论推动作用，希望对我国物流企业的空间网络构筑、企业战略制定及政府部门的政策制定提供指导与借鉴。

王成金

2014 年 4 月

物流企业的空间网络模式与组织机理